한국어 교육에서
현대시 교육과 문화 교육

한국어 교육에서
현대시 교육과 문화 교육

발행일　1판 1쇄 2021년 8월 27일

지은이　윤여탁 외

펴낸이　박민우
기획팀　송인성, 김선명
편집팀　박우진, 김영주, 김정아, 최미라, 전혜련
관리팀　임선희, 정철호, 김성언, 권주련
펴낸곳　(주)도서출판 하우
주소　서울시 중랑구 망우로68길 48
전화　(02)922-7090
팩스　(02)922-7092
홈페이지　http://www.hawoo.co.kr
e-mail　hawoo@hawoo.co.kr
등록번호　제475호

값 22,000원
ISBN　979-11-6748-012-5　93810

이 책은 저작권법에 따라 보호받는 저작물이므로 무단 전재와 무단 복제를 금지하며,
이 책 내용의 전부 또는 일부를 이용하려면 반드시 저작권자와 (주)도서출판 하우의 서면 동의를 받아야 합니다.

한국어 교육에서
현대시 교육과 문화 교육

윤여탁 외 지음

도서
출판

머리말

'한국어 교육에서 현대시 교육과 문화 교육'
일반적인 대중 독자들에게는 와닿지 않는 낯선 책 제목이다.
그렇기에 상업적인 흥행과는 거리가 먼 책 제목이다.

이 책은 외국인들에게 한국어를 가르치는 외국어로서의 한국어 교육이라는 특수한 문제 상황을 다루고 있다. 특히 한국어 교육이라는 학문과 교육 분야에서 한국 문학과 한국 문화를 가르쳐야 한다는 당위성을 넘어 구체적으로 한국 현대시를 활용하는 한국어 교육의 교육 이론과 내용, 방법을 탐구하고 있다.

지난 20년 동안 한국어 교육은 문화 교육, 문학 교육으로 그 영역을 넓혔으며, 현대시 교육이라는 세부 분야로까지 그 영역을 심화·확장하는 학문적 모색을 지속하였다. 이 책을 기획하면서 저자들은 한국어 교육이라는 기능적인 언어 교육의 영역을 넘어 학문목적 한국어 교육, 한국 문학과 한국 문화를 교육하는 한국학 교육으로 나아가야 함을 밝혔다. 이 책은 이러한 한국어 교육의 학문적 지향(指向)을 담아내고자 하였다.

이 책은 한국어 문학 교육에서 현대시 교육과 한국 현대시를 활용한 한국 문화 교육에 초점을 맞추어 그 교육적 실천을 탐색하였다. 구체적으로 이 책은 도입글(윤여탁)에 이어, 1부 한국 현대시 교육에서 텍스트(오지혜, 노금숙, 왕녕, 황티장), 2부 한국 현대시 교육의 실천과 학습자(김염, 정하라, 이홍매, 리위, 한설옥), 3부 한국 현대시를 활용한 문화 교육(푸옹마이, 전홍, 이명봉, 박성)으로 구성하였다.

이 책은 서울대학교 대학원 국어교육과 한국어 교육 전공에서 한국 현대시를 동문수학(同門受學)한 한국어 교육자들의 학문적 성찰의 결과로, 이제 제2 인생을 시작하는 대표저자의 정년퇴임을 축하하기 위해 기획되었다. 이 자리를 빌려서 이 어렵고도 낯선 학문 여정(旅程)에 동행해 준 국내외에서 한국어 교육을 전공한 저자들에게 고마운 마음을 전한다.

끝으로 어려운 여건에도 불구하고 이 책의 출간을 맡아준 도서출판 하우의 박민우 사장을 비롯한 출판사 관계자들에게도 감사한 마음을 전한다.

2021년 8월 한여름에
저자들을 대표해서 윤여탁

차례

머리말 • 5

들어가며 ─── 외국어로서의 한국어 교육에서 문학 문식성 • 11
윤여탁 서울대학교 국어교육과

1부 한국 현대시 교육에서 텍스트

1장 ─── 한국어 교육에서 생태시에 대한 인지론적 접근 • 32
오지혜 세명대학교 미디어문화학부

2장 ─── 노래와 시의 상호텍스트성을 활용한 한국 현대시 교육 • 54
─노래 〈당신의 밤〉과 윤동주의 〈서시〉를 중심으로
노금숙 후난사범대학교 한국어학과

3장 ─── 북방의식을 기반한 한국 현대시 읽기 교육 연구 • 73
─중국인 고급 학습자를 중심으로
왕녕 대련외국어대학교 한국어대학

4장 ─── 베트남인 학습자를 위한 한국 문학 문식성 교육 연구 • 140
─김소월의 〈진달래꽃〉과 응웬빙의 〈러쭈엔〉 비교를 중심으로
황티장 호치민국립대학교 한국학부

2부 한국 현대시 교육의 실천과 학습자

5장 한국학으로서의 한국 문학 교육의 실천 • 178
-현대시 번역 활동을 중심으로
김염 절강외국어대학교 한국어학과

6장 성인 한국어 학습자를 위한 문학작품 읽기 수업 사례 연구 • 197
-'소리내어 읽기'를 중심으로
정하라 명지대학교 방목기초대학

7장 한국어 학습자의 반응 텍스트 양상 연구 • 228
-한국 현대시를 중심으로
이홍매 대련민족대학교 한국어학과

8장 조선족 학습자를 위한 한국 현대시 이해 교육 연구 • 263
-학습자 경험을 중심으로
리위 서울대학교 국어교육연구소

9장 한국 문학 교육을 위한 중국인 학습자의 시 번역 양상 연구 • 287
한설옥 서울대학교 국어교육연구소

3부 한국 현대시를 활용한 문화 교육

10장 베트남의 한국어 교육의 과제와 진흥 방안 연구 • 314
-상호문화 교육을 중심으로
푸옹마이 호치민국립대학교 한국학부

11장 한국어 시 텍스트를 활용한 상호문화 교육 연구 • 334
전홍 장춘대학교 한국어학과

12장 시적 이미지를 활용한 정서 교육 연구 • 372
-소외 정서를 중심으로
이명봉 산동여자대학교 한국어과

13장 현대시를 활용한 한국 문화 교육 연구 • 395
박성 서울대학교 국어교육연구소

들어가며

외국어로서의 한국어 교육에서 문학 문식성

윤여탁 서울대학교 국어교육과

1. 한국어 교육에서 문식성과 문학

현대 교육학의 중요 개념인 문식성(文識性, literacy)이라는 용어는 실제 교육 현장이나 교육학 연구에서 문식력, 문식 능력, 문해(文解), 문해력, 문해 능력 등으로 다양하게 사용되고 있다. 그리고 이러한 문식성의 교육적 적용에 대한 논의는 인지적, 기능적 문식성[1] 중심의 논의를 넘어 문화적 문식성, 비판적 문식성, 매체(媒體, media) 문식성으로 그 영역을 확장하였으며, 이런 흐름의 연장선상에서 최근의 문식성 논의는 문화적 또는 상호문화적(intercultural) 측면에 대한 고려와 현대 산업기술의 산물인 미디어의 발달에 따른 의사소통 방식의 변화(C. Lankshear & M. Knobel, 2006; 윤여탁, 2015, 535-548)에 초점을 맞추고 있다.

이와 같은 문식성의 다양한 범주 중에서 문화적 문식성은 일상적인 말이나 글을 이해하고 사용하는 능력이나 이에 대한 지식을 습득하는 것을 넘어

---

[1] 'functional literacy'는 기능적 문식성으로 번역하여 통용된다. 이 글에서는 이 문식성이 주로 인지적 측면에서 작용함에 주목해서 '인지적'이라는 용어도 같이 사용하였다.

서, 문화적 맥락에서의 의사소통 능력에 중요한 영향을 미치는 학습자의 문화적, 정의적(情意的) 맥락을 고려해야 함을 강조하고 있다. 뿐만 아니라 일반적인 문화 현상에 대한 이해와 사용 능력을 넘어 문화의 대표적인 산물인 문학작품에 대한 이해와 감상 능력이라고 할 수 있는 문학 문식성으로 그 개념과 영역을 확장하였다. 또한 언어 교육의 목표를 설명하는 중요 용어의 하나인 '능력(competence)'이라는 개념 역시 '문식성'이란 용어로 대체할 수도 있으며, 같은 맥락에서 '문학 능력'[2]은 확장된 문학 문식성과 같은 의미라고 할 수 있다.

이에 따라 문식성의 개념도 정보적인 텍스트나, 역사, 사회, 과학, 기술과 같은 설명적 텍스트에 대한 읽고 쓰는 능력이나 듣고 말하는 능력뿐만 아니라 문학작품 읽기와 쓰기 능력으로 확대되었다. 그리고 이러한 문식성 개념의 확대에 따라 문식성 교육의 중요 제재이자 실체인 문학 개념 역시 전통적인 고전(古典, classic)이나 정전(正典, canon)이라고 할 수 있는 문학을 넘어 확대된 문학, 즉 대중 매체가 생산한 대중문화나 일상적인 정서 표현의 글로까지 그 영역을 확장하였으며, 이에 따라 문학과 관련된 문식성의 범주도 그 영역을 넓히게 되었다. 예를 들면, 현대사회 기술 문명이 만들어낸 대중매체(mass media)와 새로운 매체(new media)를 활용할 수 있는 능력으로서의 '신문식성'(윤여탁, 2018a, 1-21), 다중언어문화 사회에서의 언어문화 능력인 '다중문식성'으로까지 그 영역과 개념을 확장하였다.(윤여탁, 2018b, 231-256)

그리고 이와 같이 확대된 문식성 개념이나 미국의 학교 교육에서 제시하고 있는 '공통핵심기준(CCSS, Common Core State Standards)'과 같은 교육 목표는, 내용의 측면에서 '문화, 매체', 활동의 측면에서 '이해, 비판, 실천', 태도의

---

[2] 문학 교육의 관점에서 문학의 창작과 수용 능력을 종합적으로 고찰하고 있는 연구(한국문학교육학회 엮음, 『문학능력』, 역락, 2010)는 문학 문식성이라는 용어를 사용하지는 않고 있다.

측면에서 '능동성, 윤리성' 등을 포함하고 있다.(윤여탁, 2016, 161)[3] 아울러 학습자의 문식 능력을 기르는 것을 목표로 하는 언어 교육은 우선적으로 학습 제재의 측면에서 일상적인 텍스트뿐만 아니라 확대된 문학(대중문학 등)으로 그 영역을 넓히고 있다. 이에 따라 정전적인 문학작품뿐만 아니라 확대된 개념에서의 문학작품은 언어 교육에서 교수-학습 대상이자 문식성 교육을 위한 중요한 제재가 되었다.

이 글은 이상과 같은 맥락에서 외국어로서의 한국어 교육에서 문학 문식성의 본질과 특성을 문화와 정의라는 개념을 중심으로 설명할 것이다. 그리고 이러한 논의를 바탕으로 한국어 교육에서 한국 문학작품을 이해하고 감상하는 과정에 작용하는 학습자의 문화적, 정의적인 요인들에 대해서 구체적으로 살펴보고자 한다.

2. 한국어 교육에서 문학 문식성의 본질

앞에서 살펴본 바와 같이 그동안 자국어교육에서 문식성의 본질에 대해서는 비교적 깊이 있게 논의되었고, 이러한 논의 과정에서 문학 문식성에 대한 논의 역시 다양하게 진행되고 있다. 이에 비하여 외국어로서의 한국어 교육에서 문학 문식성에 대해서는 이제 막 논의를 시작하는 단계에 와있다. 그래서 한국어 교육에서 문학 문식성에 대한 논의를 본격화하기 위해서 몇 가지 전제를 확인해둘 필요가 있다. 먼저 문학 문식성이 한국어 학습자의 한국어 능력, 문화 능력 등의 차이뿐만 아니라 학습자의 한국어 학습 목적 등

---

[3] 교육에서는 지식 습득과 같은 인지적 능력뿐만 아니라 공감 능력과 같은 정서적 능력 등이 중요하다. 특히 현대사회에서는 학습자의 '윤리적 책임'이 강조되는데, 문식성 교육 논의에서 '평등', '사회 정의(social justice)', '민주주의' 등의 책무를 강조하는 점도 이와 맥락을 같이 한다.

학습자의 개인적 특성이 다르게 작용한다는 점을 고려해야 한다. 아울러 한국어 문학 문식 능력에는 학습자의 자국어 문학 능력이 전이(轉移)되어 작용한다는 점도 확인해둔다.

궁극적으로 외국어로서의 한국어 교육에서 문식성은 학습자의 인지적인 능력뿐만 아니라 문화적이고 정의적인 능력도 중요하게 작용한다는 사실이다. 특히 심미적이고 정서적인 예술이라는 문학의 본질적인 특성과 관련된 한국어 교육에서의 문학 문식 능력은 일반적인 언어 사용 능력과는 달리 학습자의 문화적이고 정의적인 요인들이 중요하게 작용한다.[4] 이러한 맥락에서 이 부분에서는 한국어 교육에서 한국 문학작품을 교수-학습할 때 작용하는 문학 문식성의 본질을 문화와 정의라는 측면에 초점을 맞추어 설명하고자 한다.[5]

1) 상호문화적 맥락에서의 문학 문식성

먼저 한국어 교육에서 문학 문식성의 본질을 논의하기 위해 문화라는 개념에 대해 살펴보면, 일반적으로 문화라는 개념은 우리 인간들의 의식이나 행동뿐만 아니라 인간 사회의 제도, 관습 등과 관련된 단어들과 결합하여 그 개념과 범주, 특성을 설명하였다. 이러한 문화는 19세기에 근대 사회와 근대 학문의 발달에 따라 정립된 개념으로 근원적으로는 제국주의적이고 지배 이데올로기적인 특성을 지닌 담론(談論)이었다. 이 시기 문화는 "광범위한 민족지적 견지에서 볼 때, 지식, 신념, 예술, 도덕, 법률, 관습 그리고 사회의

---

[4] 한국어 학습자의 문학 문식성에는 학습자의 모어교육이나 모어문화 학습과정에서 체득한 인지적, 문화적인 지식뿐만 아니라 학습자의 정의적 능력과 학습자의 경험도 중요하게 작용한다. 이때 학습자의 경험은 독서 등과 같은 학습의 경험뿐만 아니라 생활의 경험을 아우른다.

[5] 이 부분의 내용은 자국어교육에서의 문학 문식성에 대한 논의(윤여탁, 2016, 156-176)를 한국어 교육의 관점에서 문화와 정의에 초점을 맞추어 정리하였음.

일원으로서 인간이 습득한 다른 모든 능력들과 습관들을 포함하는 바로 그 복합적인 총체물"(E. B. Tylor, 1871)이라고 정의되었으며, 20세기 중반 이후에는 비판적인 문화 연구(cultural studies)의 관점에서 대중문화, 민중문화 등을 교육과 연구의 대상으로 하는 확대된 문화 개념으로 발전하게 된다.(윤여탁, 2007a, 71-83)

이와 같은 문화 개념의 발전과 더불어 문식성의 개념 역시 기능적 문식성에 대한 반성적 대안으로 문화적 문식성이라는 개념이 등장하였으며, 문화의 개념이나 범주가 다양하고 광범위한 본질적인 특성 때문에 문화적 문식성 역시 비판적 문식성이나 매체 문식성 등의 개념과 결부되어 논의되기도 하였다. 아울러 이러한 이유 때문에 문화적 문식성의 본질과 범주에 대한 회의적인 주장도 제기되었지만, 문학이나 예술 등 문화의 하위 범주들과 관련된 문식 능력으로 확장되면서 그 정체성과 독창성을 확보할 수 있었다. 즉 이러한 문화적 문식성은 인지적인 능력을 중시하는 기능적 문식성과는 달리 우리 인간들의 정서나 정의 등 감정적인 측면과 연관하여 그 본질을 논의할 수 있다.

문화적 문식성이라는 용어를 처음 사용한 허쉬(E. D. Hirsch Jr.)는 문식성 교육의 목표를 경제적 번영뿐만 아니라 사회 정의와 효과적인 민주주의를 성취하기 위한 높은 단계에 도달하는 것이어야 한다고 주장하였다. 이러한 맥락에서 "문화적 문식성은 일종의 세계 지식 또는 배경 정보 등을 가리키는, 기본적인 읽고 쓰는 기술적 능력을 넘어서서 한 사회가 공유하고 있는 사회·문화적 정보와 지식, 맥락 등을 습득하는 것"(E. D. Hirsch Jr., 1988, 1-2), 즉 특정 공동체 안에서 그 문화를 이해하고, 소통하고, 생산하는 능력으로 문화적 문식성을 정의하였다. 이러한 문화적 문식성 개념은 개인이 사회·문화적 소통에 기본적으로 필요로 하는 문화 지식으로 ① 개인의 전통에 대한 인식, ② 문화적 유산(cultural heritage)과 그 가치에 대한 인식, ③ 어떤 문화의 장단점을 이해할 수 있는 능력(A. C. Purves 외, 1994) 등으로 설명되고 있다.

허쉬와 같은 보수주의 교육관에서 문화적 문식성을 강조하는 흐름에는 아이러니하게도 진보적인 영국과 미국 비판적 문화 연구의 성과와 지향(指向)도 중요하게 작용하였다. 즉 비판적 문화론의 관점에서의 문화 개념과 문화 소통론을 강조한 영국 버밍엄(Birmingham) 학파는 전통 문화뿐만 아니라 민중문화, 대중문화를 교육의 장(場)으로 끌어들였다. 특히 20세기 후반 이후 텔레비전, 인터넷 등 대중 매체가 발달하면서 대중문화의 영향력이 증대되고 있다. 이에 따라 문화 교육에 대한 보호주의적인 관점(대중문화는 청소년에게 유해하니 가르치지 말아야 한다는 견해)을 지양(止揚)하면서 대중문화가 학교 교육의 중요한 내용으로 자리 잡게 된다. 그리고 이러한 문화 연구 흐름의 영향으로 문화적 문식성은 비판적 문식성이나 매체 문식성 등과도 밀접한 관련을 맺고 있다.

또 통시적으로는 예술로서의 문학, 문화적 전통으로서의 고급 문학뿐만 아니라 공시적으로는 일상적인 현실 문학, 문화적 소통으로서의 대중 문학/통속 문학/의사(擬似) 문학 등이 문화적 문식성의 범주에서 논의될 수 있다. 이에 따라 학습자들이 습득해야 할 문화 대상으로 예술로서의 문화와 현실로서의 문화 산물인 문학작품 모두를 소환하였다. 달리 설명하면, 문화적 문식성은 수직적 범주로서의 전통문화와 수평적 범주로서의 현실 문화를 수용하고 창조하는 능력이며, 전통문화로서의 고전문학, 현실 문화로서의 현대 문학, 대중문학 등을 학습의 대상으로 한다는 점에서 문학 문식성으로도 설명할 수 있다.

특히 외국어로서의 한국어 교육에서 문화 교육은 목표 언어의 사회·문화에 대한 교육을 통해서 외국어 교육이나 제2 언어 교육에서 문화적 정체성을 실천하는 것을 지향한다. 예를 들면, 한국어 교육에서 문화 교육의 목표는 학습자들이 모어 문화와 목표 언어의 문화 간 차이에 대한 이해를 통해서 다른 문화를 이해할 수 있는 목표 언어의 문화적 정체성을 습득할 수 있도록 해야 한다. 아울러 외국어 교육으로서의 한국어 교육에서 문화 교육을 통해서 한국어 문화에 대한 정체성의 확립할 수 있을 뿐만 아니라 목표 언어를 매개로 하는 문화 습득(culturalization) 또는 문화 이식(culture acculturation)의 단계로 발전할 수 있어야 한다.

2) 정의적 능력으로서의 문학 문식성

일반적으로 정의[6]와 관련되어 문학에서는 감정, 정서 등의 용어가 같이 사용된다. 이러한 정의 관련 용어 중에서 학문적인 차원에서는 정서라는 용어의 개념이 비교적 잘 정리되어 있다. 예를 들면, 심리학에서 정서(情緖)는 "인간 정서 관념이 서로 다르면서도 불완전하게 연관된 네 가지 현상―(1) 선택적 유발자극에 대한 뇌 활동 변화, (2) 감각적 성질을 지니고 있으며 의식적으로 탐지된 감정 변화, (3) 감정을 해석하고 단어 표지를 붙이는 인지 과정, (4) 행동 반응의 준비나 표현―을 가리키는 추상적이고 가치중립적인 구성 개념"(J. Kagan, 2009, 49)으로 이해된다. 이 네 가지 범주 중에서 두 번째 현상을 '감정(feeling)'으로 세 번째 현상을 '정서(emotion)'로 부르기도 한다. 그러나 문학에서는 감정과 정서, 정의가 분명하게 구분되거나 정서 주체에게 변별적으로 받아들여지거나 작용하지는 않는다.

문학은 이러한 인간들의 감정이나 정서를 형상화한 예술이다. 소설이나 희곡의 경우에는 감정이나 정서를 직접 서술하기도 하지만, 시의 경우에

---

[6] 'affect'의 번역으로 주로 'affective'로 사용되며, 이 글에서는 "따뜻한 마음과 참된 의사를 통틀어 이르는 말."이라는 정의(情意)의 사전적 정의(定義)보다는 정서, 감정 등의 개념과 공유하는, '인지'와 상대어 관계에 놓이는 교육학적 개념을 총칭한다. 구체적으로 블룸(B. S. Bloom), 앤더슨과 크래스홀(L. W. Anderson & D. R. Krathwohl) 등은 교육목표 분류학에서 교육의 목표를 '인지적 영역', '정의적 영역', '신체적(심리·운동적) 영역'으로 나누었으며, 이 중에서 '정의적 영역'은 개인의 태도, 흥미, 자아개념, 동기, 인성, 가치관 등 인간의 심리적 특성과 관련된 교육 목표라고 규정하였다.(서울대학교 교육연구소 편, 1999, 2327-2338)

는 이미지, 비유, 상징, 리듬을 통해서 감정이나 정서를 간접화하여 표현한다. 앞에서 논의한 것처럼 감정과 정서를 구별하여, 시와 같은 서정적인 장르에서 문학적으로 형상화된 감정을 정서라고 명명하기도 한다. 특히 서정시는 정서를 표현하는 문학 갈래이고, 이러한 서정시에서는 시인이 시에 표현한 자연을 통해서도 자신의 정서와 사상을 표현한다. 따라서 문학적으로 형상화된 자연 대상은 자연 자체의 본질이나 단순한 서경(敍景)의 나열만은 아니다. 정과 경이 서로 조응하는 정경교융(情景交融), 자연물과 자아가 하나가 되는 물아일체(物我一體), 나와 대상이 일체가 되는 주객일체(主客一體)의 시학을 실현한 것이라고 할 수 있다.

이와 같은 정서적 언어 표현이자 정서적 글쓰기의 대표적인 양식인 문학작품의 창작과 수용 또는 표현과 이해 과정에 작용하는 문학 문식성은 대략 세 단계로 나누어 설명할 수 있다. 즉 문학작품을 창작하는 표현의 단계, 문학작품을 수용하여 이해하는 단계, 문학작품을 수용해서 그 감상을 표현하는 이해/표현 단계 등이 그것이다. 요약적으로 설명하면, 문학작품의 창작과 수용의 과정에 전반적으로 인지적 능력(윤리성, 심미성 등)과 정의적 능력(정의적 문식성, 문학적 감수성 등)을 가진 문학 문식성이 작용하지만, 대체로 정의적 능력이 중요하게 작용한다.

먼저 문학작품을 생산하는 표현 단계, 예를 들어 시를 창작하는 단계에서는 시의 표현 대상이나 현실에 대한 시인의 인지적 능력이 작용하여 이를 미적, 정서적, 윤리적으로 형상화하게 되는데, 이러한 형상화 과정에는 주로 시인의 정의적 능력이 작용한다. 이 단계에서는 특히 문학 형상화에 중요하게 작용하는 상상력의 힘을 빌려 시인의 생각이나 느낌을 구체화하게 되는데, 감정이나 정서(정의)를 문학적으로 형상화하는 과정에는 상상력이 같이 작동하게 된다. 따라서 문학적 형상화에서 정서와 상상력의 관계를 엄밀히 규명하거나 그 작용의 경계를 명확하게 짓기는 어렵다.

다음으로 이렇게 창작된 문학작품을 이해하고 감상하는 단계에서는 독자나 학습자의 인지적 능력과 정의적 능력이 동시에 또는 시의 종류에 따라 각각 달리 작용한다. 예를 들어, 시를 언어, 리듬, 비유, 이미지 등 서정 갈래의 속성을 중심으로 분석하고 이해하는 활동 단계에서는 인지적 능력이, 이러한 분석적 이해를 넘어 동화(同化), 감동, 내면화(內面化), 이화(異化), 비판 등과 같은 정의적 감상 활동 단계에서는 정의적 능력이 작용한다. 또 개인의 느낌이나 생각을 표현하는 서정시의 경우에는 정의적 능력이, 고전적인 시의 경우에는 문화적 능력이 주로 작용한다. 사회 현실에 대한 글쓴이의 현실 인식이 표현된 모더니즘 시나 리얼리즘 시의 경우에는 독자와 학습자의 인지적, 비판적 능력 등이 이러한 시의 이해와 감상에서 중요한 역할을 담당한다.

마지막으로 문학작품에 대한 독자의 감상을 표현하는 이해/표현의 단계에서는 표현의 욕구와 필요성에 따라 차이가 있지만, 기본적으로 학습자의 정의적인 능력은 독자로서 느낌이나 생각을 표현한 감상문이나 감상 말하기 형식으로 실현된다. 이때 문학작품 이해의 단계에서는 정의적 능력이, 감상 표현의 단계에서는 인지적 능력이 작용한다. 아울러 독자나 학습자가 시를 인지적인 차원에서 이해했다고 하더라도 정서적으로 공감(共感)하지 않는다면 다음 단계의 표현으로 확장 또는 전이되기 어렵다. 따라서 이러한 문학 감상이 표현으로 확장·전이하는 과정에는 독자의 정의적 능력이 무엇보다 중요하게 작용한다.

3. 한국어 교육에서 문학 문식성의 적용

그동안 한국어 교육에서 문학작품의 교육적 활용에 대해서는 깊이 있는 논의들이 진행되었다. 그 대강의 내용은 한국어 교육에서는 문학작품을 교수-학습함으로써 의사소통 능력과 같은 기초적인 언어 능력을 함양할 수 있을 뿐만 아니라 사회·문화적 맥락이나 문학적 표현을 활용하는 고급스러운 언어 능력을 기를 수 있다고 보았다. 이런 관점에서 한국어 문학 교육의 목표를 한국 문학작품을 활용한 의사소통 교육, 한국 문학작품을 활용한 사회·문화 교육, 한국 문학작품에 대한 교육(윤여탁, 2007b, 73-98)으로 나누어 정리한 바 있다.

즉 한국어 교육에서 문학 교육의 기초적인 목표는 한국어 의사소통 능력이나 한국어 문화 능력 함양이지만, 고급 단계의 한국어 교육에서는 한국 문학작품 자체에 대한 교육과 문학 능력 함양을 지향해야 한다는 것이다. 이때 전자의 의사소통 능력이나 문화 능력 함양의 경우에는 주로 언어 학습의 차원에서 이루어지며, 후자의 경우에는 한국학 교육 차원에서 한국 문학 교육이 실천된다. 비슷한 맥락에서 영어교육에서도 목표 언어의 문학작품이 읽기 자료나 비판적 언어활동 자료라는 한계를 넘어 문학과 더불어 언어(literature-cum-language)라는 통합적인 언어 교육 차원에서 문학작품의 효용성(J. Collie and S. Slater, 1987, 3-6)과 문학 교육 방법(Geoff Hall, 2005; Piera Carroli, 2008)이 논의되었다.

이러한 논의를 통해서 한국어 교육에서 문학의 위상은 먼저 한국어 의사소통 교육을 위한 교수-학습 활동 자료로서 활용될 수 있다. 즉 한국어 교육의 목표나 단계에 적합하게 교육적으로 가공된 언어 자료가 아니라 실제적인 자료(authentic material)로 한국 문학작품이 활용될 수 있다. 다음으로 한국 문학은 목표 언어인 한국어의 문화(언어문화)의 내용이자 실체로서의 위상과 역할이 있다. 이러한 후자의 관점에 의하면, 한국 문학의 내용이나 문화적 표현은 한국의 문화이며, 이를 교육하는 것 역시 한국어 교육의 또 다른 목표이다. 다음의 인용문은 자국어교육에서의 주장이지만, 큰 틀에서 외국어로서의 한국어 교육에도 적용될 수 있다.

> "문학은 문식성 학습의 완벽한 매개 수단이며, 이것은 자연스럽게 교실을 넘어서도 실현된다. (중략) 우리는 문학을 이용해서 학생들을

비판적 읽기, 쓰기, 협동 학습, 말하기와 듣기 능력을 소유하고 실천하는 파수꾼이자, 교실 안팎은 물론 그들이 속한 공동체의 안팎에서 비판적으로 사고할 수 있는 사람으로 바꿀 수 있다."[7]

 어떻든지 이 글에서는 기초적인 의사소통을 목표로 하는 한국어 교육을 극복하는 차원에서, 보다 높은 단계의 의사소통 능력을 추구하는 한국어 교육의 목표와 방법으로 한국어 문학 교육의 필요성을 강조하고자 한다. 이를 위해서 한국어 교육 논의에 적용할 수 있는 문학 문식성의 본질을 설명하였다. 그리고 한국어 문학 교육에서 이처럼 확장된 문학 문식성의 개념을 실천하기 위해서는 한국어 교수-학습 과정에 문학작품(아동문학, 소설, 시)과 문학작품과 관련이 있는 대중문화 상품(영화, 드라마, 음악, 방송 프로그램) 등을 교수-학습의 내용과 제제로 삼으려는 적극적인 노력이 요구된다는 사실도 확인해둔다.

 그리고 외국어로서의 한국어 교육에서 한국 문학 교육은 그 과정과 단계에 따라 서로 다른 층위의 문식성이 작용한다. 특히 한국어 학습자들이 한국 문학작품을 이해하는 과정에서 작용하는 문식성과 이러한 문학 감상을 목표 언어로 표현하는 과정에서 작용하는 문식성은 다르다. 즉 전자의 경우에는 자국어 학습에서 배운 문학 활동을 위한 지식을 활용하는 문학 이해 능력으로서의 문학 문식성이 작용하며, 또 이 과정에는 학습자의 목표 언어 문화에 대한 지식이나 정보뿐만 아니라 학습자의 정의적 능력이 같이 작용한다. 이에 비하여 후자의 경우에는 자국어 학습이나 외국어 학습에서 학습한 언어 표현 능력(말하기/쓰기)이 작용하며, 정확한 언어 표현을 위한 문법

---

7 Literature is a perfect vehicle for literacy learning, one that naturally transcends our classrooms.(……) We can use literature to transform our students into sentinels who own and practice critical reading, writing, collaborating, speaking, and listening to become critical thinkers in and outside the classroom, in their community and beyond it.(J. A. Chadwick·J. E. Grassie, 2016, 5-14)

능력도 같이 작용한다.

또 한국어 교육에서도 문학 활동을 위한 문학 문식성은 일차적으로 자국어 학습에서 길러지며, 이차적으로는 외국어 학습 과정에서 학습되거나 학습해야 하는 문학이나 문화 지식, 학습자의 목표 언어와 문화, 문학을 수용하려는 정의적 능력 등이 작용한다. 이 부분에서는 구체적인 시 텍스트 읽기, 즉 한국 문학 이해와 감상의 과정을 예로 들어 외국어로서의 한국어 문학 교육에서 문학 문식성의 본질인 문화와 정의가 어떻게 작용하는가를 설명하고자 한다.

> 어려선 그 냄새가 그리 좋았다
> 모기를 죽이는 것도
> 뱃속 회충을 죽이는 것도 그였다
> 멋진 오토바이를 돌리고
> 삼륜차 바퀴를 돌리고
> 누런 녹을 지우고 재봉틀을 매끄럽게 하던
> 미끈하고 투명한 묘약
> 맹탕인 물과는 분명히 다르다고
> 동동 뜨던 그 오만함도, 함부로 방치하면
> 신기루처럼 날아가버리던 그 가벼움도 좋았다
> 알라딘의 램프 속에 담겨진 것은
> 필시 그일 거라 짐작하기도 했다
> 개똥이나 소똥이나 물레방아나
> 나무장작과 같은 신세에서 벗어나
> 그가 있는 곳으로 가고 싶었다 그렇게
> 기름때 전 공장노동자가 되었다
> 빨아도 빨아도 지워지지 않는 얼룩도

그의 것이라는 것을 알았다

— 송경동[8], 「석유」의 전문

이 시는 현대의 문명화된 삶을 가능하게 했던, '묘약'과도 같은 '석유'와 연관된 시적 화자의 이야기를 감각적인 표현으로 이야기하고 있다. 그리고 이 시의 내용은 '모기를 죽이는 것도 / 뱃속 회충을 죽이는 것도 그였다'라는 부분을 제외하고는 대체로 쉽게 이해된다. 현대 한국의 젊은 독자들도 이해하기 쉽지 않은 이 표현의 내용은 비교적 나이가 좀 든 중장년층이나 기억하고 있는 가난했던 옛날에 있었던 이야기로, 대부분의 학습자들은 경험해보지 못했기 때문에 그 내용조차 짐작할 수도 없는 문화적 배경을 지닌 이야기다. 이밖에도 이 시는 우리 현대 사회의 곳곳에서 각기 다른 기능과 모습으로 자리를 잡고 있는 '석유'에 대한 기억들을 다양하게 형상화하고 있으며, 이런 내용을 이해하기 위해서는 목표 언어에 대한 역사적 배경이나 문화적 정보를 알고 있어야 한다. 물론 학습자들의 모국에서의 학습이나 경험, 문화적 배경 지식이 작용한다면 쉽게 이해할 수도 있지만 말이다.(윤여탁, 2017)

이처럼 이 시의 이해 과정에는 시에 대해서 배운 인지적인 이해를 위한 문학 지식 외에도 학습자들의 문화적 경험이나 배경지식들이 중요하게 작용한다. 예를 들어 현대의 학습자들이 이해하기 쉽지 않은 표현 부분들을 이해하려면, 예전에 모기나 해충을 잡기 위해서 석유를 섞어 만든 살충제를 뿌리거나 모기의 유충인 장구벌레가 많이 사는 더러운 물웅덩이에 석유를 뿌렸던 기억(공기 호흡하는 장구벌레는 물 위에 뜬 석유에 호흡기가 막혀 죽음.), 기생충약이 널리 보급되기 전에 회충약 대신에 석유를 마셨던 조금은 무섭고 무지

---

[8] 1967년 전남 보성 벌교 출생. 2001년 『내일을 여는 작가』와 『실천문학』에 작품을 발표하면서 등단. 『꿀잠』(삶이 보이는 창, 2006), 『사소한 물음들에 답함』(창비, 2009), 『나는 한국인이 아니다』(창비, 2016) 등 시집이 있음. '천상병시문학상'(2010), '신동엽창작상'(2011) '아름다운 작가상'(2016), '고산문학 대상'(2016) 등을 수상하였음.

했던(?) 그 옛날의 문화적 배경이 학습자들에게 공유되어야 한다. 그래서 이 시를 교수-학습하기 위해서는 한국어 학습자들에게 과거 한국의 문화적 정보를 비계(飛階, scaffolding)나 단서로 제공해야 한다. 이를 통하여 한국어 학습자들이 이 시 텍스트의 내용을 이해할 수 있도록 해야 하며, 이 단계에서는 일차적으로 문화적 정보를 이해하는 문화적 문식성이 작용한다.

이상과 같은 시 텍스트 이해 단계 이후에는 학습자의 정의적 영역으로 내면화되는 감상 단계로 이어지게 된다. 즉 이 시의 주된 메시지인 고단한 노동자의 삶을 선택할 수밖에 없었던 시적 화자의 이야기는, 이에 대한 이해를 바탕으로 한국어 학습자들의 삶과 연관된 정서적·정의적 반응이나 태도로 전환되어야 한다. 그런데 문화적, 사회적 경험이 다른 외국인 학습자들의 내면화된 정의적 반응들은 학습자들마다 차이를 보일 수밖에 없다. 예를 들면, 시적 화자가 이야기하고 있는 노동자의 삶이 가슴에 와 닿지 않는 학습자가 있을 것이고, 쉽게 지워지지 않는 '얼룩'처럼 '기름때 전 공장노동자'가 될 수밖에 없었던 고단한 삶을 동정하는 학습자도 있을 것이다. 그리고 그리 많지는 않겠지만 화자인 노동자의 삶이 자신의 삶과 별로 다르지 않음을 체감(體感)하여 동일시하는 학습자도 있을 것이다. 즉 이 단계에는 목표 언어문화에 대한 정보뿐만 아니라 목표 언어를 학습하는 한국어 학습자의 정의적인 능력이나 감수성이 작용하게 된다.

이처럼 외국어로서의 한국 문학을 교수-학습하는 과정에는 학습자들의 문화적 정보의 유무나 문화적 차이뿐만 아니라 시적 화자로 형상화된 타자의 삶이나 정서를 이해하려는 학습자의 정의적 지향이 중요하게 작용하게 된다. 그리고 외국인인 한국어 학습자의 이러한 정의적 능력은 학습자의 문화적 경험을 통해서 자신의 문학적 경험으로 내면화되며, 특히 한국어 교육의 문학 교수-학습 텍스트로서의 시를 이해하고 감상하는 활동은 목표 언어의 고급스러운 문학적 표현을 학습할 뿐만 아니라 목표 언어에 대한 문화 능력을 함양하는 것이며, 학습자 자신의 정의와 정서를 환기시켜서 내면화할 수

있는 것이다.[9]

　결론적으로 외국어로서의 한국어 교육에서 목표 언어의 문학을 학습하는 과정에는 학습자 자신들의 문화뿐만 아니라 목표 언어의 문화를 차이를 인정하는 정의적 관점이 무엇보다 중요하다. 그리고 이와 같은 목표 언어의 문학을 학습하기 위해서는 다중언어문화 환경이라는 현대사회의 특수성을 고려하여 상호문화적 관점에서 타문화를 이해하려는 문화적 문식 능력이 필요하다. 아울러 상호문화의 관점에서 타문화를 이해하거나 수용하기 위해서는 무엇보다 학습자의 정의적 문식 능력이 작동해야 한다. 즉 한국어 교육에서 문학 문식성에는 외국인 학습자의 문화적인 측면과 정의적인 측면이 같이 작용하며, 한국 문학작품에 대한 교수-학습은 서로 다른 문화와 소통하기 위해 생각하고, 느끼고, 행동하게 하는 문학적 과정이자 실천이라고 할 수 있다.

4. 한국어 문학 교육의 발전을 위하여

　외국어로서의 한국어 교육에서 문학 교육은 발전을 거듭하였다. 그런데 현대사회의 세계화에 따른 다중언어문화 환경과 4차 산업혁명으로 대표되는 기술 문명의 발달은 한국어 교육에서 기초적인 의사소통 능력이나 통번역과 같은 능력의 필요성은 약화될 것으로 예측된다. 이에 따라 한국어 교육은 상호문화주의의 관점에서 한국학의 학문 분야와의 연계를 추구해야 하며, 정의적, 창의적인 문학작품을 대상으로 하는 한국어 문학 교육의 필요성

9　물론 시를 교수-학습할 때 이해와 감상 활동이 선후 관계나 인과 관계에 놓이는 것만은 아니다. '석유'의 물성(物性), 화자의 기억이나 얽힌 이야기가 다양하게 제공되는 이 시와는 달리, 서정 주체의 정서나 사상을 함축적인 언어 표현으로 전달하는 순수 서정시의 경우에는 대체로 이해와 감상 활동이 동시에 이루어진다.

이 강조될 것으로 생각된다.(윤여탁, 2020, 283-306) 이러한 시점에서 외국어로서의 한국어 교육에서 한국 문학작품에 대한 교육과 연구는 다음과 같은 방향에서 그 이론과 실제를 추구할 수 있을 것이다.

먼저, 외국어 학습자들이 목표 언어인 한국 문학에 대한 단편적인 지식 학습을 지양하고 통합적 지식을 학습하는 교육으로 나아갈 수 있도록 교육적 실천을 설계해야 한다. 즉 한국 문학에 대한 사실이나 명제적인 지식을 암기하기보다는 시대적 상황이나 문예사조 등과 연관시킬 수 있는 학습자 중심의 구성적 지식으로 전환하여 문학작품을 종합적으로 이해하도록 하는 문학 교수-학습 활동을 수행해야 한다. 이를 위해서 한국어 문학 교육을 담당하는 교수자와 연구자들은 한국어 교육에서도 통합적인 언어 능력을 함양할 수 있는 방향에서 문학작품의 교수-학습 내용을 구안하고, 그 실천 방법을 구체적으로 제시해야 한다.

다음으로, 한국어 교육에서 문학작품의 교수-학습을 통해서 문학의 장점과 효용성을 교육 일반으로 확대하여 그 교육적 효과를 극대화할 수 있는 방법을 모색해야 한다. 특히 보편적인 특성을 지니고 있는 문학의 본질을 수동적으로 받아들이거나 문학주의에 매달려 문학적인 사실 확인과 같은 제한적인 교수-학습 활동에 머물 것이 아니라, 보다 적극적으로 문학작품에 형상화된 내용이나 정서를 학습자 자신의 문화 학습이나 정의 교육으로 확대할 수 있어야 한다. 즉 한국 문학작품을 활용하여 언어 사용 능력을 함양함은 물론 한국어 학습사의 경험이나 정서와 결부시켜서 문학작품을 이해하고 감상할 뿐만 아니라 학습자의 자신의 정의적인 능력과 태도를 함양하는 한국어 문학 문식성 교육을 실천해야 한다.

끝으로, 외국어로서의 한국어 교육에서 문학 문식성 신장을 위한 문학 교육과 연구를 활성화해야 한다. 실제적인 측면에서 문학 교육 현장에서의 교육적 실천도 중요하지만, 한국어 문학 교육의 교수자, 교재, 교육 내용, 교육 방법에 대해 깊이 있는 연구를 진행하고, 그 연구 결과를 문학 교실에 송환(送還, feedback)할 수 있도록 해야 한다. 이를 위해서 앞으로 한국어 문학 교육 전문가들은 교육적 실천을 넘어 한국어 문학 교육에 대한 심층적인 차원의 이론 연구와 교수-학습 교실에 대한 현장 연구도 같이 수행해야 한다. 구체적으로 한국어 문학 교육에서도 교육학이나 사회과학적 연구 방법을 적용하여 폭 넓은 양적 연구와 깊이 있는 질적 연구를 수행하고, 그 연구 결과를 교육 현장에 다시 환원하여 적용하려고 노력해야 한다.

그리고 이와 같은 한국어 문학 교육의 연구와 실천을 통해서 한국 문학 교육은 실용적인 언어 사용 교육이라는 한계를 극복하여 문화 교육, 정의 교육과 같은 더 높은 차원의 의사소통 능력 교육으로 나아갈 수 있다. 즉 한국 문학을 활용한 한국어 교육의 방향은 학습자 자신의 문화적 정체성과 목표 언어의 문화적 정체성을 교섭·조정할 수 있는 능력인 한국어 상호문화 능력 함양을 지향해야 한다. 아울러 이러한 한국어 교육의 지향을 통해서 미래사회에 닥칠 수 있는 학문 외적인 환경의 변화에도 흔들리지 않는 지역학으로서의 한국학, 한국어교육학, 한국어 문학교육학의 위상을 공고히 할 수 있을 것이다.

참고 문헌

서울대학교 교육연구소 편(1999), 「정의적 특성의 평가」, 『교육학 대백과사전』, 하우동설, 2327-2338.
윤여탁(2007a), 「비판적 문화 연구와 현대시 연구 방법」, 『한국시학연구』 18, 한국시학회, 71-83.
윤여탁(2007b), 「한국어 문학교육의 목표」, 『외국어로서의 한국문학교육』, 한국문화사, 73-98.
윤여탁(2015), 「한국에서의 문식성 교육의 반성과 전망」, 『국어교육연구』 36, 서울대학교 국어교육연구소, 535-561.
윤여탁(2016), 「문학 문식성의 본질, 그 가능성을 위하여: 문화, 창의성, 정의(情意)를 중심으로」, 『문학교육학』 51, 한국문학교육학회, 156-176.
윤여탁(2017), 「시 교육에서 학습 독자의 경험과 정의에 관한 연구」, 『국어교육연구』 39, 서울대학교 국어교육연구소, 261-287.
윤여탁(2018a), 「지구 언어 생태계의 변화와 (한)국어교육의 미래」, 『국어교육』 163, 한국어교육학회, 1-21.
윤여탁(2018b), 「다중언어문화 한국어 학습자의 문식성교육」, 『국어교육연구』 42, 서울대학교 국어교육연구소, 231-256.
윤여탁(2020), 「포스트 휴먼 시대의 한국어교육, 그 현재와 미래」, 『국어교육연구』 46, 서울대학교 국어교육연구소, 283-306.
한국문학교육학회 엮음(2010), 『문학능력』, 역락.
Carroli Piera(2008), *Literature in Second Language Education: Enhancing the Role of Texts in Learning*, Continuum.
Chadwick J. A.·Grassie J. E.(Foreword by Hall Holbrock)(2016), *Teaching Literature in the Context of Literacy Instruction*, Heinemann.
Collie J. and Slater S.(1987), *Literature in the Language Classroom: A Resource Book of Ideas and Activities*, Cambridge University Press.
Hall Geoff(2005), *Literature in Language Education*, Palgrave Macmillan.

Hirsch Jr. E. D.(1988), *Cultural Literacy: What Every American Needs to Know*, Random House Inc.

Kagan J.(2007), *What Is Emotion?: History, Measures, and Meanings*, Yale University Press, 노승영 옮김(2009), 「정서란 무엇인가」, 아카넷.

Lankshear C. & Knobel M.(2006), *New Literacy: Everyday Practices and Classroom Learning*(2nd ed.), Open University Press.

Park James(2003), *The Emotional Literacy Handbook: Promoting whole-school strategies*, David Fulton Publishers.

Purves Allan C., Papa Linda, Jordan Sarah(ed)(1994), *Encyclopedia of English Studies and Language Arts*(vol 1), Scholastic.

Tylor E. B.(1871), *Primitive Culture*, [S. Greenblatt, 「문화」, 정정호 외 공역(1994), 「문학연구를 위한 비평용어」, 한신문화사, 292면에서 재인용.]

1부

한국 현대시 교육에서 텍스트

1장 한국어 교육에서 생태시에 대한 인지론적 접근

2장 노래와 시의 상호텍스트성을 활용한 한국 현대시 교육
　　－노래 〈당신의 밤〉과 윤동주의 〈서시〉를 중심으로

3장 북방의식을 기반한 한국 현대시 읽기 교육 연구
　　－중국인 고급 학습자를 중심으로

4장 베트남인 학습자를 위한 한국 문학 문식성 교육 연구
　　－김소월의 〈진달래꽃〉과 응웬빙의 〈러쭈엔〉 비교를 중심으로

1장 한국어 교육에서 생태시에 대한 인지론적 접근

오지혜 세명대학교 미디어문화학부

1. 문학적 경험과 사회적 실천으로서 한국어 문학 교육

외국어로서 한국어 교육에서 문학 교육은 크게 문학을 통한 한국어 교육과 한국어 문학에 대한 교육의 두 차원에서 이루어진다. 전자는 의사소통을 위한 한국어 지식과 기능, 후자는 한국 문학작품 감상에 초점을 두고 있으며, 문학이 언어문화이자 예술이라는 점에서 전자와 후자 모두 한국 문화에 대한 이해를 교육 목적 및 내용으로 삼는다. 이 같은 관점은 그동안 외국어 교육에서 문학 교육 모델(R. Carter and M. N. Long, 1991) 즉, 언어 모델, 문화 모델, 개인 성장 모델을 기반으로 문학 교육의 다양한 내용론과 방법론을 통해 시도되었다. 이는 문학의 심미성과 효용성의 선상에서 학습자로 하여금 문학적 경험으로서 언어적, 심미적, 윤리적 체험을 유도하고 감동을 일으켜 궁극적으로는 삶에 대한 태도의 변화를 가져온다는 문학 교육의 가치 또는 의미로 이해할 수 있다.

한편 외국어로서 한국 문학 교육에 있어서 학습자의 문학적 경험을 윤리적 체험과 개인 성장으로 이어지도록 하는 교육 내용과 방법에 대한 논의는 많지 않다. 한국어 교육론에서 소위 '학습자 중심성'과 '개별화'가 더욱 중요하게 다루어지고 있지만, 그것은 어학 및 기능 교육에 국한될 뿐 문학 교육의 장에서는 그렇지 못하다. 문학작품을 통해, 또는 문학작품에 대해 참여하고 탐구, 발견하는 인지적, 정의적 활동은 문학이라는 장르가 가진 본질에 접근하는 진정한 교육이라 할 수 있다. 독자로서 학습자 개개인의 반응, 이해, 감상을 통해서만이 학습자 중심의 그리고 개별화된 한국 문학 교육이 이루어질 수 있다. 그러나 문학 속 언어는 어휘, 문법 및 표현과 같은 언어 자료로, 문학의 제재 및 주제, 배경은 문화 정보로 활용되는 데 그치는 경우가 대부분이다.

또한 외국어로서 한국 문학 교육은 비교와 대조를 중심으로 한 기존의 'Cross-culture'의 관점에서 나아가 'Inter-culture'의 관점에서 논의되어야 한다. 비교문학적 접근에서의 문학 교육은 학습자의 모국 (언어)문화와 한국 (언어)문화 간 유사점과 차이점을 이해하는 데 그치기 쉽다. 문학이 삶의 국면을 형상화하는 것이라면 문학 교육은 학습자가 살아가는 데 필요한 보편적 가치를 제공해야 할 것이다. 그렇다면 외국어로서 한국어 교육에서 문학 역시 세계 문학으로서 'Inter-culture', 더 나아가 'universal-culture'의 관점에서 바라볼 필요가 있다. 이는 실용적, 도구적 특성을 중심으로 발전해 온 실천의 한국어 교육에서 한국학 교육과 연구의 다양한 성과를 담보할 수 있는 한국어교육학으로 위상을 강화해야 한다(윤여탁, 2020, 295)는 주장과도 맞닿아 있다. 세계 보편적 접근에서 문학 교육은 궁극적으로 학습자가 자신의 삶에서 언어적, 문화적, 예술적, 윤리적으로 실천하는 데 필요한 동인(動因)이 될 수 있다.

이상의 세계 보편적 문학 교육의 관점으로부터 한국 생태시를 대상으로 인지론적 접근에서 교육 방안을 모색하고자 한다. 이는 학습자 중심의 개별화된 문학적 경험을 통한 사회 실천적 교육의 차원에서 외국어로서 한국 문학 교육을 위한 내용과 방법이 될 것이다.

2. 시 텍스트에 대한 인지론적 접근

1) 은유도식과 표상

은유는 '隱'과 '喩'에서 볼 수 있듯이 '숨긴 채 (의미를) 깨우쳐 주다 혹은 가르쳐 주다'의 뜻을 지니고 있다. 원관념인 본의(tenor)와 보조관념인 매재(vehicle) 간 의미 넘겨주기, 즉 '의미 전이(transference)'는 지각, 개념, 언어에 대한 이해와 관련이 있다. 이는 은유와 인지의 관계 혹은 은유의 인지론적 속성을 말해 준다.

인지론적 관점에서 텍스트의 의미 구조는 '은유도식'으로 설명할 수 있다. 은유도식은 심상(이미지)을 통해 관념을 구체적으로 형상화하여 전달함으로써 텍스트 해석의 틀을 제공하고 텍스트를 이해하는 데 도움을 준다. 시 텍스트에서 은유도식은 프레임(frame)과 스크립트(script)[1]라는 용어로 설명할 수 있다. 시는 순간적, 감각적, 직관적 속성을 띠고 있다. 텍스트에서 시적 대상에 대한 순간적인, 직관적 인상은 하나의 화면으로서 담긴다. 이러한 화면

---

[1] 인지심리학에서 프레임은 도식, 스크립트는 슬롯으로 설명된다. 외부에서 입력된 정보는 일종의 정신 구조로서 도식, 즉 프레임으로 전환되는데, 하나의 프레임(도식) 내에는 복수의 슬롯(slot), 즉 스크립트가 존재한다. 도식은 정서, 심리, 태도에 의한 해석을 표상하는 역할을 하며, 도식(프레임)과 슬롯(스크립트) 간 의미, 정서 및 감정의 유사성 혹은 인접성의 관계에 의해 나타난다. 이때 유사성 또는 인접성은 가변적이고 맥락 의존적이다. 여러 슬롯(스크립트)들 중 지정값이 클수록, 즉 프레임(도식)과 관련성이 클수록 개념을 가장 잘 대표한다고 할 수 있으며 이를 원형(prototype)이라고 한다. 원형은 개념을 표상하는 정보의 추상적, 평균적 집합체다.(이정모 외, 2013)

은 '프레임'이 되며 이를 통해 독자는 시 텍스트 속으로 들어갈 수 있게 된다. 이때, 프레임 속에서 진행되는 의미 구조가 스크립트이다. 또한 스크립트는 시어를 통해 일종의 장면으로서 시상 전개에 의해 논리적으로 구조함으로써 시 텍스트의 의미 구조를 형성한다. 스크립트에서는 시 텍스트가 전경과 배경으로 구분되어 의미의 초점화가 이루어지기도 하는데, 이 점과 관련하여 최지현(201)은 시 텍스트 내 프레임에서는 시인 혹은 화자의 포괄적인 태도가 드러난다면, 스크립트는 구체적인 심리·태도를 반영된다고 언급한 바 있다.

한편, 인지심리학에서는 어떤 대상에 대한 지각을 우리 마음속의 '표상(representation)' 즉, '다시 표현하다'로 설명한다. '표상'은 지각 기반, 의미 기반, 언어 기반의 세 가지 방식의 지식인 '심상 표상', '명제 표상', '언어 표상'으로 나타난다.(이정모 외, 2013, 282)

지각을 통한 표상은 마음에 형성된 이미지(mental imagery)로서 '의미 있는' 부분들로 구성된 심상이다. 따라서 동일한 대상이라 할지라도 대상을 받아들이는 사람에 따라 심상은 변형되거나 달라진다. 또한 의미에 의한 표상은 개념, 명제, 도식(스크립트, 슬롯)의 형태로 나타난다. 이중에서 특히 개념이 중요한데, 지식은 기본적으로 개념들로 구성되어 있기 때문이다. 개념에는 모든 인지활동 즉, 범주화, 기억, 추리와 판단, 언어 사용과 이해 등에 사용되는 사물, 사건, 현상에 대한 정보가 담겨 있다.(이정모 외, 2013, 255-258)

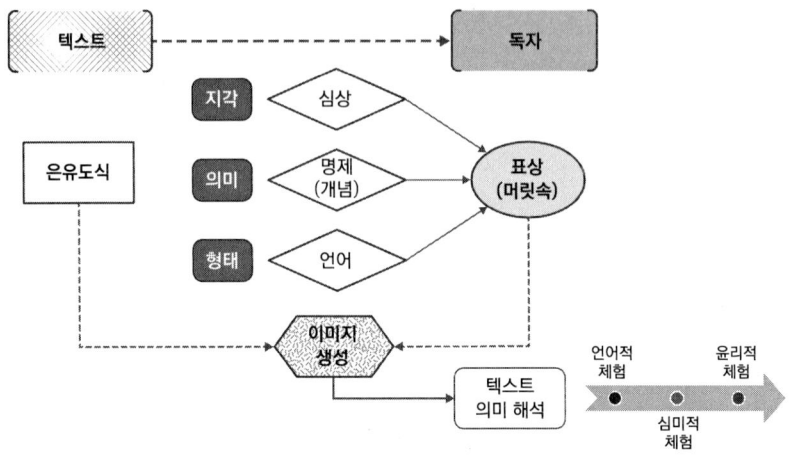

<그림 1> 인지론적 관점에서 독자의 텍스트 해석 모형[2]

정리하자면, 시 텍스트는 은유도식 즉, 전체적인 구조로서 프레임과 내적 의미 구조로서 스크립트로 형성된다. 이때 하나의 프레임은 A+B+C+D⋯⋯의 스크립트로 구성되며 각각의 스크립트는 시인 혹은 화자의 심리적 태도를 반영한다.

2) 시 텍스트의 은유도식 모형

시 텍스트에서 은유도식은 중심 은유와 파생 은유, 그리고 중심 이미지와 파생 이미지를 생산하고, 중심 은유와 파생 은유, 중심 이미지와 파생 이미지의 관계는 스크립트의 구조를 형성한다. 이 과정에서 텍스트의 전체 혹은 부분을 지배하는 중심 및 파생 이미지는 지각 표상으로 나타나고, 지각 표

---

[2] 이 모형은 다음의 논의를 참고하여 수정한 것임을 밝힌다.
이정모 외, 『인지심리학』, 학지사, 2013.
최지현, 『문학교육심리학』, 역락, 2014.

상은 개념 표상으로 이어진다. 시를 읽을 때 프레임과 스크립트를 통해 나타나는 심상 표상과 개념 표상은 시 텍스트를 해석, 이해하는 기제가 된다.

시는 시적 대상에 대한 시적 진술이다. 여기에는 다양한 시적 기법을 통한 형상화, 변주가 일어난다. 인지론적 관점에서 시적 진술은 은유도식을 토대로 한다. 예를 들어 [시간-물] 도식을 토대로 '세월은 흘러가는 물이다.'라는 시적 진술이 이루어질 수 있다. 또한 시적 진술은 모형열쇠문장(matrix key sentence)을 토대로 한다. 모형열쇠문장은 일종의 화제 문장(topic sentence)으로, 텍스트 내에서 시적 대상에 대한 '시적 진실'을 문장화한 것(오세영, 2013, 155)으로 텍스트 전체의 뼈대가 된다. 텍스트 전체에 걸쳐 시적 진술이 이루어지는 동안 모형열쇠문장은 반복적으로 나타나며 시의 행 혹은 연의 흐름에 따라 중심 은유와 중심 이미지, 파생 은유와 파생 이미지를 생성한다. 은유 도식 안에서 은유와 이미지는 유추, 연상, 열거의 표현 방식을 통해 형상화된다.

시적 진술은 모형 열쇠 문장을 토대로 시 텍스트 전체에 걸쳐 나름의 스크립트에 의해 구조화된다. 텍스트 내 각각의 행 혹은 연은 스크립트로서 모형열쇠문장의 등가적 반복과 함께 시상을 전개한다. 여기에는 구심적 모형, 직조(대칭)적 모형, 반복적 모형, 기승전결 모형, 변증법적 모형, 대조 혹은 병치 모형, 원환적 모형, 파노라마식 모형, 이야기 형식 모형 등이 있다.(오세영, 2013, 231-242)

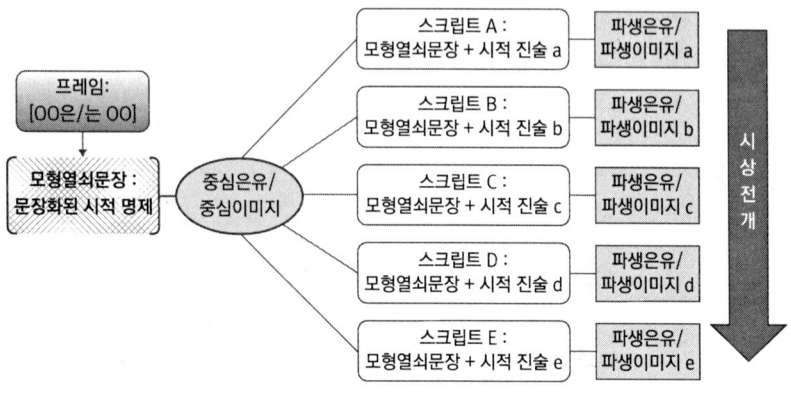

<그림 2> 시 텍스트의 은유도식 모형

3. 한국어 교육에서 생태시 교육의 방향

1) 생태비평적 관점에서 외국어로서 한국 문학 교육

생태 문학[3]은 인간과 자연의 환경에 주목하여 자연 환경과 생태 문제에 대해 비판적으로 접근한 문학을 가리킨다. 이는 표층생태학(shallow ecology)과 심층생태학(deep ecology), 그리고 사회생태학(social ecology)의 영향에 따라 그 성격을 달리한다. 표층생태학적 관점에서 생태 문학은 인간 중심의 시각에서 자연을 인간과 분리시켜 환경의 문제를 다룬다. 반면에 심층 생태학은 인간 중심주의에서 벗어나 인간과 자연 간 상호의존적 관계에 주목하고 인간을 자연의 일부로 여긴다. 여기에서는 자연과 인간의 관계를 평등하다고 보

---

[3] 이와 비슷한 용어로 문학생태학이 있다. 문학생태학(literary ecology)은 문학작품에 나타난 생물학적인 주제들과의 관계에 대한 연구이다. 이는 생태학의 한 분야로서 순수한 문학론이 아니라 생태학적 관점에서 문학과 물리적 환경 간의 양상에 대한 연구이다.(Joseph W. Meeker, 1974, 3-9; 임도한, 1998, 279-291에서 재인용)

고 이 둘의 조화, 공생의 문제를 다룬다. 사회생태학은 더 나아가 인간 사회의 생태와 자연 생태 간의 관계를 통해서 생태 파괴가 인간 사회의 문제로부터 기인한 것으로 보고 있다. 다시 말해서 권위적, 억압적, 지배적인 인간 사회의 구조는 그대로 자연 세계에 적용되어 자연에 대한 억압, 지배로 이어진다는 것이다. 이러한 맥락에서 생태 문학에서는 인간 지배의 문제를 중심으로 계급 혹은 계층, 성, 지역 간 착취, 갈등, 불평등을 소재로 윤리적, 도덕적 가치를 지향한다.

'생태비평(eco-criticism)'은 문학과 생태학의 학제 간 연계를 통해 문학 연구에 생태학적 개념들과 생태학을 적용하는 관점으로서 민족, 계급, 성 그리고 환경에 걸쳐 생명과 인간에 대한 이해를 지향한다. 이는 휴머니즘으로 연결되어 문학적이며 다문화적, 인문학의 실천적인 성격을 띤다. 생태비평적 관점에서 문학 교육은 자연과 인간의 가치, 질서를 바탕으로 하여 생명에 대한 존중, 자연과 인간 간 평등과 조화, 더 나아가 전 지구적 공존, 다양성의 문제를 다룬다. 이 점은 외국어로서 한국 문학 교육이 문학의 효용성, 심미성 측면에서 의사소통을 위한 한국 언어문화 이해와 문학작품 감상에 국한된 것에서 윤리성 기반의 세계 보편적 정서 및 태도 차원까지 교육의 영역 및 의미를 지닐 수 있음을 말해 준다. 동시에 외국어로서 한국어 교육에서 생태 문학 교육은 상호문화적 의사소통(intercultural Communication)과도 연결된다. 이는 지식(savoirs), 기술(savoir comprendre, savoir apprendre/faire), 태도(savoir-être), 비판적 문화 인식(savoir s'engager)(M. Byram, 1997)의 측면에서 한국어와 한국 문화에 대한 지식, 한국 문학 감상, 그리고 세계문학으로서 한국 문학에 대한 이해와 보편의 정서를 기반으로 한 세계시민 의식을 포괄한다.

2) 생태시의 범주 및 특성

'생태시(ecological poetry)'[4]는 생명, 자연, 인간, 환경을 소재로 하여 생태 파괴의 문제를 다룬 시로서 과학 문명 및 산업화, 자본주의 비판, 탈근대, 인간 의식을 중심으로 생태적 감수성을 지닌다. 생태시는 좁은 의미에서 1990년대 이후에 나타난 시, 넓은 의미에서는 생태 파괴와 탈근대화 이전, 즉 근대 이전의 생태 관련 시를 가리키며, 고전 문학까지를 포함하기도 한다. 생태시는 세 가지 차원, 즉 자연과 인간의 지배 관계 인식, 자연과 인간 간 심미적 거리, 시인 혹은 시적 화자의 이상향에서 설명할 수 있다.

우선 자연과 인간의 지배 관계 인식은 시인 혹은 시적 화자가 자연에 접근하는 데 있어서 다시 세 가지로 나뉜다. 첫째, 자연을 곧 우주로 보고 인간 세계를 초월한 존재로 인식하는 관점, 둘째, 세계, 우주 속에서 자연과 인간의 존재를 동등하게 바라보는 관점, 셋째, 인간 중심주의 사고를 가지고 인간 문명 세계로부터 자연을 바라보는 관점으로 나눌 수 있다.

다음으로 자연과 인간 사이의 미적 거리(aesthetic distance)는 시인 혹은 시적 화자가 시적 대상인 자연을 어떤 거리에서 바라보느냐에 따라 규명, 고발, 성찰의 성격을 띠는 것을 말한다. 이에 따르면 생태시는 자연 혹은 자연미 감상 차원의 생태시, 자연 파괴를 묘사하는 생태시, 인간 성찰을 통해 복원, 이상을 지향하는 생태시의 세 가지로 나뉜다. 첫째, 자연 혹은 자연미 감상 차원의 생태시는 자연 친화적인 시로서 전원 문학 혹은 목가시의 성격을 띠고 있다. 이는 물활론적 관점에서 자연에 대한 경외심을 바탕으로 자연을 초월적이고 영혼적 존재로 인식하고 있다. 둘째, 자연 파괴를 묘사하는 생태시는 생태 환경의 파괴, 오염의 실상을 고발, 비판하는 태도, 상실의 어

---

[4] 생태시라는 용어는 마이어-타쉬(Mayer-Tasch)가 1981년에 『직선들의 뇌우 속에서, 독일의 생태시』라는 사화집에서 처음 사용한 것으로 1970년대 이후 등장한 새로운 독일의 자연시의 경향을 설명하기 위해 차용되면서 문학 용어로 자리 잡았다.(임도한, 1998, 280)

조를 취하고 있다. 셋째, 인간 성찰을 통해 복원, 이상을 지향하는 생태시는 자연과 인간 간의 평등, 조화, 공존을 지향하며, 인간과 자연의 관계 속에서 다양성, 공생, 반계급, 자율성을 모색한다. 또한 시인 혹은 시적 화자의 이상향 측면에서 생태시는 시인 혹은 시적 화자가 자연과 인간 간의 문제를 해결하는 사상과 추구하는 이상 세계를 구현한다. 여기에는 토착사상, 동양사상, 서구사상, 그리고 융합적 세계관이 반영되어 있다.

3) 한국 문학 교육을 위한 생태시 선정

외국어로서 한국 문학 교육을 위한 생태시 텍스트는 생태학적 서정시와 생태학적 문명비판 시의 두 유형에 기반을 두어 선정할 수 있다. 전자는 자연 친화적, 물활론적 사고를 바탕으로 한 자연미 감상의 성격을 띠는 시로서 김지하의 「중심의 괴로움」을 예로 들 수 있다. 이 시는 자연 파괴, 오염, 고발을 묘사한 것에서 나아가 자연과의 친화, 합일에 초점을 두고 자연의 이치, 원리를 인간과 세계에 대한 성찰, 통찰로 나아간다. 김지하의 「중심의 괴로움」은 동양 사상, 특히 불교 사상으로부터 자연을 우주의 중심에 놓고, 시공간적으로 인간을 초월하는 존재로 인식하고 있다. 또한 시인 또는 시적 화자가 1인칭 관찰자 시점에서 자연의 신비를 관찰하면서 인간, 자연, 우주 간의 본질적 문제를 철학적으로 규명하고 있다.

후자는 시인 혹은 시적 화사가 인간에 의해 착취되고 훼손된 자연에 대해 분노, 고발하는 시로, 비판적 태도, 상실감의 어조를 띤다. 이문재의 「비닐우산」을 이 유형의 시로 볼 수 있는데, 인간 중심주의로부터 시적 화자는 인간 문명 세계에서 자연과 세계를 인식하고 있다. 시적 화자는 1인칭 주인공의 시점에서 현재의 자연 파괴가 미래의 인간의 종말을 가져올 것을 경고하고 있다. 이 시에서는 자연을 복원하자거나 인간이 자연으로 회귀해야 한다고 명시적으로 진술하지는 않으나 흙, 햇빛, 비를 빨아들이고, 하늘을 향해 열려야 하며, 썩어져 자연으로 돌아가야 함을 말하고 있다. 이는 토착사상, 동양사상, 서구사상이 결합된 융합적 세계관에 바탕을 두고 있다.

다음 장에서는 생태학적 서정시로서 김지하의 「중심의 괴로움」과 생태학적 문명비판 시로서 이문재의 「비닐우산」의 두 작품을 대상으로 생태시 교육 내용을 제시하고자 한다.

(가) 「중심의 괴로움」 (김지하, 1994, 50)	(나) 「비닐우산」 (이문재, 1993, 80-81)
봄에 가만 보니 꽃대가 흔들린다 흙밑으로부터 밀고 올라오던 치열한 중심의 힘 꽃피어 퍼지려 사방으로 흩어지려 괴롭다 흔들린다 나도 흔들린다 내일 시골 가 가 비우리라 피우리라.	그 무렵의 보리밭 이라고, 중얼거려 보면 마음 한 켠 언뜻 환해진다 여기에는 푸름 전혀 없는 탓 내 속에 푸르름이 없는 까닭이다 푸른 것들은 살의를 품은 듯 있는 힘 다해 햇빛 빨아들인다 살아서 푸르른 것이다 내 어려 살던 곳 보리밭 이랑이랑 푸른 것들의 무더기들 더운 흙속을 쑤셔대고 있었거니 비닐우산 들고 여기, 아침으로 나오는데 그 여린 보리들처럼 너는 이 비를 빨아들이지 않는다 이 비 나는 비켜간다 너도 그러할 터, 비닐 한 겹으로 하늘과 나는 막혀 있구나, 갈라져 있구나 이러한 투명은 절망일 터, 너와 나도 빤히 보임으로써 갈라져 있다 썩어져 없어지지 않는 것이 가장 큰 죄, 죄악이다 비닐 같은 문명들 겹겹으로 오늘을 뒤덮고 있다 이 봄날 지나면 우선 내가 먼저 너로부터 썩어져 나가리니

4. 인지론적 접근에서 생태시 교육 내용

앞서 언급한 바와 같이, 인지론적 관점에서 시 텍스트의 의미 구조는 직관적, 순간적, 인상적 화면으로서 '프레임(frame)'으로 은유도식화 할 수 있다. 프레임 안에서 시 텍스트는 문장화된 시적 진술 혹은 명제이자 텍스트의 뼈대인 '모형열쇠문장', 그리고 '중심 은유 및 중심 이미지'를 생성한다. 시적 진술은 행 또는 연 단위의 '스크립트'에 따라 시상이 전개된다. 각각의 스크립트에는 모형열쇠문장이 등가적 반복되어 나타나며, 이때 등가성은 의미적, 정서적인 연속성과 동일성을 지닌다.

중심 은유 및 중심 이미지는 시 텍스트 전체를 관통하는 시적 화자의 심리적, 정서적 태도를 중심으로 각 스크립트 내 파생 은유 및 파생 이미지에 대해 구심력을 갖는다. 또한 스크립트 간 파생 은유 및 파생 이미지는 [의미소]에 의해 유추, 연상, 열거의 방식으로 조직화된다.

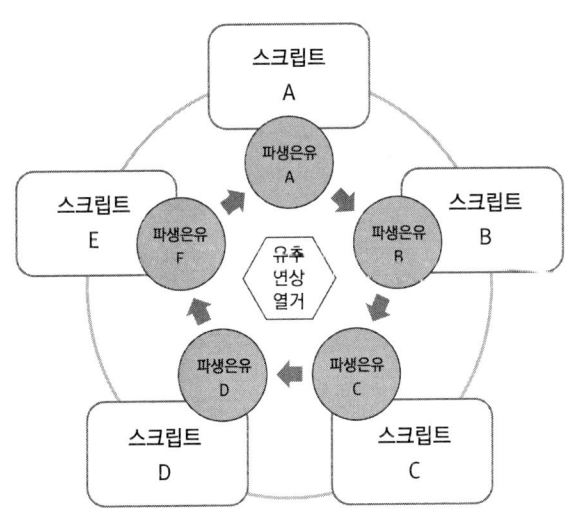

<그림 3> 시 텍스트 내 스크립트와 파생 은유 및 파생 이미지의 구조

인지론적 접근에서 생태시 교육은 시 텍스트에 대한 상호문화적 읽기와 윤리적 읽기의 두 방향에서 이루어질 수 있다. 전자는 중심 또는 파생 은유와 이미지를 기반의 언어문화 이해, 후자는 스크립트를 기반으로 시적 진술에 대한 비판적 태도 형성을 목적으로 한다.

1) 은유 및 이미지 기반의 언어문화: 상호문화적 읽기

우선 김지하의 「중심의 괴로움」의 프레임은 [자연-생명력]이며, 프레임을 토대로 모형열쇠문장은 "자연은 우주를 창조하는 생명력의 근원이다."의 시적 명제로 나타난다. 이 시에서 시적 대상은 '꽃대'로 꽃대는 자연에 대한 비유이면서 동시에 [자연-생명력] 프레임을 형성하는 중심 은유로 작용한다. 시 텍스트의 모형열쇠문장은 의미적, 정서적 등가성을 기반으로 스크립트마다 제시되는데, 이때 각 스크립트 내 파생 은유 혹은 이미지는 [상승], [확장]의 의미소를 지닌 채 시적 화자의 자연관인 [자연-생명력]을 다양한 표현 방식으로 그려낸다.

이 시에서 중심 은유, 중심 이미지는 '꽃대' [생명]과 '중심'[창조]이다. 시적 대상은 '꽃대'지만, 사실상 이 시 전체를 지배하는 은유와 이미지는 그 '꽃대'를 치고 올라오는 '중심'이다. '중심(center)'은 주변에서 중심으로 옮겨 가는 것은 외부에서 내부로, 형식적인 세계에서 명상적인 세계로, 다중성에서 통일성으로, 공간에서 무공간으로, 시간성에서 무시간성으로 옮겨지는 것을 의미한다. 즉, 중심은 2차원, 3차원의 세계에서 공간과 시간이 만나는 지점이며 원심과 구심이 동시에 작용한다. 동양의 경우, 불교에서는 깨달음, 열반을, 도교에서는 순수한, 무한한 존재를 상징하기도 한다.(J. C. Cooper, 이윤기 옮김, 2010, 57-58) 김지하의 「중심의 괴로움」에서는 이 '중심'을 통해 하늘, 땅, 지하의 세계가 교차되고 시간과 공간을 초월하여 전 우주를 하나로 만들며, 영원, 순환, 중화, 조화의 원리가 작동하는 것으로 볼 수 있다.(이승훈 편저,

1995, 436-437) 중심 은유인 '꽃대'와 '중심'으로부터 '자연의 생명력은 곧 세계, 우주의 창조'라는 시 전체의 지배적인 이미지가 형성되는 것이다.

파생 은유 및 이미지 역시 '꽃대'와 '중심'을 향하고 있다. 이는 자연의 생명력, 생산, 잉태를 위한 인고의 과정으로 진술되고 있는데, 파생 은유와 파생 이미지는 이 시의 제목인 '중심의 괴로움'처럼 '깨달음', '순수한 존재', '무한한 존재'로서 '중심'이 세계와 우주를 창조하기 위한 인고의 과정을 보여준다. (3연) 퍼지려, 흩어지려, (4연) 괴롭다, 흔들린다, (5연) 비우리라, 피우리라에서 보듯이, 파생 은유 및 파생 이미지는 [확산] - [요동] - [출산]의 의미소에 따라 제시된다. 이는 창조력, 생명력을 전파하고자 하는 [확산]에서, 그 힘을 발생시키는 과정에서 일어나는 [요동]으로, 궁극에는 세계, 우주의 생명을 잉태, 생산하는 [출산]으로 이어지면서 자연의 섭리, 생태의 본질을 그려내고 있다.

중심 은유 및 이미지와 파생 은유 및 이미지 간의 의미 관계를 살펴보면 파생 은유와 파생 이미지 즉, (3연) 퍼지려, 흩어지려 [확산] - (4연) 괴롭다, 흔들린다 [요동] - (5연) 비우리라, 피우리라 [출산]이 구심력을 가지고 중심 은유이자 이미지인 '꽃대[자연]'의 '중심[창조]'를 향해 순차적으로 제시되어 있음을 알 수 있다.

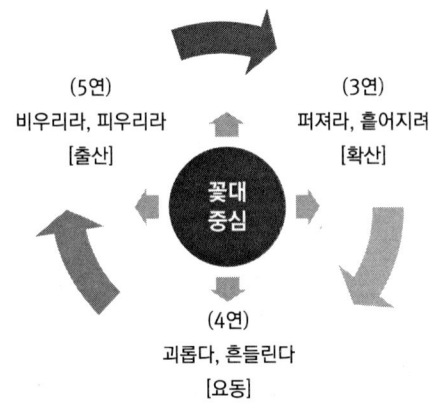

<그림 4> 「중심의 괴로움」의 중심 은유와 파생 은유

다음으로 이문재의 「비닐우산」은 '비닐우산'을 시적 대상으로 하여 [푸르름-생명]의 프레임으로 은유도식화되어 있다. 앞선 김지하의 「중심의 괴로움」에서 시적 화자 혹은 시인이 인간과 자연 간 교감을 바탕으로 하여 자연에 대한 순응, 조화를 견지하는 것과는 달리, 이 시에서는 인간의 문명이 자연과 생명을 파괴하고 오염시키는 것을 묘사함으로써 자연, 생명 위협하는 것을 비판, 고발하고 있다. 이 시의 모형열쇠문장은 "푸르름이 없다."로부터 명제화된 "문명이 자연을 위협하고 있다."이다.

이 시에서는 파생 은유와 파생 이미지들은 중심 은유이자 이미지인 '푸르름'의 의미소 [생명]을 기반으로 하여 (1연) 보리밭 - (2연) 보리밭, 푸른 것 - (3연) 보리, 비닐우산 - (4연) 나, 너 - (5연) 비닐 같은 문명들과 같이 나열되어 있다. 중심 은유 및 이미지와 파생 은유 및 이미지 간 관계는 시 텍스트의 전반부 두 연(1, 2연)의 경우 '보리밭', '푸른 것'에서 보듯이 '푸르름'과 의미적, 정서적 유사성 및 공유성에 기반을 두고 연상, 확장 관계를 보여준다. 또한 후반부 두 연(4, 5연)에서는 파생 은유 및 파생 이미지인 '나', '너', '문명'이 중심 은유 및 중심 이미지인 '푸르름'에 대항하는 전복 관계를 띠고 있다. 그리고 전반부와 후반부 사이의 중반부인 3연에서는 '보리'와 '비닐우산'이 대등하게 연쇄적으로 제시되는 한편, '푸르름'에 대해서는 유의 관계와 대립 관계가 공존하고 있다. 다시 말해서 시 텍스트의 중반부부터 '비닐우산'은 자연 파괴적인 존재로서 나 → 너 → 문명으로 이어지면서 후반부에 와서는 공간적 확장을 이루고 있다.

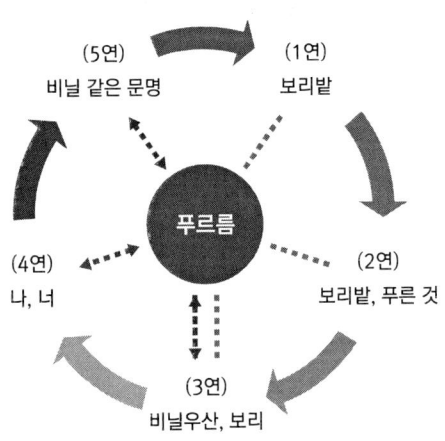

<그림 5> 「비닐우산」의 중심 은유와 파생 은유

파생 은유 및 이미지 중에서 1연, 2연, 3연에 제시된 '보리밭', '푸른 것', '보리'는 자연의 생명력을 '흡수'하는 것으로, 비, 햇빛, 흙과 교감하는 존재를 대변한다. 반면에 3연, 4연, 5연의 '비닐우산', '나', '너', '비닐 같은 문명들'은 자연, 생명을 '차단'하거나 '차단된' 대상으로서 대조를 이룬다. 특히 (3연) 비켜가다, (4연) 막혀 있다, 갈라져 있다, (5연) 덮여 있다, 썩어져 나가다에 걸쳐서 발생하는 이미지는 시적 화자의 심리적 상태인 비판적 태도와 상실감의 어조를 잘 드러내고 있다.

2) 스크립트 기반의 시적 진술: 정의적, 윤리적 읽기

김지하의 「중심의 괴로움」의 각 스크립트들은 상호 간에 의미적, 정서적 동질성과 연속성을 지니고 있다. 시상 전개에 있어서는 스트립트 I(1연) → 스트립트 II(2연과 3연) → 스크립트 III(4연과 5연) → 스크립트 IV(6연)의 네 부분으로 이어지는 기승전결의 방식을 취하고 있다.

<표 1> 시 「중심의 괴로움」의 스크립트 전개

연	스크립트	의미	핵심어
1연	I	도입	[생명 탄생을 위한 몸부림]	(지금)/봄/꽃대
2연	II	묘사	[생명의 잉태, 탄생, 전파]	중심/꽃
3연				
4연	III	반복, 확장	[생명 창조의 고통, 인고]	꽃/나/괴롭다, 흔들린다
5연				
6연	IV	결말	[자연의 생명은 곧 세계, 우주의 창조로 이어진다.]	내일/시골/비우리라, 피우리라

시 텍스트의 도입 부분인 스크립트 I(1연)에서는 아직은 미완의, 미성숙한 존재로서 '꽃대'의 작지만 범상치 않은 몸부림을 포착하여 자연의 생명력, 운동력을 시의 중심 진술로 끌어들이고 있다. 이어 스크립트 II(2연과 3연)에서는 꽃대로부터 꽃이 피고 꽃씨와 꽃잎 즉 생명력이 전파되는 장면을 통해 '자연의 잉태, 생명력의 근원은 곧 이 세계 혹은 우주의 창조적 힘'이라는 물활론적 사고를 드러낸다. 다음으로 스크립트 III(4연과 5연)에서는 잉태된 생명이 자라나 시간과 공간을 초월하여 뻗어 나가려는 과정에서 맞닥뜨리게 되는 고통의 장면으로 전환된다. 이와 동시에 인간인 '나'도 결국 자연의 일부이자 순수한 자연인으로서 삶의 깨달음을 얻기 위해 겪을 수밖에 없는 시적

화자의 심리가 드러난다. 끝으로 스크립트 Ⅳ(6연)에서는 하늘, 땅, 지하가 교차하고 시간과 공간을 초월하는 인고의 끝에 자연은 활력과 생명력을 얻게 되는 것으로 끝맺고 있다. 여기서 주목할 만한 점은 시간과 공간의 이원적 대립 구조를 통해 시적 진술을 극대화한다는 것이다. '내일'과 '시골'은 각각 스크립트 Ⅰ(1연)의 '지금 이 순간'과 '여기'와 대비되면서 시간, 공간을 넘어선 무한한 세계와 우주의 창조력에 힘을 실어 준다.

　이문재의 「비닐우산」의 스크립트 역시 Ⅰ(1연, 도입) → Ⅱ(2연·3연, 묘사) → Ⅲ(4연, 반복, 확장) → Ⅳ(5연, 결말)의 기승전결 방식을 통해 [푸르름이 없다.] → [자연은 생명력을 빨아들인다.], [문명은 생명력을 차단한다.] → [우리 모두 생명력을 차단한다.] → [문명으로 인해 인간은 파멸하게 될 것이다.]의 구조를 갖는다.

<표 2> 시 「비닐우산」의 스크립트의 전개

연	스크립트	의미		핵심어
1연	Ⅰ	도입	[푸르름이 없다.]	보리밭
2연	Ⅱ	묘사	[자연은 생명력을 빨아들인다.] / [문명은 생명력을 차단한다.]	(흙속) - 푸른 것 - (햇빛, 비)
3연				
4연	Ⅲ	반복, 확장	[우리 모두 생명력을 차단한다.]	투명
5연	Ⅳ	결말	[문명으로 인해 인간은 파멸하게 될 것이다.]	봄날

　스크립트 Ⅰ(1연)에서는 푸르름이 없는 자연 위협의 현실을 소개한다. 스크립트 Ⅱ(2연과 3연)에서는 '푸른 것'과 '비닐우산'을 대비시키고 있는데 이중 '푸른 것'은 다시 '흙속' 대 '햇빛', '비'로 대비되는 자연의 생명력을 흡수한다. '흙속'은 지하, 하부 세계를, '햇빛'과 '비'는 하늘, 상부 세계를 상징하며 '푸른 것'은 이 모든 공간, 즉 우주로부터 생명을 부여받는 존재이다. 스크립트 Ⅲ(4

연)에서는 '비닐우산'으로 인한 하늘과 막혀 있는 나의 현실, 나아가 너의 현실을 그려내고 있다. 이때 '하늘'은 자연의 절대자, 만물의 창조자, 세계의 주관자이다. 하늘은 지상의 삶의 조건을 초월하는 세계로 인식되기도 한다.(이승훈 편저, 1995, 513) 하늘과 나 사이가 '막히고 갈라져 있음'은 곧 자연, 우주와의 괴리, 불화를 맞이하게 된 인간의 비극적인 현실을 보여주는 것이다. 이는 스크립트 Ⅱ의 2연에서 푸른 것들이 '빨아들이고 쑤셔대는 것'과 대조를 이루고 있다. 특히 '투명'은 인간이 자연, 우주와의 괴리, 불화로 인한 절망을 보여주는 핵심어라 할 수 있다. '투명'이라는 속성상 볼 수 있으나 차단하는 기능을 하며 이로써 대상과 대상 사이를 단절시킨다. 하지만 동시에 '투명'에는 아직 포기할 수 없는 그 무엇의 의미가 담겨 있다. 완전히 어둡거나 뿌옇지 않은, 인간에게 남아 있는 자연에 대한 '인식', '성찰'의 가능성이 그것이다. 이로써 '투명'은 일종의 모순된 시적 장치로서 절망과 희망을 야기한다. 스크립트 Ⅲ에서 '투명'은 마지막 스크립트에서 제시된 '봄날'로 연결된다. 불행 중 다행으로 시적 화자에게 현실은 아직 '봄날'이며 이때 '봄날'은 아직 늦지 않았음을 의미한다. 길지 않지만 우리 인간이 성찰할 마지막 시간이 남아 있으며, 우리에게 필요한 것은 자연에 대한 친화, 자연과의 조화, 교감, 공생을 위한 치열한 성찰이다. 스크립트 Ⅳ에서는 '내가 먼저 너로부터 썩어져 나가리니'에서 보듯이 자연, 인류, 우주의 파멸과 종말을 경고하고 있다. 스크립트 Ⅱ의 3연으로부터 썩지 않는 존재로서 '비닐우산'이 스크립트 Ⅳ에 와서 자연으로 회귀하지 않는 '문명'이 되었다가 더 나아가 인간의 '죄악'을 초래하는 과정으로 나타나는 것이다.

시간과 공간의 측면에서 볼 때, 스크립트 Ⅰ과 스크립트 Ⅳ는 대칭적 의미 구조를 띠고 있다. 전자의 '보리밭'과 후자의 '봄날'은 모두 5월부터 6월까지 봄의 시기와 관련된다. '내 속에 푸르름이 없는' 그 날과 '우리가 아직 썩어져 나지 않은' 그 날이 절망과 희망 사이 어느 한 곳에 머물러 있는 것이다.

5. 한국어 학습자의 개인 성장(personal involvement)과 문학 교육

4차 산업혁명 시대와 코로나 19를 겪으면서 미디어, 비대면, 일상성, 자연 생태계, 다문화 사회화 및 세계화 등이 화두로 떠올랐다. 이러한 맥락에서 디지털(digital), 휴먼(human), 그린(green), 상호(inter) 등의 용어가 주목받고 있으며, 교육 분야에서도 예외는 아니다. 외국어로서 한국어 교육에서 '문학'에 대한 접근 역시 디지털, 휴먼, 그린, 상호의 네 요소를 고려한 교육 내용과 방법이 마련될 필요가 있다. 특히 '문학'의 교육적 가치와 의미를 상기해 볼 때, 휴먼 측면에서 감성과 공감, 그린 측면에서 자연 환경 변화에 대한 대응, 상호 측면에서 글로컬 또는 세계화의 문제는 수용되어야 한다.

이는 교육의 장에서 점차 강조되고 있는 학습자 중심성, 개별화뿐만 아니라, 문학 교육이 지향하는 개인적 연관(personal involvement)과 개인 성장(personal growth)과 관련되는 교육 내용의 요소이기도 하다. 외국어로서 한국 문학 교육을 위한 내용론과 방법론으로서 '생태 문학'과 '인지론'은 이 관점에서 의미를 지닌다고 본다. 생태시 교육은 자연 친화, 교감의 차원을 넘어서서 자연을 이해하고 궁극적으로는 인간에 대한 이해, 인간의 삶과 사회에 대해 통찰하는 과정이라 할 수 있다. 또한 인지론적 접근에서 문학 텍스트는 인지적, 정의적 측면에서 학습자에게 한국 언어문화에 대한 지식, 정서, 윤리적 태도를 표싱(representation)하는 통로이자 자료가 된다.

외국어로서 한국 문학 교육이 언어 모델과 문화 모델에서 개인 성장 모델 차원으로 확장될 때, 학습자로 하여금 자신의 삶에서 언어적, 문화적, 예술적, 윤리적으로 실천하도록 하는 문학 교육의 본분을 다할 수 있을 것이다.

참고 문헌

강연호(2008), 「생태학적 상상력과 현대시」, 『한국 문학이론과 비평』 39, 한국 문학이론과 비평학회, 113-137.
김선태(2008), 「한국 생태시의 현황과 과제」, 『비평문학』 28, 한국비평문학회, 7-35.
김정우(2020), 「생태문학교육의 방향과 내용 -통합적 운영과 융합과목으로서의 가능성을 중심으로-」, 『국어교육』 169, 한국어교육학회, 1-27.
김지하(1994), 『중심의 괴로움』, 솔.
박주식(2003), 「생태비평」, 『안과 밖』 14, 영미문학연구회, 192-211.
오세영(2013), 「시 쓰기의 발견」, 서정시학.
오지혜·윤여탁(2010), 「한국어교육에서 비교문학을 활용한 현대시 교육 연구」, 『국어교육』 131, 한국어교육학회, 551-588.
오지혜(2013), 「문화 능력의 재개념화를 통한 한국어 문화 교육 내용 연구 -문화 교재 분석을 중심으로-」, 『한국언어문화학』 10-1, 국제한국언어문화학회, 75-97.
윤여탁(2020), 「포스트 휴먼 시대의 한국어교육: 그 현재와 미래」, 『국어교육연구』 46, 서울대 국어교육연구소, 283-306.
이문재(1993), 『산책시편』, 민음사.
이승훈 편저(1995), 『문학상징사전』, 고려원.
이은홍(2019), 「문학교육에서 생태비평 수용의 의의와 방안」, 『문학교육학』 64, 한국문학교육학회, 181-226.
이정모 외(2013), 『인지심리학』, 학지사.
임도한(1998), 「생태 문학론의 전개와 한국 현대 생태시」, 『한국시학연구』 1, 한국시학회, 272-299.
최동호(1996), 「21세기를 향한 에코피아의 시학」, 『21세기와 한국 문화』, 나남.
최지현(2014), 『문학교육심리학』, 역락.
한국 문학평론가협회 편(2006), 『문학비평용어사전』, 국학자료원.
Byram, M.(1997/2020), *Teaching and Assessing Intercultural Communicative Competence*, Multilingual Matters Limited.

Carter R. and Long M. N.(1991), *Teaching Literature*, Longman.

Cooper, J. C.(1978), *(An) Illustrated encyclopaedia of traditional symbols*, 이윤기 옮김(1994/2010), 「그림으로 보는 세계문화상징사전」, 까치.

Gillian Lazar(2000), *Literature and Language Teaching*, Cambridge University Press.

Joseph W. Meeker(1974), *The Comedy of Survival: Stdies in Literary Ecology*, N.Y: Charler Scribner's Sons.

Louise M. Rosenblatt(1995), *Literature as Exploration*, Jon Ratner, 김혜리·엄해영 역(2006), 「탐구로서의 문학」, 한국 문화사.

2장 노래와 시의 상호텍스트성을 활용한 한국 현대시 교육*

–노래 〈당신의 밤〉과 윤동주의 〈서시〉를 중심으로

노금숙 후난사범대학교 한국어학과

1. 문제제기

    중국의 대학교 정규 과정의 한국어 교육에서는 초기부터 문학 교육을 중요시하였다. 그것은 기타 외국어 교육에서 해당 언어와 문학에 대한 교육을 중심으로 진행해 왔고, 중국어 교육에서 문학의 효용론이 전통적으로 중시되어 왔기 때문이라고 볼 수 있다. 그러나 기타 외국어 교육이나 중국어 교육에서의 문학 교육과 비교해 보면 한국어 교육에서의 문학 교육은 잘 이루어지지 못하고 있는 것이 현실이다. 그 원인은 한국어 교육에서의 문학 교육은 대학교에 와서 한국어를 배우기 시작한바 중고등학교 때부터 접했던 외국어나 모국어와는 달리, 한국의 사회, 문화에 대한 이해의 부족, 언어 지식

---

* 본고는 『국어교육학연구』 38집에 게재된 논문 「노래와 시의 상호텍스트성을 활용한 한국어교육」을 수정·보완한 것임을 밝혀둠.

의 제한을 받기 때문이다. 현재 진행되고 있는 한국어 교육의 교육과정에 개설한 교과목들의 대부분은 학교 문법과 일상생활 언어를 기본으로 하여 학습자들의 한국어능력을 키우는 것이 주요한 내용이다. 따라서 문법적인 파괴, 작가의 독특한 언어 사용, 방언의 사용 등은 학습자들이 한국 문학작품을 접하는 데 상당한 어려움을 주고 있다. 일단 언어능력의 제한을 받으면 문학을 통한 문화 교육, 문학을 통한 문학 교육은 제대로 이루어질 수가 없고 문학 교육은 사실 어휘와 문법 학습을 위한 언어 교육에 그치고 말게 된다. 비록 중국에서의 한국 문학 교육은 한국어 교육과 맥을 같이 하고 있기는 하지만, 사실상 문학을 활용한 언어 교육의 수준에 머물고 있는 것이다.

본고에서는 문학 교육의 세 가지 목표, 즉 문학을 통한 언어 교육, 문학을 통한 문화 교육, 문학을 통한 문학 교육 중에서 문학 자체의 교육적 가치를 더 중요시하고자 한다. 만약 문학을 단순히 언어 교육에 활용하자면 꼭 한국 문학이 아니어도 된다. 왜냐하면 중국에는 이미 한국어로 번역이 되어 있는 중국 문학작품이 많기 때문에 언어 교육으로 활용하자면 번역된 문학작품도 충분하다. 인지적 측면에서 보면, 한국어로 번역된 중국 문학작품은 학습자들이 이미 형성한 내용스키마를 자연스럽게 활성화시킬 수 있어 텍스트의 내용에 접근이 용이하다. 한국어로 번역된 대부분의 중국 문학작품은 중국인 학습자들이 이미 그 내용을 알고 있기 때문에, 혹은 학습자가 읽지 않은 작품이라도 중국 문학이라 문화적인 측면에서 이해하는 데는 아주 용이하다. 또한 번역된 작품은 학습자들이 중국어와 한국어의 문장의 구성과 어휘 및 문법을 대조하면서 학습할 수 있기 때문에 언어 학습에 더 효과적이라고 본다.

또한 문학을 활용한 문화 교육에 목적이 있다면, 굳이 한국 문학작품을 활용해야 하는 것도 아니라고 본다. 한국 드라마, 한국 영화, 한국 문화를 다룬 글 등이 방송과 인터넷을 통하여 대량적으로 전파되고 있는 실정인바 이러한 것을 활용하면 문화 교육이 더 효율적이다. 김중섭은 중국인의 한국

체험기, 중국과 한국의 문화적 공통부분을 다룬 글들은 중국인의 눈으로 바라본 한국 문화이므로 문화적 난이도 및 충격이 어느 정도 정제되어 있는 글이기에 한국 문화를 접하고 잘 이해할 수 있는 계기도 된다(김중섭, 2002, 57)고 하였다.

따라서 본고에서는 한국어 교육에서의 문학 교육의 목적을 문학 자체에 대한 교육을 중심으로, 한국 문학이 내포하는 한국어 지식, 한국 문학의 구조체계, 한국 문학에 표현된 한국인의 정서와 가치관 등 작품 자체의 특수성에 중점을 두면서 노래와 시의 상호텍스트성에 의한 한국 현대시 교수-학습 방안을 모색해 보려고 한다. 이런 접근방식은 지금까지 진행해 온 한국 문학 교육의 연구와는 좀 달리, 그 목적이 문학을 위한 문학 교육에 치우쳐 있으며, 또 학습자의 정서적 및 인지적 측면의 발달을 중요시하고, 나아가 한국 문학에 대한 이해를 증진시키는 데 의미가 있을 것으로 판단된다.

2. 노래와 시의 상호텍스트성과 문학 교육

1) 상호텍스트성과 문학 교육

상호텍스트성[1]이란 간단히 말하면 텍스트와 텍스트 사이의 관련성을 말하는 것으로, 처음 논의될 때는 텍스트의 영향 관계에 대한 논의에 제한되었

---

1 상호텍스트성은 1960년대에 이르러서 본격적으로 논의되기 시작하였지만 사실상 그 역사는 상당히 길다. 플라톤의 모방론, 시적 영감 이론, 소크라테스식 대화, 아리스토텔레스의 시학 등은 상호 텍스트적 모방과 번역의 문제와 밀접한 관련성을 띠며, 르네상스 시대에 이르러 셰익스피어, 베이컨 등의 작가들에 의해 본격적으로 발전되기 시작한다. 이러한 상호텍스트성은 모더니즘 이론가들에 의해 진지하게 논의되기 시작하는데, T.S 엘리어트의 『황무지』(1992), 마르셀 푸르스트의 연작 소설 『잃어버린 시간』(1913~1927)은 상호텍스트성이 형상화된 대표적인 작품에 해당한다.(김욱동, 1992, 192-194)

지만 여러 논의를 거치면서 개념이 확대되었다. 상호텍스트성은 불가리아 태생의 기호학자 크리스테바가 처음 사용한 용어이다. 크리스테바는 한 발화가 화자(작가)나 청자(독자) 또는 다른 발화(문학텍스트)와 갖는 상호텍스트성을 수평적 관계(한 발화가 발화 내적으로 화자와 청자와 맺는 관계)와 수직적 관계(발화가 그 이전 또는 동시대의 다른 발화와 맺는 관계)로 구분하면서, 모든 텍스트는 마치 모자이크와 같아서 여러 인용문들로 구성되어 있고, 모든 텍스트는 다른 텍스트를 흡수하고 변형한 것이라 하였다.(여홍상 편, 1997, 236-237)

컬러는 상호텍스트성은 어느 한 작품이 그 이전의 특정한 텍스트들과 맺고 있는 관련성을 가리키는 명칭이라기보다는 오히려 그 작품이 한 문화의 담론 공간에 참여하는 것을 가리키는 명칭이 되며 그것은 한 텍스트가 한 문화의 다양한 언어나 의미 행위와 맺고 있는 관련성을 가리킨다며 상호텍스트의 개념을 텍스트가 내포하고 있는 문화나 사회, 역사적인 맥락까지 포함하는 것으로 확장하였다. 이처럼 넓은 의미의 상호텍스트성은 한 텍스트 내에 나타나는 내적 범주의 상호텍스트성, 비문학적인 인접 장르들 간의 상호텍스트성, 같은 장르의 텍스트간의 상호텍스트성, 텍스트가 내포하고 있는 문화나 사회, 역사적인 맥락과의 상호텍스트성까지 포함하게 된다. 여기서 상호텍스트성은 단순히 문학과 문학뿐만 아니라 문학과 기타 텍스트, 즉 음악, 미술, 건축, 조형 등과의 상호 관련성을 가리킴을 알 수 있다.

상호텍스트성은 텍스트의 생산에서뿐만 아니라 텍스트의 수용에서도 반영된다. 독자의 의미 구성도 한 텍스트 내에서 도출되는 것이 아니라 다른 텍스트와의 관계 속에서 상호텍스트성을 바탕으로 이루어진다고 볼 수 있다. 야우스는 텍스트의 이해 과정에서 독자는 이미 읽었던 다른 작품에서 얻은 지식이나, 이전의 어떤 경험적인 요소가 텍스트 이해에 영향을 준다고 하였다. 특히 그는 수용자가 가지고 있는 바람, 선입견, 이해 등 작품에 관계되는 모든 전제를 "기대지평"이라 명명하고, 기대지평에 따라 작품에 대한 이해의 범주가 결정된다고 보았다. 그리하여 문학작품이 수용자에게 받아들여지기 위해서는 그 작품을 수용하기 위한 기대지평이 형성되어야 한다고 했다. 여기서 기대지평은 곧 상호텍스트성을 바탕으로 성립된 개념임을 알 수 있다.

예술의 목적과 본질이 인간의 정감적 및 인지적 감수를 확장하는 데 있다고 보면, 문학작품과 기타 형식의 텍스트와의 결합은 교육의 현장에서 의미가 있는 일일 것이다. 그러나 문학 교육에서 문학작품과 음악, 미술 등 기타 예술작품과의 상호텍스트성을 담론한 연구는 많지 않았다. 따라서 본고에서는 텍스트의 수용적인 측면에서 노래와 시 즉 음악과 문학작품의 상호텍스트성에 관한 논의를 바탕으로 한국어 교육에서 현대시 교육에 대해 논의를 하고자 한다.

2) 노래와 시의 상호텍스트성

암브로스(Ambros)는 음악의 본질과 문학의 본질이 유사하다고 주장한다. 그는 굳이 언어와 음악이 융합된 성악을 염두에 두지 않고도 어차피 음을 표현 매체로 갖고 있는 음악도 본질적으로 음 자체만으로는 음악이 나타내고자 하는 의미를 다 표현해내지 못한다고 보고 있다. 즉 음악은 예술의 장르에서 두 가지의 극을 나타내고 있다. 음악은 한편에서 보면 건축적, 형식적인 예술이지만 다른 편에서 보면 시적인 관념의 예술이며, 또 다시 어느 정도까지는 일정한 제재를 나타내는 예술이다.(국민음악연구회 역, 1976, 25) 또한 음악은 형식적인 요소와 관념적인 요소로 이루어졌다.(국민음악연구회 역, 1976, 25) 음악의 형식적인 요소는 음악적인 논리에 의해서 조립되고 그 자체로서 충분한 아름다움을 갖고 있어야 한다는 것이고, 관념적인 요소는 작곡가의 시적인 사상이 작품 그 자체를 통하여 이해되고 음악의 내용이 되는 것이라는 데에 있는 것이다. 암브로스는 음악이 의미 있게 듣는 이에게 전달되는 것은 문학이 전달하고자 하는 어떤 내용을 갖고 있는 것과 마찬가지로 관념적인 내용을 갖고 있기 때문이라고 하였다. 그리고 음악이 단지 음악적인 논리에 의해서 구성된 음의 조합으로서는 의미가 없고 정신적인 관념으로서의 내용을 가졌을 때 의미가 있는 것이며, 정신적인 관념이라는 것에 음악이 본질적으로 문학과 깊은 관련성을 갖고 있다고 하였다. 따라서 암브로스는 문학적인 측면에서 음악을 파악하여 "음속에 융화되어 버린 언어의 예술"(국민음악연구회 역, 1976, 64)이라고 정의한다.

시에는 서정시, 서사시, 극시가 있다. 서정시는 기본적으로 시인의 주관 표현이라는 성격을 지니면서도 그 표현 양상은 다양하다. 람핑은 서정시를 '시행을 통한 시적 발화'라고 규정하고, 소통 방식에 따라 노래하기에 보다 적합한 서정적인 시, 낭독하기에 보다 적합한 서정적인 시, 읽기에 보다 적합한 서정적인 시로 나누었다. 서정시는 작자의 주관적인 정서나 감동을 높이 노래하는 식으로 표현하는 시로서 그리스에서는 칠현금의 가락에 따라 노래하기 위한 시로서 많이 만들어졌다. 서정시는 어원부터 노래 혹은 음악과 불가분의 관계를 맺고 있으며, 노래에 가장 가까운 문학 형식이 된 것이다. 그리하여 서정시하면 으레 가장 음악적인 장르, 아니면 노래와 가장 가까운 장르로 인식되는 것이다. 아스무트는 시의 두드러지는 특징을 짧은 길이, 노래로 부를 수 있는 성향, 주관성 그리고 언어의 특이성과 함축성으로 요약하였다.(노태한, 2004, 3) 여기서 노래로 부를 수 있는 성향은 바로 시와 음악의 밀접한 관련성을 의미하고 있는 것이다.

사실 시에 운율을 부여하여 읊는 형식이 오랫동안 존재하여 왔지만, 특히 현대음악의 발달을 보면 시의 내용을 음악의 가사로 활용하고 곡조를 부여하여 만든 노래들이 속출하고 있다. 이는 서정시와 노래, 서정시와 음악은 원래부터 뗄 수 없는 관계였으며, 시와 음악은 같은 원천에서 태동된 예술인 것이었음을 진일보 설명해준다.(정경량, 2002, 162)

3) 노래와 시의 상호텍스트성을 활용한 시 교육의 의의

우리가 무엇을 안다는 것은 그것을 다른 것과의 비교와 융합을 통해서 더 명확하게 구조화하고, 또 그 구조를 더 심화시키고 발전시키는 것이라고 볼 수 있다. 특히 한국어 교육에서 한국 문학 교육은 상호텍스트성이 있는 텍스트를 활용하여 학습자의 흥미를 유발하고 적극적으로 한국 문학의 실체를 파악하게 하는 것이 더 효과적인 한국 문학 교육 방법이라 할 수 있다. 하나의 텍스트는 그대로 독립성을 지니지만, 한국어 학습자에게 목표어로 된 작품에 대한 이해에 도움을 주고자 다른 텍스트와의 관계 속에서 이해하게 한다면 문학작품의 내용 이해에 있어서 더 풍부해질 수 있는 것이다.

카르니(Cairnoy, 1992)도 언어 교육적인 면에서 상호텍스트성의 조장이 필요하다고 제안하였다. 그는 교실에서 허용되는 상호작용의 질과 양은 학생들의 상호텍스트적인 경험을 구성하는 데 유의미한 영향력을 갖는다고 하였다.

하트만(Hartman, 1994)은 현재까지의 읽기 수업은 단일 텍스트에 대한 이해나 개인적인 글의 이해에 중점을 두고 있어 텍스트에 대한 이해의 초점이 텍스트 내에 머물어 텍스트의 내용 표상에 그치면서 읽기는 한 텍스트 내에서의 논의로만 끝나고 관련된 텍스트에 대한 이해로 확장되지 못했다고 지적하였다. 그 대안으로 텍스트 사이의 주제적, 화제적, 역사적, 원형적(archetypal), 장르적인 연결을 할 수 있는 단원이나 과정을 조직하여 통합적인 연결을 할 수 있게 하는 것이 필요하다고 하였다.

노래는 언어를 지각하는 데 필요한 음성학 및 음운론적 요소뿐만 아니라 의미 파악에 필요한 어휘나 관용적 표현 및 문법 등을 익힐 수 있게 한다. 특히 노래는 어구나 문장이 반복되는 형식을 자주 취하기 때문에 자연스럽게 언어의 내용을 이해하도록 돕는다. 학습자에게 있어서 동일한 구조의 반복은 매우 지루한 것일 수 있지만, 그것이 노래에 담겨 있으면 그렇지 않기 때문이다. 그펠러(Gfeller, 1983)는 다양한 유형의 언어 정보는 음악적 요소와 함께 제시될 때 기억이 증진된다고 하였다. 특히 리듬은 언어 의미의 유무에 관계없이 정보 기억의 유지에 기여한다. 그러나 리듬의 영향은 언어 정보가 의미를 수반할 때 극대화된다.(Glazner, 1976) 이처럼 음악적 요소들은 언어 학습을 방해하거나 경쟁하는 관계에 있지 않고 상호 보완적 관계를 지니므로(Palermo, 1978 ; Borchgrevink, 1982) 유의미한 가사와 음악적 요소가 결합된 노래는 외국어 학습에 유용하게 적용될 수 있다.(독고현, 2002, 5-9에서 재인용)

　페테르스와 허스트(Peters & Hirst, 1971)는 학습자가 느끼는 흥미와 학습 동기에 관하여, 내재적인 학습 동기가 유지되어 교육적 목표에 도달하기 위해서는 학습자의 이해와 흥미를 존중하는 교육이 고려되어야 한다고 하였다. 학습자의 정서적인 측면에서 생각해볼 때 시 교육에서 노래와 연관성을 짓는 것은 학습자의 흥미를 유발하고 최적의 학습 분위기를 유지하는 아주 훌륭한 수단이라고 볼 수 있다. 신정숙(2000)은 언어와 음악을 인간다운 삶을 영위하기 위한 구성요소라고 보고 언어가 의사소통의 도구이기 때문에 필수적인 것이라며 음악은 인간의 정서를 완화시키고 감정을 표현하는 도구이며 그 음악을 소유한 사람들의 문화와 가치를 다음 세대에 전달하는 기능을 가진다고 하였다.

　크라센(Krashen)도 이와 유사한 주장을 하였는바, 그의 정의적 여과 장치 가설에 의하면 성공적인 영어 습득을 위한 정의적 요인으로서의 정서적 상태나 태도를 습득에 필요한 입력을 자유로이 통과시키거나 차단시키는 역할을 하는 여과기라고 보고 있다. 이 가설에서는 제2언어 습득에 관련된 세 종류의 정의적 혹은 태도 변인들을 동기, 자신감, 불안감으로 보고 있다. 크라센은 정의적 필터(Affective-Filter)가 높으면 언어 습득 활동이 어려워지며, 낮을수록 언어 습득이 촉진된다고 말한다. 따라서 정의적 필터를 낮춰 학습효과를 높이기 위해서는 입력이 흥미로워야 하고 교실 분위기를 편안히 만들어 학습자들이 마음 편하게 수업에 임할 수 있도록 노래로서 수업의 분위기를 조성하는 것도 중요하다. 멜로디가 듣기 좋고 가사가 화면에 나타나는 동영상으로 된 노래를 활용하면 학습자들이 노래를 따라 부르기에 편리하며 가수의 표정, 목소리, 무대 장치 등은 시의 전반 내용을 이해하는 데 도움이 된다. 노래와 시가 상호텍스트성이 존재한다면 학습자들이 노래의 멜로디, 가사, 가수의 표정, 목소리, 무대 장치 등을 통해 느낀 정서와 분위기는 학습자들이 능동적으로 시를 감상하고 이해하는 데 보조적인 수단으로 활용이 가능하다.

3. 노래와 시의 상호텍스성을 활용한 시 교육의 실제

1) 〈당신의 밤〉과 윤동주 〈서시〉의 상호텍스트성

〈당신의 밤〉[2]은 오혁·개코·황광희(개코·황광희 작사, 개코·Padi 작곡,

---

[2] 별 하나에 추억과/별 하나에 사랑과/별 하나에 쓸쓸함과/별 하나에 동경/별 하나에 시와/별 하나에 어머니//당신의 시처럼 하늘을 우러러/한 점 부끄러움이 없길/당신의 삶처럼 모든 죽어가는 것을/사랑할 수 있길//때론 사는 게 허무하고/무기력할 때/당신의 육첩방을 밝혔던/등불을 기억할게/난 왜 느끼지 못하고/외로워했을까/용기내지 못하고/뒤로 숨으려 했을까/그에게 총칼 대신/연필 끝에 힘이 있었기에/차가운 창살 건너편의/하늘과 별을 바라봐야했네/나의 이름 나의 나라가/부끄럽지 않게/오늘도 나아가야지/흙으로 덮여지지 않게/별 하나에 추억과/별 하나에 사랑과/별 하나에 쓸쓸함과/별 하나에 동경/별 하나에 시와/별 하나에 어머니/별이 바람에 스치는 밤/내가 길을 잃은 밤/기억할게요 하늘의 별을 헤던 당신의 밤/당신의 시처럼 하늘을 우러러/한 점 부끄러움이 없길/당신의 꿈처럼 모든 죽어가는 것을/사랑할 수 있길//비판이나 비아냥이 싫어/머뭇거리던 입가/뒤돌아 걸어가는 시대 뒤에/고개 숙인 내가 밉다/난 한국인 난 한국사람/근데 난 아직 두려워 촛불위에 바람/잃어버린 이름과 나라 없는/설움과 죄책감이 섞인 철인의 자화상/왠지 모를 위로 덕에/겨우 겨우 일어나 딛는/어린아이의 걸음마/오늘 밤은 어둡기에/당신이 쓴 시가 별이 돼/광장 위를 비추는 빛이 돼/비추는 빛이 돼/별 하나에 추억과/별 하나에 사랑과/별 하나에 쓸쓸함과/별 하나에 동경/별 하나에 시와/별 하나에 어머니/별이 바람에 스치는 밤/내가 길을 잃은 밤/기억할게요 하늘의 별을 헤던 당신의 밤//하나 둘 셋 넷/가슴속에 하나둘 새겨지는 별/하나 둘 셋 넷/알 수 없네 팔위로 새겨져있던 멍//만주에서 일본까지/쓰여진 삶의 궤적을 따라/

Padi·Nutty 편곡)가 부른 노래로서 윤동주의 시 〈서시〉와 〈별 헤는 밤〉, 〈쉽게 씌어진 시〉의 시구가 노래의 가사로 활용된 K-pop이다. K-pop은 한국의 대중가요로 아시아는 물론 전 세계에서 큰 인기를 얻고 있으며 한류의 붐을 이루는 데 주역을 하고 있다고 해도 과언이 아니다. 중국에도 K-pop에 열광하는 팬들이 많으며 일부 팬들은 K-pop에 대한 사랑으로 한국어를 배우기 시작한다. 하지만 K-pop의 대부분은 문장 구조가 파괴적이며, 자극적이고 선정적인 가사, 그리고 빠른 리듬과 영어 가사 등으로 인해 한국어 교육에 적합하지 않다는 평가도 있다. 그러나 〈당신의 밤〉은 영어 가사가 없으며 윤동주의 시를 가사에 활용하였고 가사의 전달이 명확하며 노래 분위기 또한 시적 의미를 음미하는 데 도움이 될 뿐만 아니라 학습자들로 하여금 상상력을 발휘하면서 한국 사회를 간접적으로 체험하게 하여 학습 동기를 유발하는 데 도움이 된다.

형식적인 측면에서 보면 노래 〈당신의 밤〉에서 윤동주의 〈서시〉[3] 시구를 두 부분에서 직접적으로 가사로 활용하고 있다. 노래에서는 "당신의 시처럼 하늘을 우러러/한 점 부끄러움이 없길/당신의 삶처럼 모든 죽어가는 것을/사랑할 수 있길"과 "당신의 시처럼 하늘을 우러러/한 점 부끄러움이 없길/당신의 꿈처럼 모든 죽어가는 것을/사랑할 수 있길"과 같이 활용되었다. 이 부분은 시 〈서시〉의 1, 2행 "죽는 날까지 하늘을 우러러/한 점 부끄럼이 없기를,/"과 6행 "모든 죽어가는 것을 사랑해야지"를 활용한 부분이다. 노래에서

내 맘도 천천히 쫓아 걸어가지/누구의 덕이기에/나는 내 나라와 이름으로/시금을 살아갈 수 있는지/몰라도 그대는 정정당당했던 작지만/명예로운 이 나라의 시인//별 하나에 추억과/별 하나에 사랑과/별 하나에 쓸쓸함과/별 하나에 동경/별 하나에 시와/별 하나에 어머니//별이 바람에 스치는 밤/내가 길을 잃은 밤//기억할게요 하늘의 별을 헤던 헤던/당신의 밤(앨범: 무한도전 위대한 유산, 발매: 2016년 12월 31일)

[3] 죽는 날까지 하늘을 우러러/한 점 부끄럼이 없기를,/잎새에 이는 바람에도/나는 괴로워했다./별을 노래하는 마음으로/모든 죽어가는 것을 사랑해야지/그리고 나한테 주어진 길을/걸어가야겠다.//오늘 밤에도 별이 바람에 스치운다.(윤동주 지음, 홍장학 엮음, 2004, 122)

는 시 〈서시〉의 시구를 인용할 때 첫 부분에서 첨가한 "당신의 삶처럼"을 두 번째 부분에서는 "당신의 꿈처럼"으로 바꾸었고 나머지는 반복의 형태를 취하고 있다. 또 〈당신의 밤〉에서는 〈서시〉의 시구 "오늘 밤에도 별이 바람에 스치운다"를 "별이 바람에 스치는 밤"으로 문장 구조를 바꾸어서 활용하고 있으며 여전히 반복의 형태를 취하고 있다. 시구를 노래 가사로 활용하면 멜로디에 따라 부르면서 기억하기 쉬운데 시구를 두 번에 걸쳐 반복을 하였기 때문에 시를 더 쉽게 기억할 수 있게 한다.

내용적인 측면에 보면 노래와 시에서는 모두 자아성찰을 하면서 어두운 현실에 대한 자책과 부끄러움, 그리고 앞으로 나라와 자아를 위해 꿋꿋하게 나아가는 의지를 반영하고 있다.

노래 2절의 "비판이나 비아냥이 싫어/머뭇거리던 입가/뒤돌아 걸어가는 시대 뒤에/고개 숙인 내가 밉다/난 한국인 난 한국사람/근데 난 아직 두려워 촛불 위에 바람"이라는 가사에 부끄러움이 표현되어 있다. '나'는 강대한 세력과 현실적인 시련에 겁을 먹고 암흑한 시대에서 침묵하고 현실을 피하는 행위를 하는데 이러한 아무것도 할 수 없는 자신의 모습에 대해 자책하는 것이다. 특히 "고개 숙인 내가 밉다"에서는 부끄러움의 정서를 직접적으로 엿볼 수 있다. 위의 가사와 "잃어버린 이름과 나라 없는 설움과/죄책감이 섞인 시인의 자화상"이라는 가사를 결합하면 일제강점기에 나라도 잃고 창씨개명으로 인해 이름도 강제로 잃어버린 상황에서 고향과 고인만을 그리워하며 아무것도 할 수 없는 현실의 자아 때문에 자책하고 부끄러움을 느끼게 된다는 것을 쉽게 추측할 수 있다. 이처럼 노래에서는 시보다 더 직접적으로 시인이 처한 당시의 시대적 상황 속에서 어찌할 수 없는 시인의 부끄러움의 정서를 표현하고 있으나 시에서는 부끄러운 이유를 명확하게 밝히지는 않는다. 따라서 노래의 가사는 〈서시〉의 부끄러움의 정서를 이해하는 데 도움이 된다.

노래에서는 자기성찰을 하고 나서 부끄러움에 머물지 않고 "나의 이름 나의 나라가 부끄럽지 않게/오늘도 나아가야지 흙으로 덮여지지 않게"처럼 앞으로 나라와 자아가 부끄럽지 않기를 다짐하고 이를 위해 꿋꿋하게 나아가기로 결심한다.

〈서시〉는 어려운 현실 상황에도 불구하고 스스로를 채찍질해가며 영원한 진리와 생명의 나라를 '지상(地上)'에 실현시켜 보려고 애쓰는 시인의 의지와 실천적 다짐이 드러난다. 어떤 시련 속에서도 흔들리지 않고 나의 길을 가겠다고 결의를 다짐하지만 현실 속의 작은 시련과 고통에도 흔들리는 모습을 내성적(內省的) 자기 응시로 이끌어내어 자연의 표상과 조화시켜, 진실된 고백과 각오로 표현하고 있는 이 시는 윤동주의 시적·인생적·윤리적·지성적·민족적 사고를 집약하고 있다.(마광수, 2005, 39)

〈당신의 밤〉과 〈서시〉는 형식과 내용 면에서 상호텍스트성을 가지고 있는 것 외에 가수의 목소리와 표정에서도 시에서 표현하는 괴로워하고 부끄러워하는 분위기를 강렬하게 나타내고 있다. 이 노래를 듣다 보면 저도 모르게 시인의 삶에 대하여 동정을 하면서 긍정적인 평가를 하게 되는데 이는 학습자들로 하여금 현재의 자신을 돌이켜 보고 미래의 자신을 그려보면서 정확한 가치관과 인생관을 세우게 하는 데도 도움이 된다. 또한 어두운 무대조명 아래 백댄서가 가면을 쓰고 춤을 추는 모습이 마치 백성들이 이름도 없고 자아도 없이 난세의 풍우에 나부끼는 것과 같다. 이러한 화면에서 학습자들은 시대적인 암울함을 느낄 수도 있고 그 시대의 어두운 현실을 상상할 수도 있다. 그리고 무대조명이 어두워지고 백댄서의 또렷한 발자국 소리로 반성하는 발걸음이 나타나는데 이는 시적 자아성찰의 분위기를 형성해 준다. 마지막에 가수가 별을 대표하는 등불을 들고 무대 전체를 밝히는 화면은 앞으로 시적 화자가 주어진 길을 힘차게 걸어가는 모습을 상상하게 해 준다.

2) 노래와 시의 상토텍스트성을 활용한 교수-학습 방안

콜리와 슬레이터(Collie & Slater, 1987)는 문학 교육에서 작품 세계로 진입하는 과정에 따라 수업활동을 1) 첫 대면(First encounters), 2) 학습동력의 유지(Maintaining), 3) 주요 부분의 부각(Exploiting highlights), 4) 마무리(Endings) 부분으로 나누었다. 작품을 대면할 때의 구체적인 교육 목적은 낯선 작품에 대한 호기심을 유발시키는 것이다. 학생들이 호기심을 갖게 된 다음에는 그 호기심을 유지시키면서 학습 동력을 끌어내기 위해서는 상호반응식의 수업 활동과 과제물 등을 통한 계속적인 흥미 유발을 유도해야 한다. 또한 작품의 주요 부분을 부각시키기 위해서는 인물이나 구성 등 주요한 작품 요소에 대한 학생들의 토론을 끌어내기 위한 교육 방법을 활용하며, 마무리에서는 작품에 대한 평가 작업을 돕기 위해 학생들 스스로 작품을 돌아볼 수 있는 기회를 제공해 주어야 한다. 콜리와 슬레이터가 제시한 수업 활동에 따라 노래와 시의 상호텍스트성을 활용한 시 교수-학습 방안을 도입, 전개, 마무리 단계로 재구성해 본다.

첫째, 도입 단계이다. 학습자의 동기 유발과 시 이해를 위한 선행 학습 단계로서 노래 〈당신의 밤〉을 먼저 감상하면서 노래의 전체적인 정서와 분위기를 느끼게 한다. 노래에서 가수의 표정, 무대의 조명, 흑백으로 된 백댄서의 모습들은 〈서시〉를 쓴 당시의 암흑한 시대적 분위기와 당당하게 자신의 길을 걸어가려는 결심 등을 느낄 수 있게 하고 노래의 가사는 시에서 화자가 왜 부끄러워하는지, 왜 괴로워하는지를 이해하는 데 도움이 될 것이다. 노래의 자막에 나타난 '하늘과 바람과 별과 시를 노래하는 시인', '부끄러움 때문에 끝없이 고뇌했던 독립운동가', '일제의 민족말살정책 속에서도 한글로 시를 쓴 시인 윤동주에게 보내는 편지' 등 내용은 시인 윤동주에 대한 종합적인 평가로 학습자들로 하여금 윤동주에 대한 깊이 있는 이해를 하는 호기심을 유발할 수 있다. 따라서 노래를 들으면서 느꼈던 감정들을 자유롭게 이야기하게 하고 시인 윤동주가 어떤 시인이었을까를 추측하게 한다. 또한 자막에 나타난 '안무와 음악을 만난 윤동주의 시'를 제시하여 노래에서 반복된 부분을 찾아 시를 만들어 보게 한 다음 윤동주 시 〈서시〉를 배우는 단계로 들어간다.

둘째, 전개 단계이다. 학습자들이 시의 내용, 시적 화자, 시인을 고뇌하게 한 한국 사회에 대한 이해도 하면서 시적 정서와 결부하여 자신의 미래에 대한 사색을 하도록 한다. 〈서시〉는 형식적인 면에서 보면 9줄에 2연으로 구성되어 있지만 내용적인 면에서 보면 1연을 다음과 같이 다시 연으로 나누어 볼 수 있다. 첫 연 1-2행에서는 '하늘-부끄러움', 두 번째 연 3-4행에서는 '바람-괴로움', 세 번째 연 5-6행에서는 '별-사랑', 네 번째 연 7-8행에서는 '길-다짐'으로 나누어 볼 수 있다. 〈서시〉는 양심의 작은 흔들림조차 간과할 수 없는 철저한 반성적 자아성찰과 별로 상징되는 지순한 세계에 대한 지향의식, 이것이 현재에 수렴되는 과정 속에서 첨예하게 드러나는 자아의식을 보여주고 있다고 할 수 있겠다.(김선우, 손택수, 2012, 213) 이처럼 윤동주는 자아와 현실에 대한 인식이 심화되면서 분열과 갈등 속에서 불가피하게 경험하게 되는 소명감과 소외가 때로는 그리움과 부끄러움으로 변주되는 가운데 상승과 하강의 곡선을 반복하며 '자아성찰'의 풍경을 세밀하게 그려낸다.(이상섭, 2007, 134)

〈서시〉에서 시적 화자가 왜 부끄러워했는가는 시인 윤동주가 살아가던 시대적 상황과 갈라놓을 수 없다. 노래의 가사 '잃어버린 이름과 나라 없는/설움과 죄책감이 섞인 철인의 자화상', '만주에서 일본까지/쓰여진 삶의 궤적을 따라' 등 내용을 보면 윤동주가 처한 시대적 상황을 상상할 수 있다. 윤동주가 살아가던 시대는 일본의 식민지 통치를 받아 자주적인 독립된 한국이 아니었으며 1940년에는 일본이 창씨개명을 강요하면서 조선인들은 조선 이름을 쓸 수 없는 상황이었다. 윤동주도 연희전문학교를 다니던 시절에 창씨개명을 하였으나 신고서를 제출하지 않아 졸업 때까지 조선 이름을 사용하였다. 그러나 후에 일본으로 유학을 가기 위해서 창씨개명을 했다. 윤동주가 이름을 바꾼 것 또한 시에서 "부끄럼이 없기를"처럼 부끄러움이 없이 조선 이름을 쓰고자 하였지만 일본 유학을 위하여 일본 이름으로 바꿀 수밖에 없는 것 또한 괴로운 일이었다. 하지만 하늘을 우러러 즉 이념, 사상적으로는 여전히 지조를 지키며 지식인으로서 걸어야 할 길을 걷기를 다짐하고 있다. 이처럼 나라를 잃고 창씨개명을 해야 하는 일제강점기 시기를 살아가는 시인이 자신의 삶에 대한 부끄러움과 내면의 신념으로 우리들에게 양심을 잃어가는 시대의 부끄러움을 깨닫게 해준다. 또한 학습자들로 하여금 현재의 자신의 삶을 돌아보며 자아성찰을 하도록 하며 자신의 앞으로의 삶에 대해 진지하게 고민하게 해 준다. 윤동주의 시는 '부끄러워하는 법'과 '나'를 찾는 법을 깨우쳐 주고 윤동주 시의 내면의 성찰과 자아의 신념은 우리의 반성 불감증을 치유하는 불씨가 될 수 있고 미래에 닥칠 수 있는 고난에 대해 어떻게 살 것인가에 대해 깊은 교훈을 주고 있다.(조은주, 2013, 44)

〈서시〉의 시적 구성을 보면 과거-미래-현재로써 시적 화자가 자신의 과거를 돌이켜 보고 현재의 상황을 직시하면서 미래에 자신이 어떻게 살아갈 것인가 하는 다짐을 보여주고 있다. 이러한 시적 구성은 독자들로 하여금 먼저 자신이 어떻게 살아왔는가 하는 과거와 어떻게 살고 있는가 하는 현실을 인식하게 하며 나아가 미래에 대한 바람직한 삶을 살고자 하는 결심을 가지게 한다. 따라서 자신의 생활태도와 관련해서, 작품을 읽고 얻은 깨달은 점, 자신이 경험한 부끄러운 기억, 현재 자신을 부끄럽게 만드는 것이 무엇인지를 말해 보면서 자아성찰의 기회를 가져본다. 이러한 과정을 통하여 학습자들로 하여금 자신의 변화와 발전을 꾀하고 개인적 성장을 이루도록 하면서 문학의 교육적 역할을 수행한다.

셋째, 마무리 단계이다. 노래를 배경음악으로 하고 〈서시〉를 다시 한 번 읽는다. 그리고 학생들에게 노래와 시에서 느낀 정서를 말해 보게 하고 시인이나 시적 화자와 같은 비슷한 상황에 처했다면 어떻게 하겠는가를 발표하게 한다. 그런 다음에 학생들에게 식민지 시대 나라도 잃고 자신의 이름도 잃은 암울한 처지에 처한 시인의 애국 정서와 저항정신에 공감하면서 가치있는 삶이 무엇인가를 되새겨 보게 한다. 그리고 노래 〈당신의 밤〉 가사에서 윤동주의 시 〈서시〉, 〈별 헤는 밤〉, 〈쉽게 씌여진 시〉 등에 나오는 시구로 빈칸 채우기 활동을 하게 한다. 빈칸 채우기를 한 시구의 〈별 헤는 밤〉, 〈쉽게 씌여진 시〉 등 시를 찾아 읽고 윤동주에게 편지를 쓰는 과제를 남긴다.

4. 맺음말

문학 교육의 본질을 포괄적으로 말하면 학습자로 하여금, '형상화된 언어 경험'을 통하여 인간과 세계에 대한 의미를 지속적으로 발견·재해석하게 하고, 그러한 과정을 통해 '삶과 문화의 주체적인 존재'로 살아갈 수 있도록 하는 것이다.(박인기, 1996, 7) 외국어로서 한국어 교육에서 한국 문학 교육은 문학적 경험과 향유가 항상 언어적 어려움 때문에 불가능한 것은 아니다. 자극적이고 감동적인 텍스트란 언어적, 문화적 장벽을 극복하는 것 자체를 가능하게 하는 텍스트라고 볼 때 외국어로서 한국어 교육에서 문학 교육 자체에 대한 교육은 충분히 그 가능성을 갖고 있다.

문학작품을 이해하고 감상한다는 것은 하나의 텍스트에 대한 내용 파악을 통해 쉽게 이루어지는 것이 아니라 개인적 경험이나 사회 문화적인 맥락에서 텍스트 간의 관련성을 이해하는 것이다. 특히 외국어로서의 한국어 교육에서 문학 교육이 학습자들의 적극적인 참여를 유도하고 명시화된 학습 목표를 달성하자면 다른 텍스트의 학습 요소외의 의도저인 연결이 아주 필요하다. 교과서에 나오는 텍스트만 가지고 학습 목표를 달성하는 것보다는 상호텍스트성을 활용하는 의도적인 교수-학습 방법을 현실적으로 적용하는 것이 학습자의 흥미를 유발하고, 학습자들이 배경지식을 적극적으로 활용하여 다양한 텍스트와 상호작용을 하면서 문학적 안목을 넓힐 수 있는 효과적인 방안이라 본다.

노래와 시의 상호텍스트성을 활용하면 노래에 잠재되어 있던 문학 교육을 위한 학습 요소들을 활용하여 학습자들의 상상력과 감수성을 길러 수준 높은 문학 소통 능력을 향상시킬 수 있다. 학습자의 역동적인 활동을 전제로 교수-학습 활동을 할 때 학습자 간의 상호 협력 태도가 신장될 수 있으며 말하기, 듣기 능력을 향상시켜 통합교육에도 긍정적인 영향력을 주게 된다. 한국 현대시가 유행가, 대중가요로 많이 불리고 있다는 점을 감안하면 노래와 시의 상호텍스트성을 활용한 현대시 교육은 충분히 가능하며, 교수-학습 방법 또한 효과적이고 의미가 있다는 데 본 연구의 의의가 있다고 본다.

참고 문헌

국민음악연구회 역(1976), 『音樂과 詩의 限界』, 국민음악연구회.
김대행 외(2000), 『문학교육원론』, 서울대출판부.
김대행(1980), 『한국시의 전통연구』, 개문사.
김선우, 손택수(2012), 『교실 밖으로 걸어 나온 시』, 실천문학사
김욱동(1992), 『포스트 모더니즘 이론』, 민음사.
김정우(2001), 「시를 통한 한국 문학교육의 가능성과 방법」, 『선청어문』 29, 서울대학교 국어교육과, 167-193.
김중섭(2002), 「중국인 학습자를 위한 한국어 읽기 교육 방법 연구」, 『한국어교육』 13(1), 국제한국어교육학회, 47-70.
나정선(2008), 「외국인을 위한 문학 교육 방법 연구」, 단국대학교 박사학위논문.
노태한(2004), 『독일시 운율론과 시사』, 한국문화사.
독고현(2000), 「고등학교 영어 학습을 위한 팝송의 활용 방안과 효과에 관한 연구」, 연세대학교 석사학위논문.
마광수(2005), 『윤동주 연구』, 철학과 현실사.
박인기(1996), 『문학교육과정의 구조와 의미』, 서울대학교출판부.
박청(2002), 「외국인을 위한 한국 소설교육 방안 연구」, 이화여자대학교 석사학위논문.
백인숙(2019), 「중국인 한국어 학습자에 나타나는 니즈 분석」, 동의대학교 석사학위논문.
신정숙(2000), 「노래 그림책이 유아의 읽기 흥미 어휘력, 읽기 능력에 미치는 영향」, 성신여자대학교 석사학위논문.
신주철(2003), 「한국 시 교육의 실제」, 『한국어교육』 14(1), 국제한국어교육학회, 109-130.
여홍상 편(1997), 『바흐친과 문학이론』, 문학과지성사.
오세영(1998), 『한국 현대시 분석적 읽기』, 고려대학교출판부.
윤동주 지음, 홍장학 엮음(2004), 『윤동주 전집』, 문학과 지성사.
윤여탁(1999), 「문학을 활용한 한국어교육 방법」, 『국어교육연구』 6, 서울대학교 국어교육연구소, 239-256.
윤여탁(2000), 「한국어교육에서 문화의 위상과 역할」, 『국어교육연구』 7, 서울대학교 국어

교육연구소, 291-301.
윤여탁(2003), 「문학교육과 한국어교육」, 『한국어교육』 14(1), 국제한국어교육학회, 131-152.
윤여탁(2003), 「한국어교육에서 문학교육 방법 -현대시를 중심으로」, 『국어교육』 111, 한국어교육학회, 511-533.
이남호(2001), 『교과서에 실린 문학작품을 어떻게 가르칠 것인가』, 현대문학.
이상섭(2007), 『윤동주 자세히 읽기』, 한국문화사.
이선이(2003), 「문학을 활용한 한국문화 교육 방법」, 『한국어교육』 14(1), 국제한국어교육학회, 153-172.
정경량(2002), 「시와 노래를 이용한 외국 어문학 수업」, 『인문과학』 11, 목원대학교 인문과학연구소, 153-172.
조은주(2013), 「고등학교 교과서 수록 윤동주 시의 특성과 교육 방안」, 단국대학교 석사학위논문.
주옥파(2004), 「외국인을 위한 한국문학 교육에 대한 반성 -한국학 지향 중국 대학의 경우를 중심으로」, 『국어교육학연구』 20, 국어교육학회, 499-521.
최재석 옮김(2000), 『문학비평의 이론과 실제』, 한신문화사.
황인교(2001), 「외국어로서의 한국 문학 교육의 가능태」, 『외국어로서의 한국어교육』 25·26, 연세대 언어연구교육원. 409-434.
황인교(2007), 「한국어 교육학의 문학 연구 방향」, 『한국어교육』 18(3), 국제한국어교육학회, 273-299.

3장 북방의식을 기반한 한국 현대시 읽기 교육 연구

-중국인 고급 학습자를 중심으로

왕녕 대련외국어대학교 한국어대학

1. 서론

1) 문제 제기

이 연구는 중국인 학습자들의 한국 현대시에 나타난 북방의식에 대한 이해 양상을 면밀히 살펴보고 이에 따른 결과를 바탕으로 하여 북방의식을 중심으로 한 한국 현대시 읽기 교육의 방향을 설정하는 것을 목적으로 한다.

한국 근현대문학, 특히 한국 현대시에서 '북방' 혹은 '북방공간'은 중층적(重層的)이면서도 다의적인 의미를 지니는 개념이라고 할 수 있다. 북방이라는 개념은 단순히 지리적인 대명사에만 그치는 게 아니라 한민족의 근현대사 및 이주의 역사와 함께 호흡한다고 해도 과언이 아니다. 한국 역사의 격동기로서의 개화기에 한국은 근대화를 추진하면서 일본과 서구의 침략을 당해야만 했고, 안팎으로 궁지에 몰린 한민족의 일부는 어쩔 수 없이 하나의 '대안(代案)'으로서의 북방 땅을 찾아 이주를 선택해야만 했다.(윤여탁, 2015, 122) 이와 같은 한민족의 해외 이주의 역사는 1860년대부터 시작하여 1945년 광복까지 여러 지역에서 다양한 형태로 이루어져 왔다.(김현, 김윤식, 1973, 231)

19세기 중반부터 가난과 부패한 관리들의 강탈을 피하기 위해 상당수의 조선인들은 주로 만주(滿洲, Manchuria)나 러시아 지방으로 이주하기 시작하였다. 일제 강점이 심화되면서 심각한 침탈 및 탄압에서 벗어나기 위해, 또는 민족해방 운동을 벌이기 위해 많은 조선인들은 다시 중국이나 북미지역으로 이주하는 길에 오르게 되었다.

뿐만 아니라, 1931년 만주사변이 벌어지자 1932년 일제는 중국 동북 지역에 '만주국'이라는 괴뢰정부를 세우게 되었다. 이에 일제는 새로운 '왕도낙토(王道樂土)'를 건설하겠다는 구호를 외치면서 한반도 남쪽 지방의 주민들을 강제적으로 중국의 동북삼성(東北三省)이나 내몽고(內蒙古) 지역으로 이주시켰으며 조선 지식인들을 만주국(滿洲國)의 관리로 채용함으로써 노골적으로 황국신민화(皇國臣民化) 정책을 강행하기도 하였다.

이와 같은 역사적 배경 속에서 한민족이 선택한 북방지역은 한반도와 지리적으로 가까울 뿐만 아니라 가장 많은 조선인들이 택한 난세의 피신처이자 민족 광복을 위한 희망의 땅이었다. 수많은 조선인들은 두만강과 압록강을 건너 농사를 짓기도 했고 새로운 꿈을 동경하기도 했던 북방의 땅에 정착하여 이주의 삶을 살아야 했던 것이다.

중국의 근현대사와 국내 이민 역사의 시각에서 북방을 조망해 보면 이 땅은 또한 대규모 이주의 목적지이자 다민족 융합과 문화 재구성의 공간이었다. 중국 국내에서 동북지역으로의 이주 현상은 흔히 "관동(關東) 이주" 또는 "틈관동(闖關東)"이라고 불린다. 이와 같은 이주는 중국 근대 동북 지역사상의 돌발 현상이나 우연한 사건이 아니라 비교적 완결된 발단 과정 및 뚜렷한 역사적 맥락을 가진 대규모 인구이동이라고 보는 것이 더 타당할 것이다.

1651년으로부터 1949년 중화인민공화국이 건립될 때까지 중국의 동북삼성(東北三省)지역은 청나라 순치(順治) 시기의 개간, 강희(康熙)·건륭(乾隆) 시기의 봉금(封禁), 함풍(咸豐)·광서(光緒) 시기의 해금(解禁), 중화민국(中華民國) 초기의 이민 풍조, 그리고 중일전쟁(中日戰爭) 시기 만주국 지역의 노동자 강제 이주 등 과정을 겪고 다양한 정치적, 경제적, 그리고 사회적 변천 및 발전을 경험하였다. 이러한 중국 국내의 관동이주 풍조는 300여 년의 역사적 시간과 다양한 사회 단계를 거쳐 진행되었다. 그동안 중국 산동(山東), 하북(河北), 산서(山西), 하남(河南) 등 지역에서 온 약 3000만 명의 유이민이 전쟁, 토비들의 강탈, 자연재해, 그리고 조세부담 등을 피하기 위해 산해관(山海關)을 넘어 동북지역으로 이주하였다. 고향을 떠난 그들은 새로운 생활에 대한 동경을 품고 북방에 가서 경작, 인삼 채취, 도금, 장사, 광석 채굴 등 작업을 하기 시작하였고 커다란 "관동/북방 이주 집단"을 형성하였다.(王欣睿, 2017, 50-53)

　　중국 국내의 북방 이주는 단순한 일방향적 인구 대이동 과정에만 그치는 것이 아니라 중국 동북 지역의 정치, 경제, 그리고 문화 측면의 재구성 및 재탄생의 과정이라고도 할 수 있다. 동북 지역의 공업 및 농업, 심지어 군사력의 발전은 관동 이주와 떼려야 뗄 수 없는 관계를 가지게 되었으며 동북 지역 및 주변 국가의 인구 구성과 북방의 역사적 입지도 은연중에 관동 이주를 통해 확인된다고 할 수 있다.

　　여기서 더 강조해야 되는 것은 다양한 문화의 융합과 수반되는 중국 내 북방 이주는 시간적 흐름에 따라 표면상의 인구 이동으로부터 정신적·문화적 기반으로 승화되었다는 것이다. 구사일생한 북방 이주는 강인한 힘, 영웅의 기개, 모험 정신, 협의(俠義)의 품격, 그리고 낙관적 생활 태도 등 북방 문화 성격을 잉태하게 되었으며 동북사람들만이 가지고 있는 독특하면서도 복잡한 북방 이주 정신이 이 과정에서 고착화되었다고 해도 과언이 아닐 것이다.

　　이와 같이 한국과 중국의 이민 역사를 견주어 보면 북방공간 혹은 만주라는 공동분모를 가지면서 민족의 특성에 따른 북방의식이 중요한 키워드가 된다. 특히 북방을 일제강점기라는 시대적 배경 아래에 놓고 볼 때 당시의 만주 땅은 조선인과 일본인, 한족 중국인과 만주족 중국인, 그리고 러시아인이 공존하면서 서로 다른 시각에서 여러 성격의 이질적인 공간으로 전유(專有)된 "헤테로토피아(Heterotopia)였다".(김현정, 김문주, 2016, 170)[1]

그러나 너무나 안타까운 것은 한국과 중국의 문화계 및 문학계에서 북방, 혹은 만주 공간, 그리고 북방의식은 하이라이트에 비춰지고 무대 중앙에 선 경우가 그리 많지 않았다는 것이다. 한국의 측면에서 볼 때 오랜 시간의 분단이 가져온 비극적 결과 가운데 하나는 바로 남과 북의 경계가 갈리고 소통 경로의 단절이 고착화된 점이다. 이에 한국 문학에서 '북방'은 제대로 주목받지 못한 소외의 지대로 남게 되며 한반도 군사분계선의 북쪽과 그 너머의 공간은 아련한 기억의 저편이 되고 말았다. 중국에서도 마찬가지로 국내 북방 이주를 주제로 창작된 문학작품이 적지 않지만 북방 이주 혹은 북방의식과 관련된 연구는 여전히 미진한 상태에서 빠져 나오지 못하고 있으며 이와 같은 중요한 역사적 사건 및 문화 형성 과정은 잊힌 존재로서 각 시기의 주류 문학 서사 장르에 매몰되고 만 것이었다.(王欣睿, 2017, 49; 禹尙烈, 李想, 2020, 83)

한국어를 배우면서 한국 현대문학작품, 특히 현대시를 접하게 되는 중국인 학습자들에게 북방공간과 북방의식이 담겨진 시 텍스트는 다양한 측면에서 아주 좋은 교육 제재가 될 수 있다. 무엇보다 북방의식에 표상된 한민족의 이주 모습이 비슷한 중국 관동 이주에 대해 어느 정도 이해를 가지고 있는 중국인 학습자들에게 이질감을 해소시키고 문학적 공감을 불러일으키는

---

[1] 미셸 푸코(Paul Michel Foucault)에 따르면 이른바 헤테로토피아는 '다른, 낯선, 다양한, 혼종된'이라는 의미를 가진 'heteros'와 장소라는 의미를 가진 'topos'가 합쳐진 용어이다. 여기서 언급된 헤테로토피아는 '이질성'을 뜻하는 용어로서 공통의 척도가 없는 다원적이고 사람에 따라 다양한 방식으로 사유되고 상상되는 공간을 일컫는 말이다. 만주의 특성을 설명할 때 많은 연구자에게 유용하고 적절한 용어로서 받아들여지고 있다.(미셸 푸코, 이상길 역, 2014, 15)

데에 긍정적 역할을 할 것이다.

일제강점기의 수탈과 제국주의의 유린을 피해 희망찬 미래를 갈망하며 북방으로 이주한 유이민들의 동경의 노래도, 희망을 꿈꿨지만 갈수록 잔혹해진 수탈에 힘들어하던 비극적 생활 모습도, 고달픈 상황에서도 고통을 정면으로 맞서는 초극의 의지를 드러냈던 태도도, 혹한과 강풍을 견디면서 혼신의 힘을 다해 노동하는 강인함도 역시 두 민족의 공통된 경험이자 역사이다. 이와 같이 한국과 중국의 옛 모습이 형상화된 북방의식을 교육 현장에서 다루는 것은 양국의 근현대사에 대해 이해하고 두 민족 이주의 과거를 상기시키는 좋은 계기가 될 것이다.

중국인 학습자를 대상으로 하는 한국 문학 교육 현장에서 북방의식이 담긴 북방시편이 교육 제재로서 가지는 두 번째 의의는 현대시 작품을 통해 학습자들의 상호문화 능력 및 타문화이해능력을 향상시키고 보다 더 객관적이고 넓은 시각으로 목표 문화와 목표 언어의 문화 사이의 상호관계를 이해하게 할 수 있다는 데에 있다.(M. Byram & M. Fleming, 1998) 북방시편을 통해 한민족 북방 이주의 사회문화적 배경과 그에 연관된 한국인의 생활문화나 정신문화, 그리고 언어적 관습 등을 탐구해 볼 수 있다. 더 나아가 시 텍스트에 드러난 북방의식에 대한 이해를 바탕으로 하여 중국 내 소수민족으로서의 조선족과의 문화적 공통점과 차이점을 살피고 서로 간의 차이를 이해하는 상호문화적 소통 단계(조연하, 박덕유, 2020, 1259-1260)로 발전시킬 수도 있을 것이다.

북방시편이 중국인 학습자를 위한 문학 교육의 좋은 제재가 될 수 있는 세 번째 의의는 중국인 학습자들로 하여금 북방문학의 내포와 외연에 대한 이해를 촉진시킬 수 있다는 것이다. 여기서 북방문학의 내포는 한국 문학으로서의 북방문학을 뜻한다. 북방시편을 통해 중국인 학습자들은 한국인의 입장에서 북방을 바라보는 다양한 시각과 대륙적 상상력을 포착할 수 있을 뿐만 아니라, 한국 현대시 중 중요한 주제로 다루어진 북방 이주와 이에 관련된 문학적 흐름도 엿볼 수 있을 것으로 짐작된다.

또 다른 한편으로 북방문학의 외연은 북방 이주와 관련된 다른 한국 및 중국의 문학작품들을 의미한다. 백석과 이용악, 김동환, 유치환, 그리고 서정주 등 작가들은 한국 문단에서 적지 않은 족적을 남겼음에도 불구하고 그 중에 일부 작가들이 월북한 뒤 문학적 발자취가 잘 알려지지 않았다. 뿐만 아니라 중국 북방 출신 작가들의 작품이나 비슷한 시기에 북방공간 혹은 북방 이주 과정을 글로 남긴 다른 중국인 작가들의 작품에 대한 주시도 역시 잘 이루어지지 않고 있다. 북방시편을 중심으로 한 한국 문학 교육에서는 북방의식이 중요한 매개체로서 중국인 학습자들로 하여금 다른 장르의 북방문학, 혹은 상호텍스트로서의 중국 북방(이주) 문학을 탐구하고 이해하게 하는 중요한 계기가 될 것이다.

상술한 내용을 종합하여 본 연구는 북방의식을 중심으로 한 한국 현대시 교육의 필요성 및 실천 가능성, 그리고 합리적인 방향성을 모색하는 기초연구로서 느슨하게나마 한국 현대시에 나타난 북방 및 북방의식의 개념을 규정하고, 중국인 학습자들의 북방의식에 대한 이해 양상을 다양한 각도에서 포착하여 이를 토대로 삼아 북방의식을 중심으로 한 한국 현대시 읽기 교육 방안을 제시하고자 한다.

2) 연구 대상 및 연구 방법

(1) 연구 대상

본 연구에서는 중국인 학습자들이 한국 현대시에 나타난 북방의식에 대한 이해 양상들을 다양한 각도에서 포착하기 위해 북방의식을 뚜렷하게 나타낸 현대시 작품들을 일차적인 연구 대상으로 삼았다. 학습자들은 시적 화자가 북방에 대한 다양한 묘사 및 감각을 통해 북방의 역사적 입지를 지각하고 북방의식을 이해하며 결과적으로 북방의식에 대한 비판적이고 심층적인 성찰 결과를 구축해 나가는 과정을 잘 이룰 수 있는 북방시편을 선정하는 것이 본 연구의 초석이자 전제 조건이기 때문이다. 지금까지 한국어 교육 및 외국어로서의 한국 문학 교육 분야에 북방시편 해석 및 한국 현대시를 활용한 북방의식 교육을 위한 작품 선정 기준이 마련되어 있지 않기 때문에 본고에서는 기존의 한국 문학 교육 중 작품 선정 기준에 관련된 선행 연구들(Littlewood, 1984; 윤여탁, 2017 등)을 면밀히 살펴 다음과 같이 실험을 위한 네 가지 현대시 작품 선정 기준을 구체적으로 마련하였다.

첫째, 한국 현대시 중 북방시편으로서의 일정한 교육적 가치(정재찬 외, 2014, 267)를 고려하여 가능한 한 한국과 중국 현지에서 사용 중인 한국 문학 교과서와 한국어교재에 수록되어 있는 정전(正典) 작품을 위주로 선정하였다. 뿐만 아니라 선정된 작품들의 문학사적 입지를 생각하여 가능하면 해당 작가의 '북방시편' 가운데 대표작으로 꼽힐 수 있는 작품을 세밀하게 고찰하여 실험용 텍스트 리스트에 포함시켰다.

둘째, 본 실험의 피험자인 중국인 학습자들의 한국어 수준 및 한국 현대시 해석 능력을 충분히 고려하여 그들의 문학능력에 맞는 비교적 쉬운 작품을 택해야 한다는 선정 원칙을 내세웠다. 무엇보다 시 텍스트의 길이가 적당하고 현대시로서의 형식이 뚜렷하게 갖추어져 있으며 시적 표현 및 수사법이 현대 한국어와 유사한 작품을 위주로 선정하였다.

셋째, 본 연구의 주제 및 실험 목적 간의 긴밀한 연관성을 확보하기 위해 북방의식이 선명하게 드리난 현대시 작품들을 먼저 낭라하였다. 무엇보다 중국인 학습자들의 성장 및 학습 배경을 고려하여 그들의 입장에서 볼 때 북방의식을 쉽게 포착할 수 있게 하는 시적 단서들이 명확하게 드러난 작품, 한국과 중국의 사회문화적 맥락 간의 유사성에 기반한 작품, 다양한 각도와 층위에서 북방이주와 북방의식을 이해가능한 작품, 그리고 창작 배경과 시대적 배경 간에 상호보완적 관계를 지닌 작품들에도 주의를 기울였다.

마지막으로 북방을 바라보는 시점의 다양성 및 작가 창작 기법의 다원성

(多元性)에 대한 고려에서 출발하여 될 수 있는 한 시대적 상황과 이에 대한 인식(조남현, 1995, 125), 그리고 시적 전략에 따라 서로 다른 시선과 응전 방식을 표출하는 작품을 선택하고자 하였다. 더 간명하게 환언하자면 시적 화자가 바라보는 시선과 체험하는 방식이 서로 다른 북방시편을 선정하였다는 것이다. 예를 들어, 국경 지역에서 생활하면서 경계인(境界人)의 시선으로 북방을 지켜본 이용악(李庸岳) 시인의 작품이 있는가 하면 이주민으로서 북방에서 새로운 삶을 살고 만주를 고향으로 생각하여 일식민 지배 및 문화와 민족의 융합 속에 갈등하는 마음을 잘 표현하는 윤동주(尹東柱) 시인의 작품도 선정하였다. 그 외에 '타인'이나 '유랑민(流浪民)', 혹은 '방황(彷徨)하는 주체'로서 정처 없이 이동하는 과정에서 북방을 경험하는 백석(白石) 시인의 작품도 실험용 텍스트로 활용되었다.

 요컨대, 본 연구에서는 실험에서 활용할 작품들을 선정할 때, 마지막 기준을 가장 핵심적인 요건으로 삼는다는 전제 하에 앞의 세 가지 기준과 유기적으로 종합시키는 방식으로 총 세 편의 시 텍스트, 즉 이용악의 〈전라도 가시내〉(『시학』, 1939), 백석의 〈수박씨, 호박씨〉(『인문평론』(2권 6호), 1940. 6.), 그리고 윤동주의 〈이런 날〉(『하늘과 바람과 별과 시』, 1948) 등을 선정하였다. 각 실험용 작품의 구체적인 내용 및 선정 이유는 다음과 같이 정리하도록 하겠다.

 이용악의 〈전라도 가시내〉는 북방의식을 뚜렷하게 표현하고 유이민의 눈으로 북방의 실상을 잘 포착해 낸 작품으로서 선정되었다. 이와 동시에 이용악은 '북방'이라는 지리와 동일시된 시인인 만큼(곽효환, 2008, 193) 그의 문학적 위치 또한 고려 사항 중의 하나였다. 이용악의 생애사를 바탕으로 하여 그의 작품을 이해해 보면 그가 고향인 북방과의 지속적인 교감을 끊임없이 시에 주입했다는 사실과 궁핍한 생활을 전전하였다는 것을 확인할 수 있다. "만주·간도 등지를 배정한 침통한 북방의 정조를 날카롭게 각인시켰다(백철, 1949, 356)"나 "심절한 육체를 거쳐 나오는 인간 생활의 노래(한식, 1937)"와 같은 평가를 통해 알 수 있듯이 그의 시는 북방 유이민들의 참혹한 삶과 상실감을 형상화하는 데에 큰 성과를 거두었다고 할 수 있다. 이용악의 시편은 수탈이 절정에 달한 식민지 치하 민중의 삶과 유이민의 절박하고 고통스러운 상황을 자신의 목소리로 생생하게 형상화하면서도 서정성을 잃지 않는 것이 특징이라고 할 수 있다.

전라도 가시내의 함경도 사내 '나'가 전라도에서 온 가시내인 '너'를 북간도 술막에서 만나 함께 과거를 회상하고 대화하는 장면이 이 시의 중심 내용을 이루고 있다. 그들의 이야기 속의 북방은 만주로 해석되는데, 거기는 '무서운 곳', '두터운 벽도 이웃도 못 미더운 곳'이며 자신의 직접적인 체험보다는 '풍문(風聞)으로 들은 공간'(윤여탁, 2015, 130)이라는 표현이 더 적절할 것이다. 이 시의 시적 화자이자 서사의 주인공인 사내에게 북방공간은 마음을 놓고 정착할 수 있는 곳이 아닌 날이 밝으면 다시 우줄우줄 떠나야 할 공간이며 남의 땅의 작부로 팔려온 가시내에게는 마음 놓고 울지도 못하는 비극과 신산(辛酸)이 가득한 공간이 된다. 전라도 가시내와 사내의 이야기는 한민족 역사적 비극의 환유(오양호, 2003, 5-6)로서 독자들의 마음을 더 아프게 하고, 결국은 이와 같은 시적 서사는 한민족의 보편적 생활 현실의 핍진한 반영이라고 할 수 있다.

이용악 시인이 그려준 '고난과 수탈로 점철된 유이민의 비극적 삶의 터전으로서의 북방'에 비해 백석이 쓴 11편 북방시편(강연호, 2014, 115-142) 가운데 〈수박씨, 호박씨〉가 선정된 이유는 그가 유랑민으로서 북방공간을 경험하는 방식과 낯선 이국과 타향의 풍속을 바라보는 경쾌한 시선 때문이다. '유랑민'이라고 범주를 규정한 이유는 백석이 갑작스레 북방으로 결행된 뒤 만주 신경(현 장춘長春, 1940년)에서부터 안동(현 단동丹東, 1942)을 거쳐 다시 평안도 정주로 돌아오는 이동 경로[2]에서 비롯된 것이며 '시선이 경쾌하다'고 강조하

---

2 평안도 정주가 고향인 백석의 북방행의 정확한 시기에 대해 학계에서는 1939년 말과 1940년 초로 주장하는 의견이 분분하여 다소 엇갈리지만 그 편차가 그다지 큰 의미가 없어 보인다. 어찌 되든 지간에 백석이 만주 이주를 선택한 당시에 "만주라는 넓은 벌판

는 까닭은 백석은 중국 현지인들이나 그들의 풍습을 시에 등장시킬 때 친근하고 우호적이며 긍정적인 태도를 두드러지게 취하고 있기 때문이다.

또 다른 측면에서 볼 때, 〈수박씨, 호박씨〉에서 북방공간으로서의 만주에 간다는 것은 "어진 사람 나라"에 가서 그들의 뜻과 마음을 배우는 것으로 간주되었다. 이와 같은 북방에 대한 동경은 "오두미(五斗米)를 버리고 버드나무 아래로 돌아온 사람"에서 도연명(陶淵明)의 고사를, "나물 먹고 물 마시고 팔펴개를 하고 누었든 사람"에서 공자(孔子) 『논어(論語)』 중의 말씀을, "오천(五千)말 남기고 함곡관(函谷關)도 넘어가고"에서 노자(老子)가 『도덕경(道德經)』을 쓴 이야기 등 중국의 전통문화와 관련된 내용들을 통해 자연스럽게 노정시켰다. 결국은 백석이 말하는 '어진 사람'이란 도연명과 공자, 그리고 노자 등인 셈이며, 어진 사람 나라는 그들이 생활하고 뿌리를 내린 중국의 땅인 것이다. 시 텍스트에 나타난 중국에 관련된 명인 고사들은 중국인 학습자들로 하여금 자국의 사회문화적 배경지식을 통해 해석 돌파구를 모색하게 해 주는 중요한 단서가 되며 백석 시에 나타난 북방의식을 체험하게 해 주는 중요한 장치라고도 볼 수 있을 것이다.

백석의 시가 보여준 북방이 희망과 동경의 목적지라면 윤동주 시인은 〈이런 날〉을 통해 회색지대(灰色地帶)로서의 북방, 즉 모순과 갈등이 가득찬 북방공간을 보여주었다. 윤동주는 조선인 이주민 3세로서 북방 이주를 경험을 했다기보다는 만주에서 태어나고 자란 일원으로서 더욱더 현지화된, 토착화된 안목으로 북방을 바라보았다고 할 수 있다. 그는 만 27년 2개월(해수로는 29년)의 짧은 생애를 살았는데 그는 태어났을 때부터 북방을 경험하였으며 평양 숭실→용정→경성→일본을 거쳐 죽어서 다시 만주로 돌아와 총 20년 8개월을 북방(延邊)에서 보냈다.(조성일, 권철 주편, 1990) 따라서 윤동주

에 가 시 백 편을 가지고 오리라"와 같은 의욕이 넘치는 다짐을 했다고 한다. 이를 보면 백석이 경험한 북방은 희망과 개척의 땅이며 조선의 삶을 청산하고 새로운 기회를 모색하기 위한 출발지라고 할 수 있다.(조영복, 2002, 101; 강연호, 2020, 59에서 재인용)

에게 북방은 어머니의 자궁처럼 끊임없이 회감(回感)하는 곳이며 장소애(場所愛, Topophilia)가 가득한 공간이 된다.(김응교, 2012, 107-108)

〈이런 날〉이 시가 쓰여진 한 해 전인 1935년 9월, 윤동주는 평양 숭실학교에 편입학하였다. 그러나 일제의 신사참배 강요에 대한 완강한 항의 끝에 그는 7개월 만에 자퇴하였고, 문익환, 송몽규 등과 함께 귀향하여 다시 광명중학교에 편입학하였다.(윤일주, 1976) 1932년 3월 만주국의 건국은 북방에 이주한 조선인들의 신분을 더 애매모호하게 만들었다. 이때 조선인들은 일제의 신민(臣民)도 중국 국경에 얹혀사는 유이민(流移民)도 아닌 오족협화(五族協和) 정책 아래의 만주국민이 된 것이었다. 겉으로 볼 때 디아스포라 상태에서 벗어났지만 실질적으로는 일관화된 고향의식이 일제 강압에 의해 또 다시 해체하게 되었으며 민족의 정체성도 역시 깊은 모순과 혼돈(混沌)에 빠져든 것이었다.(김영주, 2011, 228-229; 윤영천, 2009, 22)

다른 측면에서 볼 때 송몽규는 독립운동에 투신하기 위해 바로 중국으로 떠났지만 이러한 항쟁은 오래 가지 못하고 일경의 체포와 모진 고문 끝에 패배의 운명을 맞이해야만 했다. 시의 마지막 연은 깊은 탄식으로 끝을 맺었다. "이런 날에는 잃어버린 완고하던 형을 부르고 싶다"에서 형은 바로 송몽규를 지칭한다고 한다.(송우혜, 1988, 319-320)

또 다른 한편으로는, 중국인 학습자들이 한국 현대시에 나타난 북방의식에 대한 이해 양상을 파악하기 위해 본 연구에서는 한국에 체류 중인 중국인 고급 학습자를 대상으로 시 읽기 실험을 실시하였다. 실험 참여자이자 실험 대상으로서의 중국인 학습자들의 조건에 대해 구체적으로 언급할 필요가 있다.

본 실험에서는 피실험자들의 언어 수준을 '고급'으로 한정시켰다. 이렇게 설정한 이유는 현대시의 장르적 특성과 학습자들의 문학 능력[3]에 대한 고

---

3 여기서 말하는 문학능력(literary competence)은 컬러(J. Culler)가 규정한 개념을 바탕으로 하여 정립한 것이다. 컬러의 논의를 빌리자면, 문학능력은 "독자로 하여금 어떠한

려에서 비롯된다. 객관적이고 유의미한 연구 데이터를 최대한 많이 확보하기 위해 해석 결과에 영향을 미치는 학습자 변인들을 면밀히 고려해 보았다. 본 연구에서는 학습자들이 북방 공간 및 북방 이주에 대한 사전 이해도(理解度)가 가장 중요한 변인으로 판단되기에 학습자의 출신 지역 및 북방 경험 유무를 핵심 가변량(可變量)으로 설정하였다. 북방에 대한 사전 이해도가 시 텍스트 해석 결과의 합리성에 미치는 영향을 명확하게 파악하기 위해 본 연구에서는 중국인 피험자들을 출신지역에 따라 '북방지역 출신 학습자' 및 '남방지역 출신 학습자'로 이분화(二分化)시켰다.[4] 그 외에 학습자들의 연령, 학력, 한국어 학습 목적, 학습 기간, 한국어 능력, 한국 체류 기간, 한국 문학 피교육 경험 등을 불변량(不變量)으로 고정시켜 가능한 선에서 같은 수준으로 통제시키고자 하였다. 뿐만 아니라 실험용 데이터를 추려내는 전사 과정에 자료에 대한 인위적 조작 및 연구자의 의도적 여과를 피하기 위해 한국어로 프로토콜과 토의가 가능한 학습자들 위주로 모집하였다. 피험자를 공모했을 때 특정한 어느 학교나 어느 전공의 학습자로 한정시키지 않았고, 시 읽기 실험에 자발적으로 참여할 학습자들의 응모를 받았다.

　상술한 내용을 종합하여 본 연구 실험에 참여한 중국인 학습자에 대한 구체적 설명 및 일련번호 부여 결과를 다음 〈표 1〉과 같이 정리하도록 하겠다.

　텍스트를 문학작품답게 읽을 수 있게 하는 능력, 즉 내면화된 (문학적) 문법"이다. 컬러가 규정한 문학능력 개념은 성장 가능성을 전제한 개념이며 교수-학습 과정을 통해 신장가능하다는 의미도 함께 지닌다고 할 수 있다. 다시 말해, 문학능력은 특정 텍스트를 문학 텍스트로서 인식하고 그에 대해 능숙하게 읽거나 쓸 수 있는 능력이며, 개별 문학 텍스트에 대한 경험이 누적되고 중첩되는 과정에서 개발된다.(J. Culler, 1975, 113-130)

[4] 중국인 학습자들에게 북방시편을 읽는 과정에 본인이 이미 가지고 있는 내용 스키마(content schema)로부터 과잉 간섭을 받지 않게 하기 위해(Olhausen & Roller, 1988) 피험자의 출신지역을 구분할 때 북방지역을 단순히 동북삼성(東北三省) 혹은 옛 만주지역으로 국한시키지 않고 통식(通識)적인 경계선, 즉 진령산맥(秦嶺山脈)과 회하강(淮河江)을 남·북방 지역을 구분하는 기준으로 설정하였다.

<표 1> 실험에 참여한 학습자 일련번호 부여 결과 및 세부정보 일람

일련번호	출신지역	성별 + 나이	북방경험 유무	언어 능력 및 학습 기간	재한 기간	한국 문학 피교육 경험	전공
남-1	江苏(강서)	男 27	无	5급 6년	6년	2학기	정치외교
남-2	广东(광동)	女 20	无	5급 3년	6개월	1학기	한국어
남-3	广东(광동)	女 21	无	5급 3년	6개월	1학기	한국어
북-1	河南(하남)	女 23	4년	6급 5년	4개월	1학기	한국어
북-2	吉林(길림)	女 23	23년	6급 4년	6개월	1학기	한국어
북-3	河北(하북)	女 22	无	6급 3년	1년	1학기	한국어
북-4	河北(하북)	女 21	无	6급 3년	3개월	1학기	한국어
북-5	辽宁(요녕)	女 20	20년	5급 3년	6개월	1학기	한국어
북-6	吉林(길림)	女 23	23년	6급 4년	1년	无	한국어
북-7	黑龙江(흑룡강)	女 27	24년	6급 9년	4년	无	한국어
북-8	山东(산동)	女 20	4년	5급 2년	6개월	无	한국어
북-9	吉林(길림)	女 20	20년	5급 2년	6개월	无	한국어
북-10	山东(산동)	女 26	无	6급 10년	4년	1학기	한국어 교육

(2) 연구 방법

본 연구에서는 중국인 학습자들이 현대시를 읽는 과정을 관찰하고 북방의식에 대한 이해 양상을 체계적으로 추려내는 것을 핵심 탐구 과제로 설정하였다. 이 탐구 과제를 성공적으로 수행하기 위해 구체적인 연구 방법으로 "일대일 면접 실험"을 실시하였다.

일대일 면접 실험은 학습자들이 산출한 읽기 양상의 깊이를 포착하는 실험 방법으로서 각 절차 및 절차 간의 연결 방식은 면밀한 설계를 거쳤다. 북방을 바라보는 다양한 시선을 경험하고 북방의식에 대한 입체적인 인식을 가지게 하기 위해 본 연구에서는 학습자들로 하여금 자율적으로 두 편의 시 텍스트를 골라 읽게 하였다.

일대일 면접 실험은 '개인 사고구술(personal verbal reports)'과 '심층 인터뷰' 두 부분으로 나뉜다. 이른바 개인 사고구술은 학습자들이 머릿속에 인지하고 있는 시 해석 과정을 입 밖으로 소리 내 말하게 하는 실험 방법이다.(정우상, 2001, 11) 이 방법을 활용함으로써 학습자 내심의 독백을 들을 수 있을 뿐만 아니라 내적 대화를 하는 과정에서 자기 성찰도 살필 수 있어 시 읽기 실험에 적합한 방법으로 판단된다.

일대일 실험의 첫 단계는 바로 '1차 시 읽기'이다. 이때 학습자들에게 시 텍스트에 나온 어려운 어휘의 뜻풀이 이외에 그 어떤 추가 정보도 제공되지 않았다. 학습자들은 시를 읽으면서 본인의 마음속으로 생각하는 모든 내용을 말해야 한다. 연구자는 이와 같은 구술 과정을 함부로 일시정지 시킬 수 없었다. 다만 학습자가 10초 이상 발언하지 않는 경우엔 연구자가 간단하게 "말해 보세요"와 같은 지시를 제기하였다.

'1차 시 읽기'를 진행한 뒤 학습자를 위해 '개인 해석 검토 시간'을 마련해 주었다. 이때 학습자가 해석 과정에 겪은 어려움이나 의문점 등을 인터넷으로 검색할 수 있게 된다. 연구자는 학습자들의 검색 과정을 지켜보면서 검색

기록을 따로 메모하였다.

그 다음으로 학습자들은 바로 '2차 시 읽기' 단계에 진입하게 된다. 이 단계에서도 마찬가지로 사고구술 기법을 활용해 학습자들로 하여금 본인의 생각을 표현하게 하였다. 특히 해석 검토 시간에 새로 파악한 내용들과 결합시키면서 해석 방향을 어떻게 조정하게 되었는지, 어떤 부분에 공감하게 되었는지, 더 나아가 개인 경험과 어떤 지점에서 결합시킬 수 있는지 등 내용이 있으면 함께 서술하도록 당부하였다.

'2차 시 읽기'가 끝난 다음 연구자는 학습자들의 전체 해석 과정에 피드백을 제공해 주었다. 특히 여전히 해결하지 못한 질문이나 해석 쟁점에 대해 참고 의견을 제공해 주었다. 마지막으로 연구자가 해당 학습자와 일대일 심층 인터뷰를 진행하였다. 이 절차를 설정한 이유는 사고 구술 과정에 불완전하게 포착된 공감적 이해 양상을 보완하기 위한 것이다. 이때 연구자는 북방의식에 대한 심층적 이해를 중심으로 반구조적 질문을 제기하였다. 특히 북방의식에 대한 이해와 해석 결과 간에 상관관계를 발문을 통해 중점적으로 알아보았다.

일대일 면접의 합리성 및 신뢰도를 높이기 위해 연구자는 실험을 진행하는 과정 내내 학습자와의 라포(rapport) 형성에 주의를 기울였다. 뿐만 아니라 학습자들로 하여금 편안하게 개인의 생각을 표현할 수 있도록 자유로운 분위기를 조성하였다. 실험은 긴장을 완화시킬 수 있는 카페나 빈 강의실에서 진행되었으며, 각 피험자의 동의를 얻은 다음 실험의 전 과정을 음성 녹취하였다.

상술한 실험의 진행 절차, 지속 시간, 회수 가능한 연구물 등 세부 정보는 다음 〈표 2〉로 상세하게 제시하기로 한다.

<표 2> 실험 진행 절차 및 회수 연구물 일람

실험 진행 절차	구체적 내용	진행 시간	회수된 연구물
1차 시 읽기	혼자 시 읽기 1차 사고구술	15-20분	음성 녹취록
해석 결과 검토	인터넷 자료 검색	15분	인터넷 검색 기록 음성 녹취록
2차 시 읽기	2차 사고구술 연구자 피드백	20분	음성녹취록
추가 심층 면담	비구조적 설문 심층 면담	30분 이내	음성녹취록

마지막으로 학습자들이 산출한 데이터의 기호화 방식은 "학습자 일련번호+실험용 작품명+실험절차"[5]와 같이 설정하기로 하였다.

2. 이론적 토대

1) 한국 현대시에서의 북방 및 북방공간

중국인 학습자들이 한국 현대시에 나타난 북방의식을 이해하는 양상을 파악하기 앞서 북방 및 북방공간을 지칭하는 범위와 함의에 대해 명확히 규명할 필요가 있다. 그러나 너무나 아쉽게도 학계에서 북방 및 북방공간에 대한 정의가 여전히 분명치 않고 북방의 명확한 좌표와 규정 방식에 대한 합의

---

[5] 예를 들어, 북방지역 출신의 두 번째 학습자가 〈전라도 가시내〉라는 작품을 읽고 '2차 시 읽기' 단계에 산출한 구술 자료는 "[북-2-〈전라도 가시내〉-2차]"로 표시된다. 같은 원리로 남방지역 출신의 3번 학습자가 〈이런 날〉을 읽고 심층 인터뷰 단계에 산출한 구술 자료이면 "[남-3-〈이런 날〉-심층 인터뷰]"로 표시될 수 있다.

도 아직 불투명하다. 그러나 북방공간의 영역을 파악하는 데에 있어 유용한 단서들을 전혀 못 찾는 것은 아니다. 통시적이고 통념적인 시선에서 북방을 바라볼 때 다음과 같이 정리해 볼 수 있다.

북방에 대한 최초의 인식은 고조선의 시원지에서 비롯된다고 할 수 있다. 전성시대의 영역은 서쪽으로는 중국 전국시대의 요(遼)나라와 접한 요수(현 濼河)와 갈석산(碣石山)에 이르고(윤내현, 1986, 47), 동북쪽으로는 흑룡강(黑龍江) 밖에까지 미쳤다.(윤내현, 1989, 47) 지금으로는 중국의 동북삼성(東北三省) 지역, 즉 요녕성(遼寧省), 길림성(吉林省), 흑룡강성(黑龍江省) 및 하북성(河北省) 지역의 일부를 포괄하는 것이다. 근대에 들어서서 북방공간은 남쪽 대동강 유역으로부터 평안도 함경도를 포함한 한반도 북쪽의 넓은 평원, 즉 흑룡강 중하류 일대, 우수리강(乌苏里江) 중하류 유역, 송화강(松花江) 중하류 지방의 5천리에 달하는 광대한 지역을 가리키는 공간이다.(방학봉·장월령, 1995; 윤영천, 2003, 35; 곽효환, 2008, 15 재인용)

지리학적 측면과 사회문화적 배경 측면에서 한·중 양국과 긴밀한 연관을 가지고 있는 북방공간을 조망할 때 이런 공간에 대한 정서나 의식은 몇 가지 층위를 지니고 나타난다. 무엇보다 북방공간은 영화로운 고대사를 잉육(孕育)하는 요람으로서 호방하고 강인한 민족 성격을 양성하는 모태가 된다. 고구려와 발해 시대에 북방의 드넓은 들판에 펼쳐진 꿈과 혁도아라고성(赫圖阿拉古城)에서 맴돌았던 청태조(淸太祖) 누르하치(Nurhachi, 努爾哈赤)가 칸(可汗)으로서의 첫 고함 소리와 상통한다. 또 한편으로 일제시기의 북방은 만주국의 기지로서 여러 민족들이 함께 공존하는 공간이기도 하였다. 조선인이든 중국인이든, 다른 민족의 사람들이든 오족협화(五族協和)라는 미명하에 보이지 않는 경계와 강압, 모순과 지배, 고통과 타협을 경험하면서 비극으로 점철된 굴곡진 삶을 영위할 수밖에 없었다. 이와 같이 북방은 오래된 역사를 가지고 복잡한 층위로 노정하지만 기본적으로 영화로운 고대사와 비극적인 근대사의 현실이 때로는 극단화되고 또 때로는 교차되어 나타나는 공간이라고 할 수 있다.

한국 근현대문학에 나타난 북방과 북방공간도 위와 같은 틀에서 논의된다. 일제강점기에 조선에서 전반적 규모로 발생한 유랑민과 국외 유이민들의 비극적인 삶과 궁핍적인 실상을 극명하게 표현하는 문학이 북방문학(윤영천, 2003, 37)이라면 그 가운데에 내포되어 있는 북방시편은 북방문학의 주류를 이룬다고 말할 수 있다. 북방시편은 이러한 북방공간을 무대로 한 현대시 작품이며 시 텍스트 속에 드러난 북방과 관련된 감각적·이성적 인식이 곧 북방의식 또는 북방정서(이경희, 2007)라고 설명될 수 있다.(곽효환, 2005, 277-278)[6]

한국의 근현대시에서 가장 먼저 북방을 하나의 문학적 공간으로 형상화시킨 작가는 김동환 시인이라고 할 수 있다.(김현정, 김문주, 2016, 175) 그 다음으로 1920년대의 백석, 이찬, 이용악, 유치환, 오장환, 이육사, 서정주, 김달진 등 여러 시인들의 작품에 북방의 그림자가 서서히 두드러지기 시작했다. 그들의 작품에 나타난 '북방'은 '만주', '북국', '북간도', '북쪽', '북새', '북만' 등 개념들과 혼용되는 경우가 대부분이며, 그 외에 함경도와 평안도를 지칭하는 '북관'이나 '관서'라는 표현도 종종 등장하게 된다. 뿐만 아니라 중국에서 사용되는 동북삼성(東北三省)이나 일본에서 흔히 언급되는 '만주'와 구분되기도 한다.(강연호, 2020, 58)

단순히 지리적 측면에서 볼 때, 북방시편에 현현(顯現)된 북방공간을 오늘날의 서울을 기준으로 그 북쪽의 지방, 조선을 기준으로 압록강과 두만강

---

6 북방 혹은 북국(北國)정서라는 용어는 북쪽 지방의 지형, 기후적 특색 등이 혼용되는 모호한 개념이다. 이경희(2007)과 곽효환(2008)의 논의가 주목되는 이유는 전자는 '북방정서'를, 후자는 '북방의식'을 각각 구체적으로 설명하고자 시도했다는 점 때문이다. 요컨대, 이 두 논의에서 북방정서, 북방의식은 모두 역사적인 사실들과 결부되어 설명되고 있다. 이경희(2007)가 북방을 역사적으로 억압당해 온 가난과 결핍의 공간으로 파악했다면 곽효환(2008)은 한민족의 시원공간이자 강성했던 옛기억을 간직한 고토로 파악하였다. 이 두 논의는 모두 한민족의 역사를 소환하고 있다는 점에서 공통점을 지닌다.

이북의 공간으로 규정 지을 수 있다. 더 광의적(廣義的) 시각에서 보면 어떤 경우에는 연해주와 시베리아 대륙까지도 북방의 범주에 포함시킬 수 있을 것이다. 여기서 눈여겨보아야 할 것은 북방시편에 등장한 '북방'은 단순한 '공간 범위 지칭' 혹은 '지향성이 담긴 시어'의 수준을 넘어 다층적인 심상지리를 지닌 개념으로 보아야 한다는 것이다.(조은주, 2008, 147) 특히 일제강점 하에 만주국의 설립을 염두에 둘 때 '북방'이라는 시어의 선택부터 다양한 함의가 이미 의미심장하게 얽혀 있고, 국가와 민족의 경계를 넘어 개인적인 만주 체험이 내포되어 있는 북방은 시인에 의해 새롭게 의미화된다.

2) 한국 현대시에 나타난 북방의식

표현론적 관점에서 작가를 "자신의 영감(靈感, inspiration) 혹은 천재성을 창작 활동을 통해 표출시키는 사람"(구인환, 2007, 107-108)이라고 정의하고 있다. 이 말은 즉, 시인으로서의 작가는 상상력을 통해 무질서한 상태로 놓인 체험과 감정에 새로운 질서를 부여하며(오성호, 2006, 334-335), 자아 내면의 고백을 개인만의 서정 방식으로 드러낸다는 것이다.(박수연 외, 2015, 117) 만약 개인으로서의 작가가 경험한 북방을 기억의 편린(片鱗)이라고 간주한다면, 현대시에 나타난 북방의식은 시인이 체계화되지 않은 북방에 관한 기억에 질서를 부여하고 자신만의 언어 방식으로 서정화 시킨 결과라고 설명될 수 있다.

또 다른 한편으로 현상학에서는 의식과 텍스트성(Textuality) 간의 상호작용에 초점을 맞춰 의식(Consciousness, 意識)의 본질을 해석하고 있는데(Joseph Childers, Gary Hentzi 엮음, 황종연 역, 1999, 120) 인간의 의식은 감각적 의식과 이성적 의식의 통일체로 간주된다.(Lukacs 외, 이춘길 편역, 1988, 2) 즉, 의식은 무의식 속에 생겨나며 어떤 구체적인 대상에 대한 감각으로 받아들인 것에 대한 총체적인 인식을 의미한다. 따라서 북방의식은 북방공간에 대한 시인의 체험과 목격한 현상과 정신적 반응 등의 인식이 정서화된 결과물로도 정의될 수 있다. 다시 환언하자면 북방의식에 대한 고찰은 작가의 의식과 정신적 응전 결과가 담긴 북방시편을 관찰하는 것이며, 더 나아가 작가 개개인만의 특유한 언어 질서를 통해 그들이 북방공간에 대한 역사관, 시대관 그리고 세계관을 복원하고 분석하며 나아가 더 높은 차원에서 조망하는 것이라고 할 수 있다.

북방의식에 대한 대응 및 형상화 결과는 작가에 따라 제각기 다른 모습으로 나타나는데 그의 부류를 명확히 나누려면 북방의식을 주제로 한 연구 결과에 대한 고찰이 탄탄한 바탕이 되어야 한다. 그러나 아쉽게도 근현대시에 나타난 북방의식에 대해 확인될 수 있는 연구 결과는 제한적이며 이를 구체화시킨 결과도 조금씩 이견을 보인다. 이러한 차이는 북방이라는 개념과 북방의식에 대한 규정의 차이에서 기인하는데, 지금까지 주류를 이룬 북방의식의 구체적인 내용에 대한 논의는 대략 세 가지 부류로 나눌 수 있다.

먼저, 가장 두르러지게 현상화(現像化)된 부분은 1920년대 중후반, 일본의 식민 통치로 인해 북방으로 이주한 유이민들이 겪은 고달픈 삶과 시대적 고통으로 각인된 작품에 나타난 주제의식이 북방의식으로 정의된다.(곽효환, 2013, 138) 그 다음으로 백석, 이용악 등 북방지역 출신 문인들의 작품에 드러난 북방에 관한 일련의 정서를 북방의식으로 보았다.(곽효환, 2013, 140; 임인화, 2019, 209 재인용) 이때의 북방의식은 타관이 아닌 고향 정서와 결합되어 있어 북방지역의 자연적·인문적 특성이 보다 더 생생하게 작품에 녹아들어 있다. 따라서 이러한 북방의식은 일종의 문화적 특징을 띠며 삶의 터전과 고향정서의 정신적 승화라고 볼 수 있다. 마지막으로 이데올로기 관점에서 프롤레타리아 문학으로의 북방시편에 나타난 북방의식을 조회해야 한다는 목소리도 종종 나오고 있다. 이러한 연구는 당시 소련과 중국에서 정착한 조선인의 문학을 살피면서 북방을 역사적·지리적 공간으로 바라본다기보다는 이데올로기 관점에서 북방의식을 접근하고 있다는 평가를 받는다.(곽효환,

2008, 23) 그 외에 한국에서 북방의식을 연구하는 초점은 북방 출신 작가에만 국한되어 있는 것이 아니라 남한 출신 작가, 예를 들어 유치환, 이육사 등 시인의 작품에서도 북방의식이 중요한 요소로 포착된다.(오양호, 2008, 79) 이에 따라 본고에서는 한국 현대시에 나타난 북방의식의 범주를 그 어떤 특정한 관점에도 한정시키지 않고 북방의식의 공통점을 논의의 전제에 두고 상술한 관점들을 모두 아우르는 장에서 중국인 학습자들이 이를 이해하는 양상들을 분석하고자 한다.

3) 북방의식을 이해하기 위한 문학 소통 단계

중국인 학습자들이 한국 현대시에 나타난 북방의식을 이해하는 양상을 면밀히 고찰하기 위해 시 읽기 과정에서 이해의 개념과 이해를 도달하기 위해 거쳐야 할 시적 의미 구성 단계를 이론적인 측면에서 언급해 둘 필요가 있다.

슐라이어마허(Friedrich Schleiermacher)가 '해석'과 '이해' 간의 관계를 정리하면서 '이해(Verstehen)'의 윤곽을 더 선명하게 그려주었다. 그의 논의를 따르자면 만약 해석이 이해의 기술이라고 본다면(F. Schleiermacher, 최신한 역, 2000, 17), 이해는 그 대상을 해석자의 세계 속에 '의미'를 가지는 존재로 변화시키는 것을 의미한다. 이와 같은 정의를 문학작품을 해석하는 과정에 천착해 본다면 현대시에 나타나 있는 북방의식을 이해한다는 것은 독자(해석자)가 시인에 의해 시 텍스트에 숨겨진 북방의식을 지각하고 그의 잠재적인 의미망을 현실화하는 과정으로 설명될 수 있다.(최지현, 2014, 96-97; 강민규, 2016, 12 재인용)

독자들이 시의 의미를 구현해 내는 과정은 흔히 문학소통의 과정으로 이해된다. 문학소통의 장(場) 안에서 작가는 시 텍스트를 통하여 독자에게 발화하고, 독자는 발화에 응답하면서 간접적으로 작가와 소통하게 된다. 이와 같은 "작가(발화자)-텍스트(매개체)-독자(청자/수용자)"의 삼원관계는 비(非)구속적 특징을 가지고 있기 때문에(허창운, 1989, 34-39) '작가-텍스트' 측면과 '텍스트-독자' 측면 두 축으로 세분화시킬 필요가 있다. 독자가 북방의식을 중심으로 시를 읽는다는 것은 텍스트에 녹아든 북방의식을 발견하고 분석하여 텍스트와 끊임없는 거래(transaction)를 거쳐(서혁, 서수현, 2007, 40) 마지막으로 이를 수용해 나가는 과정이며 독자와 텍스트 간에 북방의식을 중심으로 일어난 다선적(多線的) 상호작용 과정이라고 간추릴 수 있다. 이와 같이 정밀한 이해과정을 설명하는 데에 있어 로젠블렛(Rosenblatt)의 독자반응 이론은 든든한 버팀목이 된다.

로젠블렛(1994)의 논의를 빌리자면 읽기 과정은 독자가 특정한 기호에 대한 인식으로부터 시작하여 텍스트의 문자적 의미를 파악하는 것을 넘어 자신만의 개념 체계에서 어떤 심적 표상을 만들어 본인만의 해석 체계를 마련하는 것이라고 설명될 수 있다.(van Dijk & Kintsh, 1983) 현대시 텍스트는 내용상의 이미지와 관념의 융합체로서 다른 텍스트에 비해 의미의 빈자리를 가지게 되는데(오세영, 2003, 362), 독자는 자기만의 상상으로 빈자리 의미에 대한 가설을 설정하면서 시를 해석해 나간다.(김정우, 2004, 29) 야우스(H. R. Jauβ)가 "작가의 표현미학이 독자의 수용미학과 대등하게 작용할 때 비로소 기능을 발휘한다"(이선영, 1983, 353) 라고 제창하듯, 북방의식에 기반한 시 읽기의 중심에는 독자가 있다. 그러나 모든 독자가 가지고 있는 기대지평이 같을 수가 없고 사고의 범주와 상상의 유보도 역시 획일적일 수 없다. 뿐만 아니라 독자의 인지적, 심리적, 사회문화적 배경을 활용하는 능력 수준이 제각기 다르기 때문에 동일한 시를 읽는다고 하더라도 서로 다른 이해 결과를 도출하는 상황이 적지 않을 것이다. 따라서 북방의식을 이해하기 위한 문학소통 단계를 구체화시키기 전에 대상 시 텍스트의 다양성을 인정하면서 주체적이고 비판적인 시 읽기를 해야 한다는 전제를 미리 내세울 필요가 있다.

문학소통의 회로와 방식은 널리 합의를 이룬 이론이지만 문학소통 단계에 대한 접근은 학자에 따라 다양한 의견을 보이고 있다. 관련된 논의를 살펴본 결과, 문학소통 과정을 삼분화 시킨 연구들이 논의의 주류를 이끌고 있다. 숄스(R. Scholes)는 교육의 관점에서 문학작품의 읽기 과정을 관조하였는데 그는 일련의 문학소통 단계를 '읽기', '해석', 그리고 '비평'으로 삼분화 시켰다. '읽기'를 텍스트의 표면적 내용을 파악하는 것이라고 간주한다면, '해석'은 의미를 모색하는 활동으로 뜻풀이 된다. 그리고 비평은 텍스트의 의미 확장과 문학적 가치를 확인해 나가는 활동으로서 텍스트를 평가하는 단계라는 의의를 지닌다.(R. Scholes, 김상욱 역, 1995, 353)

문학 읽기의 단계를 명확히 규명한 기존 연구들 가운데 한명숙(2003)의 논의도 참고할 만하다. 이 연구는 '인지적 문학 소통과정'에 초점을 맞춰 독자들의 의미 구성 과정을 '이해(comprehension)', '구성(construction)', 그리고 '조망(perspective)'으로 구분하였다. 이른바 이해 단계가 문학 언어를 해독하고 지각하는 내용을 수용하는 단계라고 한다면, '구성'은 시 텍스트의 의미를 해석하고 그 결과를 조직하는 과정으로 해석될 수 있다. 그리고 조망 단계는 독자의 개별적 판단과 평가하는 단계로서 독자만의 의미로 가득 찬 새 작품이 이 단계에 탄생된다고 할 수 있다.(한명숙, 2003, 213-214)

상술의 논의들은 북방의식을 이해하기 위한 문학소통 단계를 규정하는 데에 있어 지도적인 의의를 지니지만 횡적으로 통관(通觀)해 보면 몇 가지 한계점을 발견할 수 있었다. 무엇보다 문학소통 과정과 작품에 함축되어 있는 작가의식, 혹은 작가 정서에 대한 관조가 비교적 약해 보인다는 점이다. 기존의 연구들은 수용미학과 해석학의 입장에서 보편적인 시각에서 바라보는 문학소통 과정을 추려냈으나 학습자와 현대시 텍스트, 학습자와 작가, 그리고 학습자와 학습자 (교사) 간에 어떻게 문학적 소통을 하게 되는지, 북방의식의 존재가 어떻게 확인되며 이를 해석해 내는 과정이 어떻게 이루어졌는지에 대한 고찰이 더욱더 면밀하게 진행할 필요가 있다.

뿐만 아니라, 총체적인 문학소통 과정을 규정하는 과정 중에 특정 학습자

집단에 대한 배려가 다소 부족해 보인다는 문제점도 있다. 앞서 살핀 논의들의 연구대상은 모국어 독자로 설정되어 있다. 이들은 모국의 사회문화적 배경에 대한 비교적 완전한 인식을 가지고 있는 동시에 해석 과정에서 장애와 부딪칠 때 인지적·정의적 능력을 자유자재로 발휘시키는 능력도 가지고 있다. 그러나 외국인 독자로서의 중국인 학습자들은 시 텍스트의 표면적인 의미를 파악할 때부터 많은 어려움을 겪게 되며(이상금, 2006, 11), 북방의식을 이해하고 그 당시 한국의 사회문화적 배경에서 이를 복원시키는 데까지 많은 장애를 극복해야 한다. 따라서 본고에서는 상술한 논의들의 공통점을 종합하고 그 한계점을 어느 정도 보완하여 중국인 학습자들의 특성을 충분히 고려하고자 한다. 이러한 전제하에 문학소통 과정에서 북방의식에 대한 이해 과정을 보다 더 구체적으로 고찰할 수 있도록 북방의식을 이해하기 위한 문학소통 단계를 다음과 같이 네 가지로 규정하고자 한다.

(1) 북방의식의 지각 단계

북방의식의 지각 단계는 북방시편을 해석하는 첫 단계로서 시 텍스트의 표면에 나타나 있는 북방의식과 관련된 요소들의 존재를 의식하고 그의 의미를 직관적으로 파악하는 단계로 정의될 수 있다. 만약 북방시편을 시인이 북방공간을 관찰하는 과정에서 생긴 진실을 모방하는 소산으로 간주한다면(맹문재, 2014, 200) 북방에 관한 사회적 진실과 공동체의 특성을 대언(代言)해 주는 '북방 요소'가 시 텍스트의 내용과 형식적 측면에서 다양한 현현(顯現)으로 나타나기 마련이다. 따라서 현대시에 타나난 북방의식을 이해하는 첫걸음은 이와 같은 '북방 요소'를 지각하는 것이며, 이를 해석하는 결과가 북방시편을 이해하는 밑바탕이 된다.

본 연구에서는 이러한 '북방 요소'를 보다 더 구상화(具象化) 시키고 독자와 북방 요소 간의 관계를 더 면밀히 살펴보기 위해 '북방의식 담지체(擔持

體, representation)'라는 개념을 도입하고자 한다. 이른바 '담지하다'라는 것은 "어떤 이론이나 사상 따위를 담고 있다(국립국어원 표준국어대사전)"라는 뜻인데, 여기서 이 단어의 파생적 의미를 활용하여 '시 텍스트에 나타난 북방의식을 담고 있는 언어적 실체'라고 규정하고자 한다.

북방의식 지각 단계에서 담지체의 존재로 인해 작가와 독자 간의 비대면적 소통이 더 원활하게 이루어진다. 작가는 근거 없는 상상으로 허구적인 시 세계를 그려내는 것이 아니라 독자를 예상하면서 본인의 사회적 관계와 부합하는 사전(辭典)적 신호를 엄선하여 시적 화자나 주인공을 통해 독자에게 전달하기 때문이다. 이와 같은 상호작용 과정 가운데 독자도 역시 작가에 대한 요구를 텍스트에 대한 기대와 가정으로 전환시켜 담지체에 대한 판단을 통해 자신만의 1차적 해석 결과를 산출하게 된다.(H. R. Jauss, 장영택 역, 1987, 130) 이처럼 독자는 시 텍스트 표면에 나타나 있는 북방의식 담지체로부터 시작하여 시 텍스트를 구성하는 언어적 기호들을 번역하는 과정에서 타자를 구상화시키고, 언어적 표상들의 의미를 일일이 탐구하고 규명함으로써 문학적 소통의 첫걸음을 내딛게 된다.

(2) 북방의식의 분석 단계

북방의식의 분석 단계는 발견한 북방의식 담지체의 의미를 더욱더 심층적으로 파악하고 단순히 표면적인 의미에 대한 앎을 넘어 이로부터 파생된 구체적인 시적 환경, 혹은 환경에 처한 타자(화자)의 이미지를 구상하면서 그가 말하는 동기를 탐구함으로써 작가의 마음에 귀를 기울이는 과정으로 이해될 수 있다.

슐라이어마허(Schleiermacher)는 해석학적 접근을 통해 독자가 작가 의식에 대한 분석 단계의 존재를 설명하고 있다. 그의 논의에 따르자면, 작가의 사유와 전체 언어 간의 상관관계를 강조하면서(양혜림, 2011, 38-56) 해석을 '문법적 해석'과 '심리적 해석'으로 구분하였다. 문법적 해석 과정에서 해결해야 하는 과제는 텍스트의 언어 체계를 파악하는 것이라면, 심리적 해석 과정에서는 은신(隱身)된 작가의 존재(H. Ineichen, 문성화 역, 1998, 128)를 전제로 하고 그의 마음과 사유를 탐구하는 것이 제일의 요무(要務)라고 할 수 있다. 이때 문법적 해석은 심리적 해석의 바탕이 되며, 독자는 문법적 해석을 통해 작가의 사유를 탐구하고 그의 발화 동기의 퍼즐을 풀기 시작한다.

여기서 짚고 넘어가야 할 문제는 바로 중국인 학습자가 가지고 있는 문법적·심리적 해석 능력이 매우 한계적이라는 점이다. 모국어 독자들과 달리, 중국인 학습자들은 북방의식 담지체를 통해 작가의 북방의식을 탐구할 때 아주 '특별한 사회적 주체'로서 텍스트와 '거리 있는' 거래를 경험한다는 것이다. 언어적 장벽으로 인해 그들은 북방의식 담지체를 지각하는 과정부터 어려움을 겪기 시작하며 한중 양국 간의 사회문화적 거리가 커다란 홍구(鴻溝)가 되어 작가를 향한 심리적 해석의 길을 가로막는다. 이러한 어려움을 극복하기 위해 북방의식 분석 단계에 처해 있는 중국인 학습자들은 파악 가능한 북방의식 담지체를 양국의 사회문화적 배경에 각각 대입시킨 다음 얻은 분석 결과를 통해 북방의식의 단서를 차차 확인해 나가는 경험을 하게 된다. 이러한 과정에서 양국 간의 언어적·문화적·정서적 차이가 확연히 드러나며 이를 소화하고 수용함으로써 북방의식에 대한 인식을 구축한다고 할 수 있다.

(3) 북방의식의 이해 단계

북방의식의 이해 단계는 독자가 시 텍스트에 구현된 북방의식의 의미를 생성하는 단계이자 작가가 경험한 북방공간을 이해하는 단계로 해석된다. 이 단계에서 독자는 단순히 타자로서의 작가가 경험한 북방을 방관하는 것이 아니라 개인적 경험이나 자신의 사고를 시 텍스트에 투사하면서 작가가 경험했던 북방공간을 추체험하는 것이다.

추체험의 방법론에 대해 딜타이(W. Dilthy)는 비교적 구체적인 설명을 첨부하였다. 그는 독자가 추체험하는 계기를 두 가지로 나누었는데, 하나는 타자가 처한 사회적 환경과 삶의 외적 상태를 생동감 있게 현재화하는 것이며, 또 하나는 자아의 삶과 연관된 경험들(행동양식, 감정, 욕구, 정신적 지향 등)을 되살리거나 배제시킴으로써 타자의 정신적 삶을 재구성하는 것이다.(Wilhelm Dilthy, 1959 v, 265) 이와 같은 추체험의 이론을 독자들이 북방의식에 대한 이해 과정에 천착해 볼 수 있을 것이다. 즉, 독자들은 본인의 연관 경험을 되돌아보면서 이를 작가의 북방경험에 투영시켜 그가 경험했던 북방공간을 추체험하면서 작가의 의식을 이해한다는 것이다. 독자는 추체험하는 과정에서 상상력을 발휘할 뿐만 아니라 작가와의 경험적 거리의 원근을 확인하고 조율하면서 작가가 가지고 있는 북방의식을 이해하는 수준에 다다르게 된다.

여기서 중요한 것은 독자가 가지고 있는 개인적 경험과 작가의 북방 경험 간 거리의 원근이 북방의식에 대한 이해도(理解度)를 결정한다는 것이다. 즉, 독자와 작가 간 유사하거나 같은 경험이 많을수록 북방의식에 대한 환원도(還元度)가 더 높다는 것이다. 반대로 타자의 경험이 너무 생소하거나 아예 이해하지 못한 경우에는 북방의식에 대한 이해가 그만큼 떨어진다고 판단할 수 있다.

(4) 북방의식의 성찰 단계

북방의식을 이해하기 위한 마지막 문학소통 단계로서의 성찰 단계는 독자들이 경험하는 가장 중요한 단계라고 해도 과언이 아니다. 이 단계에 처해 있는 독자들은 전 단계에 이해한 북방의식을 스스로 내면화하고 더 높은 차원에서 북방의식을 조망하게 된다. 이 단계를 '성찰'이라고 명명한 이유는 하트만(D. K. Hartman)이 제기한 문학소통의 두 형식, 즉 '개인적 소통'과 '사회적 소통' 속에서 모색할 수 있다.

이른바 개인적 소통은 독자가 스스로 하는 성찰로서 자신의 진보에 초점을 맞춘 소통 방식이다. 이러한 소통은 텍스트 의미의 재구성으로 표현되는데 텍스트의 의미와 독자의 내면적 생각이 이 단계에서 융합된다고 할 수 있다. 이와 대응하는 사회적 소통은 개인적인 사고방식을 무의식적으로 관여하는 것을 의식하게 되며, 텍스트에 내포되어 있는 시대정신, 관념, 실천 의지 등에 대해 책임감과 설득력이 있는 판단을 내리게 된다.(D. K. Hartman, 1991; 김동남, 2002, 76; 김명순, 2011, 48-49)

북방의식의 성찰 단계에는 이와 같은 개인적 소통과 사회적 소통이 동시에 내포되어 있다. 독자는 북방의식에 대한 심층적인 인식을 통해 시의 의미에 대해 심도 있게 이해할 수 있을 뿐만 아니라, 특정한 북방공간에 있는 타자를 이해함으로써 당시 사회문화적 환경에 있는 작가와 소통하게 된다. 이러한 소통 결과를 바탕으로 하여 학습자들은 기존에 가지고 있는 북방의식에 대한 인식을 확장하고 조정하여, 심지어 재구성하는 수준에 도달하게 된다. 북방의식에 대한 성찰 구도가 정교화될수록 시 텍스트에 대한 이해가 더 심화되며 북방의식을 중심으로 하는 문학소통의 완성도가 더 높아진다고 할 수 있다.

지금까지 북방의식을 이해하기 위한 문학 소통 단계를 '지각→분석→이해→성찰' 네 가지로 나눠 구체적으로 살펴보았다. 이 네 가지 단계는 문학 소통의 과정에서 순차적으로 이루어진다기보다는 각 단계 간 상호작용이 일어나면서 순환적인 회로를 구성한다는 것을 따로 강조할 필요가 있다. 각 단계가 서로에게 바탕과 계기가 되어 전(前)단계의 수행 결과가 그 다음의 단계를 이끌어가는 원동력이 된다고 할 수 있다. 각 단계에서 중국인 학습자들이 어떻게 시 읽기 과정을 수행하는지, 이를 바탕으로 하여 북방의식에 대해 또 어떻게 이해하는지, 각 단계를 경험하면서 어떠한 특징을 지니게 되는지 등 문제에 대한 확인은 다음 장에서 자세하게 살펴보기로 한다.

3. 중국인 학습자들의 북방의식 이해 양상 분석

1) 북방의식 담지체의 발견을 통한 북방 및 북방의식의 지각

독자들이 시를 읽는 첫 단계는 텍스트를 접하고 시의 내용을 사실적으로 파악하는 것이다. 모국어 독자들과 달리, 중국인 학습자들은 시를 읽으면서 전체적인 흐름을 파악한다기보다는 구체적인 단어와 특정한 구절에 주의를 기울여 전형적인 상향식(Bottom-up reading process) 시 읽기를 수행하는 경우가 대부분이었다. 1차적 시 읽기 과정에서 학습자들은 먼저 시 텍스트 표면에 나타나 있는 북방의식 담지체를 지각하고, 이를 시 텍스트의 전체적 의미 퍼즐을 푸는 중요한 단서로 삼아 보다 더 통일된 의미망을 구축하기 위해 노력하게 된다. 이때 중요한 해석 비계로서의 북방의식 담지체는 시적 의미 구성의 방향을 제공해 줄 뿐만 아니라, 불완전한 해석 결과를 보완하거나 불합리적인 해석 결과를 조정하는 역할을 발휘하기도 한다. 다시 환언하자면 북방의식 담지체에 대한 해석 결과는 의미 구성의 '나침판'으로서 시 텍스트의 표면적인 의미 구성의 합리적인 방향을 지시하고, 이에 대한 친숙도와 이해도는 1차 해석 성공 여부를 결정하는 중요한 관건이 된다는 것이다. 그러나 중국인 학습자들은 언어적 한계로 인해 상향식 시 읽기 과정을 애매모호하게 수행하는 경우가 많았고, 전체적인 시적 의미 구성을 하는 데에 있어 언어적 장벽으로 인해 다양한 어려움에 부딪치기도 하였다.

남·북방지역 출신 두 집단의 학습자들로부터 산출한 1차 시 읽기 양상을 살펴보면, 대부분 학습자들은 1차 해석 과정에 북방의식 담지체를 지각하는 모습을 포착할 수 있었다. 북방의식 담지체에 대한 지각은 어휘소 차원에만 머물고 있는 것이 아니라, 구절 차원 담지체에 대한 파악을 통해 전체적인 의미 흐름을 읽어내려는 학습자의 모습도 보이곤 하였다. 하지만 남·북방 출신 학습자들이 북방의식 담지체에 대한 친숙도와 이해도가 각기 다르기 때문에 이를 발견하고 의미 파악하는 데에 있어 전형적인 차이가 나타났다.

먼저, 남방지역 출신 학습자들에 비해 북방지역 출신 학습자들은 북방의식 담지체의 존재에 대해 훨씬 더 높은 민감도를 보여 주었다. 담지체를 지각하게 된 계기도 북방지역의 특유한 사회문화적 배경에 대한 이해와 본인만의 생생한 북방 생활 체험담에서 비롯된다고 할 수 있다. 이와 반대로, 남방지역 출신 학습자들은 북방에 대한 이해 및 북방 경험의 결여로 인해 북방의식 담지체의 의미를 파악하는 데에 채우기 어려운 공백들을 많이 느끼는 모습을 쉽게 발견할 수 있었다. 대부분 남방지역 출신 학습자들은 북방에 대한 인식의 빈틈을 기존에 배운 연관 지식으로 메우려고 하였다. 예상과 다르게 이러한 지식은 파편(破片) 형태로 되어 있기 때문에 담지체에 대한 이해도 그만큼 제한적이라고 볼 수 있다.

한 가지 더 강조해야 되는 것은, 재한 중국인 유학생으로서의 피험자들은 북방의식 담지체의 의미를 한국의 사회문화적 배경에 놓고 한국적 시선으로 바라보려는 시도를 적극적으로 하였다는 것이다. 아쉽게도 한국의 사회문화적 배경 가운데 북방, 혹은 북방 이주 역사에 대한 이해가 여전히 부족하기 때문에 시도하는 과정 내내 좌절을 경험할 수밖에 없었다.

[북방지역 출신 학습자]
음... 제가 볼 때는요... [1] '두만강'은 이 시를 이해하기 위한 관건이자 키워드인 것 같아요. [2] 저희 집은 바로 압록강(鴨綠江) 옆에 있거든요. 그래서 저는 산이나 바다보다 강을 더 좋아해요. 아... 그리고 [3] 제가 다니던 고등학교도 바로 송화강(松花江)을 바라보고 있는데, 수능 직전에 스트레스를 못 견딜 때마다 강변에서 산책하곤 했거든요. 더 재미있는 건... 그러니까... 바닷가 근처에 살다가 내륙지방에 오게 된 가시내라면 많이 [4] 답답해 하지 않을까요? ...(중략)... 근데요... [5] 전라도 가시내는 왜 왔어요? 이 시에 안 나온 것 같은데?... 지금

(핸드폰으로) 찾아 봐도 될까요?

[북-2-〈전라도 가시내〉-1차]

[6] '호(胡)'가 나왔으니 북방의 느낌이 좀 나네요. 보자마자 ('호'자가) 눈에 띄었어요. 아! 호떡이야기요. 저번에 남자친구랑 같이 남이섬 여행 갔거든요. 거기서 호떡을 사 먹었는데 사장님이 그렇더래요. 호는 오랑캐 호라고. [7] 호떡도 중국 북쪽에서 건너온 음식이라고 설명해 주셨어요. 지금도 안 잊어먹어요. ...(중략)... 근데요 [8] 전라도 가시내는 왜 북간도에 왔어요? (지리적으로) 완전 [9] 극과 극이잖아요. ...(중략)... 제가 볼 때 [10] 이 작품은 작가가 쓴 거니까 작가는 무슨 사람인지, 어떤 시대에 살았는지를 알면 그 이유를 더 명확하게 잘 파악할 수 있을 것 같아요. 음... 그래서 이 작가는 북방 사람인가요?

[북-7-〈전라도 가시내〉-1차]

상술한 두 발화 자료는 북방지역 출신의 두 학습자가 이용악의 〈전라도 가시내〉를 읽고 시 텍스트 표면에 나타난 북방의식 담지체인 '두만강'과 '호'를 발견하고 그의 의미를 파악하면서 시 텍스트의 전체적인 의미망을 구축하는 과정을 보여 주고 있다. 〈전라도 가시내〉 중에 나타난 '두만강'은 북방의식을 비추는 핵심 담지체 중의 하나라고 해도 과언이 아니다. 시인은 "네 두만강을 건너왔다는 석 달 전이면 단풍이 물들어 천리 천리 또 천리 산마다 불탔을 겐데"라는 구절을 통해 가시내가 부득이한 이유로 북산도에 건너왔다는 사실을 암시했을 뿐만 아니라, 사내와 가시내가 함께 있는 이 북방 공간에 비극적인 색채를 한층 더 강화시켰다. 시 텍스트를 읽자마자 학습자 [북-7]은 '두만강'을 핵심 북방의식 담지체로 삼았다[1]. 그가 이렇게 판단하게 된 이유는 북방에서 생활하는 일원으로서 두만강은 북방을 상징하는 전형적인 지리적 좌표라는 것을 명확히 알고 있으며, 두만강을 본인의 직접적 경험과 상당히 가까이 있는 존재라고 생각하였기 때문이다.

발화 [2]와 [3]을 통해 알 수 있듯이, 이 학습자 인지 속의 두만강(압록강, 송화강)은 고향 가까이 있는 강이며 북방에서 생활하는 내륙 사람으로서 볼 수 있는 지극히 제한적이면서도 답답한 마음을 달랠 수 있는 바다와 같은 폭넓은 존재이다. 이 학습자는 두만강 배후에 숨겨진 일제강점기에 한민족만의 슬픈 이주 역사에 대해 잘 알지 못하기 때문에 본인이 가지고 있는 담지체와 관련된 사전 경험을 환기하면서 북방의식 담지체에 대한 불완전한 이해를 채우려고 했던 것이다[4]. 결국 이 학습자는 북방의식 담지체를 정확히 지각하였으나 그가 가지고 있는 해석 방향 조정 역할을 충분히 발휘시키지 못하였다. 전라도 가시내가 북간도 주막에 온 이유에 대한 의문을 제기하였으나 본인의 힘으로 그 답을 찾아내기가 상당히 어려워 보였다[5].

여기서 짚어 보아야 할 문제는 바로 중국인 학습자들이 불확실한 북방의식 담지체에 대해 느낀 불안감이 은연중에 존재한다는 것이다. 북방지역 출신 학습자로서의 [북-7]은 북방공간에 대해 어느 정도 사전 이해를 가지고 있는데도 불구하고 담지체의 의미를 정확히 확인하지 못하자 바로 인터넷으로 소위 '표준 해석 결과'를 찾으려는 의도를 밝혔다. 이와 같은 반응은 중국인 학습자들이 문학 교육 현장에서 오랫동안 '표준 해답'을 참고하지 않으면 본인만의 해석을 산출하기를 꺼려하는 '부족한 독자'로 간주해 왔다는 사실을 방증해 주었으며 북방의식을 중심으로 하는 한국 현대시 교육 현장에서 구성주의적 교육 설계가 얼마나 시급한지도 암시해 주었다.

학습자 [북-2]와 달리, 학습자 [북-7]은 '호(胡)'를 보고 아주 중요한 북방의식 담지체라고 생각하였다[6]. 이러한 판단은 북방지역에 대한 기존 이해에서 비롯된다기보다는 본인이 직접 겪은 한국 사회문화적 배경에 녹아든 북방의식에서 영감을 얻었다고 하는 게 더 타당할 것이다[7]. 한국의 지리적 특징과 문화를 어느 정도 이해했지만[9] 북방 이주의 역사에 대해 여전히 불완전한 인식을 가지고 있기 때문에 이 학습자에겐 전라도 가시내가 북간도 주막에 나타난 이유가 똑같이 의문으로 남게 되었다[8].

이 예시를 통해 우리가 눈여겨봐야 할 것은 중국인 학습자들은 북방의식 담지체를 지각할 때 텍스트 안에만 국한되어 있는 것이 아니라 텍스트 밖에 있는 현현(顯現)되지 않은 작가 배경 차원과 시대 배경 차원의 담지체를 의식적으로 모색하였다는 것이다. 발화[10]과 같이 학습자 [북-7]은 담지체의 의미 파악을 통해 시의 전체적 의미 구성을 불완전한 상태로 끝내자 빠른 시간에 해석의 초점을 텍스트 밖에 있는 작가 배경에 맞추게 되었다. 이와 같이 작가 배경을 적극적으로 연상하는 시 읽기 전략은 중국인 학습자들에게 그다지 어려운 일이 아니었다. 모국 문학 교육에서 작가에 대한 이해가 항상 필수적인 요구 사항으로 간주되어 왔으며, 시험을 보기 위한 전략으로서의 '텍스트 내외에서 작가 혹은 시대배경과 관련된 실마리 찾기'와 같은 기교도 거듭 강조되어 왔기 때문이다. 따라서 북방의식 담지체를 지각하는 과정에 텍스트에 나와 있는 숫자(나이, 창작년도 등), 장소 이름(地名), 그리고 작가와 시대 배경을 암시하는 수식어 등이 학습자들에게 '필수 체크 대상'이 되고, 이와 같은 실마리에 포함된 의미를 파악해 내기 위해 학습자들은 다양한 방법을 모색하게 된다.

[남방지역 출신 학습자]

전라도? 전라도야 잘 알지요. [1] 저에겐 전라도 광주는 제2의 고향이니까요. (웃음) 음식도 맛있고, 경치도 너무 아름다우니까요. 전라도 분들은 정말 정이 많아요. 저도 전라도 사투리 좀 아는데... ...(중략)... [2] 함경도는 북한에 있는 지역 맞지요? 어디서 본 것 같아요. 음... [3] 사내와 가시내는 무슨 사이예요? 연인? 아니면 남매? [4] 혹시 "호"는 북방을 말하는 거예요? 호랑캐? 오랑캐? 지난 학기 〈조한전쟁사(朝韓戰爭史)〉 수업을 들었을 때 교수님께서 한 번 언급하셨던 것 같아요.

[남-1-〈전라도 가시내〉-1차]

[5] 오색기는 무엇을 의미하는 걸까요? 태양기는 일본의 국기인 건 알아요. 오색은 다섯 가지 색깔의 듯인데 도대체 무슨 색인지... [6] "오색기"를 보는 순간부터 그 시기에 조선반도(한반도)에 무슨 일이나 사건이 있었다는 느낌이 딱 와요. 근데 무슨 일이었죠? [7] 침략인가요? 근데... 침략이면 왜 여기 "사이 좋은" 라고 표현했지요? 모순은 또 무슨 모순을 말하는 건지... [8] 아! 혹시 남한과 북한 분단을 말하는 건가? 한국전쟁은 몇 년도였더라? 30년대? 저는 고등학교 다녔을 때 역사 과목을 매번 과락 맞아서요. (웃음) 도무지 감이 안 잡히네요. [9] 이 시의 시대적 배경, 그러니까 그 시기에 무슨 일이 있었는지 정말 알고 싶어요.

[남-3-〈이런 날〉-1차]

상술한 두 발화 자료는 남방지역 출신 학습자들이 북방의식 담지체를 지각하는 과정을 잘 보여주고 있다. 구술의 맥락을 통해 볼 수 있듯이 남방지역 출신 학습자들은 북방에 관련된 이해가 상대적으로 부족하기 때문에 담지체의 존재를 의식하고 이를 발견해 내는 민감도도 그만큼 낮아진다고 할 수 있다. 대부분 북방 학습자들은 북방공간과 관련된 내용을 확인한 즉시 체념(體念)으로 연관된 사회문화적 배경 지식을 환기할 수 있었다. 그러나 남방 출신 학습자들은 왕왕 기존에 습득한 '북방 연관 지식'을 회상하게 된다. 따라서 남북방 학습자들이 북방의식 담지체를 확인하고 그 의미를 파악하는 과정에 어느 정도 시간차(時間差)가 존재한다고 할 수 있다. 뿐만 아니라 남방 학습자들은 선경험이 아닌 북방 관련 지식에 의존하여 담지체의 의미를 파악하기 때문에 해당 지식에 대한 인지의 정확도가 해석의 타당도에 절대적인 영향을 미치게 된다.

학습자 [남-1]은 전라남도 광주에서 대학교를 다녔기 때문에 시 제목을 보자마자 바로 '전라도'를 아주 중요한 키워드로 삼았다[1]. 본인이 직접 겪은 전라도와 관련된 경험을 환기함으로써 전체적인 시적 의미를 파악하려고 애를 썼으나 이와 같은 시도는 불완전한 상태로 끝나고 말았다[3]. 이어서 '함경도'와 '호'를 북방의식 담지체로 지각하였지만 그에 대한 이해의 폭은 수업 시간에 접했던 내용에만 국한되어 있기 때문에[4] 결국은 북방의식 담지체의 비계 역할을 제대로 발휘시키지도 못한 채 편파적인 1차 해석을 산출하고 말았다[2].

1932년 3월 1일 만주국의 건국과 함께 '오색기(五色旗)'는 만주국의 시각적 상징으로 광범위하게 유포되었다. 이는 오족협화를 상징하는 깃발로서 일본인, 조선인, 한족(漢族) 중국인, 만주족(滿族) 중국인, 그리고 몽골족(蒙古族) 등 다섯 개의 민족이 공존하여 "찬란한 滿洲國 旗 아래서 五族이 共存共榮하자"라는 슬로건을 전달하는 매체였다. 오색은 오죽과 관련지어 노란색이 만주, 빨간색은 일본, 파란색은 중국 한족, 흰색은 몽골, 검정색은 조선을 나타낸다는 설이 널리 받아들여졌다.(최재혁, 2018, 43) 특히 일본과의 친선 관계를 과시하기 위해 일장기와 오색기를 게양하여 만주국 가두(街頭) 곳곳에 달았고, 심지어 두 깃발을 병치한 포스터도 다수 제작되어 중요한 선전 수단으로 활용되었다.

이와 같은 오색기의 존재는 학습자 [남-3]에게 중요한 담지체가 되었다. 특히 오색기와 태양기가 함께 나오는 구절을 보고 이 학습자는 담지체로서 오색기의 역할을 다시 한 번 깨닫게 되었다[5-6]. 그러나 이 학습자는 만주국의 역사와 한민족의 북방 이주에 대한 이해가 상당히 부족했기 때문에 북방의식 담지체를 정확히 지각했는데도 불구하고 전체적인 시적 의미를 파악하는 과정에 이를 유용하게 활용할 수 없었다[7]. 사고구술의 흐름을 잘 살펴보면, 이 학습자는 한국과 관련된 중대한 역사적 사건에 대해 어느 정도 알고 있지만 각 시기와 시대적 배경에 대한 통시적 이해가 눈에 띄게 부족해 보였다[8]. 이와 같은 문제는 한국 역사, 문화 등 광범위한 인문학 지식에 대한 이해 결여에서 기인된 것이며, 한국 문학 교육 현장에서 통합적 인문학 지식 교육의 필요성도 은연중에 방증된다고 할 수 있다[9].

2) 학습자와 북방의식 담지체 간의 긴장관계 파악을 통한 북방의식 분석

지각 단계에서 강조되는 '북방의식 담지체의 발견'과 달리 북방의식의 분석 단계는 '담지체에 대한 심층적 탐구'로 설명될 수 있다. 이 단계에 진입한 학습자들은 전 단계에서 파악한 북방의식 담지체의 의미를 되풀이하면서 본인의 기대지평 혹은 지식 체계와 담지체 배후에 숨겨진 북방의식 간의 긴장관계를 파악하게 된다. 담지체를 시적 의미를 구성하는 과정에 투입하는 이 과정에서 학습자들은 본인이 이미 가지고 있는 북방공간에 대한 이해와 시 텍스트에 담겨진 북방의식의 중심에 위치하여 끊임없는 비교와 선택 속에서 작가의 목소리에 귀를 기울이며 해석의 길을 개척해 나간다.

북방의식을 분석하는 데에 있어 문화적 조율이 아주 중요한 역할을 발휘한다. 문화적 차원에서 북방의식을 이해하면 할수록 학습자와 시적화자(작가) 간의 심적 거리가 더 단축되고 북방의식을 중심으로 하는 문학소통도 그만큼 쉬워진다고 할 수 있다. 그러나 중국인 남·북방 지역 출신 학습자들이 각각 북방의식을 분석하는 과정을 보면 중국 북방 문화와 한국의 사회문화적 배경 속의 북방공간에 대한 이해가 여전히 부족하기 때문에 작가가 시 텍스트를 통해 형상화하려는 북방공간을 환원(還元)하는 데에 있어 적지 않은 어려움을 겪었다.

북방지역 출신 학습자들은 한국의 사회문화적 배경 속의 북방공간과 북방 이주에 대한 이해가 비교적 제한적이기 때문에 본인이 직접 경험한 북방문화를 북방의식과 동일시하는 경우가 대부분이었다. 이와 같은 인식을 북방시편에 그대로 대입하자 시적 화자나 주인공의 행동 방식을 비롯하여, 언어적 습관, 사고방식 등 다양한 면에서 차이를 느꼈다. 북방공간과 관련된 문화적 차이에 대한 인식을 촉발하는 장치는 대부분 특정한 구절이나 시적 표현이다. 대부분 북방지역 출신 학습자들은 이해 가능한 일부의 표현을 북방문화로 간주하여 그의 의미를 의도적으로 확장시켜 파악할 수 없는 의미의 빈 공간을 채우려는 노력을 하게 된다. 한국 문화에 익숙한 일부의 학습자들은 능동적으로 한국적 시각에 출발하여 담지체가 포함된 특정한 구절의 의미를 조회하는 시도를 하였으나 불완전한 이해와 심화된 문화적 차이 앞에서 여전히 혼란을 느끼는 모습이 종종 발견되었다.

또 다른 한 편으로 남방지역 출신의 학습자들도 북방과 관련된 양국의 문화적 차이를 느끼게 되는데, 이때 중국 북방지역 문화에 대한 이해보다는 더 광범위한 중국 문화에 의지하여 북방의식을 분석하는 데에 총력을 기울였다. 물론 한국 문학 혹은 한국 문화를 많이 접한 중국인 학습자들은 의도적으로 한국적인 시선으로 담지체를 바라보려고 했으나 성공적으로 북방의식 담지체의 심층적 의미를 파악해낸 학습자들이 지극히 드물었다. 이와 같은 양상을 통해 북방의식을 중심으로 하는 현대시 교육의 필요성이 다시 한 번 확인되며 문화 간 차이의 조율을 고려한 효율적 교육 방안의 개발도 시급히 요청된다.

[북방지역 출신 학습자]

[1] "차알삭 부서지는 파도 소리"는 무슨 뜻이지요? 북방의 느낌을 묘사하는 건가요? 아니면 시간의 상징? 음... 파도라녀 바다를 말하는 게 아니예요? [2] 나는 동북(지역)의 맥랑(麦浪, 바람에 흔들리는 밀이나 보리 이삭의 물결)으로 생각했어요. 뭐가 좀 안 맞는 느낌? 이에요.

[북-6-〈전라도 가시내〉-1차]

[3] "수박씨 호박씨"라는 제목을 볼 때 저는 정말 "씨, 종자"라고 생각했어요. "앞니빨로 밝는다"라는 표현을 보고 느낌이 좀 왔어요. 그러

니까 "수박씨를 닦다"라는 것은 이로 해바라기 씨를 깐다는 뜻이죠? [4] 근데 왜 "수박씨"라고 표현했는지 이해가 잘 안 돼요. 어진 사람들의 나라? "어진 사람"은 누구인지... 근데 말인데요... [5] 한국 사람들도 우리처럼 한가할 때 해바라기 씨를 먹나요? 아니 닦나요? 한국에서 2년 동안 살았는데 그런 사람을 못 봤는데? 혹시 그 시절에 수박씨는 만주의 특산물이었어요? (웃음)...

[북-9-〈수박씨 호박씨〉-1차]

남방지역 출신 학습자들과 달리, 북방 학습자들은 담지체의 존재를 지각한 뒤로부터 훨씬 더 적극적인 자세로 담지체의 심층적인 의미를 분석하려고 하였다. 그러나 이와 같은 탐구 과정에 언어적 장벽이 곳곳에 놓여 있었고, 북방의식을 투영한 표현들과 마주할 때 이를 간파(看破)해야 하는 도전도 연이어 받게 되었다. 이때 학습자들이 가지고 있는 양국 간의 문화적 차이를 조율할 줄 아는 능력이 요구되는데 상호문화적 차원에서 이러한 사회문화적 차이를 조망하게 하는 훈련을 덜 받은 학습자들은 당황해하면서 의미 분석 과정에서 헤매게 된다. 한국식 표현 방식에 익숙하지 않은 학습자들은 모국 문화에 대한 이해에 의존할 수밖에 없으며, 오히려 모국 문화가 해석 방향을 과잉 간섭하는 경우가 비일비재하였다.

학습자 [북-6]은 시 텍스트의 앞뒤 문맥을 통해 "차알삭 부서지는 파도 소리"라는 표현이 두만강과 직결된다는 것을 의식할 수 있었다[1]. 그러나 '파도'라는 표현을 보고 오로지 바다와 연관된다고 판단하였기에 이해의 폭을 스스로 좁히게 되었다. 북방의식을 분석해 나가는 과정 중에 이 학습자는 의식적으로 담지체와 해석 결과 간의 유기적 관계를 유지하려고 하였다. 그러나 '파도'에 대한 파편적 이해 때문에 1차 해석 결과도 당연히 불완전한 상태로 끝나고 말았다. 이와 같은 불완전한 해석을 보완하기 위해 학습자 [북-6]은 또 다시 중국 북방 지역의 지리적 특성에 대한 이해를 환기하였지만 결국은 아무런 여과 장치 없는 환기는 모국 문화의 과잉 간섭으로 귀결되었으며 모국어에 대한 본능적 의존도 역시 타당한 시적 의미 구성을 방해하는 요인이 되었다[2].

학습자 [북-9]도 마찬가지로 시를 읽자마자 '수박씨, 호박씨를 닦다'를 북방의식 담지체로 삼았다[3]. 북방지역에서의 생활 경험을 통해 이 학습자는 쉽게 담지체의 의미를 파악할 수 있었다. 그러나 이 학습자는 작가 배경과 한국의 사회문화적 배경에 대한 이해가 상대적으로 부족하기 때문에 '수박씨, 호박씨'라는 단어의 표현법에 의문을 제기하였다[4]. 발화[5]처럼 학습자 [북-5]는 한국에서의 거주 기간이 비교적 길고, 한국인의 생활 모습에 어느 정도 익숙해져 있기에 담지체를 통해 북방의식을 분석하는 현장에서 의식적으로 한국 문화에 대한 이해를 의존하려고 하였다. 하지만 본인이 이미 가지고 있는 북방에 대한 이해와 한국 문화 속에서 북방에 대한 이해 간의 긴장 관계를 어느 정도 조절해야 하는데, 한국적 시선에서 바라보는 북방에 대한 이해가 여전히 불충분한 상태에 머물고 있기에 전체적인 의미 구성을 이끌 수 있는 분석 결과를 산출하지 못하였다.

[남방지역 출신 학습자]

[1] 가시내는 사내와 연인 사이이고 전쟁 때문에 사내는 함경도에 갔고 가시내는 사내 찾으러 북간도에 갔어요. 결국은 두 사람은 만나서 어려운 환경에서 봄을 기다린다는 설정에 무게를 두고 싶네요. [2] <u>중국과 한국의 대부분의 영화나 드라마에 다 이런 전개이잖아요</u>. (웃음). ...(중략)... 아 그리고 [3] <u>사실은 지난 학기 〈한국 문학작품 감상〉이라는 수업을 들었는데 한 학기 내내 일제강점기 시대의 작품들만 읽었거든요. 제가 아는 한국 문학작품들의 스토리는 다 슬퍼요</u>. 특히 남북분단 시기의 작품들이 더더욱 그래요. 이 시를 읽고 나서도 그런 느낌이 드는데요? 상상력이 너무 많이 발휘되었나요? (웃음) ...(중

략)… 그러니까 [4] 시를 읽을 때마다 화면감이 있어야 해석이 잘 되거든요. 화면이 나오면 사전을 굳이 찾을 필요가 없지요.

[남-1-〈전라도 가시내〉-1차]

여기에 나온 "두루미"는 제가 생각하는 그 "학(鶴)"이 맞나요? [5] 학이 울었을 때의 소리가… 어떻게 되지요? 사람과 같아요? 참 이상하다. [6] 학은… 따뜻한 지역에서 사는 동물이에요? [7] 학이라면 장수(長壽)? 청나라 때 문관(文官)의 옷에 자수로 놓은 문양도 학이잖아요. [8] 왜 학처럼 운다고 했을까요? 가시내의 얼굴이 학과 비슷해서? (중략) 음… [9] 지금은 머릿속에 그림이 안 그려져요. (중략) 우선 알아볼 수 있는 단어들을 최대한 활용하여 몇 장의 그림을 머릿속에 그려 보는 거지요.

[남-3-〈전라도 가시내〉-1차]

북방의식 분석 단계에 진입한 대부분 중국인 학습자들은 파악 가능한 담지체 혹은 익숙한 키워드들을 바탕으로 하여 머릿속으로 시 텍스트의 표면적인 내용을 불연속적인 화면으로 상상하려는 시도를 하는 경우가 많았다. 그들의 표현으로는 이것이 '화면화(畫面化)'라는 전략인데 시 텍스트의 표면적인 내용을 바탕으로 하여 어느 정도 합리성을 지닌 화면을 구축할 수만 있다면 작가의 의도를 어느 정도 이해할 수 있을 뿐만 아니라, 생소한 언어적 요소로 인해 생긴 의미의 빈자리도 직관적으로 메울 수 있다고 생각했기 때문이다.

북방에 대한 선경험이 없고 또 한국 문화에서의 북방과 북방공간에 대한 제한적인 이해를 가지고 있는 남방지역 출신 학습자들에게는 이와 같은 화면화 전략이 북방의식의 의미를 쉽게 파악할 수 있는 첩경(捷徑)이 되었다. 화면화 전략을 언급하면서 북방의식 담지체를 깊이 분석하는 사례들을 꼼꼼히 살펴보면 북방 학습자들보다 남방 학습자들이 훨씬 많았다는 것을 발견할 수 있었다. 여기서 경계해야 할 문제는 바로 화면화 결과의 합리성인데, 아쉽게도 남방 학습자들은 과도하게 모국 문화에 대한 이해에만 의지하여 북방의식을 '중국 현지화' 하려는 모습을 자주 보였다. 뿐만 아니라, 이러한 현지화의 합리성이 떨어진다고 판단되자 화면화도 이에 따라 중단되었다.

학습자 [남-1]이 산출한 구술 자료를 살펴보면 중국인 학습자들이 북방의식을 분석할 때 어떤 화면화 과정을 경험하였는지를 알 수 있다. 이 학습자는 1차 판독과정에서 '전라도 가시내'를 북방의식 담지체로 지각하였다. "전라도 가시내가 왜 북간도에 오게 되었는지" 라는 질문을 받자 이 학습자는 발화 [1]과 같은 연속적 화면을 구축하게 되었다. 이러한 화면화의 영감은 전에 접한 한국 드라마와 한국 문학작품에 대한 이해에서 비롯되었다[2, 3].

그러나 이 학습자가 수행한 화면화 과정은 북방의식 담지체와 통합된 시 텍스트의 표면적 의미에 기반한 것이 아니라, 해석 가능한 몇몇 표현과 특정한 시기의 문학작품에 대한 개인적 이해를 근거하여 억상(臆想)한 결과이다. 이처럼 한국 문화나 문학적 특징에 대한 개인적 판단에 지나치게 의존하는 것은 북방의식 분석 과정에 방해될 수 있을 뿐만 아니라 다른 유의미한 담지체의 발견과 이해에도 적지 않은 부작용을 끼친다고 할 수 있다[4].

학습자 [남-1]과 마찬가지로 학습자 [남-3]도 화면화 전략을 발휘하여 북방의식 담지체로서의 '두루미'의 의미를 분석하는 시도를 하였다[9]. 중국의 북빙과 한국 사회문화적 배경 아래의 북방의식에 대해 모두 생소한 이 학습자는 모국 문화에 대한 전반적 이해에 의존할 수밖에 없었다. 아쉽게도 담지체 '두루미'를 명확하게 발견했는데도 불구하고 북방정서가 가득 담긴 '두 낮 두 밤을 두루마리처럼 울어 울어' 라는 구절의 의미를 이해하지 못하였다[5]. 이를 분석하기 위해 학습자 [남-1]는 중국 문화 속의 '두루미'와 관련된 이해를 환기하였지만 두루미의 문화적 의미를 파편적으로 '문관', '장수의 상징' 등으로만 파악하고 있기에 이를 비계로 삼아 북방의식을 분석하는 데에 무리수가 될 수밖에 없었다.

3) 경험적 거리의 원근 확인을 통한 북방의식 이해

북방의식 이해 단계에 진입한 학습자들은 자신의 경험을 텍스트에 투사하면서 자아와 타자(시적 화자, 시적 주인공, 작가) 간의 거리 원근을 확인함으로써 작가가 경험했던 북방공간을 추체험하게 된다. 북방의식을 이해한다는 것은 작가의 저편에 서서 그가 경험했던 북방을 동의하면서 그저 바라보기만 하는 것이 아니라, 나의 경험과 작가의 경험의 중간에서 두 경험 간의 상호작용을 느끼는 것이다. 결국은 독자와 작가 간의 경험적 거리의 원근에 따라 북방의식에 대한 이해 결과가 생성되며 북방의식에 대한 이해도 이 과정에서 결정된다고 할 수 있다.

표준국어대사전에 기재된 경험은 "자신이 실제로 해 보거나 겪어봄, 또는 거기서 얻은 지식이나 기능"으로 정의된다. 따라서 여기서 논의되는 경험도 '직접 경험'과 '간접 경험'으로 나눠 따로 살펴볼 필요가 있다. 학습자와 작가 간의 직·간접 경험 거리가 가까울수록 북방의식에 대한 이해도가 더 높아지며, 반대로 거리가 멀면 오해하거나 미이해(未理解) 수준에 그치는 확률이 더 높아진다고 판단된다.

남·북방지역 출신 학습자들의 시 읽기 과정을 살펴보면, 학습자들이 본인의 직·간접 경험을 환기하면서 북방의식을 이해하려는 모습이 자주 나타났다. 상당수의 학습자들이 간접적 경험을 위주로 환기하였고, 소수 몇 명의 학습자만 본인의 직접 경험에 대해 언급하였다. 여기서 흥미로운 것은 연구자의 사전 예상과 달리, 북방경험이 풍부한 북방 학습자들이 직접 경험보다 오히려 간접 경험을 비계로 삼아 보다 더 심층적인 북방의식을 이해하기 위해 노력하였다는 것이다. 뿐만 아니라, 북방경험이 적지만 남북방의 차이 혹은 장거리 이주 과정을 경험한 남방지역 출신 학습자들이 훨씬 더 활발하게 본인의 직접 경험을 환기하였다. 이러한 양상이 나타난 이유는 단순히 학습자가 직접 겪은 북방과 연관된 개인 경험이 지극히 적었기 때문이라기보다는 학습자로 하여금 유사한 직접 경험을 상기할 수 있게 하는 계기와 자극이 그만큼 적었다고 보는 것이 더 타당할 것이다. 따라서 실제 교수-학습 과정에서 학습자들의 북방 경험, 혹은 북방과 관련된 기억을 환기하는 교육적 처치의 필요성도 이를 통해 확인된다고 할 수 있다.

또 다른 측면에서 볼 때, 학습자들이 환기한 경험들은 시 텍스트에 나타난 북방에 대한 선택적 관심에서 영향을 받았다는 것을 알 수 있었다. 즉, 학습자들이 북방공간과 북방의식에 대한 이해를 어느 초점에 두고 하느냐에 따라 환기된 경험도 달라졌다는 것이다. 자아와 타자 간의 경험적 거리를 끊임없이 조율하는 과정에서 학습자들은 북방의식에 대한 심화된 이해를 갖게 되고, 작가에 따른 북방의식의 개별성도 확인할 수 있게 된다.

[북방지역 출신 학습자]

함경도 사내와 전라도 가시내가 추운 겨울에 북간도에서 만났잖아요. 이때 이 [1] "추운 겨울"이라는 표현에 표면적 의미보다 심층적인 의미가 함축되어 있는 것 같아요. [2] 개인적인 비애처럼 보이지만 이러한 감정은 한민족의 영락하고 유랑적인 역사가 저절로 흘러나왔다는 느낌이 들었어요. 혹시 [3] 미국 드라마 〈왕좌의 게임(Game of Thrones)〉을 보신 적이 있으세요? 그 드라마에 위험이나 위협이 다가올 때마다 "겨울이 온다(Winter is coming)"라고 표현했거든요. 그래서 [4] 어려운 상황에 처해 있는 사내와 가시내도 겨울을 경험하는 것과 같이 몸이든 마음이든 고통스러워했겠지요. 특히 전라도는 남부지방이니까 겨울에 그렇게 춥지 않을 거 아니에요? (웃음)

[북-7-〈전라도 가시내〉-2차]

"유리창이 흐리더냐"라는 표현을 보고 느낌이 좀 왔어요. [5] 왠지 기차의 유리창인 것 같다는 생각이 들어요. 한국 문학 중에 "기차"는 중요한 상징? 이미지? 이잖아요. [6] 전에 이광수의 〈무정〉을 배웠을 때도 선생님이 이렇게 강조하셨어요. [7] 고향을 떠나 북쪽으로 가게 되는 이유가 슬프니까 유리창 밖의 경치도 북간도의 생활도 행복할 수 없지요.

[북-6-〈전라도 가시내〉-2차]

간접적 경험을 위주로 환기한 북방 학습자들의 발화 자료를 잘 살펴보면 대부분 학습자들은 본인이 읽은 상호텍스트의 내용 혹은 전에 받은 모국과 한국 문학 교육의 내용, 그리고 축적된 한국의 역사적·사회문화적 지식 등이 주를 이루고 있다. 이러한 간접적 지식의 내용이 텍스트에 드러난 북방의식과 유사한 점이 있다고 판단하는 순간 학습자들은 두 내용을 바로 연관 지으려고 하였다. 특히 서사성이 강한 시 텍스트를 읽는 경우엔, 학습자들은 시적 주인공과 유사한 상호텍스트의 주인공과 동일시하려는 경향이 강하고 두 주인공의 공통점을 대조·비교하면서 북방의식의 심층적인 의미를 이해하게 된다.

학습자 [북-6]은 북방의식 담지체인 '추운 겨울'에 착안하여 북방의식을 이해하려고 하였다[1]. 모국 문학 읽기 경험을 직접 언급하지 않았으나 발화 [2]를 통해 중국인 학습자들은 무의식중에 모국의 문학 읽기 경험의 영향을 받는다는 것을 알 수 있다. 즉, 이 학습자는 습관적으로 시 텍스트에 나타난 시적 화자나 주인공을 보고 항상 민족이나 국가와 결부시켜야 된다는 생각을 하는 것이다. 이와 같은 판단은 중국 문학 교육에서 '작품 표면적 의미에 대한 승화화(昇華化)' 및 '작품 주제의 주의유형화(主義類型化)'와 같은 교육목표에서 비롯된다고 할 수 있다. 이러한 모국 문학 읽기 경험은 여기서 순기능을 발휘하게 되었는데, 이로 인해 학습자들은 더 적극적으로 작가의 의도를 조회하게 되고 북방의식에 대한 올바른 이해를 촉진시켰다고 볼 수 있다.

발화 [3-4]를 통해 알 수 있듯이 이 학습자가 전에 본 미국 드라마 〈왕좌의 게임〉 중 유사한 대사 및 상황을 떠올리면서 가시내와 드라마 주인공의 운명을 동일시시켰다. 드라마 속의 어려운 상황을 겨울로 비유하고 기나긴 인고(忍苦)의 시간을 견뎌내야 하는 주인공의 운명은 이 학습자에게 북방의식을 이해하는 돌파구가 되었다.

"두 낮 두 밤을 두루마리처럼 울어 울어 불술기 구름 속을 달리는 양 유리창이 흐리더냐"라는 구절에 나타난 '유리창'이라는 이미지는 학습자 [북-6]에게 북방의식을 이해하게 하는 촉매제가 되었다. 학습자는 가시내 앞에 있는 유리창을 소설 〈무정〉 중 달리는 기차의 유리창과 동일시하면서 가야될 북간도를 슬프고 고달픈 공간이라고 상상하였다. 검색을 통해 전라도 가시내가 북방으로 떠난 이유를 확인하자 '유리창이 흐리다'라는 표현에 대한 이해가 더욱더 깊어졌다고 할 수 있다.

[남방지역 출신 학습자]

우리(고향)은 북방은 아니지만 회하(淮河) 문화권에 속하거든요. 제가 사는 서주(徐州)는 위에선 산동(山東)과 하남(河南)성과 접경하기 때문에 중원(中原) 문화의 영향을 많이 받았다고 할 수 있죠. 남쪽으로 내려가면은 또 오월(吳越) 문화를 쉽게 접할 수 있어요. 그러니까 [1] <u>강소성(江蘇省)은 남부지방이라고 칭하지만 여기선 남북 간의 갈등과 대립은 쉽게 느껴져요. 십 리마다 향음이 달라질 정도예요.</u> [2] <u>저희 이모가 결혼했을 때 외할아버지가 많이 반대하셨대요. 단지 이모부가 강남 사람이라는 이유로요.</u> [3] 이렇게 생각하면 전라도 가시내가 북간도에 올라갔을 때도 주변 사람들한테 환대를 못 받았을 것 같아요. 그 이유는 다양하겠지만 [4] 민족 간의 차이와 지역 간의 차이, 그리고 문화권 간의 차이가 간과할 수 없는 원인이 된 것 같아요.

[남-1-〈전라도 가시내〉-2차]

저는 한국에 오기 전까지 계속 광저우(廣州)에서 살았어요. [5] 서울은 제가 지금까지 간 가장 북쪽이거든요. [6] 저희 고향에서 일 년 사철 내내 나뭇잎이 파래요. 과장된 이야기로 들리겠지만 서울에서 처음으로 가을 낙엽을 봤어요. 노란 나뭇잎이 떨어지는 모습을 보고 이루 말할 수 없는 웅장함을 느꼈어요. [7] 그래서 백석이 처음으로 북방으로 건너갔을 때의 마음도 저와 똑같았을 거라고 생각했어요.

[남-3-〈수박씨 호박씨〉-2차]

시의 전체적인 의미를 파악한 학습자 [남-1]은 전라도 가시내가 작부로 북간도에 팔려갔다는 내용을 파악할 수 있었다. 본인이 직접 겪은 강소성(江蘇省) 내에 존재하는 남·북방 문화 간 차이와 부조화를 회상하면서 북방으로 건너간 가시내가 환대를 못 받았을 거라는 추측을 하게 되었다[1-2]. 이 학습자에게는 직접 지켜본 양자강 남쪽 지역 출신의 이모부와 강북 출신 이모 간의 혼인이 주변 사람들의 반대를 받았다는 경험과 북방으로 넘어가 환대를 받지 못한 가시내의 경험이 상당히 유사하기 때문에 독자로서의 학습자와 시적 주인공인 가시내 간의 심적 거리가 저절로 단축되었다고 볼 수 있다. 이와 같은 경험적 근거리가 학습자에게 북방공간에 속한 타자를 관조하게 하고, 나와 다르지만 또 어떤 면에서 유사한 타자를 이해하게 하는 중요한 촉매이자 비계가 되었다[3-4].

학습자 [남-1]이 직접 경험을 통해 힘겨운 북방 공간을 이해하였다면 학습자 [남-3]은 본인의 북방 경험을 바탕으로 하여 희망과 동경이 가득한 북방공간의 모습을 생생하게 그려냈다. 광동성(廣東省)에서 태어나고 한국으로 유학 오기 전까지 남방지역으로 한 번도 떠난 적이 없는 학습자 [남-3]에게는 서울에서 생활하는 것 자체가 북방을 경험하는 것이다[5]. 전에 남방지역에서 경험할 수 없었던 광경들을 일일이 지켜봤을 때 느꼈던 울림과 진감(震撼)을 백석의 북방행(北方行)에 대입시키자 '어진 사람'들을 바라보는 작가의 마음을 쉽게 이해할 수 있었다[6-7]. 이처럼, 남방 학습자들에게 실제적인 북방 체험은 시적 타자와의 경험적 거리를 단축시키는 지름길이고 북방의식을 이해하기 위한 최적의 계기가 된다.

4) 공감대 형성을 통한 북방의식 성찰

북방의식의 성찰 단계에 처해 있는 중국인 학습자들은 북방의식에 대한 이해 결과를 스스로 내면화하면서 보다 더 넓은 시각으로 본인의 이해 결과를 조망하게 된다. 텍스트의 내용을 바탕으로 하여 북방의식의 본연적인 의미를 이해하는 것이 '개인적인 소통' 층위라고 한다면, 본인의 감정이입을 통해 북방의식을 가져다주는 '시적 울림'을 느끼고 북방의식과 현실 세계 간의 관계를 스스로 성찰하는 것은 '사회적 소통' 과정을 이룬 것이라고 할 수 있다. 인지적인 측면에서 본인의 감정을 작품에 이입하는 과정은 흔히 공명(共鳴) 혹은 공감(共感)이라고 이해할 수 있는데, 중국인 학습자들은 시적 타자(시적 주체, 시적 주인공, 작가)와 공감대의 형성을 통해 시 텍스트 내적 북방의식의 의미를 이해하고, 북방의식에 대한 이해를 자기화하면서 이해의 폭을 넓히게 된다.

북방의식의 성찰 단계에 도달한 남·북방 출신 중국인 학습자들의 시 읽기 양상을 잘 확인해 보면, 상당수의 학습자가 시적 타자의 감정을 이해함으로써 시 텍스트에 나타난 북방, 혹은 북방공간의 외미를 한층 더 인상 깊게 이해하게 되었다는 의사를 표명하였다. 북방의식 담지체의 발견으로부터 분석, 이해, 그리고 성찰 단계까지 일련의 과정에 대한 명확한 인지는 없지만, 시적 타자에 대한 공감이 깊어짐에 따라 북방의식에 대한 이해를 심화시키고 확장시키거나 조정하게 된 모습들이 종종 포착되었다.

남·북방 학습자들이 기존에 가지고 있는 북방공간에 대한 이해의 수준이 서로 다르기 때문에, 공감대의 형성을 통해 북방의식을 성찰하는 초점도 확연히 다르게 맞추게 되었다. 북방 경험이 비교적 풍부한 북방 학습자들은 본인에게 고향으로서의 북방과 시적 타자에게 이주지로서의 북방 간의 차이를 음미하면서 북방 지역 내포되어 있는 중층성(重層性)과 다의성(多義性)을 더욱더 깊이 있게 성찰하게 되었으며, 고향으로서의 북방을 바라볼 때 예전보다 더 풍부한 시선을 가지게 되었다고 할 수 있다.

이와 대응한 남방 학습자들은 공감대의 형성을 통해 예전에 생소했던 북방의 윤곽을 더욱 두드러지게 그려낼 수 있었고, 전에 산만하게 깨어진 조각으로 알고 있던 북방에 대한 인식을 일관성 있게 끼우려는 시도도 종종 보였다. 특히 중국 내 남북방 이주를 직접 경험한 남방 학습자들은 고향을 떠난 이주민의 마음을 공감하면서 한반도와 중국 대륙의 접경지(接境地)로서의 북방에 대한 이해를 한층 더 심화시켰다고 볼 수 있다.

[북방지역 출신 학습자]
[1] 다싱안령(大興安嶺)은 제 고향이니까 제가 아는 북방은 동화책에서야 나올 법한 곳이에요. [2] 추운 지방이기는 하지만 여기서 사는 사람들에게는 눈보라나 얼음은 꼭 추운 느낌을 주는 존재가 아닐 수도 있다는 생각이 들어요. 밤새 눈이 내렸는데 아침에 밖으로 나갈 때 힘껏 대문을 내미는 느낌이 정말 묘하다고 해야 할까요? 물리학적 시각에서 보면 눈꽃이 겹겹이 쌓이지만 그 사이에 빈틈이 생기잖아요? 외부의 소리가 흡수되기 때문에 온 세상이 더 조용하게 느껴져요. 아침 7시쯤이면 동이 트는 시간이에요. 그때의 하늘을 보면 연보라색이거든요. 뒷마당의 불빛 한 줌이 눈에 비춰지는데 영화의 한 장면과 다름없지요. 어렸을 때 고향에서 항상 눈이 오길 기다렸어요. [3] 하지만 두 편의 시를 읽고 나서 고향을 생각하면 왜 이렇게 슬퍼지죠? 당시 북방으로 이주한 조선인들에게는 북방이라는 지역은 지옥과 같은 존재? 그러니까 행복하지 않은 곳이 될 수도 있었겠네요. 물

론 그때 아름다운 풍경을 본 사람들도 많았겠지요. [4] 그때 그 사람들이 느꼈던 감정은 제 심정과 사뭇 달랐을 것 같아요.

[북-7-〈전라도 가시내〉-2차]

이 시를 읽고 나니까 뭐 랄까요? [5] 일종의 한기(寒氣)가 저절로 느껴지네요. 현실의 무게가 얼마나 무거운지 생각하게 돼요. 음... [6] 이러한 북방이주는 그때 그 시절에만 있는 게 아니라 오늘날에도 지속되는 것 같아요. 중국에서는 베이피아오(北漂), 후피아오(沪漂), 광피아오(广漂), 션피아오(深漂)들이 있잖아요. 외지출신의 사람들이 슈퍼도시에 가서 밥벌이하는 건 쉽지 않지요. 이런 제재의 영화나 드라마를 볼 때마다 가슴이 아파요. [7] 그 시절에 북간도를 선택한 조선인들의 마음이 오죽하겠어요? 가고 싶어서 간 게 아니라 살기 위해서 건너간 사람들이 대부분이었겠지요. 단지 그때는 북방이주였다면 지금의 중국에서는 남방이주가 더 대세예요. (중략) 저는요, 전에 북방에 있기가 너무 익숙한 사람인데, [8] 이 시를 읽고 나니까 왠지 제가 사는 북방은 유랑의 지역이라는 생각이 들었어요. 많은 사람들이 다양한 이유로 이 땅에 와서 일하고 살고... 북방의 날씨보다 마음이 더 추웠겠지요.

[북-9-〈이런 날〉+〈전라도 가시내〉-심층 인터뷰]

중국의 최북단과 가까이 있는 다싱안령에서 유년 시절을 보낸 학습자 [북-7]에겐 북방은 춥지만 따뜻한 고향, 변방이지만 동화와 같은 설국(雪國)이었다[1-2]. 북방의 겨울에 대한 생동감이 넘치는 구술을 통해 이 학습자가 고향을 얼마나 사랑하는지를 쉽게 짐작할 수 있을 것이다. 그러나 고향으로서의 북방만 가지고 있는 이러한 아름다움에 대한 회상은 전라도 가시내와 함경도 사내가 경험한 '흉악하고 흉참한' 북방을 공감한 다음에 일어난 것이며[3], 전혀 상반된 북방의식 간의 '충돌' 아래 북방공간에 대한 인식을 한 층 더 심화시켰다고 판단된다[4].

학습자 [북-9]도 마찬가지로 시를 읽고 나서 북방공간에 침투된 비감(悲感)에 공감하면서 북방을 '한기가 가득 찬 곳'[5], 그리고 '유랑의 지역'이라고 스스로 표현하였다[8]. 그러나 이 학습자는 북방의식에 대한 성찰을 슬픔의 정서에 고착화시키는 것이 아니라 통합된 시각으로 '북방 이주'와 오늘날 중국 내에 발생하고 있는 '슈퍼도시 이주'의 공통점을 바라보게 되었다[6]. 이 학습자는 평소에 다양한 매체를 통해 접하던 중국 농민공(農民工)의 도시 이주에 대한 이해부터 출발하여 생계를 유지하기 위한 이주 과정에 이루 말할 수 없는 서글픔과 아픔이 내포되었다는 것을 심도 있게 성찰하게 되었다.

[남방지역 출신 학습자]

정말이지... [1] 우리나라의 북방은 이런 지역인 줄 몰랐어요. 예전에 대학교 룸메이트가 길림(吉林) 사람인데 우리와 달리 아주 직설적이고 유머 감각이 뛰어났어요. 수업이 없는 날엔 기숙사에서 〈향촌애정(鄕村愛情)〉이라는 드라마나 이인 전통 희극(二人轉)을 보곤 했어요. 그때 동북 사람들이 다 그런가? 라고 생각했는데 [2] 지금 보니까 동북 지역의 사람들은 생각보다 사연이 많고, 북방지역은 정말 복잡하고 문화융합적인 지역인 것을 알게 됐어요. [3] 예전의 관동 이주(闖關東)도 그렇고 오늘의 (이야기한) 북방 이주도 그렇고... (중략) 동북 사람들이 표준어를 잘하기로 유명하잖아요? 이와 같은 이주나 문화의 융합은 이유가 될 수도 있을 것 같아요.
[4] 사실은 저도 태어나자마자 부모님을 따라 광주(廣州)에 왔어요. 본적은 섬서(陝西) 이지만 광주에서 자라고 20년 동안 거기서 살았으니 이제 광주 사람이 된 거지요. ...(중략)... 근데요... 저희 부모님은 여전히 적응이 덜 되신 것 같아요. 광동어도 잘 못하세요. 식사할 때

나 일할 때 북방 사람들만 특유의 습관을 가지고 계세요. (중략) 하지만 명절 때 섬서성 고향에 돌아가면 고향 사람들과 무언가가 다르다는 느낌이 드신대요. 이 시들을 읽으니까 백 퍼센트 공감이 돼요. ...(중략)... [5] 예전에 북방을 평면으로 이해했다면 오늘부터 북방을 볼 때 3D 시각으로 봐야 할 것 같네요. (웃음)

[남-3-〈이런 날〉+〈전라도 가시내〉+〈수박씨 호박씨〉-심층 인터뷰]

음... [6] 두 시를 읽고 나니까 저는 조선족 친구들의 마음을 좀 이해할 것 같아요. 중국에서는 아무래도 소수민족이니까 소외감이나 차별감을 느꼈을 수도 있을 것 같아요. 나이 드신 분들이 더 그렇겠지요. 대학교 때 조선족 선생님들 많이 만났어요. 한국에 오니까 조선족 친구들을 만날 수 있는 기회가 더 많아졌지요. 근데요... [7] 아무래도 알게 모르게 일부러 그 친구들과 거리를 두면서 왕래했던 것 같아요. (중략) (지금 생각해 보니) 그 친구들을 잘 이해할 필요가 있고, 어떨 때는 따뜻한 눈빛이나 손길이 조선족 친구들에게는 큰 위로가 될 수도 있을 것 같아요.

[남-2-〈이런 날〉+〈전라도 가시내〉-2차]

남방직역 출신 중국인 학습자들은 북방에 대한 인지적 이해와 경험이 적지만 시를 읽는 내내 시적 타자와 순조롭게 공감대를 형성할 수 있었다. 그 이유를 분석해 보자면, 무엇보다 작품에 대한 감정이입과 공감을 강조하는 모국의 문학 교육의 풍토와 깊이 연관된다고 할 수 있다. 게다가 시의 내용을 잘 이해하고, 정의적 측면에서 북방의식을 받아들이려는 학습자들의 주관적 능동성과도 불가분하다고 짐작해 볼 수 있다. 공감대를 형성하는 과정에서 북방 학습자들은 북방의식의 '깊이(深度)'를 체념(體念)하였다고 하면, 남방 학습자들은 북방공간과 북방의식의 넓이(廣度)를 눈여겨 관조하였다고 볼 수 있다.

학습자 [남-3]은 세 편의 텍스트에 나타난 시적 타자의 경험에 공감하면서 너무나 생소했던 북방지역을 새로 알게 되었다[1]. 전에 대학교 시절에 북방에서 온 룸메이트의 행동방식을 통해 얻은 북방공간에 대한 인식이 산만한 조각 상태로 되어 있다면 공감대를 형성시키는 과정 중에 기억의 조각과 단서들이 훨씬 더 완성도가 있는 한 폭의 그림으로 조합되었다[2]. 특히, 이 학습자는 중국의 사회문화적 배경 아래 널리 알려져 있는 관동 이주를 언급하면서 두 민족 이주의 역사에 녹아든 복잡한 정서에 대해 심도 있는 이해를 가지게 되었다[3].

발화[4]를 통해 알 수 있듯이, 이 학습자는 공감대를 형성하고 북방의식을 성찰하는 과정에서 자연스럽게 부모님이 경험했던 '남방 이주'를 떠올렸다. 이와 같은 경험적 환기는 단순히 직접경험을 통해 시적 타자와의 정서적 거리를 좁히기 위해서라기보다는 북방의식을 내면화한 상태에서 이주를 이해하는 마음으로 부모님의 경험을 바라보았다고 분석하는 것이 더 타당할 것이다. 이 학습자의 발화처럼, 북방의식의 성찰 단계를 잘 수행한 이 학습자는 북방지역에 대한 심화된 이해를 얻을 수 있었을 뿐만 아니라, 북방과 북방의식을 입체적으로 바라보는 안목까지 생겼다고 할 수 있다[5].

앞의 두 학습자는 성찰의 초점을 북방공간의 중층성에 맞췄다면, 학습자 [남-2]는 공감대의 형성을 통해 상호문화적 시선으로 북방 이주민을 바라보고 본인의 기대지평을 확장조정해 나가려는 노력을 보여주고 있다. 이 학습자는 〈이런 날〉에 시적 화자가 느끼고 있는 '모순'에 깊이 공감하고 있다. 만주라는 땅에서 생활하는 사람들이 보이는 국경선과 보이지 않는 민족 간의 경계선을 동시에 경험하고 있다고 언급하면서 오늘날 중국 내 소수민족으로서의 조선족의 입장을 깊이 이해하게 되었다[6]. 뿐만 아니라 이와 같은 북방의식에 대한 성찰은 개인적인 소통 층위에만 그치는 것이 아니라, 주변 조선족 친구들을 대하는 태도의 변화까지 불러일으킨 사회적 소통을 하게 된다고 볼 수 있다[7].

4. 북방시편 및 북방의식을 중심으로 한 한국 현대시 읽기 교육 방안 설계

지금까지 남·북방지역 출신 중국인 학습자들이 각 문학 소통 단계에 한국 현대시에 나타난 북방의식을 이해하는 양상들을 구체적으로 분석해 보았다. 많은 양상들 가운데 학습자들은 적극적인 반응들을 종종 보였으나 아쉬운 한계점도 포착할 수 있었다. 구체적으로 살펴보면 다음과 같이 정리해 볼 수 있다.

첫째, 북방의식의 지각 단계에서 남·북방 학습자들이 가지고 있는 북방의식 담지체를 발견해 내는 통찰력이 서로 다르기 때문에 북방의식을 지각하고 그의 의미를 1차적으로 파악하는 데에 있어 적지 않은 차이가 나타났다. 예를 들어, 대부분 학습자들이 담지체를 파악할 때 어휘나 구절의 표면적인 의미를 지나치게 의지하려는 경향이 있었다. 또한 담지체를 발견하였지만 그의 의미를 빠른 시간 안에 알아내지 못하자 바로 포기하거나 일부러 회피하려는 모습도 자주 보였다. 뿐만 아니라, 시 텍스트 외적 정보로서의 작가 배경 및 시대적 배경이 북방의식 담지체의 의미를 파악하는 데에 아주 중요한 역할을 발휘한다는 것을 인지할 수 있었으나 그에 대한 이해가 부족하거나 뚜렷하지 않기에 결국은 담지체의 지각이 불완전한 상태에 멈추고 마는 경우가 비일비재하였다.

둘째, 북방의식의 분석 단계에서 중국인 학습자들이 문화 간의 차이를 조율하는 능력이 여전히 부족해 보였다. 담지체를 통해 북방의식을 분석할 때 학습자들이 스스로 채우지 못한 '빈틈'들을 직면해야 하는 경우가 많았다. 이때 양국 간의 서로 다른 사회문화적 배경 중간에 위치해 있는 학습자들은 문화 간의 차이를 조율하고 적당한 지점에서 타당한 사회문화적 지식을 환기해야 하는데, 한국의 사회문화적 배경에 대한 이해가 부족하고, 또 모국의 사회문화적 배경을 파편적으로 파악한 경우가 종종 있기 때문에 어느 한 쪽의 사회문화적 지식으로부터 과잉 간섭을 받는 모습이 자주 나타났다. 따라서 담지체를 통해 북방의식을 분석할 때, 기존에 가지고 있는 한국의 사회문화에 대한 이해를 어떻게 효율적으로 환기시키고, 모국의 사회문화적 지식의 비계 역할을 어떻게 최대한도로 발휘시킬 수 있는지와 같은 문제는 북방의식을 중심으로 한 현대시 읽기 교육 현장에서 고려해야 할 중요한 명제가 된다.

셋째, 북방의식의 이해 단계에서 중국인 학습자들은 시적 타자와의 경험적 거리를 조율하기 위해 적극적으로 '근거리적' 개인 경험을 환기하려는 경향이 있었다. 그러나 무조건 유사한 경험을 환기하는 것을 유일한 기준으로 설정하기 때문에, 파편적이고 불균형적인 선경험을 환기하는 부정적인 양상들이 뒤따르기 일쑤였다. 뿐만 아니라, 일부의 남방 출신 학습자들만 제외하고 상당수의 학습자들은 직접 경험보다 간접 경험들을 훨씬 더 자주 환기하였으며, '환기된 개인적 경험이 얼마나 유용한지', '필요한 경험이 환기 되었는지' 등 문제를 제대로 판단하지 못한 경우도 역시 비일비재하였다.

넷째, 북방의식의 성찰 단계에서 대부분 학습자들이 북방의식을 이해하고 북방공간의 복합성과 중층성을 이해하게 되었으나 북방의식의 내포와 외연을 시 텍스트를 통해 체계적으로 성찰하고 조망하는 학습자들이 그리 많지 않았다. 이러한 문제점을 초래한 원인은 다양한 측면에서 확인될 수 있지만, 시 텍스트에 녹아든 북방의식이 어떻게 지각되고, 어떤 전략을 통해 그의 의미를 분석했는지, 이러한 북방의식을 이해할 때까지 어떠한 갈등과 문제들과 부딪쳤는지에 대한 회고가 지극히 부족하다는 것이 가장 큰 원인이라고 할 수 있다.

따라서 상술한 문제점들을 개선시키고, 북방의식을 중심으로 하는 현대시 교육이 효율적으로 이루어질 수 있도록 본장에서는 다음과 같이 네 가지 측면에서 구체적인 교육 방안을 모색하고자 한다.

1) 북방의식 담지체의 존재를 명료화하기

북방의식 담지체를 명료화하는 것은 시 텍스트 표면에 현현(顯現)되어 있는 담지체를 학습자들로 하여금 보다 더 명확하게 인지할 수 있도록 도와준다는 것을 뜻한다. '북방의식 담지체의 존재를 명료화하기'를 이루기 위해 무엇보다 학습자들에게 담지체에 대한 인지적 이해를 심어주는 것이 중요하다. 북방의식 담지체는 텍스트 표면에만 나타는 것이 아니라, 시 텍스트의 외적인 요소로서의 작가 배경이나 시대적 배경도 역시 북방의식 담지체가 될 수 있다는 것을 학습자들에게 암시해 줄 필요가 있다.

북방시편을 읽는 중국인 학습자들은 북방의식 담지체를 지각하고 그의 의미를 확인하는 데에 있어 많은 변인들이 작동되고 담지체에 대한 해석 결과도 개개인의 특성과 직결된다고 할 수 있다. 학습자의 출신 지역, 민족, 성별, 나이, 문화적 배경, 사회적 경험, 한국어 숙달도, 한국 문학 읽기 경험과 문학능력 등등 너무나도 다양한 요인이 북방의식과 관련된 어휘의 폭을 좌우하며, 담지체를 알아보는 안목과 능력도 이 요인들로 인해 신축성을 지니게 된다. 같은 시를 읽고 있지만 학습자 개개인의 차이 때문에 서로 다른 북방의식 담지체를 발견할 수 있고, 북방의식을 기반한 문학 소통의 방향도 충분히 달라진다고 볼 수 있다.

비록 북방의식 담지체를 지각하는 능력이 제각기 다르다고 하나 대부분 중국인 학습자들은 텍스트 표면에 나타나 있는 담지체를 발견하는 데에만 집중하고 있었으며, 이를 바탕으로 텍스트와 긴밀하게 연관된 외부의 북방 요소들을 탐구하려는 시도가 상당히 제한적이었다. 특히 북방 경험이 없고, 북방에 대한 이해가 지극히 부족한 남방 학습자들에게는 표면적 담지체를 지각하는 단계에 진입하는 것조차 어려울 수가 있다. 이와 같은 문제점을 야기한 원인으로 '북방 관련 어휘량 부족'이나 '문학 분석 능력의 부진'과 결코 무관하다고 할 수 없으나 학습자들이 기존에 받아온 주입식 문학 교육이 가져다준 부정적인 영향도 역시 간과할 수 없는 부분이 된다. 중국인 학습자들은 북방의식 담지체를 '지각'하는 것보다는 '학습'하는 것에 더 익숙해져 있고, 능동적으로 담지체의 존재를 밝혀내기보다 북방의식에 대한 교사의 사전 설명이 시 읽기 교육의 필수 절차라고 생각하고 있다.

따라서 교사가 북방의식 담지체의 존재를 명료화시킬 때 학습자의 주관성과 창의성을 존중하는 전제를 먼저 내세울 필요가 있다. 실제적인 교수-학습 과정에서 교사가 단순히 학습자들에게 북방과 관련된 필수 어휘를 무작정 주입시키는 것이 아니라, 시 텍스트 내에 북방의식 담지체로 간주될 수 있는 요소가 무엇인지, 그것을 바탕으로 하여 파생된 텍스트 외적 요소가 무엇인지, 본인과 연관되어 있는 부분이 없는지 등 문제를 스스로 숙고할 수 있도록 도와주어야 한다. 특히 북방 경험이 없고, 북방공간에 대한 인식이 상대적으로 제한적인 남방 학습자들에게는 사전에 잠재적인 이해와 암묵지(暗默知)를 충분히 활성화시킬 시간을 가져야 한다. 이러한 시도를 통해 학습자들은 북방의식 담지체를 발견할 수 있는 안목이 생기고, 담지체의 비계 역할이 충분히 발휘될 수 있다고 할 수 있다.

2) 북방에 대한 사회문화적 기억을 반추하기

중국인 학습자들이 북방의식을 분석하는 과정에서 한·중 양국 간의 문화적 차이를 직면하는데, 서로의 '다름'을 소화시킬 때마다 사회문화적 기억을 되살리곤 했다. 다양한 사회문화적 기억이 환기되는 과정에서 서로 비교가 되며, 각 사회문화적 기억의 보편성과 특수성을 서로 비교하는 과정에서 점차 선명해진다. 환언하자면, 학습자는 문화 간의 대립과 융합을 경험하

는 동시에 또 새로운 사회문화적 기억을 창조해 낸다는 것이다.(A. Assmann, 2003, 16-23)

　북방의식을 분석하는 내내 학습자들은 자신이 속한 사회문화적 공동체의 특성을 회고하면서 대립되는 한국의 사회문화적 기억과 부딪치게 된다. 이때, 학습자들은 내집단(內集團) 중심의 사고에서 벗어나고, 외집단(外集團) 중심의 사고방식에 도전하게 된다. 서로 다른 사회문화적 기억의 교집합 가운에 위치해 있는 중국인 학습자에게는 객관적 안목으로 차이를 바라볼 줄 알고, 사회문화적 기억 간의 이질성(異質性)을 분석할 줄 아는 능력이 필요하다. 따라서 북방의식 분석 단계에서는 의식적으로 '사회문화적 기억 반추하기'와 같은 교육적 내용을 수행할 필요가 있다.

　남·북방 학습자들이 북방의식을 분석하는 양상을 보면, 일부의 북방학습자들이 북방의식 담지체를 '특정한 이미지'로 삼아 관련된 북방지역에 관한 사회문화적 기억을 환기하면서 그 의미를 파악하려고 하였다. 특히 북방의 문화적 특성에 대한 이해가 풍부한 학습자들에게는 이와 같은 양상이 더 자주 나타났다. 이러한 학습자들은 북방 문화에 대한 이해를 발판으로 삼아 한국의 사회문화적 기억 속의 북방공간을 바라볼 때 자연스럽게 유추적인 시각을 갖게 되었다. 그러나 북방에 대해 제대로 이해하지 못하거나, 혹은 북방에 대한 사회문화적 기억이 있지만 제대로 환기시키지 못한 학습자들은 담지체의 의미를 판단할 때 파편적인 판단을 내리기 쉽고, 사회문화적 기억의 고착화로 인해 북방에 대한 왜곡된 이해까지 초래할 수 있다. 따라서 실제적인 교수-학습 과정에서 교사는 학습자들로 하여금 사회문화적 기억으로 코드화 되어 있는 이미지나 그와 관련된 시적 표현에 주목하게 하고, 이를 바탕으로 하여 모국과 한국의 사회문화적 기억을 반추하도록 요구하는 교육적 처치가 필요하다.

3) 개인적 북방 체험을 활성화하기

북방의식 이해 단계에서는 학습자들이 북방에 대한 직접적인 경험을 환기할 때 북방의식의 심층적인 의미 파악에서 눈에 띄게 좋은 효과가 나타났다. 학습자들이 직접 경험을 환기함으로써 시적 타자의 내면을 더 실감나게 이해할 수 있을 뿐만 아니라 시적 타자를 통해 북방의식을 표현하고자 하는 작가의 목소리도 훨씬 뚜렷하게 들리게 된다. 따라서 북방의식에 대한 학습자들의 이해 능력을 높이기 위해 교사는 학습자들에게 시적 타자와 유사한 개인의 직접 경험을 활발하게 환기하게 할 필요가 있다.

일부의 북방 출신 학습자들은 북방의식을 이해하기 위해 본인의 이중 혹은 다중적 선경험을 환기하는 경우도 있었다. 이러한 학습자들은 북방에 대한 이해가 상당히 깊거나 직접적으로 장거리 이주를 경험했기 때문이다. 이러한 북방 학습자들에게는 다중 선경험을 합리적으로 선택하고, 불필요한 선경험을 스스로 배제하게 하는 훈련이 필요하다. 이와 반대로, 북방 경험이 많지 않거나 어떤 경험이 중요한지조차도 구별하지 못하는 일부의 남방 학습자들에게는 환기된 개인 경험들을 스스로 검토하게 하고, 북방의식을 이해하기 위해 어떤 경험이 유의미한지, 불필요한 경험에 대한 환기를 왜 지양해야 하는지를 스스로 탐구할 수 있게 할 교육적 처치가 필요하다.

4) 북방의식에 대한 이해과정을 조망하기

북방의식에 대한 이해의 완성은 북방의식을 내면화하는 것이며, 북방의식을 내면화하는 데에 북방의식에 대한 체계화된 성찰이 탄탄한 기반이 되어야 한다. 북방의식에 대한 성찰은 단번에 이루어지는 것이 아니라 다원적인 사고와 문학 소통 주체 간의 대화에 의해 형성된다. 북방의식에 대한 체계화된 성찰을 이루기 위해 북방의식의 전체적인 이해 과정을 메타적으로 회고

해야 한다. 여기서 '메타적'이라고 하는 것은 더 높은 차원에서 조망하는 것이며, 객관적인 시선으로 북방의식을 이해하는 과정을 조망하는 것이라고 이해될 수 있다.

현대시 읽기 교실에서 학습자의 메타적인 사고를 촉진시키는 방법은 폭넓은 대화라고 할 수 있다. 이때 말하는 대화는 두 가지로 나눌 수 있는데, 하나는 자신의 성숙을 추구하는 '내적 대화'이며, 또 다른 하나는 교실 안의 교사와 학습자, 학습자 간 서로에게 비계를 제공해 주고 협력하는 '외적 대화'이다. 학습자가 스스로 수행하는 내적 대화가 북방의식에 대한 성찰을 수직적으로 심화시키는 것이라 하면, 상호작용을 강조하는 외적 대화는 북방의식 이해 과정의 다양성을 제시하고, 성찰의 폭을 수평적으로 확장시키는 중요한 수단이 된다.

그러나 출신지역을 막론하고 대부분 학습자들이 이와 같은 메타적 조망 과정에 대해 여전히 익숙하지 않다. 대부분 학습자들은 내적 대화를 하면서 북방의식에 대한 이해 결과에만 집중하였고, 연구자와 대화를 나눈다고 하더라도 의견 차이나 참고용 정답을 확인하려는 경향이 강하였다. 따라서 교수-학습 현장에서 교사는 학습자들로 하여금 내·외적 대화를 통해 북방의식에 대한 이해 과정을 조망할 수 있도록 도와줄 필요가 있다. 예를 들어, 북방의식 담지체를 어떻게 발견하게 되었는지, 이와 같은 담지체가 시 해석 과정에 어떤 역할을 발휘하였는지, 본인이 이해한 북방의식은 다른 학습자들과 차이가 있는지, 이러한 차이가 왜 나타났는지 등 북방의식을 중심으로 하는 문학 소통 과정을 유의하도록 유도하는 것이 좋다. 그리고 이러한 이해 과정을 메타적으로 조망한 뒤, 전후 어떠한 심경 변화를 겪었는지를 구체적으로 표현하게 하는 기회를 마련해 주는 것도 상당히 중요하다.

5. 결론

본 연구는 중국 남·북방지역 출신 학습자들이 한국 현대시에 나타난 북방의식을 이해하는 양상을 분석하고, 이에 따른 결과를 바탕으로 하여 북방의식을 중심으로 한 한국 현대시 읽기 교육의 방향을 제시하기 위해 진행되었다.

본 연구를 수행하기 위해 먼저, 문헌 연구를 통해 '한국 현대시에서의 북방 및 북방공간' 및 '한국 현대시에 나타난 북방의식' 등 개념 문제를 재조명하였다. 뿐만 아니라, 시 읽기 과정의 특성을 충분히 고려하여, 북방의식을 이해하기 위한 문학 소통 과정을 '북방의식의 지각단계', '북방의식의 분석단계', '북방의식의 이해단계', 그리고 '북방의식의 성찰단계' 등 네 가지로 구체화하였다. 그 다음으로는 중국인 고급 학습자를 '북방지역 출신'과 '남방지역 출신' 두 집단으로 나눠 일대일 면접 실험을 진행하였다. 학습자들의 시 읽기 양상을 면밀히 분석하여 북방의식을 이해하기 위한 문학 소통 단계에 따라 각종 시 읽기 양상을 '북방의식 담지체의 발견을 통한 북방 및 북방의식의 지각', '학습자와 북방의식 담지체 간의 긴장관계 파악을 통한 북방의식 분석', '경험적 거리의 원근 확인을 통한 북방의식 이해', 그리고 '공감대 형성을 통한 북방의식 성찰' 등 네 가지 유형으로 체계화시켰다. 마지막으로 각 문학 소통 단계에 학습자들이 산출한 시 읽기 양상의 한계점을 추출한 다음, 이러한 한계점을 보완시키고 북방의식에 대한 이해를 증진시키는 교육 방안으로 '북방의식 담지체의 존재를 명료화하기', '북방에 대한 사회문화적 기억을 반추하기', '개인적 북방 체험을 활성화하기', 그리고 '북방의식에 대한 이해 과정을 조망하기' 등 네 가지로 구안해 낼 수 있었다.

본 연구는 중국인 학습자들을 대상으로 북방의식을 중심으로 하는 현대시 읽기 교육의 체계적 윤곽과 기본 개념을 위주로 살펴보았을 뿐, 각 문학 소통 단계에 북방의식에 대한 이해 결과에 관여하는 더 세밀한 학습자 변인에 대한 규명은 후속 작업을 필요로 한다. 또한, 본 연구에서는 재한 중국인 학습자들을 대상으로 진행하였으며, 재중 남·북방 학습자들이 북방의식을 이해할 때 나타난 차이가 무엇인지, 또 재중과 재한 남·북방지역 출신 학습자 집단을 분류시킬 때 어떠한 양상이 확인되는지에 대한 심도 있는 추후 분석도 요청된다. 마지막으로 북방시편 읽기 교실에서, 실질적인 읽기 전, 읽기 중, 그리고 읽기 후의 효율적인 교수-학습 활동의 도출에 아직 이르지 못하였다. 상술한 연구의 한계점들은 후속 연구를 통해 보다 더 체계적으로 보완하기로 하겠으며 향후에 외국어로서의 한국 문학 교육 분야에서 북방시편 혹은 북방의식에 관련된 다양한 연구들이 더욱 활발하게 이루어지길 바란다.

참고 문헌

강민규(2016), 「현대시 학습 독자의 해석 가설 구성에 관한 연구」, 『문학교육학』 52, 한국문학교육학회, 9-50.

강연호(2014), 「백석의 북방시편 연구」, 『열린정신 인문학연구』 15(2), 원광대학교 인문학연구소, 25-56.

강연호(2014), 「백석의 북방시편에 나타난 문학 치료적 양상」, 『영주어문』 27, 영주어문학회, 115-142.

강연호(2020), 「한국 근대시에 나타난 만주 체험과 북방의식 연구 -백석, 이용악, 유치환의 북방시편을 중심으로」, 『한국문학이론과 비평』 24(2), 한국문학이론과 비평학회, 55-79.

곽효환(2005), 「이용악의 북방시편과 북방의식」, 『어문학』 88, 한국어문학회, 277-304.

곽효환(2008), 『한국 근대시의 북방의식』, 서정시학.

곽효환(2013), 「한국 현대시에 투영된 만주 고찰」, 『한국시학연구』 37, 한국시학회, 135-159.

구인환(2007), 『문학교육론』(제5판), 삼지원.

김영주(2011), 「재만 조선인 시문학의 만주성 재현연구」, 『어문학』 112, 한국어문학회, 115-141.

김응교(2012), 「만주, 디아스포라 윤동주의 고향」, 『한민족문화연구』 39, 한민족문화학회, 105-139.

김정우(2004), 「시 해석 교육 내용 연구」, 서울대학교 박사학위논문.

김현, 김윤식(1973), 『한국문학사』, 민음사.

김현정, 김문주(2016), 「일제강점기 만주행 작가들의 내면과 심상지리 -백석과 이효석의 러시아에 대한 동경을 중심으로」, 『한국학연구』 58, 고려대학교 한국학연구소, 169-199.

맹문재(2014), 「시와 현실」, 최동호 외, 『현대시론』, 서정시학.

박수연 외(2015), 『새로 쓰는 현대시 교육론』, 창비교육.

백석, 고형진 엮음(2007), 『정본 백석 시집』(개정판), 문학동네.

서혁, 서수현(2007), 「구성주의와 읽기 교수·학습의 방향」, 『독서연구』 18, 한국독서학회, 27-70.

송우혜(1988), 『윤동주 평전』, 열음사.

오성호(2006), 『서정시의 이론』, 실천문학사.

오세영(2003), 『문학과 그 이해』, 국학자료원.

오양호(2003), 「일제강점기 북방파 시에 나타나는 시의식 고찰 1」, 『한국문학논총』 35, 한국문학회, 163-185.

오양호(2008), 『그들의 문학과 생애-백석』, 한길사.

윤내현(1986), 『고조선의 위치와 강역, 한국고대사신론』, 일지사.

윤내현(1989), 『한국고대사』, 삼광출판사.

윤동주(2019), 『하늘과 바람과 별과 시』, 자화상.

윤여탁 외(2017), 『한국 근·현대시와 문학교육』, 태학사.

윤여탁(1998), 「시의 다성성(多聲性) 연구를 위한 시론」, 『시 교육론2: 방법론 성찰과 전통의 문제』, 서울대학교출판부.

윤여탁(2015), 「한국 근대시의 만주 체험」, 『한중인문학연구』 46, 한중인문학회, 121-140.

윤영천(2002), 『민족시의 전진과 좌절, 서정적 진실과 시의 힘』, 창작과 비평사.

윤영천(2009), 「일제강점기 한국 현대시와 만주」, 『동양학』 45, 동양학연구원, 215-240.

윤일주(1976), 「윤동주의 생애」, 『나라사랑』 23(여름), 이솔회.

이경희(2007), 『북방 시인 이용악』, 국학자료원.

이상금(2006), 『외국어 문학 텍스트 독서론』, 한국문화사.

이선영(1983), 『문학비평의 방법과 실제』, 삼지원.

이용악(2013), 『오랑캐꽃』, 시인생각.

임인화(2019), 「통일문학교육 제재로서 '북방의식'에 관한 언구」, 『한국어교육학회 학술발표논문집』 2019, 한국어교육학회, 65-84.

정우택(2009), 「재만조선인의 혼종적 정체성과 윤동주」, 『어문연구』 37(3), 한국어문교육연구회, 217-240.

정재찬 외(2014), 『문학교육개론1』, 역락.

조연하, 박덕유(2020), 「상호문화교육에 기반한 춘향전 교수·학습 방안 연구 -한국어 고급 학습자를 대상으로」, 『교육문화연구』 26(5), 인하대학교 교육연구소.

조영복(2002), 『백석, 월북 예술가 오래 잊혀진 그들』, 돌베개.

조은주(2008), 「북방 의식과 서사시적 상상력의 가능성: 백석, 이용악을 중심으로」, 『한중 인문학회 국제학술대회 논문집』 2008, 한중인문학회, 143-156.

최재혁(2018), 「만주국의 국가상징 및 황제 이미지의 창출」, 『한국근현대미술사학』 35, 한국근현대미술사학회, 37-68.

최지현(2014), 『문학교육심리학: 이해와 체험에 관한 문학교육적 설명』, 역락.

한명숙(2003), 「문학인지 발달과 이야기 감상교육」, 『문학교육학』 11, 문학교육학회, 209-244.

허창운(1989), 『현대문예학의 이해』, 창작과비평사.

Byram M. & Fleming M. (1998), *Language Learning in Intercultural Perspective*, Cambridge University Press.

Culler, J.(1975), *Structuralist Poetics*, Routledge & Kegan Paul.

Dijk, van & Kintsch, W.(1983), *Strategies of Discourse Comprehension*, Academic Press.

Gyorgy, L. et al,, 이춘길 편역(1988), 『리얼리즘 미학의 기초이론』, 한길사.

Iser, W.(1976), *Der Akt des Lesens*, 이유선 역(1993), 『독서행위』, 신원문화사.

Joseph C. Gary H. ed(1995), *(The)Columbia dictionary of modern literary and cultural criticism*, 황종연 역(1999), 『현대문학·문학비평 용어사전』, 문학동네.

Rosenblatt, Louise. M.(1995), *Literature as Exploration*, The Museum of Modern Art.

Schleiermacher, F.(1977), *Hermeneutik und Kritik*, 최신한 역(2000), 『해석과 비평: 신약성서와의 특별한 관계를 중심으로』, 철학과현실사.

Scholes, R., 김상욱 역(1995), 『문학이론과 문학교육: 텍스트의 위력』, 하우.

王欣睿(2017), 〈闯关东文学的历史脉络及其价值〉, 《中国现代文学研究丛刊》, 2017年第6期, 49-56.

禹尚烈, 李想(2020), 〈跨境移民与境内移民的情感与心理—《泪洒豆满江》与《闯关东》之比较〉, 《东疆学刊》, 第37卷 第3期, 83-87.

부록

> 사이 좋은 正門의 두 돌긔둥끝에서
> 五色旗와 太陽旗가 춤을추는날,
> 금(線)을긋은地域의 아이들이즐거워하다,
> 아이들에게 하로의乾燥한學課로
> 해시말간 倦怠가 깃들고
> '矛盾' 두자를 理解치몯하도록 머리가 單純하였구나,
> 이런 날에는 잃어버린 頑固하던 兄을,
> 부르고 싶다. -1936년 6월 10일
>
> — 윤동주, 〈이런 날〉 전문[7]

> 어진 사람이 많은 나라에 와서
> 어진 사람의 즛을 어진 사람의 마음을 배워서
> 수박씨 닦은 것을 호박씨 닦은 것을 입으로 앞니빨로 밝는다
>
> 수박씨 호박씨를 입에 넣는 마음은
> 참으로 철없고 어리석고 게으른 마음이나
> 이것은 또 참으로 밝고 그윽하고 깊고 무거운 마음이라
> 이 마음 안에 아득하니 오랜 세월이 아득하니 오랜 지혜가 또 아득하니 오랜
> 人情이 깃들인 것이다
> 泰山의 구름도 黃河의 물도 옛님군의 땅과 나무의 덕도 이 마음 안에
> 아득하니 뵈이는 것 이다

---

7 윤동주, 『하늘과 바람과 별과 시』, 자화상, 2019.

이 적고 가부엽고 갤쭉한 희고 까만 씨가
조용하니 또 도고하니 손에서 입으로 입에서 손으로 오르나리는 때
벌에 우는 새소리도 듣고 싶고 거문고도 한 곡조 뜯고 싶고 한 五天말
남기고 函谷關도 넘어가고 싶고
기쁨이 마음에 뜨는 때는 희고 까만 씨를 앞니로 까서 잔나비가 되고
근심이 마음에 앉는 때는 희고 까만 씨를 혀 끝에 물어 까막까치가 되고

어진 사람이 많은 나라에서는
五斗米를 버리고 버드나무 아래로 돌아온 사람도
그 녑차개에 수박씨 닦은 것은 호박씨 닦은 것은 있었을 것이다
나물 먹고 물 마시고 팔벼개를 하고 누었든 사람도
그 머리맡에 수박씨 닦은 것은 호박씨 닦은 것은 있었을 것이다

— 백석, 〈수박씨, 호박씨〉 전문[8]

알록조개에 입 맞추며 자랐나
눈이 바다처럼 푸를뿐더러 까무스레한 네 얼굴
가시내야
나는 발을 얼구며
무쇠 다리를 건너온 함경도 사내

바람 소리도 호개도 인전 무섭지 않다만
어두운 등불 밑 안개처럼 자욱한 시름을 달게 마시련다만
어디서 흥참한 기별이 뛰어들 것만 같애
두터운 벽도 이웃도 못 미더운 북간도 술막

---

8   백석, 고형진 엮음, 『정본 백석 시집』(개정판), 문학동네, 2020.

온갖 방자의 말을 품고 왔다
눈포래를 뚫고 왔다
가시내야
너의 가슴 그늘진 숲 속을 기어간 오솔길을 나는 헤매이자
술을 부어 남실남실 술을 따르어
가난한 이야기에 고이 잠가 다오

네 두만강을 건너왔다는 석 달 전이면
단풍이 물들어 천 리 천 리 또 천 리 산마다 불탔을 겐데
그래도 외로워서 슬퍼서 치마폭으로 얼굴을 가렸더냐
두 낮 두 밤을 두루마리처럼 울어 울어
불술기 구름 속을 달리는 양 유리창이 흐리더냐

차알싹 부서지는 파도 소리에 취한 듯
때로 싸늘한 웃음이 소리 없이 새기는 보조개
가시내야
울 듯 말 듯 울지 않는 전라도 가시내야
두어 마디 너의 사투리로 때 아닌 봄을 불러줄게
손때 수집은 분홍 댕기 휘 휘 날리며
잠깐 너의 나라로 돌아가거라
이윽고 얼음길이 밝으면
나는 눈포래 휘감아 치는 벌판에 우줄우줄 나설 게다
노래도 없이 사라질 게다
자국도 없이 사라질 게다

— 이용악, 〈전라도 가시내〉전문[9]

---

9 이용악, 『오랑캐꽃』, 시인생각, 2013.

4장 베트남인 학습자를 위한 한국 문학 문식성 교육 연구

– 김소월의 〈진달래꽃〉과 응웬빙의 〈러쭈엔〉 비교를 중심으로

황티장 호치민국립대학교 한국학부

1. 서론

본 연구는 베트남 대학에서 재학하는 베트남인 한국어 전공 학습자를 위한 한국 문학 문식성(literary literacy) 교육 내용을 마련하는 것에 그 목적을 둔다. 이를 위해 먼저 한국 문학 교육에서 문학 문식성의 개념을 확립하여 그 구성요소를 밝힌 뒤, 문학 문식성 교육에 있어서 문학작품 비교의 교육적 의의를 도출하였다. 이를 바탕으로 한국 시작인 김소월 시인의 〈진달래꽃〉과 베트남 시작인 응웬빙 시인의 〈러쭈엔〉을 비교를 통한 한국 문학 문식성 교육의 교수-학습 내용을 마련하고자 한다.

오늘날 한국 문학 교육에 있어 교육이 이루어지고 있는 현장에서의 실천적 적용과 그에 따른 문제점을 확인하고 개선하는 과정이 뒤따라야 할 시점에 이르렀다. 그러나 현재 전문적인 교수진의 부족, 교육과정 체계화 문제,

교수법적 한계 등으로 인해 베트남의 한국 문학 교육은 문학작품이라는 흥미로운 내용을 다루면서도 학습자들의 주목을 크게 받지 못하고 있다. 또한, 베트남은 한국어 학습에 대한 학습자 요구도의 측면에서나 국내 한국어 학습자의 수, 한국어 전공을 개설한 정규 학교의 수 등을 종합하여 볼 때 한국어 교육열이 동남아시아 국가에서 상위에 달하는데도 불구하고 베트남에서 이루어지는 한국 문학 교육의 위상이나 현실이 크게 낙관적이지 않다. 이는 현실 상황 개선을 위한 노력이 조속하게 이루어져야만 한다는 것을 의미한다.

이러한 문제의식에서 출발하여 본 연구에서는 한국어 교육의 문학 교육 연구가 학습자들이 한국 문학을 읽고 향유할 수 있는 능력, 즉 한국 문학에 대한 문학 문식성(literary literacy)을 함양하는 데에 있다는 교육 전제에 따라 베트남인 학습자의 한국 문학 문식성 교육을 위한 내용 연구를 진행하였다. 문학 문식성은 시대의 변화에 따라 끝없이 변화되고 있는 개념인 문식성(literacy)[1]에서 파생된 개념이다. 읽기에서 시작되어 쓰기, 듣기, 말하기를 망라하는 언어 능력으로 정의된 문식성의 개념은 21세기에 이르러서는 여러 분야의 다양한 매체 이해 능력을 뜻하는 광범위한 개념으로 사용되고 있다. 과학기술의 발달로 인해 문식 환경이 급속히 변화 발전함에 따라 문식성의 대상과 범주가 나날이 확대되고 있는 것이다. 이로 인하여 언어 교육 분야에서는 문식성을 특정 분야의 종사자라면 반드시 갖춰야 할 의사소통 능력이라고 보고, 언어 교육의 핵심적인 개념 가운데 하나로 사용하고 있다.

이러한 맥락에 비추어 보면 한국어 교육에서 다루는 문식성은 모국과 한국 사이의 소통 주역이 될 학습자들이 갖추어야 할 의사소통 능력으로, 언어 지식과 기능, 그리고 소통의 흐름과 분위기를 좌우할 문화적 역량을 포괄한다. 본 연구에서는 그 중에서도 문학에 대한 문식성에 초점을 맞추고 있

---

1 리터러시(literacy)는 한국어로 문식성, 문해력, 문변력, 문식력, 문자 해독 능력 등으로 번역되어 사용되고 있지만 본 연구에서는 문식성으로 통일하여 쓰고자 한다.

으며, 외국인 학습자들을 대상으로 하는 한국어 교육의 상황에 비추어 보면 이는 곧 외국인 독자들이 문학 장르 지식에 기반하여 한국 문학을 읽는 능력과 문화적 거리가 있을 수도 있는 한국 문학작품의 정서를 이해하는 능력 그리고 문학작품에 반영된 한국의 사회·문화적 요소들을 이해하는 능력 등으로 구성될 수 있다고 본다.

특별히 본 연구에서는 한국과 베트남의 문학작품 비교 활동을 교육적으로 재구성할 것인데, 이는 본 연구가 초점을 맞추고 있는 베트남인 대학생 학습자들의 특성을 고려할 때 작품 비교 활동은 학습자들의 한국 문학 문식성을 길러주는 데에 탁월한 교육적 효용성을 보이기 때문이다.[2] 외국인 학습자는 한국어로 된 텍스트를 이해하기 위해 모국어 언어 체계와 비교하면서 이해해야 한다. 또한, 한국 문학 텍스트를 읽은 경험이 부족할 수 밖에 없는 외국인 독자들은 작품을 이해하기 위해서는 필연적으로 자국에서의 문학 읽기 경험을 이끌어와서 텍스트 의미 구성에 활용한다.

현재 베트남인 한국어 학습자들은 일반적으로 모국어 문학 교육을 받은 학습자들이다. 이들은 베트남의 교육과정 체계에 따라 발달된 인지 구조를 가지고 있으며 국가 교육과정에 의해 문화적, 역사적, 개인적 경험을 공유하고 있다. 이들은 한국어 실력과 한국 문화 이해 능력은 부족하다고 할 수 있지만 베트남의 교육과정을 통해 언어 능력과 문화 능력, 문학 능력, 즉 베트남의 맥락에 맞는 인문적 소양을 함양하였다. 한국에 대한 이해 부족을 보완하기 위하여 이들은 자국의 문화적 배경에 기반하여 한국어 문학 텍스트를 이해하고 감상한다.(전홍, 2013, 192) 그러므로 교육 현장에서 학습자들이 소유한 풍부한 배경지식을 활용할 방도를 마련해 준다면, 베트남인 학습자도 한국 문학 텍스트를 읽는 과정에서 충분히 능동적인 독자가 될 수 있을

---

2 실제로 현재 한국어 교육에서는 문학작품 비교를 문학 교육에 도입하려는 연구가 활발하게 진행되고 있다. 이는 문학작품 비교가 한국어 교육에서 충분히 교육적 의의가 있다는 사실을 보여준다.

것이다.(이홍매, 2014, 3) 이에 본 연구에서는 학습자들의 인식 속에서 이루어지는 문학 비교 활동을 가시화하기 위한 방법으로서 한국 문학과 베트남 문학의 작품 비교 활동을 제시한다.

본 연구가 상정한 연구 문제를 정리하면 아래와 같다.

첫째, 한국어 교육의 관점에서 문학 문식성을 정의하고 문학 문식성의 구성요소를 제시한다.

둘째, 한국어 교육에서 문학 문식성 교육의 교육적 의의를 제시한다.

셋째, 베트남인의 한국 문학 문식성 신장을 위한 김소월의 〈진달래꽃〉과 응웬빙의 〈러쭈엔〉 비교를 통한 한국 문학 문식성 교수-학습 내용을 구안한다.

2. 한국어 교육에서 문학 문식성의 개념

종래의 문학 문식성에 관한 연구 결과를 살펴보면 기초적인 해독 능력인 '문해력'이나 문학 수용 및 생산 담론의 '문학 능력'과의 연관성을 통해 문학 문식성 개념이 규명되고 있음을 확인할 수 있다. 이러한 흐름에서 (한)국어교육에서는 '문학 능력' 교육에 대한 관심과 연구 성과에 비하여 문학 문식성에 관한 연구는 아직 초기 단계에 머무르고 있다고 판단된다. 그런데 문학 교육에서 논의하였던 '문학 능력'은 문학 문식성으로 재개념화할 수 있다.(윤여탁, 2016, 165) 따라서 문학 문식성의 개념을 확립하기 위해서 본 연구는 현재까지 문학 교육에서 논의해 온 '문학 능력'에 대해 먼저 살펴본 뒤 한국 문학 교육에서의 문학 문식성 개념을 구체화하고자 한다.

문학 능력(literary competence)이라는 개념은 먼저 컬러(Culler)의 〈구조의 시학〉에서 확인할 수 있다. 그는 인간이 문법 지식을 지니고 있기 때문에 새로운 문장을 만들고 또 만들어진 문장의 구조와 의미를 이해할 수 있다고 하였다. 문학작품에도 이러한 의미의 구조와 특성이 있는데 이를 이해할 수 있는 것을 컬러는 문학 능력이라 보고 '독자로 하여금 어떠한 문학 텍스트를 문학작품답게 읽을 수 있게 하는 능력, 즉 내면화된 문학적 문법'으로 규정하였다.(최지현, 2009, 41-90) 그렇기 때문에 컬러의 문학 능력은 '문학적 문법' 혹은 '문학적 관습'이며 '개념화된 문학적 문법' 혹은 '내면화된 문학적 관습'인 것이다. 이 관습을 통해 독자는 문학의 주제를 인식할 수 있을 뿐만 아니라 시와 이야기의 가치를 측정할 수 있도록 만드는 상징적 유형의 해석을 추구할 수 있다. 따라서 이러한 관습은 문학 능력의 핵심 구성요소로 볼 수 있다. 그렇기 때문에 컬러는 문학 능력이 없는 사람은 문학작품을 읽을 때 자신이 지닌 언어적 지식으로 작품의 구절과 문장을 이해할 수 있겠지만 이를 '문학'으로 이해할 수는 없다고 보았다.(J. Culler, 1980, 113-114; 최병해, 2012, 22에서 재인용) 따라서 컬러의 문학 능력은 독자로 하여금 어떠한 텍스트를 문학작품답게 읽을 수 있게 하는 능력이라고 할 수 있다.

같은 맥락으로 최지현의 연구에서 독자는 '의미화의 규칙'이나 '비유적 응집성의 관습', '주체적 단일성의 관습'과 같은 문학적 암묵지를 가지고 있기 때문에 처음 접해 본 문학작품을 문학적으로 읽을 수 있다고 하였다.(최지현, 2009, 42) 그의 후속 연구에서는 '능력'의 개념을 문학, 교육학, 심리학 분야의 사전적 의미를 바탕으로 'competence(암묵지 또는 언어 능력)', 'proficiency(숙달성)', 'ability(잠재 능력)' 3가지로 제시하였고 이에 따라 문학 능력의 개념도 3가지로 나누어 정리하였다. 첫째, 암묵지 또는 언어능력은 컬러의 개념을 수용하여 독자로 하여금 어떠한 텍스트를 문학작품답게 읽을 수 있는 능력, 즉 내면화된 문학적 관습 (의미화의 규칙, 비유적 응집성의 관습, 주체적 단일성의 관습 등)이라고 보았다. 둘째, '숙달'은 문학 능력보다는 작품의 감상 및 창작 능력 같은 용어를 우선적으로 사용하는데 개별 작품에 대한 능숙한 반응이 문학 능력의 핵심이라는 점에서 문학 능력을 기능으로 보거나 경험이나 수행 같은 것으로 보는 입장이다. 셋째, 문학 능력을 역능(potential domain of competency)으로 보는 것인데 이는 앞으로 수행 가능한 능력이라고 보는 관점이다.(최지현, 2010, 376-381)

이와 같은 논의들에 따르면 결국 학습자가 지니는 문학 장르에 대한 지식, 다른 말로 하자면 문학 장르 관습이 문학 능력에서 중요한 요소라고 볼 수 있다. 그렇다면 본 연구에서 추구하는 문학 문식성은 이러한 문학 능력의 개념 및 특성과 어떠한 유사점과 차별점을 지니는지 살펴보고자 한다.

케이와 트로(Cai & Traw, 1997)에서는 문학 문식성을 '학습자가 자신이 지닌 기초 문식성을 전제로 하여 여러 가지 문학적 관습을 활용하여 텍스트를 이해하는 능력'으로 설명하고 있다.(M. Cai & R. Traw, 1997) 학습자들이 어떤 문학작품을 읽을 때 이야기 언어의 코드를 해독하기 위해서는 일상 언어와는 구별되는 문학작품에 나온 언어를 이해하고 해석하는 문학적 문식성이 필요하다.(M. Cai, 2001; 곽춘옥, 2007, 11에서 재인용) 여기서의 문학적 문식성이란 은유와 상징과 같은 문학 기법을 이해할 수 있는 능력이라고 할 수 있으며, 학습자가 문학적 문식성을 지니는 것은 어떠한 작품을 읽을 때 문학의 언어를 이해할 수 있고 그로부터 생성되는 의미를 보다 효과적으로 수용할 수 있는 것이다. 이러한 견해에 따르면 문학의 언어를 이해할 수 있다는 것이 문학 문식성의 첫 번째 조건이라고 할 수 있다.

또한, 한국에서의 문학 문식성에 대한 연구 중 윤여탁은 기능적 문식성의 대안으로 등장한 문화적 문식성의 범위와 특성에 대해 논의하였는데 문화적 문식성은 문학에 대한 학습과 활용 능력이라고 할 수 있는 문학 문식성으로 그 개념 영역을 확장할 수 있음을 주장하였다. 그는 문학의 상위 개념인 문화, 그리고 문학의 수용과 생산에 핵심인 창의와 정의를 중심으로 문학 문식성을 개념화였다.(윤여탁, 2016) 이런 점에서 볼 때 문학 문식성은 문화적이고 창의적이며 정의적인 것이라고 할 수 있다.

한편, 김중신·유미향은 '문학 문식성'은 해당 영역이 가지고 있는 독특한 특성이나 고유성을 포착한다(김중신·유미향, 2016, 136)고 주장하였다. 특히 김찬기는 성인학습자에 주목하여 성인의 문학 문식성을 '성찰적 문학 문식성', '비판적 문학 문식성', '실천적 문학 문식성'으로 나눠 그 성격을 규명하였다.(김찬기, 2018, 250) 그는 문학을 통해 이루어지는 '성찰'의 의미역을 학습 주체인 '나'의 '안'을 들여다보는 능력으로, '비판'은 문학을 통해 '나'의 '밖'을 들여다보는 능력으로 설명하였다. 그리고 '자기'를 성찰하는 과정도 세계를 바라보는 '나'의 세계 이해의 방식도 결국은 언어를 매개로 하여 이루어진다는 점에서 문화적 생산물들(소설, 시, 영화, 대화, 수업 등) 안에서 작동하는 특권적 이데올로기를 찾아내고 그로부터 해방되는 것, 이른바 '실천적'인 행위를 요한다는 것이다.(김찬기, 2018, 251-261; 김영, 2018, 260)

앞서 살펴본 '문학 능력'을 학습자에게 내면화된 문학적 문법 그리고 문학 작품답게 읽을 수 있는 능력이라는 특성에 초점을 맞춘다면, '문학 문식성'은 여기서 더 나아가 문학을 향유하는 능력 그리고 '학습자'의 주체성이 강조되는 개념이라고 할 수 있다. 따라서 문학 문식성은 '실천적', '성찰적', '문화', '정서', '창조' 등의 속성을 중심으로 기존의 문학 능력보다 확장된 개념이며 학습자의 주체성이 강조되는 특징을 지닌다.

그렇다면 이번에는 외국어로서의 한국어 교육에서 문학 문식성의 개념은 앞서 살펴본 문학 문식성의 개념과 어떠한 유사점과 특수점을 지니는지 살펴볼 필요가 있다.

먼저, 외국인 학습자를 대상으로 한 한국 문학 교육의 '문학 능력'에 대한 논의를 우한용(2010)에서 확인할 수 있다. 그에 따르면 문법과 문화가 통합되어 실현되는 능력이 언어 능력이고 문학 능력은 형상적이거나 상상적인 언어 능력이다. 본래 문학작품의 언어는 일상 언어와 달리 추상적이거나 모호한 대상을 감각 차원에서 형상화하는 자질이 있는데 외국인 학습자들이 상상력을 동원하여 이렇게 추상적으로 형상화된 문학작품을 읽을 수 있는 능력 또는 상상적 언어를 동원하여 문학적 소통을 도모하는 능력을 문학 능력이라는 것이다. 이 논의는 앞서 살펴본 컬러의 문학적 관습 또는 최지현의 암묵지(언어능력) 개념과 같은 맥락을 취한다고 볼 수 있다.

또한, 우한용(2010)에서는 자국어교육을 받는 동안 형성된 언어 능력과 문학 능력은 외국어 교육에서 기반이 된다고 본다. 모국 문학에서 익힌 문학 능력이 외국어로 된 문학을 읽을 때 자연스럽게 전이될 수 있기 때문이다. 이러한 논의는 한국 문학 교육에 있어 학습자들의 모국어 능력과 모국 문학 능력이 중요한 역할을 할 수 있음을 보여준다. 다시 말해 학습자들의 경험이 한국 문학 교육에서 중요하다는 것이다.(우한용, 2010, 222-224)

아울러 외국인 학습자들이 목표 언어로 된 문학 텍스트를 이해하는 데에는 언어적인 부분이 상당히 중요한 역할을 한다. 텍스트의 내용을 이해하려면 텍스트 해독부터 시작해야 하기 때문이다. 즉 학습자는 목표 언어로 쓰인 문학 텍스트의 표면적인 의미를 먼저 파악해야 의미를 구성할 수 있는 것이다. 그러나 문학 텍스트는 장르의 특성상 형식적, 의미적인 측면에서 비문학 텍스트와는 다르다. 비문학 텍스트는 독자에게 효과적으로 정보를 전달하기 위해 글의 구조나 단락, 전개 방법 등에서 일정한 규칙을 지니고 있다.(배재훈, 2020, 426) 반대로 문학 텍스트는 중요한 정보가 직접적으로 텍스트 표면에 나타나지 않고 문장 사이의 내용적 관계가 분명하지 않을 뿐만 아니라 감성적, 다의적, 상상적이며 논리적인 전개를 따르지 않는다.(송휘재, 2002, 248) 따라서 학습자들은 문학 텍스트를 수용하기 위해 우선 의미와 언어의 관계를 언어의 기능적인 측면에서 분석해야 하는데(이상금, 2006, 14) 이를 위한 능력을 그뢰벨(Groeben)은 다음과 같이 주장하였다. 첫 번째는 긱 장르의 특징과 같은 문학 형식을 인식하는 능력, 두 번째는 인물의 성격, 줄거리 구조, 배경, 주제 등과 같은 문학 텍스트의 구조 형식을 분석하는 능력, 세 번째는 은유, 비유 등과 같은 문학어의 사용과 문학적 기술, 반어, 풍자 등과 같은 표현된 정서 그리고 서술 시점 등을 인식하는 능력이다.(N. Groeben, 1982, 120; 송휘재, 2002, 248에서 재인용)

이와 같이 학습자가 외국 문학 텍스트를 이해하기 위해서는 일정한 언어 능력을 지녀야 하며, 문학 텍스트에 나온 비유, 아이러니와 같은 수사적 표현으로 인한 불확정적 의미를 이해하기 위해서는 문학에 대한 장르적인 지식을 지녀야 한다.(배재훈, 2020, 428) 외국어 교육에서의 학습자들은 대다수 성인 학습자로서 모국어와 모국 문학 교육에서 이와 같은 장르적인 지식을 이미 학습한 학습자들이다. 새로운 언어를 배운다고 하여 기존의 능력이 사라지고 새롭게 함양되어야 하는 것이 아니기에 외국 문학 읽기에 필요한 능력은 모국어 문학 읽기 능력에서 전이될 수 있다. 이 부분은 앞서 살펴본 컬러나 최지현의 '암묵적 지식'과 같은 맥락이라고 볼 수 있다.

한편, 문학 텍스트는 인간의 감정이나 정서를 형상화한 예술로서 소설이나 희곡의 경우에는 감정이나 정서를 직서(直敍)하기도 하지만 시의 경우에는 이미지, 비유, 상징, 리듬을 통해서 감정이나 정서를 표현한다.(윤여탁, 2016, 169) 따라서 학습자는 이와 같은 문학의 장르 지식에 기반하여 문학 텍스트를 읽을 때 표면적인 내용을 이해하는 데 머무르지 않고 나아가 텍스트에 대한 정서적 이해로 확장할 수 있다. 이는 문학 텍스트에 대한 정서적 이해이면서 다른 문화권의 문학 텍스트에 대한 사회·문화적인 이해도 동반한다.

먼저, 문학 텍스트에 대한 정서적 이해에 대해 살펴보면, 문학의 정서 또는 문학의 정서적 기능은 오래전 고대 시대부터 관심을 받았다고 볼 수 있다. 플라톤(Plato)의 문학이 독자에게 해로운 정서를 준다는 주장과 아리스토텔레스(Aristotle)의 문학이 독자에게 연민을 불러일으키게 한다는 주장(정유정, 2001, 15)을 통하여 독자로서 문학작품을 읽는 학습자들이 문학 텍스트로부터 정서적 인식 또는 이해를 습득할 수 있다는 것이 확인되었다.

현대 학자 리처즈(Richards)는 감정이란 인생에 있어서의 심리적·정서적·내포적·감화적인 반응 일체라고 하였다. 그에 따르면 감정은 곧 정서적 태도, 의지, 욕망, 쾌감, 불쾌감 등을 포괄하는 용어이다.(I. A. Richards, 1973, 181) 그는 문학 본연의 언어를 정서 언어로 설명하고 정서 언어를 '감정과 태도를 불러일으키는 언어'라고 정의하면서 정서 언어의 최고의 형식을 시 문학으로 보았다.(I. A. Richards, 이선주 역, 2005, 96) 또한, 작품 속에 표현된 정서 언어는 독자에게 심미적, 경험적 가치를 제공할 뿐만 아니라, 독자의 상상력을 증폭시키면서 작품의 의미를 무한정 확장시키는 기능을 한다고 보았다.

한편, 반영론의 관점에서 보면 한 국가의 문학작품은 그 국가의 역사·사회·문화적 배경에서 쓰이는 산물이기 때문에 작품에서 그러한 역사·사회·문화 요소들이 직접 또는 간접적으로 반영되기도 한다. 이 때문에 외국인 독자들은 목표 언어로 쓰인 문학작품을 작품답게 읽고 나아가 작품의 정서를 이해하는 데에 어려움을 겪을 수 있다. 특히, 작품의 정서가 상징적이거나 은유적으로 표현되는 경우가 많은데 이를 이해하려면 그 맥락적인 문화를 이해해야 한다. 따라서 목표 문화에 대한 지식도 작품의 정서를 이해하기 위해서 학습자들이 갖추어야 한다. 지(Gee)는 특정 유형의 문식성이 형성되고 발전되는 데에는 단지 읽고 쓰는 능력을 갖추는 것의 문제가 아니라 사회·문화적 맥락 속에서 특정 집단이 말하고 상호작용하고, 생각하고, 믿고, 가치를 부여하는 제반의 방식과 밀접한 관련을 맺고 있다고 하였다. 본 연구에서 살펴보고자 하는 문학 문식성 역시 사회·문화적 맥락과 밀접한 관련이 있기 때문에 목표 사회·문화에 대한 지식도 함께 논의할 것이다.

앞선 논의를 바탕으로 외국어 교육에서의 문학 문식성이란 '학습자가 자신이 지닌 기초 문식성을 전제로 여러 가지 문학적 관습을 활용하여 텍스트를 다층적, 다각적으로 이해하는 능력'으로 정의하고자 한다.

이는 구체적으로 학습자들이 문학작품을 읽고 내용을 해석하는 것에 그치지 않고, 나아가 문학작품을 정서적으로 이해하고 문화 비교를 통해 문화적 동일성 및 차이성을 인식할 수 있는 감상 능력이라고 이해할 수 있다. 따라서 본 연구는 외국어로서의 한국 문학 교육에서 외국인 학습자들의 문학 문식성을 '장르 관습에 기반한 텍스트 이해 능력', '작품의 정서 이해 능력', '사회·문화 이해 능력'으로 정의하고자 한다.

그 중 '장르 관습에 기반한 텍스트 이해 능력'은 모국어 문학 교육에서 학습자에게 축적된 문학 장르 관습에 대한 지식이며 이를 목표 언어 문학 읽기에 적용하여 텍스트의 내용을 이해할 수 있는 능력이다. '작품의 정서 이해 능력'은 학습자들이 작품에서의 정서를 표현하는 언어를 인식하는 능력에 한정되지 않고 이로 인하여 학습자들이 표현하는 정서 즉 학습자들이 작품으로부터 반응하는 정서 개념까지 확장된 것이다. 그리고 '사회·문화 이해능력'은 한국어 교육의 대상인 외국인 학습자가 목표 언어의 문학작품을 읽는 과정에서 목표 사회·문화에 대한 사고방식, 가치관 등을 접하며 모국 문화의 것과 비교하면서 능동적으로 이해하려고 하는 점에 주목한 개념이다.

3. 한국 문학 문식성 교육에서 문학작품 비교의 교육적 의의

본 연구에서의 '문학작품 비교'란 목표 언어 문학작품을 이해하는 과정에서 공통점을 지닌 모국 문학작품을 선정하고 비교작품군으로서의 두 작품을 함께 읽으면서 공통점을 바탕으로 하여 차이점을 인식하는 활동이라고 할 수 있다.

학습자들은 모국 문학작품에 대한 일정한 지식과 경험을 지니는데 이 지식과 경험은 학습자들의 비교 활동에서 적극적으로 적용되어 한국 문학작품 이해에 크게 기여할 수 있을 뿐만 아니라 베트남인 학습자들의 능동적인 텍스트 이해 능력을 신장시킬 수 있다. 문학작품을 비교하는 과정은 공통점을 바탕으로 하여 차이점을 찾아내는 특성이 있기 때문에 학습자들은 한국과 베트남 문학 텍스트 간의 공통부분을 일차적으로 인식하고 이차적으로는 그 차이점을 찾아낸 후에 두 작품의 차이점을 구체적으로 탐구함으로써 텍스트 이해를 더 심화시켜나갈 수 있다.

또한, 문학작품은 작가의 개인적인 정서를 표현하는 존재일 수도 있고 작가가 속한 한 사회 계층이나 집단의 정서를 전달하는 방식으로 볼 수 있다.(왕엽, 2015, 37) 이러한 관점에서 볼 때 문학의 정서는 개인의 차원을 넘어 한 민족, 한 국가, 한 문화권의 정서가 될 수 있다. 한국 내에서의 국어교육에서도 '민족 정서의 이해와 습득'이라는 것을 문학 교육의 중요한 목표로 설정해 두고 있는 것처럼(최형섭 외, 1997) 외국어 교육에서도 목표 언어 문화의 정서를 이해 및 교육하는 데에 문학작품이 중요한 수단이라고 할 수 있다. 그중 정전으로서의 문학작품은 한 집단의 정신세계를 묘사한 내용을 담고 있으며 그 민족의 정서를 표현하고 있다.(주경, 2017, 100) 이러한 관점에서 보면 외국어 교육에서 목표 언어의 문학작품과 모국 문학작품을 비교하는 활동은 특히 정전으로서의 문학작품을 비교작품군으로 선정할 때 학습자가 목표 언어 민족의 정서를 이해하고 경험하며 내면화하는 데 효과적이다. 따라서 이러한 활동을 통해 학습자들은 정서에 대한 공감 능력을 제고할 수 있다. 뿐만 아니라 모국 문학 교육에서 학습자들은 민족적이고 집단적인 정서를 형성하기도 한다. 이러한 민족 정서는 특정한 역사적 국면에서 민족 구성원 대다수가 갖게 된 공통의 정서(김종철, 2000, 129-135)인데, 외국 문학작품과 비교할 때 자신의 민족 정서와 목표 언어의 민족 정서 간의 비교가 가능하여 문화적 정서에 대한 안목을 기를 수 있다.

위와 같이 문학작품 비교 활동을 활용한 문학 문식성 교육을 통해 학습자는 '텍스트 이해 능력 심화', '정서에 대한 공감 능력 제고'할 수 있을 뿐만 아니라 '상호문화 능력 신장'을 이룰 수 있다. 콜리와 슬레이터(Collie & Slater)는 외국어 교육에서의 문학작품 교육이 문화적 풍요화를 가져온다는 문화 교육적 의의를 주장하였다.[3] 문학이 언어를 통해 인간 세계를 표현하는 예술

---

3 콜리와 슬레이타(J. Collie & S. Slater)는 문학작품은 외국어학습에 도움이 된다는 이유를 다음과 같이 제시하였다. 첫째, 가치 있고 실제적인 자료(valuable authentic material)이다. 문학작품은 가치 있고 실제적인 자료를 제공한다. 초급 단계의 학습이 끝나면 고급 문장을 학습하여야 하는데 묘사하기, 서사하기, 풍자하기, 비유하기 등의 고급 언어

작품인 만큼 한 국가의 문학작품은 해당 국가의 문화를 알아보는 데에 중요한 열쇠가 될 수 있다. 이러한 관점에서 볼 때 서로 다른 국가의 문학작품들을 비교하는 활동은 문학작품이 내재한 문화를 비교하는 활동이 동반되는데, 상호 간의 공통점 및 차이점을 파악하는 과정은 학습자들의 상호문화 능력을 향상시킬 수 있다.

상호문화 능력과 관련하여 클롭 & 매크로스키(Klopf & McCroskey)는 인지적 능력, 정의적 능력, 행위적 능력을 모두 아우르는 것을 상호문화 능력의 영역으로 보았는데 이는 외국어 학습에서 목표 언어 화자와 의사소통할 때 학습자들에게 필요한 모든 영역이라고 할 수 있다.(D. W. Klopf & J. C. McCroskey, 2007, 225-226) 스킨초코(Schinschke) 역시 상호문화 능력에 대하여 이와 같은 관점을 취한다. 스킨초코에 따르면 상호문화 능력은 고유문화에 대한 생각을 상대화하는 능력, 고유문화와 낯선 문화 사이를 중재하는 능력, 다양한 행동방식을 접하고 의사소통할 수 있는 능력 그리고 관점들을 수용하고 감정이입 할 수 있는 능력 등이다.(A. Schinschke, 1995; 만춘기, 2003, 132에서 재인용) 이러한 클롭 & 매크로스키와 스킨초코의 주장을 종합해보면 외국어 교육에서의 상호문화 능력이란 목표 언어 화자와 효과적으로 의사소통할 수 있고 이 과정에서 자신이 속한 문화에 대한 배경 지식을 기반으로 하면서 목표 문화 구성원들의 가치, 신념, 태도, 정서 등(김혜진, 김종철, 2015, 80-81)을 이해하고 존중할 수 있는, 학습자들에게 필요한 능력이라고 할 수 있다.

능력을 익히려면 신문, 광고문 등에서 보충할 수 없는 고급 문장을 문학작품들에서 익히게 된다. 둘째, 문화적 풍요화(cultural enrichment)이다. 문학작품은 문화적 풍요성을 보여준다. 문학작품 속에 담긴 풍부한 문화 맥락은 문화 이해에 유익하다. 셋째, 언어적 풍요화(language enrichment)이다. 문학작품 속에는 언어 자료가 풍부하다. 어휘, 표현, 문체 등이 다양하여 학습 대상 언어의 세계를 확장하는 데 유익하다. 넷째, 개인적 연관(personal involvement)이다. 문학작품을 읽으면서 학습자는 대상 언어를 통해 상상력의 세계를 넓혀 고급 언어 능력을 배양할 수 있다.(J. Collie & S. Slater, 1987, 3-6)

본 연구가 진행하는 모국 문학작품과 목표 언어 문학작품을 활용해 비교하는 활동을 통하여 학습자들은 목표 언어 국가에 관한 언어, 문화, 사회 지식을 습득할 수 있을 뿐만 아니라 학습자들의 모국 문화, 사회, 역사를 재확인할 수 있는 기회를 갖게 된다. 이러한 과정은 자국 문화와 목표 언어문화 간의 공통점과 차이점을 파악하여 문화적 보편성을 인식하는 동시에, 자신과 목표 문화를 이해하고 존중하는 자세를 학습하여 문화 충돌을 해소할 수 있게 한다. 그리고 이는 상호문화 능력 신장이라는 교육적 의의를 지닌다.

4. 베트남인 학습자를 위한 한국 문학 문식성 교육의 전제

김소월의 〈진달래꽃〉과 응웬빙의 〈러쭈엔〉 비교를 통한 베트남인 학습자를 위한 한국 문학 문식성 교육의 내용을 도출하기 위해서는 베트남인 학습자들이 한국과 베트남 문학작품을 비교하여 이해하는 과정에서 보이는 특징을 살펴봐야 한다. 이를 위해 연구자가 실험을 실시하였는데 한국과 베트남 문학에서 비슷하게 공유하는 식민지 시대, 남북 전쟁 시대 그리고 산업화 시대에 발표한 3편의 시와 3편의 소설[4]을 선정하여 베트남 호치민시에 소재한 H대학교와 V대학교에서 재학 중인 3-4학년 학습자들로 하여금 개인 및 소집단 이중독서를 통해 감상문 작성 및 토론을 하게 한 실험이다.

학습자들의 감상문과 토론문을 분석한 결과 한국과 베트남 문학작품을 비교하여 한국 문학작품 이해할 때 나타나는 베트남인 학습자의 특징을 '장

---

[4] 한국 문학작품으로는 현진건의 〈빈처〉(1921), 정지용의 〈향수〉(1927), 김정한의 〈사하촌〉(1936), 이육사의 〈광야〉(1945), 박경리의 〈불신시대〉(1958), 김수영의 〈풀〉(1968)이다. 베트남 문학작품으로는 떼하잉의 〈꿰흐엉 (고향)〉(1936), 응우옌공환의 〈브뤄드엉궁 (막다른 골목)〉(1938), 남까오의 〈더이트아 (여분의 인생)〉(1943), 황깜의 〈벤끼아송두옹 (두옹강 넘어)〉(1948), 응웬주이의 〈째비엣남(베트남 대나무)〉(1972), 응우옌밍짜우의 〈응으어이단바젠추엔 다우똑하이(고속 열차 안 여성)〉(1983)이다.

르 관습 비교를 통한 한국 문학 텍스트의 이해', '이미지와 인물 비교를 통한 문학작품의 정서 이해', '텍스트의 맥락 비교를 통한 한국 사회문화 이해'의 다양한 측면에서 살펴볼 수 있었다. 베트남인 학습자들은 성인 학습자로서 베트남 모국 문학 교육에서 문학 장르 지식을 갖추었기 때문에 문학 장르에 대한 지식 및 비교작품군인 베트남 작품의 장르 관습과 비교하여 한국 문학을 이해하는 양상이 포착되었다. 모국 문학의 장르 관습에 대한 지식 활용은 한국 문학작품을 더 심도있게 이해할 수 있는 방법이기도 하였으나, 반대로 모국 문학에 대한 장르 지식에 과도하게 의존한 오독의 양상도 확인되었다. 또한, 작품의 정서 이해 측면에서는 베트남 시 작품의 이미지와 소설 작품의 인물에 대한 관심을 바탕으로 한국 문학작품의 정서에 대한 반응을 보인 양상과 시 작품의 이미지에 대한 내면화와 소설 인물에 대한 비평을 통한 정서적인 성찰의 양상도 확인되었다. 작품의 사회·문화 이해 측면에서는 베트남인 학습자들이 한국 사회·문화에 대한 지식을 어느 정도 갖추고 있음이 확인되었는데, 특히 한국 문학작품과 베트남 문학작품의 내·외적 맥락 비교를 통해 한국 사회·문화의 이해에 도움을 받는 긍정적인 양상들도 확인되었다. 이러한 결과는 한국 문학작품과 베트남 문학작품 비교를 통한 한국 문학 문식성 교육의 실현 가능성을 긍정적으로 예측할 근거가 될 수 있다.

더불어, 학습자의 이해 양상을 분석한 결과, 베트남 문학작품과의 비교를 통한 한국 문학작품 이해의 과정에서 베트남인 학습자들은 베트남 문학 관습의 과도한 적용으로 인한 오독, 베트남 문학작품의 이미지와 인물을 기준으로 한 오독, 한국에 대한 고정관념에 의한 오독의 양상을 보였다.

베트남인 학습자의 특징으로 인한 오독 양상은 2가지로 정리할 수 있었다. 이는 '베트남 문학의 읽기 관습'으로 인한 오독과 '학습자의 사회문화적 배경'으로 인한 오독이다. 먼저 모국 문학 읽기 관습이란 학습자들의 모국 문학 교육에서 교육받아온 문학작품 해석 방법이라고 할 수 있는데 베트남인 학습자가 지니는 문학 읽기 관습의 특징은 문학작품의 사회적 기능 또는 사회적 가치를 평가하는 읽기 방법으로서, 다시 말해 사회학적 읽기 관습이라 명명할 수 있다.[5] 그리고 '학습자의 사회문화적 배경'으로 인한 오독에서 사회문화적 배경은 베트남인 학습자들의 사회문화에 관한 지식과 사고 체계인데 사회주의 국가의 국민으로서 베트남의 사회문화적 배경의 영향을 받은 오독의 양상이 포착되었다. 그 중 베트남 문학은 '별'과 '불빛'을 매우 중요한 시어로 다루고 있는데, 이는 베트남의 국가 이념이기도 한 공산주의 이념이 '별'과 '불'을 혁명의 상징으로 삼고 있는 것과도 관계가 있다.

이러한 오독 양상은 아래와 같이 2가지의 원인으로 설명할 수 있다. 첫째, 베트남 중·고등학교 문학 교과서에 수록된 문학작품들은 대부분 리얼리즘 문학[6]작품들인데 교육에서 리얼리즘 문학작품에 대한 시대적·사회적 가치가 중요시됨에 따라 학습자들은 작품을 이해하는 것보다 작품의 시대적·사회적 가치를 평가하는 데 몰두하게 되었다. 둘째, 중·고등학교에서 학습한 모국 문학작품들은 대부분 리얼리즘 문학이기 때문에 작품에 나타나는 상징이나 이미지는 특정한 사회주의 국가의 이념과 관련된 것들이 있다. 이는 학습자들의 사회문화적 배경의 작용이기도 한데 앞서 살펴본 것처럼 베트남인으로서의 사회문화적 배경을 적용하여 한국 문학을 이해하다 보면 잘못된 의미를 구성하는 경우가 발생한다. 이는 베트남인 학습자들이 한국 문학을 접

---

5 엘렌에 따르면 문학사회학의 분야를 세 가지의 영역으로 나눌 수 있는데 첫째, 작가 사회학으로 작가의 직업 그리고 문학이 제도와 관련된 문제, 문학 창작의 경제적 토대에 관한 전반적인 문제 등 작가의 사회적 이데올로기 등을 다루는 사회학이다. 둘째, 사회적 내용의 문제, 즉 문학작품 자체에 담긴 함축들과 사회적 목적들을 다루는 작품의 사회학이다. 셋째, 독자와 관련된 문제과 문학의 실제적인 사회적 영향을 다루는 독자의 사회학이다.(R. Wellek & A. Warren, 백철·김병철 역, 1975, 94)

6 리얼리즘 문학에서의 리얼리즘 시에 대해서는 윤여탁은 다음과 같이 주장한다. 현실 반영을 통하여 시가 개인적인 효용성에서뿐만 아니라 사회를 발전시키는 힘으로 작용하거나 정치·사회적 현실과 대결하는 모습을 보여주었다. 즉 시의 응전력을 대사회적인 측면으로 확대함으로써 시의 기능이 개인적인 사상과 감정의 표현을 넘어서 사회적으로도 기능하는 것임을 보여주었다.(윤여탁, 2000, 203)

하는 기회가 적은 것으로부터 생긴 문제라고 할 수 있다. 이 문제를 해결하기 위해서는 베트남인 학습자들에게 한국 문학작품에 드러난 다양한 문화적 상징이나 이미지들을 접할 수 있는 기회를 제공할 필요가 있다.

논의를 종합해 보면 본 연구에서는 한국과 베트남 문학작품의 비교는 한국 문학 문식성 교육에서 '텍스트 이해 능력 심화', '정서에 대한 공감 능력 제고', 그리고 '상호문화 능력 신장'이라는 세 가지의 교육적 의의를 갖는데 이는 '장르 지식에 기반한 텍스트 이해 심화', '정서 이해와 내면화를 통한 공감 제고' 그리고 '고정관념의 성찰을 통한 상호문화적 실천'이라는 구체적인 목표를 통해 성취될 수 있다고 보았다.

5. 김소월의 〈진달래꽃〉과 응웬빙의 〈러쭈엔〉 비교를 통한 베트남인 학습자를 위한 한국 문학 문식성 교육 내용

이 장에서는 김소월의 〈진달래꽃〉과 응웬빙의 〈러쭈엔〉 비교를 통한 베트남인 학습자를 위한 한국 문학 문식성 교육 내용을 살펴보고자 한다.

먼저, 김소월(1902-1934)과 응웬빙(1918-1966)은 식민지 시대에도 한국과 베트남 고전시가의 전통 율격과 리듬을 중시하고 창조적으로 계승한 대표적인 시인으로, 전통 시가의 아름다움을 보존하는 시 작품을 창작한 작가들로(부이판안트, 2010, 75) 평가받는다. 김소월은 한국 민족의 보편적인 정서를 민요조의 율격에 담은 격조 높은 시편들을 발표하였고, 응웬빙은 베트남신시 운동의 대표 작가 중 하나로 수많은 베트남의 전통과 보편적 정서를 소재로 시를 창작하였다. 응웬빙은 '평화로운 강물의 흐름 같이 베트남 전통 가요의 율격을 그대로 계승하여 수많은 연시를 창작하였다'는 평가를 받을 정도로, 그의 시는 율격이 부드러우면서도 독자의 마음을 움직이는 절절한 정서를 내재하고 있다.(Phan Ngọc Trần, 2014, 35)

김소월의 〈진달래꽃〉은 한국의 대표적인 현대시로 한국인이 애송하는 시일 뿐만 아니라 외국에도 많이 소개되고 있는 작품이다. 이 시는 '이별'의 정서를 담은 작품으로서 한국인들이 보편적인 정서적 공감대를 형성할 수 있는 작품이다. 그러나 외국인 학습자들에게 이 작품은 그 정서가 쉽게 와닿지 않는 작품이며 특히 정형시를 위주로 배웠던 외국인 학습자에게 이 작품의 형식은 낯설다. 따라서 이 시를 이해하기 위해서는 한국 현대시의 형식적 특성에 대한 이해와 정서적으로 공감할 수 있는 태도가 먼저 요구된다.(윤여탁, 2007, 159) 본 연구에서는 학습자들의 '장르 지식에 기반한 텍스트 이해 능력', '문학작품의 정서 이해 능력', '사회·문화 능력'을 한국 문학 문식성의 신장에 중요한 능력으로 보고, 김소월의 〈진달래꽃〉과 응웬빙의 〈러쭈엔〉을 비교작품군으로 선정하여 학습자들의 한국 문학 문식성 교육에서 어떠한 교수-학습 내용으로 전개할 수 있는지 구체적으로 알아보고자 한다. 김소월의 〈진달래꽃〉과 비교작품으로서의 〈러쭈엔〉의 전문은 다음과 같다.

김소월의 〈진달래꽃〉 (권영민 편, 2007)	응웬빙의 〈러쭈엔〉[7] (Kiều Văn, 2005. 109)
나 보기가 역겨워 가실 때에는 말없이 고이 보내 드리오리다. 영변에 약산 진달래꽃 아름 따다 가실 길에 뿌리오리다. 가시는 걸음걸음 놓인 그 꽃을 사뿐히 즈려 밟고 가시옵소서. 나 보기가 역겨워 가실 때에는 죽어도 아니 눈물 흘리오리다.	아! 그대가 곧 시집간다. 곧 붉은 폭죽과 붉은 술로 나를 보내네 꽃차가 그대를 곧 태우고 남편이 있는 생활로 나만 슬프지 심장이 더 이상 뛰지 않고 꿈을 꾸지도 않아 그대가 가면 나를 다시 돌아 봐줄까? 폭죽아! 즐겁게 터지지마 빨갛게, 예쁘게, 나를 취하게 하지 말고 이렇게 괴로운 날이 올 줄 알았다면 사랑하는 날들을 같이 보내지 않았을 걸

> 언제 내 슬픔이 사라질 건가?
> 언제 이 사랑이 사라질 건가?
> 언제 내 마음이 편해질 건가?
> 언제 나의 눈물이 마를 건가?
> 새로운 인연을 만날 수 있을 건가?

비교작품군으로서 선정되려면 〈진달래꽃〉과 〈러쭈엔〉 간의 공통점이 존재해야 할 것이다. 본 연구는 두 작품의 공통점을 다음과 같이 정리하였다.

첫 번째 공통점은 창작 주체인 작가 측면에서 찾을 수 있다. 〈진달래꽃〉과 〈러쭈엔〉은 둘 다 한국과 베트남의 '고향' 시인으로 불리는 저명한 작가의 작품으로서, 시인 김소월과 응웬빙의 시는 전통 가요의 율격과 전통 문화의 아름다움을 중요한 소재로 삼는다는 공통점이 있다. 이러한 점은 이 시인들의 작품이 각국의 독자들에게 폭넓고 지속적인 지지를 받는 고전으로서 자리매김하게 하였다.

두 번째 공통점은 두 작품의 주제이다. 〈진달래꽃〉과 〈러쭈엔〉은 사랑하는 사람과의 이별에 대한 정서를 다루고 있는 작품이다. 따라서 본 연구는 두 작품이 이별을 앞둔 시적 화자의 슬픔을 나타내는 시로서 다루고 있는 주제가 유사한 점에서 비교작품군으로서 교육의 가능성을 찾았다.

세 번째 공통점은 두 작품의 형식적 측면이다. 두 작품은 한국과 베트남의 전통 시가 율격을 바탕으로 창작되었다는 점에서 유사하다. 그렇다고 해

---

7   Than ôi nàng sắp lấy chồng/ Sắp mang pháo đỏ rượu hồng tiến tôi/ Xe hoa sắp đón nàng rồi/ Mang nàng về với cuộc đời chồng con/ Riêng tôi sắp sửa đón buồn/ Để mang tin héo để hồn hết mơ/ Nàng đi còn có bao giờ/ Ngoảnh trông lại kẻ se tơ lỡ làng/ Pháo ơi đừng nổ rộn ràng/ Đừng phô sắc thắm, đừng làm ta say/ Biết đâu chịu khổ thế này/ Thà rằng đừng sống những ngày yêu đương// Bao giờ cho vơi cơn buồn/ Cho tan thương nhớ, cho hồn thành thơi?/ Bao giờ ráo lệ nàng ơi?/ Để tìm duyên mới cho tôi hết buồn.

서 두 작품이 운율에 있어 동일한 형식을 갖춘 것은 아니지만, 한국과 베트남 전통 시가의 리듬을 바탕으로 한 작품이라는 점에서 비교 교육의 측면에서 의의가 있다.

네 번째 공통점은 수사법에 있다. 시어의 측면에서 시적 화자의 감정을 고조시키는 데에 두 작품 모두 반어적 표현이 활용되고 있다는 점에서 유사하다. 반어적 표현은 〈진달래꽃〉의 내용 흐름을 이해하고 정서를 공감하는 데 중요한 수사법 중 하나이기에, 문학 교육 현장에서 작품의 정확한 내용을 파악하기 위한 필수적 교육 내용으로 여겨지고 있다. 〈러쭈엔〉에서 쓰인 반어도 작품의 내용과 시적 화자의 감정을 전달하는 데 중요한 수사법이라고 할 수 있다.

이와 같은 공통점과 함께 두 작품의 차이점에 대해서 언급하자면 다음과 같이 두 가지로 살펴볼 수 있다.

첫째, 어조에서 나타나는 차이점이다. 〈진달래꽃〉은 전통적이고 향토적인 소재인 '진달래꽃'을 중심 이미지로 하여 이별의 슬픔을 감내하면서도 임에 대한 사랑을 은근히 드러내는 여성적 어조를 지니는 작품이다. 이 시는 이별의 정한이라는 한국인의 전통적 정서를 예술적으로 승화시킨 작품으로 평가를 받기도 한다. 한편, 〈러쭈엔〉은 남성 시적 화자가 노래하는 시로서 어조의 차이가 있다. 이 작품에서의 중심 이미지는 '폭죽, 꽃차, 술'이며 사랑하는 여인을 보내는 마음을 담아내고 있다.

둘째, 운율의 차이점이다. 〈진달래꽃〉은 3음보와 7·5조의 반복 그리고 1연과 4연의 비슷한 구조를 이루는 수미상관법의 안정감을 통해 운율을 형성한다.(김미선, 2016, 283) 이에 반해 〈러쭈엔〉은 베트남 전통 가요의 6·8체 시[8]로 운율을 형성하고 있는데, 베트남 전체 민가와 가요의 95% 이상이 6·8

---

8 베트남의 6·8체시는 한 수가 2구로 구성되는데 첫 번째 구는 6언(음절)이고 두 번째 구는 8언(음절)이다. 행수는 짝수이며 한 행의 자수도 짝수이다. 흔히 7언행은 2·2·2조, 8언행은 2·2·2·2조 혹은 4·4조의 음수율을 가지고 있다.(Phan Thị Thu Hiền, 2020, 44)

체시로 창작되었음을 통해 이 체시는 오랜 세월동안 베트남인의 정신생활에 큰 영향을 미쳐왔다고 할 수 있다. 이렇게 긴 역사 동안 베트남 고전 시가의 율격으로 여겨왔던 6·8체시는 현재 6·8시체로 수용되고 있다.(Phan Thị Thu Hiền, 2020, 45-46)

이러한 공통점과 차이점을 공유하는 〈진달래꽃〉과 〈러쭈엔〉을 비교작품군으로 하여 베트남인 학습자를 대상으로 한 한국 문학 문식성 교육을 위해 '문학의 장르 지식 이해', '작품의 정서 이해', '문학사 및 작가 배경 이해' 등 3가지 측면의 교수-학습 내용을 제시하고자 한다.

1) 문학의 장르적 지식 이해

문학 문식성의 첫 번째 구성 요소인 '장르 관습에 기반한 문학 텍스트 이해 능력'에서는 학습자들에게 '문학 장르 지식'이 요구된다. 문학 읽기는 두 유형의 지식이 필요한데 그 중 장르적 지식은 특정한 장르에 대한 명제적 지식이며(김유미, 2012, 99-110) 텍스트가 구축해 놓은 특정한 시공간에 대한 인식의 틀을 제공해 준다. 특히 시 작품의 경우 이미지, 운율, 어조 등과 같은 시적 기법을 사용하기 때문에 문학 읽기에서 문학 장르 지식은 중요한 역할을 한다고 할 수 있다. 따라서 외국인 학습자들이 시의 의미를 제대로 파악하기 위해서는 시 작품에서의 이미지, 운율, 어조 등과 같은 시적 기법과 이것이 내포하는 의미를 읽어낼 수 있어야 한다.

본 연구에서 베트남인 학습자들의 읽기 양상을 살펴본 결과에 따르면 학습자들은 모국 문학의 장르적 지식은 어느 정도 갖추고 있지만 한국 문학에 대한 장르적 지식이 부족하여 오독으로 빠지게 된다. 따라서 학습자들에게 한국 문학 장르에 대한 지식을 제공하면 보다 유의미하게 텍스트를 해석할 수 있을 것이다.

〈진달래꽃〉의 경우, 〈러쭈엔〉과 비교하는 관점에서 베트남인 학습자들에게 작품의 상징, 운율, 반어 표현에 초점을 맞추어 한국 시의 장르적 관습에 대한 지식을 전달하면 보다 더 정확한 의미 구성을 도울 수 있다. 특히, 베트남 시와 비교하는 과정에서 한국 시뿐만 아니라 베트남 시의 특징도 다시 돌아보는 기회를 가질 수 있다. 이에 따라 〈진달래꽃〉과 〈러쭈엔〉간의 상징, 운율, 반어 표현을 각각 비교하여 베트남인 학습자들에게 한국 문학 문식성 교수-학습 내용을 살펴보겠다.

(1) 작품의 상징 이해

문학에서의 상징은 일반적으로 '가시적인 것이 연상 작용에 의해서 형이상학적인 것을 의미하는 일종의 표현 방식'이다.(N. Frye, 김용직 편역, 1988, 11) 즉 문학적 상징은 일상적인 설명으로는 표현하기가 어려운 대상의 본질이나 궁극적이고 초월적인 실재를 포착하는 문학적 장치라는 것을 함의한다.(박주형, 2014, 14)

상징의 의미 작용은 이미지에 의존적인데 그렇기 때문에 상징 해석에는 필연적으로 독자의 상상력이 개입하게 된다. 즉 독자가 자신의 상상력을 통해 대상이 환기시키는 다양한 이미지들에 몰입함으로써 대상의 1차 의미를 그것과 상관적이면서도 그것을 넘어서는 더욱 깊이 있는 의미로 변형할 수 있는 것이다.(G. Bachelard, 정영란 역, 2001, 19) 따라서 시에서의 상징이 의미를 실현하기 위해서는 해당 시어 혹은 이미지에 대하여 독자가 상상력을 동원해야 한다. 이때 독자의 상상력은 바슐라르가 말한 것처럼 독자가 속한 문화권의 사회문화적 배경으로부터 지배를 받는다. 베트남인 학습자들도 한국 시 작품에서의 이미지나 상징의 의미를 해석하는 데에 자신이 속한 문화권의 사회문화적 배경의 영향을 받았음이 확인되었는데 두 작품의 핵심적인 상징을 이해하는 교육 내용을 마련하고자 하며 이는 다음의 표와 같다.

〈진달래꽃〉에서의 이별 상징	〈러쭈엔〉에서의 이별 상징
진달래꽃	빨간 폭죽, 빨간 술, 꽃차

〈진달래꽃〉에서의 핵심적인 상징은 '진달래꽃'이다. 진달래꽃은 한국 사람들에게 친숙한 꽃으로 대중적인 정서를 형성할 수 있으며 진달래꽃과 관련된 개인적 경험이나 집단적 문화 의식을 함의할 수 있는 주요 소재가 된다. 이 시에서의 진달래꽃은 단순히 영변의 약산에 피어있는 어느 꽃이 아닌 시적 화자의 헌신적인 사랑을 표현하기 위해 선택된 소재이다. 즉 진달래꽃은 시적 화자의 분신이자 시적 화자의 아름답고 강렬한 사랑의 표상으로 마지막까지 임을 위해 자신을 희생하려는 헌신과 순종의 상징을 나타낸다.

한편, 비교작품군인 〈러쭈엔〉에서의 상징은 '빨간 폭죽', '빨간 술', '꽃차'이다. 이는 베트남 전통결혼식에서 나오는 물건들이다. 빨간색으로 된 폭죽과 술병은 신랑, 신부의 행복한 삶을 기원하는 뜻이 있다. 또한, 꽃차는 신부를 태우고 시집으로 데려다 주는 도구이다. 즉 이별의 순간에서 상대방에게 축하한다는 뜻으로 쓰이는 상징인 것이다.(Lê Minh Nguyêt, 2011, 42)

따라서 베트남인 학습자들에게 〈진달래꽃〉과 〈러쭈엔〉을 비교하는 과정에서 두 작품의 핵심적인 상징인 '진달래꽃'과 '빨간 폭죽', '빨간 술', '꽃차'의 의미를 이해할 수 있는 교육 내용을 마련하면, 상징의 의미를 명확하게 파악할 수 있는 기회를 제공하여 파악한 상징의 의미를 바탕으로 두 작품의 내용을 더 깊고 정확하게 해석할 수 있을 것이다.

(2) 작품의 율격 이해

시에서 리듬은 반복성이 느껴지는 음악적 현상을 포함하며 대립적인 요소의 반복적 교체(성기욱, 1986, 288-289)가 특징이다. 이러한 리듬의 교체적인 요소가 시행의 차원에서 규칙화 또는 제도화된 양식을 율격이라고 한다. 시에서의 말의 리듬은 일반 언어에서 리듬보다도 중요한 구실을 하는데(유종호, 최동호 편저, 2005, 35-36) 시의 의미와 정서의 효과적 표현을 수사적 장치로서 그 위상을 살필 수 있다. 시의 리듬에 대한 인식이 제대로 이루어지지 않는 경우 학습자에게 있어 시라는 것은 격언과 다름없는 것이 되거나 유의미한 경험을 통해 자신의 지평 안으로 포괄되지 않는 대상이 되어 자신이 가지고 있는 개념으로는 파악할 수 없는 '신비한 것'이 되어 버린다.(민재원, 2006, 3) 따라서 본 연구는 베트남인 학습자들이 문학작품을 효과적으로 이해하기 위하여 그 율격에 대한 지식을 갖출 필요가 있다고 보고 다음의 표와 같이 그 내용을 마련하였다.

〈진달래꽃〉에서의 운율	〈러쭈엔〉에서의 운율
3음보와 7·5조의 반복을 통한 형성된 운율	베트남 고전 시가의 6·8 체시

〈진달래꽃〉은 형식적인 면에서 민요조 운율을 자유롭게 변주하는 음수율로 한국인에게 친근한 리듬감을 느끼게 한다. 3음보라는 민요조 가락의 친근감은 한국 특유의 정서를 더욱 잘 표현하고 전달할 수 있었을 것이다. 이러한 〈진달래꽃〉의 형식적 특징에 대해 조동일은 작품에서 3음보격을 중첩하지 않고 짧은 호흡으로 분단시키기 때문에 괴로움이 오랫동안 머물지 않도록 하는 효과가 있다고 하였다.(조동일, 1996; 고대건, 2008, 36) 한편 〈러쭈엔〉은 베트남 고전 시가의 율격으로 리듬을 형성하였다. 고전 시가의 율격은 독자로 하여금 시적 화자의 절절한 마음을 한층 간절히 느낄 수 있게 한다.

베트남인 학습자들은 베트남 고전 시의 운율 형식과 베트남어 자체의 발음 특성의 영향으로 시의 리듬에 대한 본질적인 태도를 형성해왔으며 시를 읽는 어감과 리듬감도 자연스럽게 익히게 되었다. 따라서 베트남인 학습자들에게 〈진달래꽃〉의 운율을 교육 내용으로 제공하면 학습자들의 관습적인 리듬 인식을 활용하여 재구성하고 능동적으로 리듬을 해석할 수 있을 것이다. 이 과정에서 작품의 의미 전달에 있어 운율의 역할을 인식하여 이해할 수 있는 뿐만 아니라 베트남 고전 시가의 6·8 체시와 비교하여 비교적인 안목을 가질 수 있다.

(3) 작품의 반어적 표현 이해

〈진달래꽃〉은 그 의미를 전달하기 위하여 수사법을 중요하게 사용하고 있다. 이는 바로 반어적 표현이다. 반어적 표현을 인식하고 이해하지 못하면 〈진달래꽃〉의 내용을 제대로 파악할 수 없을 정도로 이 작품에서는 반어적 표현이 작품의 의미 실현에 중요하다고 볼 수 있다.

〈진달래꽃〉에서의 반어적 표현은 작품의 1연과 4연에서 확인할 수 있다. 1연에서의 '말없이 고이 보내드리우리다'와 4연에서의 '죽어도 아니 눈물 흘리오리다'가 반어적 표현이며 이 구절이 내포하고 있는 의미는 학습자들이 파악해내야 한다. 우선 '말없이 고이 보내드리오리다'는 '고이 보낸다지만 고이 보내지 않을 수도 있다'라는 의미를 내포하고 있다. 즉 표면적으로는 시적 화자가 괴로움을 참고 원망하지 않으면서 이별을 받아들이는 것 같지만 내포적 의미로 임이 가지 않기를 간절히 바라고 있는 화자의 심정을 함축하고 있다.(오세영, 2000, 268) 또한 '죽어도 아니 눈물 흘리우리다'는 죽어도 눈물을 흘리지 않겠다는 것을 강하게 부정하면서 오히려 속으로 몹시 울 것 같은 시적 화자의 진심을 반어적으로 드러내어 이별의 슬픔을 강화하고 있다. 따라서 오히려 이러한 표현들은 이별에의 순응이 아니라 '절대로 헤어질 수 없다'는 의미를 숨기고 있는 것이다.[9]

---

[9]   오세영(2000)에서는 '질달래꽃'의 화자의 태도를 반동 형성(reaction formation)의 정신 현상에 의한 것으로 보고 이것은 일종의 자아 보호의 방위 기제로써 하나의 본능 충동

한편, 〈러쭈엔〉에서도 반어적 표현이 쓰인다. 이 작품에서의 반어적 표현은 〈러쭈엔〉의 전반적인 의미를 지배할 정도의 결정적인 장치는 아니지만 작품 내에서 시적 화자의 슬픔을 극대화시키는 기능을 하고 있다. 반어적 표현인 '곧 붉은 폭죽과 붉은 술로 나를 보내네'에서 시적 화자의 슬픔과 괴로움을 인식할 수 있다. 베트남에서는 결혼식과 같은 경사에서 자주 볼 수 있는 물건들로서 신랑과 신부의 행복을 기원하는 상징인데, 붉은 폭죽과 붉은 술이 시적 화자를 보낸다는 반어적 표현을 통해 시적 화자의 슬픔이 극대화시키는 기능을 하는 것이다.

〈진달래꽃〉에서의 반어적 표현	〈러쭈엔〉에서의 반어적 표현
말없이 고이 보내 드리오리다 죽어도 아니 눈물 흘리오리다	곧 붉은 폭죽과 붉은 술로 나를 보내네

따라서 베트남인 학습자들은 위의 표와 같이 〈진달래꽃〉의 의미를 정확하게 파악하기 위해서는 '말없이 고이 보내 드리오리다'와 '죽어도 아니 눈물 흘리오리다'와 같은 반어적 표현의 의미를 이해해야 한다. 그리고 이 과정에서 〈러쭈엔〉에서의 반어적 표현과 비교하여 학습하면 반어적 표현의 역할과 의미를 보다 심도 있게 탐구할 수 있다.

2) 문학작품의 정서 이해

문학 문식성의 두 번째 구성 요소인 '작품의 정서 이해 능력'에서는 말 그대로 학습자들에게 작품의 정서를 이해하는 능력이 요구된다. 앞서 살펴본 것처럼 시 작품의 정서는 시어, 리듬, 이미지 등으로 직·간접적으로 표현된

을 다른 본능으로 전위시켜 불안을 해소하는 방법이라고 할 수 있다고 하였다.

다. 따라서 학습자들은 작품 그 자체의 시어, 율격, 어조, 이미지 등을 통하여 작품의 정서를 이해할 수 있다. 이를 위한 교육을 마련하기 위하여 우선 〈진달래꽃〉과 〈러쭈엔〉의 정서를 다음과 같이 교육 내용으로 정리하였다.

〈진달래꽃〉의 정서	〈러쭈엔〉의 정서
님이 떠나 슬픈 정서 한국인의 '한' 정서	사랑하는 사람과 이별하여 슬픈 정서

〈진달래꽃〉의 '진달래꽃'은 대중적인 정서를 형성할 수 있는 문화적 상징이다.(조수진, 2013, 326) 일반적으로 한국 정서상 진달래꽃은 산이 많은 한국에서 흔히 볼 수 있는 친숙한 꽃이다. 또한, 진달래꽃은 '두견화'라고도 불리며 그 설화와 접목시켜 '슬픔'이나 '한'과 같은 정서를 나타내기도 한다. 특히 〈진달래꽃〉에서 꽃을 뿌리는 행위는 한국 문학의 '산화공덕'의 전통과 이어져 꽃을 뿌리며 상대의 앞길에 덕을 비는 의미와도 이어진다. 시 〈진달래꽃〉은 '진달래꽃'이 이별하는 상황에서 사랑을 표현하는 꽃이라는 점에서 특징적이다. 그래서 학습자들은 앞서 언급한 '진달래꽃'에 대한 문화적 상징의 의미를 알아야 작품의 정서를 파악할 수 있다.

먼저 〈진달래꽃〉에서의 정서는 시적 화자의 이별에 대한 아픔과 동시에 임에 대한 변함없는 사랑일 것이다. 시적 화자에게 임과의 이별은 너무나도 절망적인 상황이기에 화자는 이를 현실로 받아들이기 힘들어 한다. 현실적으로는 떠나간 혹은 떠나갈 임인데도 그는 임의 떠남이 진실은 아닐 것이라는 착각이나 기대에 빠진다.(김영화, 2001, 28) 〈진달래꽃〉을 읽고 나서 작품의 정서를 이해하기 위해 학습자들은 우선 시적 화자가 처한 상황에 대해 알고 사랑하는 사람과 이별하는 상황에서 어떤 태도를 취하는지를 이해한 뒤 시적 화자가 느끼는 정서가 무엇인지 파악하고 시적 화자의 입장에서 공감하거나 비판해 볼 수 있다.

그런데 〈진달래꽃〉은 한국인의 문화적 정서를 이해하지 않으면 시를 이해할 수 없다는 견해도 있다. 〈진달래꽃〉에 드러나는 시적 화자의 '한'의 정서를 이해해야 한다는 것이다.

'한'은 부정적 정서에서 출발하였지만 한국인의 주체 안에 '삭힘'의 과정에서 발효된 정서로 '수동적'이면서도 극복의 의지를 포함한 '적극성'을 지니어 '긍정적 부정의 복합체'(천이두, 1989, 251)로 이해되고 있다.(조수진, 2013) 인간의 능력에 한계를 느낀 나머지 절망에 빠졌을 때 신이나 자연으로부터도 구원받지 못하면 '한'으로 삭힐 수 밖에 없었을 것이라는 관점에서 한은 상고시대로부터 적층된 전통의 결과로 보기도 한다.(정병욱, 1996, 301-302) 따라서 학습자들은 이러한 관점으로도 〈진달래꽃〉을 이해하기 위해서는 '한'에 대한 지식을 지닐 필요도 있다.

하지만 〈러쭈엔〉은 베트남인의 전통적인 정서를 내재한 작품은 아니다. 베트남인 학습자들은 〈러쭈엔〉을 통하여 시적 화자의 슬픔의 정서에 접근하기 때문에, 한국인의 '한'이라는 정서에 대한 인식을 가지려면 〈진달래꽃〉과 〈러쭈엔〉 비교하는 과정에서 그 차이점을 학습자들에게 설명해 줘야 한다. 진달래꽃의 상징, 한의 개념과 특징에 대해 설명을 들어야 학습자들은 〈진달래꽃〉의 정서를 정확하게 파악할 수 있을 것이다.

3) 문학사 및 작가 배경 이해

앞서 베트남인 학습자들의 특징 중 모국 문학의 사회학적 읽기 관습이 학습자의 한국 문학 해석 및 이해에 크게 영향을 미친다는 점이 확인되었다. 이는 베트남인 학습자들이 한국 문학작품의 창작되는 그 당시의 한국 문학사에 대한 지식이 없어 발생한 것으로 판단된다. 따라서 한국 문학사 지식은 베트남인 학습자들의 한국 문학 이해에 필수 요소라고 할 수 있다.

문학사 지식은 학습자들의 문학관을 정립하는 데에 도움을 주며 문학적 지식을 확대하고 문학을 역동적으로 구조화하며 나아가 민족 문학의 특수성을 이해하는 데에 매우 중요한 교육적 의의를 갖는다.(구인환 외, 2008, 362-366) 따라서 문학사 지식은 외국인 학습자들이 목표 언어 문학 이해하는 데에도 도움이 될 수 있다. 베트남인 학습자들의 오독 양상에 따르면 한국 문학사에 대한 지식이 없는 학습자들은 베트남과 한국 간의 유사한 역사적 배경에 따라 한국 문학을 베트남 문학사에 기대어 해석하였다. 또한, 모국 문학의 관습으로 인한 오독이 발생하지 않도록 학습자들에게 작품이 창작된 그 당시 한국 문학사에 대한 정보와 작가에 대한 정보를 제공할 필요가 있었다.

이를 구체적으로 제시하자면, 베트남인 학습자들이 〈진달래꽃〉에 대해 원활히 이해하기 위해서는 〈러쭈엔〉이 창작되는 그 당시 베트남의 문학사와 〈진달래꽃〉이 창작된 시기의 한국 문학사 그리고 김소월 작가와 응웬빙 작가에 대한 정보를 제공하는 교육적 처치를 할 수 있다.

(1) 문학사 이해

김소월의 〈진달래꽃〉은 1925년도에 발표되었는데[10] 창작년도를 기준으로 하면 이 작품은 한국 식민지 시대의 작품이다. 〈진달래꽃〉이라는 작품에 대한 한국 문학사 지식이 없는 베트남인 학습자들은 1925년 한국이 일본의 식민지였다는 역사적 배경에 근거하여 작품을 해석할 가능성이 높다. 따라서 베트남인 학습자들에게 정확한 텍스트 이해를 위해 그 당시 한국 문학사에 대한 정보를 제공할 필요가 있다. 또한, 비교작품군으로서의 〈러쭈엔〉에 대한 베트남 문학사의 정보도 제공할 수 있다. 이를 통해 베트남인 학습자들

---

10 〈진달래꽃〉 작품은 1922년 「개벽」에서 처음 발표되었고 이후 1925년에 출간한 시집 「진달래꽃」에 수정되어 수록되었다. 현재 알려진 〈진달래꽃〉의 원본은 1925년 수정본이다.

은 유사한 역사적 시기이지만 한국과 베트남 문학사는 서로 차이점이 있었던 점을 재확인하고 한국 문학작품을 이해하는 데에 한국 문학사에 대한 지식을 적용하여 모국 문학사 지식의 개입 없이 이해할 수 있다. 다음은 두 작품에 대한 문학사 교육 내용이다.

〈진달래꽃〉이 발표한 문학사	〈러쭈엔〉이 발표한 문학사 시기
1925년대에 발표 작품인데 1920년대에는 민족적이면서도 서정적인 민요시가 발달하였던 시기(김미선, 2016, 285)	1930년대 베트남의 신시 낭만주의 운동 시기

베트남인 학습자들은 베트남에서의 신시운동에 대한 지식을 가지고 있다. 이에 더하여 그 당시 한국 문학사에 대한 지식을 제공 받으면 베트남 문학사처럼 한국 식민지 시기에도 리얼리즘 문학뿐만 아니라 낭만주의 문학이 공존하였음을 알게 되어, 〈진달래꽃〉에 대한 보다 정확하고 유의미한 해석을 할 수 있을 것이다.

(2) 작가 배경 이해

작품을 창작하는 과정에서 작가의 경험과 사고 등은 창작에 중요한 요소로 작용하게 된다. 따라서 학습자들이 작품을 이해하는 데 있어 작가 배경에 대한 지식도 도움을 줄 수 있다. 즉 작품을 이해하는 데에 작가에 대한 지식을 갖추고 있으면 학습자들은 작품에 대하여 더 심도 있게 해석할 수 있는 것이다. 다음은 〈진달래꽃〉과 〈러쭈엔〉 작품 읽기에 도움이 될 수 있는 작가에 대한 배경이다.

김소월 시인	응웬빙 시인
향토적인 정서의 시를 주로 발표 식민지 시대 속 서정주의 작가로 유명함	향토적인 정서의 시를 주로 발표 식민지 시대 상황 속 낭만주의 작가로 유명함

〈진달래꽃〉의 경우, 김소월 작가의 작품 경향에 대한 지식을 가지고 있으면 작품을 식민지 시기라는 시대적 배경에 함몰되어 해석하는 오독을 피할 수 있다. 또한, 이러한 정보는 학습자에게 작품의 주제를 제시하는 것이 아니기 때문에 작품의 의미를 더욱 다양하게 해석할 수 있는 동인이 된다. 특히, 이 장에서 선정한 베트남 비교작품군의 작가인 응웬빙도 김소월 작가와 작품 경향이나 시대적 배경 등의 여러 측면에서 공통점을 공유하기 때문에 이들을 비교하여 감상하는 것은 학습자들이 더욱 심도 있게 작품을 이해할 수 있도록 도울 수 있다.

6. 결론

베트남 한국 문학 교육의 실정을 보면 교사가 아무리 학습자 중심 교육에 대한 신념을 가지고 있다고 하더라도 담당 강의를 충분히 연구하고 수업 내용과 자료 등을 스스로 만들어 내는 데에는 한계가 있어 학습자가 주체적으로 한국 문학과 만나는 방식의 교육은 실천하기 어려웠던 것이다. 본 연구는 이러한 상황에 대한 문제의식에서 출발하여 한국 문학 교육 교실에서 학습자가 주체적으로 작품을 읽고 이해하며 감상할 수 있는 교육 내용을 마련하는 데에 초점을 맞추었다.

먼저, 연구자는 위 문제를 해결하는 방법은 '문학 문식성'의 형성과 관계가 있다고 보고 문헌 연구 방법을 통하여 한국 문학 교육 분야에서 함양해야 할 문학 문식성이란 무엇인지를 검토하고, 그 개념을 정립하였다. 또한 '문식성'이라는 개념이 매우 광범위하게 사용되고 있는 현실 상황을 고려하여 한국 문학 교육 분야에서 함양해야 할 문학 문식성의 구성요소를 '장르 관습에 기반한 텍스트 이해 능력', '작품의 정서 이해 능력', '사회·문화 이해 능력'으로 구체화하였다.

다음으로 학습자의 이러한 문학 문식성을 신장시키는 데에 문학작품 비교의 교육적 의의를 제시하였는데 이는 '텍스트 이해 능력 심화', '정서에 대한 공감 능력 제고', '상호문화 능력 신장' 등으로 살펴보았다.

본 연구에서 제시한 교육 내용이 어느 정도의 실현 가능성을 지니고 있으며 실천했을 때 기대할 수 있는 교육적 효용성이 어떠한지를 살펴보기 위한 실험 연구를 수행하였다. 실험 연구는 베트남인 학습자 개인을 대상으로 진행하기도 하였고 학습자를 소집단으로 구성하여 진행하기도 했으며, 실험 연구의 결과는 주로 학습자들의 감상문과 토론 녹취록에 대한 질적 분석으로 이루어졌다. 연구 대상의 질적 분석을 통해 학습자들의 한국 문학 이해 양상을 면밀히 살펴본 결과 '장르 관습 비교를 통한 텍스트 이해', '텍스트 정서 이해', '사회문화 이해' 등의 측면에서 베트남인 학습자들은 자신의 부족한 한국어 능력이나 한국 문학에 대한 지식을 베트남에서의 학습 경험을 통해 보완하려는 모습을 보였다. 즉, 베트남인 학습자 대상 한국 문학 교육은 학습자들이 자신이 알고 있는 것을 어떻게 선택하여 적용할 것인지를 안내하고, 베트남 문학에 국한되어 있던 지식을 한국 문학으로 확장하기 위한 연습을 하는 과정을 포함할 필요가 있다.

위 논의를 바탕으로 베트남인 학습자를 대상으로 한 한국 문학 교육 분야에서 한국 문학 문식성 교육을 실천하기 위한 교육 내용을 구체화하였다. 구체적으로 김소월의 〈진달래꽃〉과 응웬빙의 〈러쭈엔〉을 통해 그 가능성과 가치를 제시하였는데 '문학 장르적 지식 이해', '문학작품의 정서 이해', '문학사 및 작가 배경 이해' 등으로 살펴보았다.

본 연구의 교육 내용이 각급 학교 학습자 특성 및 수준에 따라 어떻게 재구성될 수 있는지를 제시하고 학습자의 특성과 수준에 맞는 교수-학습 방법을 구체화하는 작업은 후속 연구를 통해서 지속할 예정이다.

참고 문헌

1. 국내 논저

고대건(2008), 「한국시가문학에 나타난 '넋두리'의 의미와 기능 연구: 향가 〈처용가〉와 김소월의 〈진달래꽃〉을 중심으로」, 아주대학교 석사학위논문.

곽춘옥(2007), 「동화감상 유형별 감상 전략」, 『한국초등국어교육』 제34집, 한국초등국어교육학회, 5-34.

구인환 외(2008), 『문학교육론』, 삼지원.

권영민 편(2007), 『김소월 시전집』, 문학사상사.

김미선(2016), 「한국 언어·문화·문학의 통합교육 방안 연구 -김소월의 〈진달래꽃〉을 중심으로」, 『국제어문』 71, 국제어문학회, 265-295.

김영(2018), 「중국인 학습자의 문학 문식성을 활용한 한국 고전시가 교육 연구 -중국시가의 의상을 중심으로」, 『국어교육연구』 42, 서울대학교 국어교육연구소, 257-290.

김영화(2001), 「김소월 시에 나타난 한의 미학 연구」, 중부대학교 석사학위논문.

김유미(2012), 「장르 지식이 읽기 수행에 미치는 영향 연구: 신문 사설을 중심으로」, 『한국어교육학회 학술발표논문집』 2012-1, 한국어교육학회, 99-126.

김종길(2005), 「시의 언어」, 유종호, 최동호 편저, 『시를 어떻게 만날 것인가』, 작가.

김종철(2000), 「민족 정서와 문학교육」, 한국문학교육학회 편, 『문학교육의 민족성과 세계성』, 태학사.

김중신·유미향(2016), 「문학의 시대와 문학 문식성」, 『문학교육학』 53, 한국문학교육학회, 121-146.

김찬기(2018), 「성인의 문학능력의 성격과 전망 -성인의 문학 문식성의 유형과 그 성격을 중심으로」, 『국어교육』 160, 한국어교육학회, 247-266.

김혜진, 김종철(2015), 「상호 문화적 능력 향상을 위한 한국의 '흥' 이해교육 연구 -고전 문학 제재를 중심으로」, 『한국언어문화학』 12, 국제한국언어문화학회, 79-111.

만춘기(2003), 「상호문화 학습의 이론적 토대」, 『독일언어문학』 21, 독일언어문학연구학회, 127-147.

민재원(2006), 「현대시 리듬 인식 연구」, 서울대학교 석사학위논문.

박주형(2014), 「시 텍스트의 상징 해석 교육 내용 연구」, 서울대학교 석사학위논문
배재훈(2020), 「정보 텍스트와 문학 텍스트 읽기 상황에서 독자의 f-NIRS 뇌파 특성 분석」, 『학습자중심교과교육연구』 20-9, 학습자중심교과교육학회, 425-447.
부이판안트(2010), 「한국과 베트남 민요시 특성 연구-김소월과 Nguyễn Binh을 중심으로」, 『淵民學志』 14, 연민학회, 29-79.
성기옥(1986), 『한국 시가 율격의 이론』, 새문사.
송휘재(2002), 「외국어 문학 텍스트의 이해를 위한 읽기 교수법 전략」, 『외국어로서의 독일어』 11, 한국독일어교육학회, 243-272.
오세영(2000), 『김소월, 그 삶과 문학』, 서울대학교 출판부.
왕엽(2015), 「한·중 고전시가 비교를 통한 한국 문화교육: 서울과 북경의 장소 이미지를 중심으로」, 서울대학교 석사학위논문.
우한용(2010), 「소설 텍스트 중심으로 본 문학능력과 한국어교육」, 『한국어와 문화』 7, 숙명여자대학교 한국어문화연구소, 211-241.
윤여탁(2000), 「리얼리즘 시와 시론의 창조적 수용」, 『한국시학연구』 3, 한국시학회, 184-208.
윤여탁(2007), 『외국어로서의 한국문학교육』, 한국문화사.
윤여탁(2016), 「문학 문식성의 본질, 그 가능성을 위하여 -문화, 창의성, 정의-」, 『문학교육학』 51, 한국문학교육학회, 155-176.
이상금(2006), 『외국어 문학텍스트 독서론』, 한국문화사.
이홍매(2014), 「반응 텍스트 쓰기 중심의 한국 현대시 교육 연구」, 서울대학교 박사학위논문.
전홍(2013), 「한·중 현대시 대비 이해 교육 연구 -중국인 고급 한국어 학습자를 대상으로-」, 『국어교육연구』 32, 서울대학교 국어교육연구소, 191-224.
정병욱(1996), 『증보판 한국고전시가론』, 신구문화사.
정유정(2001), 「문학 텍스트를 통한 독해지도방안」, 한양대학교 석사학위논문.
조동일(1996), 『한국민요의 전통과 시가율격』, 지식산업사.
조수진(2013), 「한국어교육에서 김소월 시에 나타난 이별의 '정서' 교육 방안 -〈진달래꽃〉, 〈초혼〉, 〈접동새〉를 중심으로」, 『한국어교육』 24-2, 국제한국어교육학회, 317-339.
주경(2016), 「중국인 학습자를 위한 고려속요의 여성상 교육 연구 -송사와의 비교를 중심으로」, 서울대학교 석사학위논문.

천이두(1989), 「한국적 한의 일원적 구조와 그 가치생성의 기능에 대한 고찰 -한의 용례를 중심으로」, 『한국언어문학』 27, 한국언어문학회, 261-294.

최병해(2012), 「현대시 교수·학습 과정안 연구」, 영남대학교 박사학위논문.

최지현(2009), 「문학능력의 위계적 발달, 평가 모형」, 『문학교육학』 28, 한국문학교육학회, 41-93.

최지현(2010), 「문학능력의 위계적 발달 평가 모형」, 한국문학교육학회 엮음, 『문학 능력』, 역락.

최형섭 외(1997), 『국어교육학 개론』, 삼지원.

2. 외국 논저

Bachelard G.(1971), *L'air et les songes: essai sur l'imagination du mouvement* (18th ed.), 정영란 역(2001), 『공기와 꿈』, 이학사.

Cai M. & Traw R.(1997), Literary Literacy, *Journal of Children's Literature*, 23(3).

Cai M.(2001), Reflection on Transactional Theory as a Theoretical Guide for Literacy and Literature Education, *New Advocate* 14-1, Christopher-Gorden Publisher.

Collie J. & Slater S.(1987), *Literature in the Language Classroom: A Resource Book of Ideas and Activities*, Cambridge University Press.

Frye N., 김용직 편역(1988), 『상징』, 문학과지성사.

Groeben N.(1982), Leserpsychologie, *Textvertandnis-Textverstandlichkeit*, Aschendorff.

Kiều Văn(2005), *Thi ca Việt Nam chọn lọc-Thơtình Nguyễn Bính*, NXB Đồng Nai.

Klopf D. W. & McCroskey J. C.(2007), *Intercultural Communication Encounters*, Pearson Allyn and Bacon.

LêMinh Nguyệt(2011), Sắc thái dân gian trong ngôn ngữ thơ Nguyễn Bính, *Tạp chí Giáo dục Số* 259, Viện Khoa học Giáo dục Việt Nam, 42-43.

Phan Ngọc Trần(2014), Về bốn ẩn dụ ý niệm trong thơ Nguyễn Bính, *Tạp chí Khoa học Đại học Sư phạm Thành phố Hồ Chí Minh Số* 63, Trường Đại học Suphạm Thành phố Hồ Chí Minh, 35-45.

Phan Thị Thu Hiền(2020), 「베트남의 6·8체시와 한국의 시조 비교 연구-다른 동아시아 국가의 단시와의 비교를 중심으로」, 『열상고전연구회 제98차 학술대회 발표자료집』, 열상고전연구회, 43-54.

Richards I. A.(1973), *Practical Criticism*, Routledge & Kegan Paul.

Richards I. A.(2001), *(The) Principles of literary criticism*, 이선주 역(2005), 『문학비평의 원리』, 동인.

Schinschke A.(1995), Perspektivenubernahme als grundlegende Fahigkeit im Umgang mit Fremden, L. Bredella, H. Christ(1995), *Didaktik des Fremdverstehens*, Gunter Narr.

Warren A. & Wellek R.(1956), *Theory of Literature*, 백철·김병철 역(1975), 『문학의 이론』, 신구문화사.

한국 현대시 교육의 실천과 학습자

5장 한국학으로서의 한국 문학 교육의 실천
　　　-현대시 번역 활동을 중심으로

6장 성인 한국어 학습자를 위한 문학작품 읽기 수업 사례 연구
　　　-'소리내어 읽기'를 중심으로

7장 한국어 학습자의 반응 텍스트 양상 연구
　　　-한국 현대시를 중심으로

8장 조선족 학습자를 위한 한국 현대시 이해 교육 연구
　　　-학습자 경험을 중심으로

9장 한국 문학 교육을 위한 중국인 학습자의 시 번역 양상 연구

5장 한국학으로서의 한국 문학 교육의 실천
―현대시 번역 활동을 중심으로

김염 절강외국어대학교 한국어학과

1. 한국어 교육과 지역학으로서의 한국학

1992년 한중 수교 후, 중국 내 한국어 교육은 우후죽순의 기세로 발전해 지금은 약 270여 개의 대학에 한국어학과가 개설되어 있다.(전영근, 2018, 18) 그러나 대부분의 한국어 교육은 한중 무역에 종사할 수 있는 인재 양성, 한류에 대한 관심으로 인한 한국어 학습 등 의사소통을 위주로 한 실용적인 목적에서 출발하고 있다. 이러한 상황은 김선자의 논의에서도 확인해 볼 수 있다.[1] 그러나 오늘날 세계 추세의 변화, 기계 번역의 정확성의 향상, 중

---

[1] 김선자에 의하면 "중국 대학 한국어학과 교육과정을 살펴보면 교수의 중점이 듣기, 말하기, 쓰기, 읽기, 번역 및 통역을 위주로 되어 있고 비즈니스한국어와 같은 실용한국어 관련 교과목도 대체로 비슷하나 한국학 관련 교과목은 대체로 대학의 양성목표나 취업진로, 교수진에 따라 조금씩 달리 개설되어 있다"고 하였다.(김선자, 2017, 5-20)

국의 인재 수요 상황 등 여러 현실적 요인을 고려해 볼 때 중국의 한국어 교육은 새로운 패러다임이 요구되고 있다. 즉 지나친 의사소통을 강조한 교육, 실용성만을 강조한 교육은 경쟁력이 갈수록 약해질 수밖에 없으며 보다 넓은 안목으로 한국을 정확하고 객관적으로 바라볼 수 있고 한국에 대해 종합적이고 총체적인 인식을 할 수 있는 학습자(연구자)를 양성하여, 이들이 한중 국제교류나 국제 관계 발전에 언어 문화적 기여뿐만 아니라 가치 있는 전략적, 방향적 제안도 할 수 있는 방향으로 한국어 교육이 이루어져야 할 것이다. 한편 이미 몇 년 전 몇몇 연구에서 이와 비슷한 견해를 보이고 있었다. 채미화는 중국의 한국어 교육은 한국어의 위상을 높이고 한국어학과의 역할을 확대할 수 있는 교육 방향으로 나아가야 한다고 주장하였다. 그리고 이와 같은 방향을 실천하려면 전통적인 언어나 문법, 문화에 대한 연구 방식에서 탈피하여 한반도 정세와 변화 등에 주목하고 중국의 국가 전략과 접목하면서 중국의 발전에 기여할 수 있는 싱크탱크 역할을 발휘할 수 있는 한국학 연구, 혹은 중한 관계 연구 등 보다 거시적인 문제에 주안점을 두고 깊이 있는 연구를 진행해야 한다고 주장하였다.(채미화, 2017, 48-58) 윤여탁은 외국어로서의 한국 문학 교육의 지향점에 대하여 "우리 한국어 교육계는 실용적인 차원의 한국어 교육의 내실을 기해야 할 뿐만 아니라 한국어 교육의 차원을 보다 높이고, 그 깊이를 더 할 수 있는 방안에 대해서도 모색해야 한다. [······] 한국 문학 교육의 지향은 기본적으로 의사소통 능력 함양을 목표로 하면서 한국 문화 능력을 함양하기 위한 한국어 교육을 지향해야 한다는 점을 밝힌다. 아울러 한국의 언어와 문화, 문학을 바르게 교수-학습하는 한국학으로서의 문학교육으로 나아가야 한다."고 지적하였다.(윤여탁, 2013, 281-283) 전영근도 중국의 한국어 교육은 국제사회 환경의 영향을 너무 많이 받고 있다고 지적하면서 질적 향상을 위해 효율적 방안을 모색하기 위한 개혁이 필요하고, 교육 현장에 취직을 위한 교육이 아닌 인성 함양을 위한 교육이 필요한 때라고 지적하였다.(전영근, 2018, 22) 이처럼 근 몇 년 동안 한국어

교육에서 '한국학'은 점점 많이 강조되고 있으며 앞으로 한국어 교육이 중점적으로 고려해야 할 발전 방향이기도 하다.

한편, 이러한 추세는 중국의 발전 전략과도 밀접히 연관되어 있다고 할 수 있다. 중국에서 일대일로 정책을 실시하면서 일대일로 전략에 포함되어 있는 나라와 지역에 대한 총체적이고 심층적인 이해와 연구를 해야 하는 것은 중요한 과업이 되었고 중국 교육부나 여러 대학교 및 연구기관에서도 국가-지역별 연구에 많은 지지와 투자를 하고 있는 추세이다. 베이징대학교 외국어대학은 2015년부터 '국가-지역별 연구' 전공을 신설하였는데, "국가-지역별 연구의 취지는 원문으로 된 1차 자료와 국제적으로 선진적인 연구 성과를 바탕으로 특정 지역(국가)의 정치, 경제, 사회, 문화, 역사, 지리 등 영역의 자료와 정보를 체계적으로 수집함으로써 학제간 연구 방법을 통해 동 지역(국가)의 총제적 특징, 정치경제 제도, 사회형태, 종교 발전과 영향, 역사적 변천 과정, 언어문학예술 등을 연구하는 것"이라고 명시하고 있다.[2] 즉 중국의 발전 전략, 교육 방침에 따르면 한국어 교육에서 지역학으로서의 한국학을 강조하는 것은 필연적인 추세라고 할 수 있다.

그렇다면 이러한 한국학을 강조하는 이유는 무엇일까? 황달기는 "일본학에 대한 명확한 정의는 없지만, 대개 일본의 어학이나 문학, 역사, 정치, 경제, 사회, 문화 등에 대해 종합적으로 파악하고 연구함으로써 일본이라는 실상에 접근하는 것으로 이해하면 무리가 없을 것 같다"고 하였다.(황달기, 2003, 303-326) 이에 따르면 한국학도 한국의 다양한 영역에 대해 '종합적'으로 파악하고 '한국의 실상에 접근하는 것'이라고 요약될 수 있다. 그리고 이러한 노력의 궁극적 목적을 단순히 타자의 관점에서 한국을 연구하여 자신의 이익 추구에 기여하는 것이 아니라 다원화 사회에서의 국제 이해교육을 지향하는 가운데 국제화 시대에 세계학의 한 분야로서의 한국학을 연구하

---

2 베이징대학교 외국어대학 국가-지역별 연구 학과 홈페이지, https://sfl.pku.edu.cn/xssz/85044.htm, 2021년 5월 23일 검색.

는 데 두어야 할 것이다.(윤여탁, 2018) 이와 같은 학문을 추구하는 과정에서 우리의 한국어 교육도 그 위상을 보다 높이고 한국어학과의 역할과 영향력도 보다 확대될 것이라 믿는다.

2. 한국학과 한국 문학 교육

한국학이 종합적이고 총체적인 특징을 지니고 있다면 어떻게 효과적으로 접근할 수 있는지 고려해야 한다. 쉽게 말해서 손에 한국 지도를 들고 한국의 곳곳을 둘러보면서 각 지역에 대한 경험과 지식을 다 합한 것이 한국학이라고 할 수 있을까? 이에 대한 답은 당연히 부정적이다. 즉 한국의 정치, 경제, 역사, 지리, 사회 등 각 영역의 연구를 합한 것이 한국학 연구라고 생각하는 것은 오산이다. 지역연구는 분과학문별 지나친 세분화와 전문화로 인한 학문적 고립과 편협성을 극복하기 위해 탄생한 학문이라고 해도 될 만큼 전체를 제대로 파악하고자 하는 목적에서 출발한 것이다. 그러므로 한국학은 하나의 전체적인 개념으로서 마치 위성에서 한국을 조망하는 것처럼 보다 거시적인 안목이 필요하다. 이때 한국의 역사, 사회, 정치, 경제, 예술, 대중문화 등등 모든 하위 요소는 각자 분리되어 있는 게 아니라 한국학이라는 통합체 안에서 유기적으로 결합되어 있고 서로 역동적인 관계에 처해 있는 것이다. 바꿔 말하면 상님이 고끼리 만지는 식으로 한국학을 접근하는 게 아니라 한국학을 하나의 전체로 인식할 수 있는 노력을 해야 한다. 이런 거시적인 안목과 총체적인 안목으로 바라본 한국학이 보다 정확하고 객관적이며 그 본질과 실상에 더 가까워질 수 있기 때문이다. 다시 말하면 한국학의 보다 효과적인 접근방식은 상향식이 아닌 하향식이 되어야 한다. 즉 한국의 특징, 한민족의 특성 등과 같은 보다 큰 이론적 틀에서 출발하여 이러한 틀에 따라 한국학의 구체적인 분야를 인식하고 연구하는 노력을 해야 할 것이다. 이러한 이론적 틀에 가장 가까운 학문은 다름 아닌 바로 철학과 문학일 것이다. 철학이란 인간과 세계에 대한 근본 원리와 삶의 본질 따위를 연구하는 학문이기에 한국의 철학은 한국학을 위해 중요한 이론적 틀을 제공해 줄 수 있다. 한편, 문학에 대해 말하자면 옛날에는 동서양을 막론하고 문학이라는 말을 대체적으로 학문이라는 뜻으로 사용했다는 데서도 알 수 있듯이, 문학은 아주 폭넓은 인문학적인 학문이었다. 현대에 와서 일반적으로 문학은 언어로 이루어진 예술, 즉 인간의 경험, 사상, 감정 등을 언어로 표현한 예술의 일종(서울대학교 국어교육연구소 편, 2014)으로 받아들여지고 있다. 문학은 한 나라의 사회문화와 생활방식, 인물의 심리와 가치 판단 등을 가장 잘 보여주는 자료이면서 총체성, 상징성, 형상성, 보편성 등 특징을 지니고 있기에 한국학 연구의 중요한 이론적 틀로 작용할 수 있다고 본다. 즉 한국 문학은 한국학에 다가갈 수 있는 중요한 경로이며 한국 문학은 한국학에서 아주 중요한 영역이 될 수 있다. 한편 이와 같은 관점은 여러 논의(윤여탁, 2018; 서울대학교 국어교육연구소 편, 2014, 1325)에서도 확인된다.

그러므로 한국 문학 능력은 중요한 한국학 능력이라 할 수 있다. 현실적으로 중국의 외국어 교육에서 문학 교육은 한 번도 배제된 적이 없으며 오히려 갈수록 강조되고 있는 추세를 보이고 있다.[3] 그러나 중국의 한국어 교육에서 한국 문학 교육은 지금까지 실용성 추구, 취업을 목적으로 하는 사고방식의 영향을 받아 그 중요성을 제대로 인정받지 못하고 있고 대부분 학교에서 문학 수업은 '비즈니스한국어' 보다 위상이 낮은 것이 사실이다. 이는

---

3 2018년 중국 교육부에 의해 제정된 중국 대학교 《외국언어문학류 교학품질국가표준》에서 규정한 외국어 인재 양성에서의 지식적 요구에는 외국언어지식, 외국문학지식, 국가-나라별 지식, 중국언어문화지식, 전공 관련 지식 및 인문사회지식과 자연과학 기초 지식 등이 포함되어 있다. 그리고 능력적 요구에는 외국어 응용 능력, 문학 감상 능력, 다문화 소통 능력, 사변(思辨) 능력과 일정한 연구 능력, 창의력, 정보기술 응용 능력, 자기 주도적 학습능력과 실천 능력이 구비되어야 한다고 규정하였다. 이처럼 외국문학 지식, 문학 감상 능력이 중요한 위상을 차지하고 있다.

바람직하지 않은 현상이다. 중국의 한국어 교육에서 진정으로 문학 교육으로서의 깊이 있는 한국 문학 수업, 지역학으로서의 한국학의 입장에서 전개되는 한국 문학 수업은 아직 보편적으로 실현되지 못하고 있다고 할 수 있다. 현재 중국 각 대학교에서 개설된 한국 문학 관련 과목으로는 한국문학사, 한국문학간사 등 이름으로 된 문학사 수업과 한국문학작품선독, 한국명작감상분석, 한국명편강독 등으로 명명된 작품선독 수업이 전부라 할 수 정도로 획일적이다.[4] 문학번역 연구, 문학 비교 연구 등 수업은 아직 개설되어 있지 못하고 있다. 조진곤은 중국의 한국 문학 교육에 존재하는 문제를 ①한국 문학 수업의 필요성과 교육 특징에 대해 일부 교사의 인식이 부족함, ②문학 교사의 문학적 함양이 높지 못함, ③문학 수업 강의가 부족하여 문학 수업이 아예 없는 학교도 있음, ④문학 교재가 많이 부족하고 기존 문학 교재에 많은 문제점이 있음을 지적하였다.(趙振坤, 2012, 34-36) 이러한 사정은 지금도 거의 바뀌지 않았다. 반면, 영어권 국가 10개 대학의 한국학 관련 교과목을 보면, 인문, 사회, 한국어, 예술, 대중문화 등 5개 분야에 모두 68개 과목이 개설되어 있다. 그중 인문 분야 아래 19개 과목이 있는데, 문학 관련 과목으로는 한국문학개론, 근대 한국 문학과 문화의 소개, 현대 한국 문학, 현대 한국 문학의 주요 작가, 한국 근대시, 한국 근대 소설, 한국 서사학 등 7개가 있다.(신동일·지현숙, 2015, 149-178) 이러한 대조적인 상황은 문화와 문학의 대국이라고 자칭하고 있는 중국에서의 한국 문학 교육자로서는 모두 숙고해야 할 일이며 중국의 한국 문학 교육은 양적으로나 질적으로나 시급히 보완이 필요한 상황임을 설넝해주고 있다.

이러한 현실을 잠깐 차치하고 한국학 능력으로서의 한국 문학 능력을 함양하는 방법론 또는 구체적인 방도는 무엇일까라는 화제로 돌아오기로 하자. 황달기는 지역의 종합성을 제대로 규명하기 위해서는 개별적 연구자의

---

[4] 이러한 실상은 김염화의 논의에서도 확인될 수 있다. 그녀에 의하면 "한국어학과 교과과정에서는 보편적으로 언어적 측면의 교과목이 큰 비중을 차지하고 있고, 문학 관련 교과목은 한두 가지에 불과하다."(김염화, 2018, 47-55)

창의적이면서도 폭넓은 지역에 대한 시각이 필요하며, 또한 분과학문의 경계를 자유로이 넘나들 수 있는 종합적이며 유연한 자세가 필요하다고 하였다.(황달기, 2003, 321)[5] 이런 맥락에서 볼 때, 문학 교육 수업에서 최대한 문학의 종합성, 총체성이라는 특징을 활용하여 한국을 종합적으로 이해하기 위해 노력해야 할 것이다. 가령 문학과 역사, 문학과 사회, 문학과 종교, 문학과 철학, 문학과 예술의 연결 고리를 끊임없이 찾아내고 학제간 연구의 시각으로 문학작품을 이해하는 노력을 해야 한다. 이를 위해, 작가의 생애, 작품의 시대 배경, 공간 배경, 작품의 창작 의도, 문단의 흐름, 상호 텍스트적인 작품 등을 모두 중요한 요소로 간주하고, 이러한 요소들을 유기적으로 연결시켜 종합적인 분석과 이해를 이끌어내게끔 해야 한다. 즉 분석주의 언어관에서 담론의 장으로 넘어가야 한다. 작품의 미시적 담론을 바탕으로 하여 거시적 담론의 세계로 확대되어 갈 때[6] 역사, 사회, 민족, 국가의 실상이 보다 선명하게 드러날 수 있기 때문이다.

3. 한국학을 위한 한국 현대시 번역 교육의 실천

번역은 그동안 외국어 교수·학습에서 자주 거론되는 방법이다. 동시에 외국어 교육의 여러 목표 중의 하나라고 할 수 있다. 그러나 현재 중국 대학의 한국어학과에서는 문학을 가르치고 있지만 문학번역에 관한 내용은 설계되

---

5 한편, 황달기는 바람직한 지역연구는 우선 역사적으로 형성되어온 독립분과학문의 계보에서 과감히 떨어져 나오는 것이며, 둘째 학문간 경계를 기존의 이론이나 연구사, 방법론 등에서 찾는 것이 아니라 지역이나 장소에서 찾는 지역이란 틀에서 찾으며 필요하다고 판단되는 인접영역으로의 끊임없는 확대를 시도해야 하며, 셋째 항상 지역의 전체상을 추구하며, 넷째 현지조사를 전제로 하며, 다섯째 과거보다는 현재에 주목해야 한다고 하였다.

6 미시적 담론과 거시적 담론에 관한 논의는 윤여탁(1998, 78-89) 참조.

어 있지 않고, 번역을 다루고 있지만 문학번역이 아니라 경제 등 실무적인 측면에만 치우치는 경향이 강하다. 본고에서는 한국어 교육에서 한국학 교육이 중요한 목표가 되어야 하고, 한국 문학은 한국학의 아주 특별하고 중요한 영역이기에 문학 교육을 통해 한국학을 지향할 수 있다는 전제하에, 현대시의 번역 활동을 통한 한국학적 능력을 꾀하기 위해 정지용의 〈카페·프란스〉를 대상으로 실제 수업을 진행해 보았다.[7]

문학 교육에서 현대시 번역 활동은 여러 가지 긍정적 의미를 지니고 있다. 학습자들은 번역을 하기 위해 섬세하고 주의 깊은 읽기를 해야 한다. 원문의 매 단어, 심지어 작은 문장부호까지 놓쳐서는 안 된다. 자칫 소홀히 하다가 '잘못된 읽기'가 되어 '잘못된 번역'으로 이어질 수 있기 때문이다. 그리고 시 텍스트에서 겉으로 보이는 즉 명시적인 의미 외에 텍스트가 포함하고 있는 묵시적인 의미들도 파악해야 한다. 즉 텍스트와 관련되어 있는 모든 정보 또는 상황 맥락을 최대한 많이 아는 것이 중요하다. 예컨대 정지용의 시에서 '손이 희어서 슬프다'에서 '희다'의 묵시적인 의미가 무엇인지 여러 정보를 동원하여 정확히 분석하는 것이 필요하다. 그 의미를 모른 채 그냥 낱말 대응의 방법으로 번역을 하면 그것은 빈 껍질에 지나지 않는 번역이 될 것이며 이러한 번역은 원문과 동일한 의미 표현과 수사적 등가 표현 단계에 도달하는 것을 기대하기 어렵다. 명시적 의미와 묵시적 의미를 모두 정확히 한 후, 텍스트의 전체적 의미를 이해하는 데 힘을 기울여야 한다. 즉 시인이 당시의 상황 맥락에서 이와 같은 텍스트를 통해 말하고자 하는 내용이 무엇인지 진지하게 고민하고 그럴싸한 이해가 형성되어야 그 분위기에 맞는 모국어

---

[7] 필자가 근무하고 있는 학교에 개설되고 있는 한국 문학 교과목으로는 '한국문학사 및 작품선독'이라는 과목밖에 없다. 7학기에 매주 2시간 수업을 해서 16주 동안 32교시로 끝난다. 제한적 시간 안에 고전부터 현대에 이르기까지 문학사와 문학작품을 모두 다루어야 하기에 수업 시간에 구체적인 번역 활동을 진행하기에는 불가능한 상황이다. 그래서 필자는 4학기 학생의 정독 수업 〈기초 한국어 4〉에서 현대시 번역 활동을 진행해 보았다.

를 선택할 수 있는 것이다.[8] 말하자면 빈 껍질적인 번역이 아니라 문화적 의미의 정확한 해석을 바탕으로 한 해석학적인 번역에 도달하려면 시의 내적 외적 상황을 종합적으로 파악해야 하기에 번역 활동을 통해 텍스트 읽기 능력, 사회 문화 맥락을 활용한 종합적인 이해와 분석 능력이 복합적으로 훈련될 수 있을 것이며, 이러한 능력이 곧 한국학 능력에 해당된다고 할 수 있다. 그리고 이러한 과정에서 학습자들은 해석, 대화, 번역 등의 활동을 능동적으로 수행해야 하기에 번역 활동은 진정한 의미의 학습자 중심의 교육임에 틀림없다.

이와 같은 의미에서 본고에서의 시 번역 활동은 번역 능력의 신장을 위한 것도 아니고, 단순히 언어지식과 문화지식을 획득하기 위한 방법도 아니다. 그냥 한국학적 담론을 위한 하나의 과정으로 보고자 한다. 이 과정에서 번역활동은 최대한 시인, 시대 배경, 공간 배경, 문학사적 지식, 문단 상황, 관련 텍스트 등 요소를 시와 풍부하게 연결시키고 시 작품과 시인, 한국에 대한 대화를 충분히 이끌어 내는 메커니즘이다. 그리고 이러한 충분한 대화를 통해 시와 시를 탄생시킨 당시의 상황 맥락에 대해 더 깊이 있는 이해를 하는 것이 목적이다. 아울러 보다 종합적이고 심층적인 이해를 바탕으로 한 보다 진전된 번역을 할 수 있도록 하는 것이다. 이러한 번역 활동의 과정을 다음과 같은 세 부분으로 구안하여 수업을 진행해 보았다.

---

[8] 파리3대학의 마리안 르드레르 교수는 번역교육을 언급하면서 비슷한 관점을 나타냈다. 그는 "어떤 텍스트이건 텍스트는 부분적으로 언어 성분으로 구성되어 있지만 언어 성분에 대한 보충 정보들이 개입되어 있다. 텍스트는 언어 의미와는 다른 어떤 것을 독자들에게 전달하기 위해 언어의 힘을 사용하는 어떤 작가가 쓴 글이다. 일단 텍스트와 대면을 하면 우리는 이제 더 이상 죽어있는 개체와 대면하고 있는 것이 아니라, 실제의 삶이 투영된 이 텍스트를 통해 서로 정보, 생각, 감정 등을 교환하는 살아 있는 존재들, 즉 작가 그리고 독자들과 대면하고 있는 것이다. 번역을 배우고자 하는 사람들은 다음 두 가지 역학을 배워야 할 것이다. 언어외적 지식들을 동원하여 텍스트를 이해해야 하고 적절한 제유들을 사용하여 독자들을 이해시켜야 한다."(J. Delisle & H. Lee-Jahnke, 김종규·김정연 옮김, 2002, 84)

한국학적 담론을 위한 현대시 번역활동 순서

1. 교사에 의한 시인과 작품 배경 소개
2. 전문가의 번역문을 참조하면서 시 작품 번역
3. 충분한 대화와 종합적인 이해를 바탕으로 한 재번역

1) 교사에 의한 시인과 작품 배경 소개

번역 활동에서 실제로 사용한 텍스트는 정지용의 〈카페·프란스〉이다. 시인을 소개할 때 가급적이면 한국의 정치, 역사와 연결시켜 소개하려고 했다. 그래서 시인의 생애를 소개할 때, '정지용이 6.25 때 납북되었다'는 사실을 언급하자, 예상대로 학생들은 '납북'이라는 사실에 비교적 큰 관심을 보였다. 시인이 납북된 후 어떻게 살았는지, 계속 시 창작을 하였는지, 나중에 한국으로 돌아왔는지 등등 일련의 관련 질문을 하게 되었다. '납북'과 '월북'을 둘러싼 6.25를 포함한 한반도의 분단 상황, 그리고 정부의 오해를 받은 정지용의 작품이 1988년에 이르러서야 해금되었다는 등 한국의 역사적, 정치적 상황에 대한 이야기와 결합하면서 소개하였다.

그리고 〈카페·프란스〉의 시대적 배경과 공간적 배경을 소개하였다. 한국 현대시는 정지용 이후와 정지용 이전으로 나눌 수 있을 만큼 정지용은 모더니즘 시인으로서의 위치가 확고하다. 이 시는 정지용의 초기 시로서 일본 도시샤(同志社)대학 영문학과에서 유학할 때인 1926년에 발표한 것이다. 1910년부터 1945년 8월 15일까지가 조선이 일본 식민지 통치를 받았고, 학생들이 잘 아는 대한민국 상해임시정부, 항주임시정부도 이 과정에서 설립되었다는 이야기를 하였다. 이 과정에서 학생들은 스스로 알고 있는 정보와 의문점들을 이야기하였다. 어떤 학습자들은 김구에 대해서 들은 적이 있다고 하였고 어떤 학습자들은 왜 일본의 식민지로 전락되었는지 등 의문을 제기하기도 하였다. 이에 대해 교사는 김구가 항주 주변에서 한 피난 생활을 포함하여 아는 범위 내에서 소개를 하였다. 그리고 일본 유학 시기 창작한 작품이기에

공간적 배경은 일본이라는 것도 학생들에게 제시하였다.

2) 전문가의 번역문을 참조하면서 시 작품 번역하기

카페·프란스[9]	法兰西咖啡厅[10]
겨다 심은 종려(棕櫚)나무 밑에 비뚤어 선 장명등(長明燈), 카페 프란스에 가자.	移植而来的棕榈树下 歪斜地伫立着长明灯 到法兰西咖啡厅去吧
이놈은 루바쉬카* 또 한 놈은 보헤미안* 넥타이 비쩍 마른 놈이 앞장을 섰다.	这个家伙穿着俄罗斯衬衫 那家伙系着波希米亚领带 瘦骨嶙峋的家伙走在前头
밤비는 뱀눈처럼 가는데 페이브먼트에 흐느끼는 불빛 카페 프란스에 가자.	绵绵夜雨如蛇眼般纤细 灯光映在马路摇曳陆离 到那法兰西咖啡厅去吧
이놈의 머리는 비뚤은 능금 또 한놈의 심장은 벌레 먹은 장미(薔薇) 제비처럼 젖은 놈이 뛰어간다.	这家伙的头脑是歪歪扭扭的苹果 那个家伙的心脏是虫蛀的玫瑰花 正如燕子般挨淋的家伙慌忙跑去
「오오 패롤(鸚鵡) 서방 굳 이브닝!」 「굳 이브닝!」(이 친구 어떠하시오?)	"噢, 鹦哥少爷!Good Evening!" "Good Evening!"(这家伙怎么样?)
울금향(鬱金香) 아가씨는 이밤에도 경사(更紗)* 커튼 밑에서 조시는구료!	今晚郁金香小姐依然如故 还在那更纱窗帘下睡意朦胧!
나는 자작(子爵)의 아들도 아무것도 아니란다. 남달리 손이 희어서 슬프구나!	我既不是子爵的儿子 更不是什么大人物 只因我的双手格外地苍白 满心伤悲!
나는 나라도 집도 없단다 대리석(大理石) 테이블에 닿는 내 뺨이 슬프구나!	我没有国 更没有家 贴在大理石桌面上的脸颊 悲凉无比!

---

9 한국어 시는 학생들이 의미를 파악하기 쉽도록 현대어로 바꾸어 제시하였고 한자어도 가급적이면 대응되는 한자를 제시하였다.

10 중국어 번역문은 윤해연(2005, 75-55) 인용.

오오, 이국종(異國種) 강아지야 내발을 빨아다오. 내발을 빨아다오.	噢, 异国的小狗啊! 你来舔舔我的脚吧 你来舔舔我的脚吧

* 루바쉬카: 俄语"rubashka"的韩国语音译。在当时, 崇拜苏联社会主义革命的年轻人多穿这种衬衫。
* 보헤미안: 英语"Bohemian"的韩国语音译, 一般指不受拘束自由奔放的艺术家。因流浪民族吉普赛人自古多在捷克的波希米亚地区生活, 所以从15世纪开始法国人开始吉普赛人为波希米亚人。
* 更紗(sarace): 印度产的一种织物。

    학생들이 신속하게 시의 내용을 파악하고 번역 활동을 할 수 있도록 위에서처럼 학생들에게 원문과 전문가 번역문 및 번역문에 있는 각주를 동시에 제시하였다. 그리고 교사는 한국어 시를 한 연씩 읽으면서 중국어로 해석하였다. 이를 통해 학습자들은 시에 등장한 일련의 시어 예컨대 비둘다, 뱀눈처럼 가늘다, 비쩍 마르다, 페이브먼트, 흐느끼다, 능금, 졸다 등 표현에 대해서 빠른 시간 안에 익히거나 복습할 수 있었고 전체 시의 명시적 의미도 기본적으로 파악하였다. 그리고 난 후 교사는 '머리는 비둘은 능금', '심장은 벌레 먹은 장미', '손이 희어서 슬프다', '이국종 강아지여, 내 발을 빨아다오'와 같은 시어는 무엇을 의미하는지, 시인은 왜 이런 표현을 썼는지, 무엇을 말하려고 하는지 등 질문을 던져 학생들에게 생각하게 하였다. 마지막으로 숙제로 시를 번역하게 하고 시에 대한 자신의 느낌 또는 자신의 이해를 적어보라고 하였다.

    전문가의 번역문을 미리 제시한 상황이기에 이튿날 학생들이 제출한 번역문에는 아주 다양한 중국어 표현이 사용되었지만 오역은 극히 적었다. '뱀눈처럼 가는데'에서 '가늘다'를 '가다'로 잘못 이해한 오역이 있었고 다른 명시적 의미의 오역은 없었다. 그리고 번역의 다양성은 어휘의 다양성, 문장의 다양성, 해석의 다양성 등으로 요약될 수 있다.

어휘의 다양성	프랑스:	法国, 法兰西
	조시는구료:	打盹儿, 打瞌睡, 睡意朦胧…
	비쩍 마른:	瘦骨嶙峋, 瘦巴巴, 瘦削, 瘦骨如柴, 瘦弱, 瘦不拉几
문장의 다양성	비뚤어 선 장명등:	歪歪扭扭地伫立着一盏长明灯 长明灯歪斜得站着 立着一盏歪斜的长明灯
해석의 다양성	옮겨다 심은 종려나무:	移植而来的棕榈树 (이식해 온 종려나무) 从远方移植而来的棕榈树 (먼 곳에서 이식해 온 종려나무)
	이국종 강아지야:	异国的小狗 (이국의 강아지야) 异国的人啊 (이국의 사람이여)

    번역의 다양성은 주로 어휘와 문장에서 나타났다. 해석의 다양성은 개별적 학습자의 번역에서 매우 적게 나타났다. 예컨대 '옮겨다 심은 종려나무'를 자신의 이해에 따라 '먼 곳에서 이식해 온 종려나무'로 번역한 것과 '이국의 강아지야'를 '이국의 사람이여'로 번역한 것, '내발을 빨아다오'를 '우리 서로 위안을 하자'로 번역한 것이 그것이다.

    학습자들이 제출한 '시에 대한 자신의 이해'의 양상도 다양했다. 즉 시어의 묵시적 의미에 대한 분석을 시도하였는데 시의 외적 상황과 연결시키려는 노력이 다분했다. 정리하면 대체로 다음과 같다.

옮겨다 심은 종려나무	옮겨나 심은 종려나무는 시인 자신의 화신이다. 시인도 한국에서 일본으로 왔기 때문이다.
루바쉬카	러시아 셔츠를 입은 것은 소련의 사회주의 혁명을 숭배함을 의미하고, 시인은 자신의 조국도 혁명을 통해 독립을 되찾기를 바라고 있다.
보헤미안	보헤미안은 유랑민족인 집시를 가리키는데 여기서는 시인이 자신도 집시처럼 밖에서 유랑하고 있고 고향에 대한 그리움을 표현하고 있다.

울금향 아가씨	① 동물 패롤을 등장시킨 것처럼 울금향도 그냥 식물인 꽃에 불과하다. 졸고 있다고 한 것은 꽃이 약간 시든 데 대한 의인화 수법이다. ② 중국의 '商女不知亡國恨(술 파는 기녀는 망국의 한을 모른다)'처럼 시국에 관심이 없는 일반 술집 여자이다.
1926년	1926년 조선 전경에 6.10 반일 만세운동이 벌어졌다. 마침 이 시인은 1926년에 일본에 있으면서 이 시를 썼다. 이 운동은 일본 당국에 의해 파괴되었다. 이 시는 항일 운동에 참가할 수 없는 시인의 비통한 심정을 표현하려고 한 것 같다. 그리고 일본에 있는 자신을 자조하고 있는 것 같다.

이처럼 '루바쉬카'를 소련의 사회주의 혁명, '보헤미안'을 유랑민족인 집시와 연관시켜 생각하는 학습자가 있었다. 그리고 '옮겨다 심은 종려나무'는 한국에서 일본으로 건너 온 시인 자신의 화신이고 시의 창작 연도인 1926년에 주목하여 같은 해 조선에서 일어난 6.10 만세운동과 연관시켰고, '울금향 아가씨'는 중국의 시구 '商女不知亡國恨'과 연관시켰다. 이처럼 일부 학습자들은 시어를 시의 외적 상황과 연관시켜서 분석하는 양상을 보였지만 대부분 학습자는 전체 시에서 시인이 말하고자 한 것이 무엇인지, '루바쉬카', '보헤미안 넥타이', '머리는 비뚤은 능금', '심장은 벌레 먹은 장미', '손이 희다'가 무엇을 상징하는지 유기적이고 설득력 있게 설명해 내지는 못했다.

3) 충분한 대화와 종합적인 이해를 바탕으로 한 재번역

텍스트에 대한 보다 명확한 해석을 얻기 위해, 텍스트의 내적·외적 상황에 대한 충분한 대화를 이끌어 내고자 하였다. 우선 더 입체적인 이해를 위해 시인의 생애에 대하여 더 자세한 보충 설명을 하였다. 그중에 시인이 휘문고보 재학 중, 1919년 3·1운동 당시 교내 시위를 주동하다가 무기정학을 받은 사실을 특별히 소개하여 시인이 나랏일에 관심이 많은 조선의 지식인 청년임을 강조하려고 했다. 그리고 학습자들은 텍스트를 분석하는 과정에서 당시 시인의 심경, 텍스트의 분위기를 더 잘 파악하기 위해 시인이 〈카페 프란스〉를 창작한 당시에 또 어떤 작품들을 썼는지 질문을 하였다. 이와 관련하여 〈풍랑몽〉(1922), 〈압천〉(1924), 〈향수〉(1927) 등 일본 유학 시기의 시편을 들어 주로 비애, 고독과 우수, 그리움과 갈구의 심정을 표현하는 시를 썼다고 답하였다. 이는 학습자들이 〈카페·프란스〉의 전체적인 분위기를 파악하는 데 다소 도움이 되었다. 한편, '손이 희다'가 무엇을 의미하는지 질문을 하는 학습자가 있어, 1923년 일본 릿쿄(立敎) 대학 영문 학부를 중퇴한 김기진의 〈백수의 탄식〉이라는 시에서 '너희들의 손이 너무도 희구나'라는 시어에서 '흰 손'은 '실제로 노동이나 실천을 하지 않고 관념적으로만 혁명과 민중을 논하는 지식인의 창백과 위선과 무능의 상징임을 근거로 본 텍스트에서도 비슷한 의미일 거라고 답변을 하였다.

그리고 학습자들에게 '상황 재현'의 방식으로 시에 대한 분석을 시도하게끔 인도하였다. 즉 1926년으로 돌아가 자신이 바로 조선의 가난한 지식인 청년으로서 식민지 종주국인 일본에 가서 유학을 한다고 상정을 하고 시를 느껴 보라고 하였다. 밤비가 뱀눈처럼 가늘게 내리고 불빛은 흐느끼고 있다. 이러한 이국의 쓸쓸한 밤거리에서 친구와 카페로 간다면 어떤 심정일까. 이러한 상황 재현을 통해 시적 화자의 일행이 일본 사람일 거라는 해석은 부정되었다. 즉 시인이 일본 사람과 같이 카페에 갈 가능성이 크지 않다는 것에 의견을 모았다. 카페로 가는 일행 세 명 중 어느 사람이 시인인지에 대해서도, 비쩍 마르고 앞장선 사람, 제비처럼 젖어 뛰어가는 사람이 시인일 거라고 의견을 모았다. 한편, 루바쉬카를 입은 자와 보헤미안 넥타이를 맨 사람은 각각 머리가 비뚤은 능금과 심장이 벌레 먹은 장미와 대응되면서 이 두 사람은 시인의 한국인 친구지만 이 두 사람의 생각(머리)과 마음(심장)은 시인과 동조를 이루지 못하고 있는 친구로서 카페 안에 들어가서도 시인과 서로 상호작용이 없으며 시인은 홀로 무력감과 슬픔을 느낀다. 이렇게 상황 재현과 토론을 통해 시에 대한 해석의 기본적인 일치를 보았다.

그리고 카페라는 공간의 의미는 무엇인가라는 질문에는 대체로 의견이 두 가지로 정리되었다. "험난한 상황에 처해 있는 나라를 구하지 못하는 무력한 지식 청년이 위안을 찾고자 하는 공간이다"라는 해석에 대부분이 동의하고 "프랑스 혁명이 태동된 곳이자 파리 살롱 문화를 선도해온 곳이며 세계에서 처음으로 민주주의가 시작된 곳이 파리의 한 카페다"라는 사실을 들면서 〈카페·프란스〉에서의 카페는 시인이 혁명을 도모하고자 하는 공간일 거라고 해석하는 학습자도 있었다.

이처럼 텍스트에 대한 충분한 대화의 과정에는 여러 가지 복합적인 활동과 반응이 있었다. 시인 생애에 대한 교사의 추가 설명, 교사와 학습자 간의 상호 질문과 답변, 텍스트 배경 상황의 재현, 타인의 해석에 대한 부정, 해석의 합의, 해석의 불일치 등이 있었고 시를 분석하기 위해 동원된 외적 상황에는 비슷한 시기 정지용 시인의 다른 작품, 비슷한 시기에 쓰여진 시 작품과 상호텍스트성에 놓여 있는 작품, 심지어 프랑스 혁명에서의 카페의 의미까지 언급되었다. 이러한 대화를 거쳐 텍스트에 대한 이해가 보다 명확해졌다고 할 수 있다.

이런 바탕 위에서 텍스트에 대한 재번역을 수행하였는데, 1차적 번역과 비교하자면 2차적 번역문에는 학습자 개인의 주관적 이해가 더 많이 들어갔기에 어휘의 선택에서 더 개인적이고 더 대담해졌다고 할 수 있다. 구체적인 양상은 다음과 같이 요약될 수 있다.

이국종 강아지야	异国的小可怜啊 (이국의 불쌍한 놈아)
내발을 빨아다오	我们互相慰藉吧 (우리 서로 위안을 하자)
손이 희어서	手苍白无力 (손이 창백하고 무력해서)
나는 자작(子爵)의 아들도 아무것도 아니란다.	我也不是子爵的儿子也不是收录的官员 (나는 자작의 아들도, 봉록을 받는 관원도 아니란다)
나는 나라도 집도 없단다	国破家亡 (나라가 망하고 가정이 파괴되었단다)

4. 결론

본고에서는 현재 중국에서 지나치게 실용성만을 강조하는 한국어 교육이 이제는 한국학적 방향으로 나아갈 필요가 있다고 보고, 한국어 교육에서 한국학을 지향하기 위해 문학 교육이 중요하고 특별한 역할을 할 수 있음을 주장하였다. 아울러 현대시 번역 활동을 통해 문학능력과 한국학 능력이 융복합적으로 훈련되는 수업을 시도해 보았다.

실제로 학습자들은 시 한 편을 번역하기 위해 능동적으로 시의 내적·외적 상황과 전면적인 대화를 하려고 애쓰는 모습을 보였다. 한편 시를 이해하고 번역을 완수하는 과정에 시인의 생애에서 출발하여 시어의 명시적 의미와 묵시적 의미를 해석하고 만족스러운 번역문을 완성하기까지 수시로 한국의 폭넓은 영역의 수많은 요소와 대화를 해야 했다. 말하자면 작가의 생애, 작가의 다른 작품, 다른 작가의 관련 작품, 역사 배경, 사회 풍조, 문단 상황, 한국 및 다른 나라의 역사 사건 등의 요소가 동원된다. 이는 복잡하면서도 고차원적인 학습의 과정으로서 의미가 있다.

그리고 앞서 제시한 수업의 실제에서처럼 학습자들은 두 차례의 번역을 감행하였다. 애초에 2차적 번역을 하려고 설계한 것이 아니라 충분한 대화 없이 완성한 1차적 번역이 충분한 이해에 도달하지 못했고, 빈 껍질에 지나지 않음을 발견했기 때문에 2차적 번역을 감행한 것도 밝혀 둔다. 그러므로 문학번역 수업은 충분한 대화가 무엇보다 중요하다. 한국의 문학 정전은 한민족의 역사에서 걸러낸 문화의 정수이다. 이러한 문학작품과 대면하고 대화하는 것은 곧 한국학과 대면하고 대화하는 것이다.

그러나 본고에서는 한 편의 시를 가지고 번역 활동을 전개하였기에 어디까지나 개별적 사례일 뿐, 현대시 번역 수업 또는 문학 번역 수업을 위한 체계적인 방안을 마련하고, 대화의 원리를 총결해 내기까지는 아직 멀었다. 추후에 이에 관한 논의가 계속 이루어지기를 고대한다.

해외 한국학의 발전에서 바라보든, 중국의 한국어 교육의 발전의 각도에서 바라보든, 중국의 국가 전략의 필요에서 보든 한국어 교육에서 한국학을 중요하게 다뤄야 할 시기가 왔다고 본다. 그리고 한국어 교육에서 논하는 한국학은 단순히 타자의 관점에서 한국을 연구하여 자신의 이익 추구에 기여하고자 하는 협소한 생각에서 벗어나 국제 이해교육, 세계학으로서의 한국학을 지향해야 함도 다시 한 번 강조하고 싶다.

중국이 한국에 보내는 코로나19 방역 물자 상자에 '간담매상조 빙호영한월(肝膽每相照 氷壺映寒月)'이라는 조선시대 허균이 지은 한시 구절을 붙여 많은 이의 마음을 더 따뜻하게 하고 중한 양국 간의 우정이 더 돈독해졌다는 기사를 본 적이 있다. 이처럼 문학은 언제나 필요할 때 중요한 촉매작용을 할 수 있다. 이러한 문학 능력이 한국학 능력이 아니라고 할 사람은 없을 것이다. 이러한 한국학 능력은 한국어 교육에서 다룰 필요가 없다고 할 사람도 없을 것이다. 다만 이를 어떻게 구체적으로 실현하느냐가 문제일 따름이다. 지나치게 단일한 한국 문학 교과목을 풍부화하는 것도 좋은 방법이라고 생각한다. 그래서 문학번역 수업 개설을 제안하고 구체적인 교수 설계를 구안하는 연구(김염화, 2018, 47-55)는 아주 유의미하다. 본 연구도 같은 맥락의 것이다. 문학번역, 현대시, 비교문학, 한국작가론 등 과목도 중국의 한국어 교육에서 다양하게 개설되어 제 몫을 하는 날이 빨리 오기를 바란다.

참고 문헌

김대행 외(2000), 『문학교육원론』, 서울대학교출판부.
김선자(2017), 「중국 한국어교육의 현황과 활성화 -강소성 지역을 중심으로」, 『한국어교육연구』 12(1), 한국어교육연구소, 5-20.
김염화(2018), 「번역을 통한 한국문학 교육 방안」, 『한국어교학과 연구』 2018년 제2호, 47-55.
서울대학교 국어교육연구소 편(2014), 『한국어교육학 사전』, 도서출판 하우.
신동일·지현숙(2015), 「문화·예술·스토리텔링을 기반으로 둔 한국학 교육과정의 재설계」, 『국어교육연구』 36, 서울대학교 국어교육연구소, 149-178.
윤여탁(1998), 『시 교육론·Ⅱ』, 서울대학교출판부.
윤여탁(2013), 『문화교육이란 무엇인가』, 태학사.
윤여탁(2018), 「지역학으로서의 한국학 연구 현황과 전망 -한국문학 연구를 중심으로」, 『중앙민족대학 "한국학 교육·연구의 현황과 전망" 한국학 청년교사 연수회 강의논문집』, 1-29.
윤해연 편역(2005), 『한국현대명시선독』, 북경민족출판사.
전성운(2010), 「한국학의 개념과 세계화의 방안」, 『한국학연구』 32, 고려대학교 한국학연구소, 317-337.
전영근(2018), 「중국에서의 한국어 교육 현황과 과제」, 『한중인문학회 국제학술대회』 2018(6), 한중인문학회, 18-26.
채만묵 편(1995), 『한국 현대시 청화』, 한국문화사.
채미화(2017), 「현 단계 중국 조선-한국 문학연구의 과제와 발전방향」, 『제6회 전국 차세대 한국어 교육자포럼 논문집』, 중국한국(조선)어연구교육학회, 48-58.
황달기(2003), 「지역연구의 개념과 성립배경」, 『일본어문학』 20, 일본어문학회, 303-326.
Delisle, J. & Lee-Jahnke, H.(1998), *Enseignement de la traduction et traduction dans l' enseignement.*, 김종규·김정연 역(2002), 『번역교육과 교육에서의 번역』, 고려대학교출판부.
趙振坤(2012), 「국내대학교 한국문학과목 교육개혁연구」, 『黑龍江教育』 제2기, 34-36.

6장 성인 한국어 학습자를 위한 문학작품 읽기 수업 사례 연구

-'소리내어 읽기'를 중심으로

정하라 명지대학교 방목기초대학

1. 서론

한국어 교육에서 한국 문학작품이 지니는 가치는 여러 연구를 통해 지속적으로 조명되어 왔다. 1990년대 후반 일반론을 중심으로 한 초기 연구 이후, 다양한 주제와 범주에서 이론적 논의, 현장 적용 연구가 확장적으로 이루어졌다.(황인교, 2005) 한국어 교육에서 문학 교육을 다룬 초기 대표적 연구로 윤여탁(1999)에서는 의사소통 능력뿐 아니라 한국 문화에 대한 이해를 높이고 고급스러운 언어 능력을 함양할 수 있다는 점에서 문학의 위상과 가치를 주장하였다. 황인교(2001)에서는 한국어 문학 교육의 개념을 광의의 문학 교육으로 넓혀 언어모델, 문화모델, 개인성장모델이라는 세 가지 차원으로 이루어져야 한다고 보았다. 이러한 일반론에서 나아가 윤여탁(2007)에서는 한국어 문학 교육의 목표를 문학작품을 활용한 의사소통 교육과 사회·문화 교육, 한국 문학작품에 대한 교육으로 체계화하였다. 이러한 연구는 점차 세분화된 이론 연구로 이어져 한국어 교육 현장에서 문학작품 활용에 관한 논의를 활발하게 하는 토대가 되었다.

문학작품을 활용한 한국어 교육의 목표와 가치를 수업에서 실현하는 데 방점을 둔 현장 연구도 다양화되었다. 한국어 문학 교육 현장 연구는 문학작품을 활용하는 교실 수업 방안이나 모형을 다룬 연구, 언어 기능별 교육을 위한 문학작품 활용 방안이나 효과성을 다룬 연구, 문학작품을 통한 문화 교육 방안을 다룬 연구, 문학작품을 활용한 문학 교육 방법론을 다룬 연구 등으로 나뉜다. 이렇듯 다양한 주제와 범위에서 이루어지는 한국어 문학 교육에 관한 연구는 점차 실제적인 현장 중심 연구를 지향하고 있다. 또한 언어 숙달도 향상이라는 도구적 목표에서 문학 자체에 초점을 둔 문학 교육으로 나아가는 양상을 보인다.(강경희·강승혜, 2015) 이 같은 현장 중심 연구의 변화 양상은 윤여탁(2013, 18)에서 한국어 문학 교육이 궁극적으로는 문학작품 자체를 교육하는 방향으로 나아가야 한다는 지적과 그 흐름을 같이 한다. 즉 한국어 교육에서 문학 교육의 일차적인 목표를 한국어 의사소통 능력, 문화 능력 함양으로 삼을 수 있지만, 고급 수준의 한국어 교육에서는 한국 문학작품 자체를 교육하는 데 교육의 지향점을 두어야 한다는 것이다.

이 연구에서는 한국어 교육에서 한국 문학작품 자체를 가르치는 데 중점을 두어야 한다는 데 동의하며 그 출발점과 핵심은 문학작품을 충실히 읽어내는 데 있다고 본다. 이에 따라 이 연구는 문학작품을 깊고 꼼꼼하게 읽는 방법으로 소리내어 읽기의 효용성에 주목하였다. 또한 다양한 학습자를 위한 실제적 한국어 문학 교육 논의의 일환으로, 비형식적 맥락에서 각기 다른 성인 한국어 학습자가 참여한 한국 문학작품 읽기 수업 사례를 살펴보고자 한다.

2. 이론적 배경

1) 언어 교육에서 읽기 방법으로서 소리내어 읽기

소리내어 읽기(read(ing) aloud/oral reading)는 읽기 방법에서 묵독과 대비되는 개념이다. 소리내어 읽기와 묵독은 대표적인 교실 읽기 활동으로(Brown, 2001), 방법상의 차이와 함께 인지 과정에서도 분명한 차이를 보인다. 묵독은 눈으로 읽으면서 문자를 기반으로 의미를 구성한다. 이에 비해 소리내어 읽기는 문자 언어를 음성 언어화함으로써 일어나는 청각적 자극이 의미화 과정에 영향을 미친다. 따라서 소리내어 읽기는 기능적으로 읽기뿐 아니라 말하기와 듣기가 결합되어 있다. 언어 학습자에게 소리내어 읽기는 소리와 글자를 연결하여 글을 이해하는 전통적 교수법으로 활용되었다.(Griffin, 1992) 특히 나이 어린 학습자가 글자와 소리를 묶어 익히는 과정에 활발하게 적용되었다. 그러나 점차 그 효과의 범위나 대상이 확대되면서 성인학습자의 읽기, 듣기 능력 향상에 있어서 소리내어 읽기 교수법의 효과에 대한 논의가 이루어졌다.(김현진, 2020; 정경화, 2012; 허선영, 2016)

언어 교육 현장에서는 소리내어 읽기의 유용론과 무용론이 공존하는데, 상반된 논의의 중심점에는 학습자 연령과 학습 효과가 놓여 있다. 우선 무용론에서는 소리내어 읽기가 읽기 속도와 내용 이해에 부정적 영향을 미친다고 본다. 묵독과 비교하여 소리내어 읽기는 읽기 속도를 떨어뜨려 비효율적이라는 연구 결과(McCallum et al., 2004)나, 활동 자체의 단조로움으로 인해 학습자들이 쉽게 지루함을 느끼고, 따라 읽는 과정 자체에 집중하다 보면 글의 내용을 깊이 있게 이해하지 못하며, 단순히 소리내어 읽는 것만으로는 의미 있는 문장 형성이나 표현으로 이어지기 어렵다는 점이 무용론의 근거로 제시된다.(Gibson, 2008)

반면 유용론에서는 아동이 조음과 억양, 강세, 구두점 등을 익히거나 소리와 의미를 결합하여 글의 맥락을 이해하는 과정에서 소리내어 읽기가 효과적이라고 본다.(Amer, 1997; Kim, 2004) 아동뿐만 아니라 청소년, 성인학습자가 글을 읽기 시작하는 초기 단계에서 글자와 소리를 인식하고 이를 연결하거나, 읽기에 대한 자신감과 독해 능력을 높이는 데 소리내어 읽기가 효율적이라는 연구 결과도 있다.(김현진, 2020; 정경화, 2012; Alshumaimeri, 2011) 나아가 읽기는 물론 듣기 능력을 높이는 데 효과적이라는 연구 결과(허선영, 2016/ 2019)나 듣기와 말하기, 읽기에 모두 적합한 통합적 기능을 갖는 활동이라는 연구(오선영, 2004) 등은 기능 통합적 관점에서 소리내어 읽기를 효과적이라고 본다. 소리내어 읽기의 효용성을 주장하는 연구는 그 효과성 입증에 방점을 두었다. 즉 소리내어 읽은 후 내용 이해 여부를 측정하거나, 소리내어 읽기와 묵독, 혹은 혼잣말처럼 읽기(subvocalizing)를 수행한 집단 간에 읽은 내용 이해 정도를 평가하여 효과성을 비교하는 방식으로 이루어졌다. 이상의 내용을 종합하면 외국어나 제2언어 교육 장면에서 소리내어 읽기는 연령에 상관없이 일종의 종합적인 발음 연습, 구두 언어 능력 향상, 어휘력 증진과 읽는 내용에 관한 이해력 향상 등에 있어서 강점을 지니는 활동으로 볼 수 있다. 한국어 교육 분야에서 소리내어 읽기에 관한 연구는 외국어나 제2언어로서의 영어교육 분야연구와 유사하게 연령에 따른 소리내어 읽기 활동 적용 결과나 언어 기능별 효과성을 검증하는 연구가 주를 이룬다.

   선행 연구와 달리 이 연구의 초점은 소리내어 읽기의 효과성을 입증하기보다 수업에서 문학작품 읽기 방법으로 활용한 사례를 제시하는 데 있다. 즉 한국어 교육 현장에서 문학작품 자체를 교육하는 핵심적 활동이자 문학적 체험을 활성화하는 한 방법으로 소리내어 읽기를 활용한 수업 장면을 살펴보는 것이다. 이는 제2언어 교육 분야에서 소리내어 읽기와 관련해 이루어진 아래와 같은 논의를 전제로 삼은 결과이다. 소리내어 읽기는 읽는 동안 이야기의 세계에 들어가 개인적인 경험을 자발적으로 공유하게 하는 유의미한 활동이다.(Moss, 2005; 신주철, 2017, 138에서 재인용) 또한 소리내어 읽는 동안 교사와 학습자 간에 발생하는 직접적인 사회적 상호작용은 학습자가 형태보다 의미에 집중하게 함으로써 더욱 풍부한 언어 학습 기회를 만들어 줄 수 있다. 소리내어 읽기를 통해 교사들은 언어 학습자의 반응을 수용하고 확장하며 의미를 교섭하는 데 도움을 줄 수 있고, 학습자는 생각을 구체화할 수 있는 기회를 얻는다.(Colins, 2010)

2) 문학작품 읽기 방법으로서 소리내어 읽기

묵독은 인쇄물의 대량 생산과 유통이 가능해진 이후 일반화되었다. 읽기의 효율, 즉 같은 시간에 다량의 정보를 습득할 수 있다는 점에서 묵독은 소리내어 읽기에 비해 읽는 속도와 정보 처리 속도가 빨라 효과적으로 여겨졌다. 묵독의 일반화와 함께 읽기는 개인의 머릿속에서 일어나는 이해 과정으로 인식되었다. 이런 가운데 낭독의 가치에 주목한 논의가 이루어지면서 문학작품을 읽는 방식으로서 소리내어 읽기가 재조명된다.

일반적으로 소리내어 읽기는 음독과 낭독으로 나뉜다. 사전적으로 '글을 소리내어 읽는다'는 점에서 거의 유사하나 교육 현장에서는 그 활동의 중심이 어디에 놓이느냐에 따라 구분된다.[1] 음독이 단순히 소리를 내서 글을 읽는 행위라면 낭독은 텍스트의 의미를 이해하고 이를 실감나게 표현하는 행위이다. 국어교육 영역에서 음독은 문학 제재 읽기나 소리내어 읽기를 배우는 독서 초기 단계 활동으로, 낭독은 음독을 전제로 하되 문학적인 글을 이해한 후 상황이나 인물의 감정에 따라 리듬과 속도, 강약, 띄어 읽기 등 다양한 언어 요소를 변화시키며 읽는 활동으로 이해된다. 낭독은 리듬과 억양 등 언어 요소를 통해 문자의 소리와 의미를 동시에 전달하는 행위이다. 낭독의 중점은 문자의 해독, 의미 파악 이후 그 의미를 음성 언어로 표현하는 과

---

[1] 국어교육 현장에서의 묵독, 음독과 낭독에 관한 논의는 박영민(2003), 곽춘옥(2016)의 연구를 참고하였다.

정에 놓이므로, 낭독자는 텍스트의 내용을 이해하고 그 내용에 맞게 목소리를 적절하게 변화시켜 음성으로 표현해야 한다.

문학 교육에서 낭독의 가치와 의의에 관한 논의 가운데 최지현(2010)은 낭독을 텍스트 의미를 이해하고 수용하는 데 필요한 단서적, 경과적, 보완적인 읽기 과정으로서 의미를 지니는 구성주의적 독서의 한 방법으로 보았다.[2] 곽춘옥(2016)에서는 초등학생을 위한 동화 읽기에서 낭독이 공감적 읽기의 활성화 측면에서 가치를 지닌다고 하였다. 이승이(2016)에서는 현대시의 리듬을 익히는 데 있어서, 리듬을 재생산하여 전달, 소통하는 과정 모두에 관계되는 활동으로서 낭독이 의미있다고 보았다. 서정미(2019)에서는 대학 교양 수업에서 발성, 발음, 장르별 읽기 방법 등 낭독 훈련을 실시한 후, 실제 낭독 활동을 진행하였다. 그리고 수강생들의 반응을 통해 읽기와 표현 교육 측면에서 낭독이 효과적임을 보여 주었다. 이 연구는 이와 같은 연구를 참고하여 다음과 같은 지점에서 소리내어 읽기가 가치를 지닌다고 보았다. 소리내어 읽기는 텍스트를 꼼꼼하게 읽으면서 의미를 구성하는 과정이다. 이는 읽기 과정 자체보다 읽기 전후 활동에 초점을 맞춰 온 문학 수업에서 벗어나 읽기 과정에서부터 학습자의 참여를 활성화할 수 있는 방안이다.

실제 교육적 맥락에서 문학작품 읽기는 시간상의 이유로 묵독한 후 일부를 소리내어 읽거나, 일종의 표현 활동으로서 제한적으로 활용된다. 이 연구는 문학작품을 온전하게 읽어내는 과정에 초점을 두기 위해 소리내어 읽기를 활용하고자 하였다. 여기에는 다음과 같은 전제가 깔려있다. 첫째, 소리내어 읽기는 꼼꼼하고 깊게 텍스트를 읽는 방법으로 문학작품을 체화하는 유용한 방식이다. 문학작품을 한 언어문화 공동체의 정수라고 본다면 이를 충실히 읽는 것은 곧 그 언어문화에 '참여'하는 행위가 된다. 그 과정을 눈으로

---

[2] 최지현(2010)에서는 낭독을 '음독'과 '낭송' 등 '소리내어 글을 읽는 행위' 전반을 포괄하는 개념으로 보았다. 이 연구 또한 음독, 낭독, 낭송 등을 개념이나 활동의 중심점에 따라 구분하기보다 소리내어 읽기로 포괄하고자 한다.

혼자 읽어내는 인지적 과정으로서 수행하기보다, 소리를 내어 음성화하고 청각화하여 보다 다양한 감각을 활용한다면 이를 수용하고 내면화하는 데 도움이 될 것이다. 둘째, 고급 한국어를 배우고자 하는 성인 학습자 가운데 문학작품에 관심을 지닌 학습자는 자신의 삶의 경험에 따라 주도적으로 문학작품을 수용할 것이다. 따라서 수업 중에 문학작품 일부만을 다루거나, 이미 읽었다는 것을 전제로 한 활동에 치중하기보다 꼼꼼하게 읽는 과정 자체에 수업의 중점이 놓일 필요가 있다. 이로써 성인 학습자가 작품에서 얻을 수 있는 언어, 문화, 정서적 차원의 효과는 더욱 다양해질 것이다.

3. 연구 방법 및 과정

1) 사례 연구

이 연구는 한국 문학작품을 소리내어 읽는 활동을 중심으로 이루어진 비형식적 맥락의 수업 사례 연구이다. 사례는 두 가지로 참여자와 시기, 수업 방식이 상이하다. 첫 번째 사례는 2019년 겨울 결혼이주 여성이 참여한 시 읽기 대면 수업이며, 두 번째 사례는 2020년 여름 국내 대학(원) 유학생이 참여한 비대면 단편 소설 읽기 수업이다. 연구자가 이러한 수업을 진행하게 된 계기는 고급 한국어를 배우고 싶어하는 학습자와 문학작품에 관심을 가지고 있으나 완독해 본 경험이 없는 학습자들을 여럿 만났기 때문이다. 연구자는 여러 기관에서 한국어 강사로 일하면서 이러한 학습자를 만나게 되었다. 이들은 형식적 맥락에서 고급 수업을 받고 일상생활에서 의사소통이 충분히 가능한 학습자였으나 더욱 수준 높은 한국어를 배우고자 하는 요구를 지니고 있었다. 이러한 요구를 단순히 '한국인과 같은 수준으로 유창하게'라는 유창성의 문제라고 볼 수도 있을 것이다. 그러나 연구자는 이러한 요구가 언어를 통해 상상하고 표현 수 있는 스펙트럼이 다양함을 알고 있는 성인 학습자가 가지는 근본적 욕구에서 나온다고 보았다. 이를 충족하고자 하는 수업에서 가장 적절한 학습 자료 가운데 하나가 바로 문학작품이지만 문학작품의 가치와 필요성을 인식하더라도 실제로 읽는 학습자의 수는 많지 않았다. 따라서 연구자는 수업 시간에 문학작품을 완독해 내는 활동이 중심에 놓일 필요가 있다고 보았다.

성인 학습자는 언어 학습 동기와 학습을 통해 이루고자 하는 목표나 도달하려는 수준이 제각기 다르다. 연구자가 진행한 소리내어 문학작품 읽기 수업에 참여한 결혼이주 여성과 대학 내 유학생들 역시 한국어 학습 동기와 목적, 수준이 상이하다. 그러나 이들은 상황이 허락하는 한 형식 교육에서 제공하는 한국어 수업을 충실히 이수하였으며, 한국어를 배워 더 잘하고 싶다는 바람을 지니고 있다는 공통점이 있었다. 이들과 함께 문학작품을 온전히 읽는 데 중심을 둔 수업을 각각 어떤 계기에서, 어떠한 방식으로 진행하였고, 이 같은 수업이 참여자에게 어떤 의미로 받아들여졌는지 살펴보고자 한다.

2) 연구 현장과 참여자

(1) 시 읽기 수업 사례

첫 번째 사례는 결혼이주 여성 라흐마와 진행한 개인 수업이다. 연구자와 라흐마는 2013년 수도권 소재 대학 부설 어학원에서 처음 만났는데, 라흐마는 연구자가 맡은 초급 수업 수강생이었다. 라흐마는 12년 전 한국에 이주한 후 한국어 가정 방문 수업을 통해 초급 한국어를 배웠다. 둘째를 출산한 직후 한국어를 집중적으로 배우고자 어학원에 등록하였다. 연구자와 라흐마는 어학원 수업이 진행된 10주 동안에는 수업 시간과 수강생들과의 반모임을 통해, 수업을 마친 이후에는 부부 동반 모임과 개인적인 만남을 통해 관계를 이어왔다. 2018년 11월 연구자가 진행했던 다른 연구에 당시 전업주부였던 라흐마가 참여하였다. 라흐마는 경제활동을 하고 싶다는 바람과 고급 한국어 수업을 듣고 싶다는 마음이 있었지만 그 어느 것도 하지 못해 답답해하던 차였다. 이런 사정을 알게 된 연구자는 주말을 활용하여 라흐마와 개인 한국어 수업을 시작했다. 라흐마와의 수업은 2019년 2월 24일부터 4월 28일까지 총 6회 이루어졌다.

<표 1> 참여자 정보

이름(연령대)	출신 국가	가족관계	한국거주 기간	직업	한국어 수준
라흐마 (30대 중반)	튀니지	남편, 딸(12살), 아들(10살)	12년	무역 회사 통역, 아랍 음식점 아르바이트 등	사회통합 프로그램 5급 이수

라흐마는 수업에서 고급 수준의 한국어 문법과 단어를 배우고 싶어했다. 연구자는 이에 더해 라흐마가 좋아하는 활동을 수업에 활용하는 편이 좋겠다고 생각했다. 그 활동의 실마리는 첫 수업 후 라흐마와 면담하는 중에 찾게 되었다. 취미가 무엇이냐는 연구자의 질문에 라흐마는 고향에 살 때 책 읽기를 즐겼고, 특히 시를 좋아했다고 말했다. 한국에서는 책을 읽기 어렵지만 대신 영화를 종종 본다면서 얼마 전 이준익 감독의 영화 〈동주〉를 보았다고 했다. 그래서 연구자는 윤동주의 시를 읽어보자고 제안했고 라흐마도 흔쾌히 동의하여 두 번째 수업부터 윤동주 시집을 함께 읽게 되었다.[3] 수업

---

3 연구자가 라흐마에게 다음 시집을 선물하여 함께 읽었다.
   윤동주, 서정홍 편(2017), 『서정홍 농부시인이 시 감상을 쓰고 화가 이영경이 그린 윤동주 시집』, 고인돌.

은 스터디 카페에서 한 번에 세 시간 정도 진행했는데 그중 한 시간에서 한 시간 반 정도를 할애하여 시 읽기 수업을 진행했다. 시는 한 수업에 적게는 한 편, 많게는 세 편 정도 읽었다. 이 수업에서 수집하고 분석한 자료는 수업 전, 그리고 첫 수업 후 이루어진 개별 면담 자료, 첫 수업과 마지막 수업을 제외한 4회 수업을 녹음한 자료, 일부 수업을 마친 후 연구자가 작성한 수업 일지 등이다.

<표 2> 수업 일자 및 함께 읽은 작품[4]

일자(2019년)	함께 읽은 작품
2월 24일	인터뷰 후 수업 자료 선정
3월 2일	〈서시〉
3월 16일	〈자화상〉, 〈참회록〉
3월 24일	〈고향집〉, 〈길〉
3월 31일	〈십자가〉, 〈별헤는 밤〉
4월 28일	〈반딧불〉, 〈오줌싸개 지도〉, 〈쉽게 씌어진 시〉

(2) 소설 읽기 수업 사례

이 수업에는 연구자가 서울 소재 4년제 사립대학인 J 대학에서 강의하면서 만났던 학부 및 대학원에 재학하는 베트남 유학생 8명이 참여하였다. 모두 한국어 고급 수준으로 7명은 서울 시내 J 대학 재학생이었고 한 명은 J 대학 친구 소개를 통해 자원하여 수업에 참여한 T 대학 대학원생이었다. 학부

---

[4] 첫 번째 수업에서 윤동주 시인의 작품을 읽기로 결정한 후 2~4차 수업에서 『서정홍 농부시인이 시 감상을 쓰고 화가 이영경이 그린 윤동주 시집』에 실린 작품을 순서대로 읽어나갔다. 다만 연구자와 참여자의 개인 사정으로 수업 일정이 갑작스럽게 미뤄진 후 진행된 마지막 수업에서는 동시 두 편과 시집에 실린 마지막 시를 선별하여 읽었다.

생 한 명을 제외하고 모두 석사 과정에서 한국어 교육을 전공하는 대학원생이었다. 2020년 7월 중 3주 동안 화요일과 목요일 밤 8시부터 10시까지 총 5회 수업을 진행하였다.[5]

연구자가 수업을 진행하게 된 가장 큰 이유는 고급 한국어 수업을 듣고 싶어도 마땅한 기회가 없는 학생들을 여럿 만났기 때문이다. 코로나 확산 이후 첫 학기의 혼란을 겪은 유학생들에게 고급 한국어를 익힐 기회는 더욱 줄어든 상태였다. 그래서 연구자가 맡은 대학원 수업과 다른 연구, 혹은 직전 학기 방학 중에 진행한 비형식적 대면 수업에 참여했던 학습자 가운데 수업 참여자를 모집하였다.[6] 국비 장학생 한 명을 제외하고는 참여자들이 아르바이트를 하고 있어 시간 조율이 가능한 방학 중 저녁 시간을 활용하였다. 웹엑스(Webex)를 통해 수업을 진행했고 수업에서 다룬 작품은 최은영의 단편소설 「씬짜오 씬짜오」였다.[7] 수업 참여자와 수업 일정은 아래와 같다.

---

5 J대학 교육대학원에서 한국어 교육을 전공하는 한국인 대학원생이 수업을 참관하고자 하여 실제 수업에 참여한 인원은 총 9명이다.

6 여기서 말한 다른 연구란 고급 수준의 성인 학습자에 관한 연구였다. 또한 이전에 진행한 비형식적 대면 수업 역시 고급 읽기 및 쓰기 수업으로 학부와 대학원에 재학하는 유학생이 참여하였다.

7 소설 작품 선정에는 켈러의 ARCS모형(정일성·나일주, 1994; Keller, 1994)을 참조하였다. 켈러는 학습자의 수업 동기를 유발하기 위해 필요한 개념적 범주를 네 가지로 제시하였다. 우선 학습자가 흥미를 느껴 주의집중(Attention)할 수 있고, 학습자와의 관련성(Relevance)이 높다. 또한 학습자가 이해하기 쉬운 내용을 중심으로 자신감(Confidence)을 가지고 사고를 확장할 수 있으며, 읽기 활동 후 여운을 남기고 창의적인 사고를 유발하는 만족감(Satisfaction)을 높일 수 있다.
「씬짜오, 씬짜오」는 2016년 발표된 작품으로 베트남 출신 호 아저씨네와 화자('나')의 가족이 이주지 독일에서 관계를 맺는 이야기가 중심이 된다. 먼 타지에서 적응해야 하는 처지라는 공통점을 지닌 두 가족은 급속히 친밀해진다. 그러나 베트남전에 관한 대화에서 촉발된 갈등으로 인해 관계가 깨어진다. 타국에서 서로를 의지했던 두 가족을 중심으로 관계 맺음과 갈등, 화해의 문제를 다룬 이 작품은 주요 등장인물이 베트남 출신으로 수업 참여자와 관련성이 있으며 평이한 현대어로 쓰여 있다는 점에서 참여자들이 자신감을 가질 수 있다고 판단되었다. 또한 2015년 개정 교과서에 수록될 정도로 작품

<표 3> 참여자 정보

참여자	성별	대학(원) 과정	전공	한국어 학습 기간	한국 거주 기간	한국어 수준
A	여	석사과정 3학기	한국어 교육	6년	1년 반	토픽 6급
B	남	석사과정 2학기	한국어 교육	4년 반	4년	토픽 6급
C	여	학부 3학년	디지털미디어	5년	4년	토픽 5급
D	여	석사과정 3학기	한국어 교육	5년 반	1년 반	토픽 6급
E	여	석사과정 2학기	한국어 교육	3년 반	2년	토픽 6급
F	여	석사과정 2학기	한국어 교육	3년	1년	토픽 6급
G	여	석사과정 2학기	한국어 교육	3년	2년	토픽 5급
H	여	석사과정 1학기	한국어 교육	2년	1년	토픽 6급

<표 4> 수업 참여자 모집 및 수업 일정 (2020년)

참여자 모집 및 요구 조사 : 6월 17일~30일	3차 수업 – 7월 14일 화 20:00~22:00
1차 수업 – 7월 7일 화 20:00~22:00	4차 수업 – 7월 16일 목 20:00~22:00
2차 수업 – 7월 9일 목 20:00~22:00	5차 수업 – 7월 21일 화 20:00~22:00

　　수업 진행 전 소설 작품 파일을 한글과 pdf 파일, 인터넷 웹페이지 주소 등으로 보내 전문을 미리 읽게 하였다. 수업 중에는 우선 정해진 분량 전체를 단락별로 소리내어 읽었다. 그 후 단어나 표현에 관한 질문과 대답, 등장인물의 행동과 심리, 상황에 관해 생각을 나누는 방식으로 진행하였다. 수업 후 활동으로 주제와 형식이 열려 있는 자유에세이를 두 차례 써서 제출하게 하였다. 이 수업 사례의 분석 자료는 수업 전 참여자 요구 조사 내용, 5회차 수업 자료, 수업이 진행되는 동안 각 참여자가 두 편씩 쓰고 연구자에게 피

성과 화제성을 인정받았다는 점에서 참여자들이 정서적인 만족감을 느낄 것이라고 판단하였다.

드백을 받은 자유에세이 16편이다.

4. 연구 결과 및 해석

1) 라흐마와의 시 읽기 수업

라흐마와 읽은 첫 작품은 시집 가장 앞에 실린 〈서시〉였다. 라흐마가 영화 〈동주〉를 보았고 시인의 삶과 시대상에 대해 어느 정도 배경지식이 있었기에 작품에 관한 설명은 따로 하지 않았다. 수업은 대략 아래와 같은 방식으로 진행하였다.

<표 5> 소리내어 시 읽기 수업 진행 방식 (2020년)

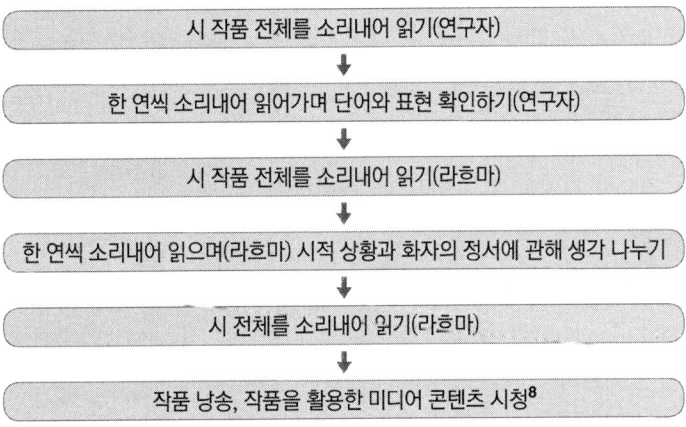

---

8   영화 〈동주〉에 실린 작품 낭송 콘텐츠를 비롯해 수업에서 다룬 윤동주의 작품을 낭송하는 다양한 콘텐츠를 활용하였다. 또한 수업에서 다룬 작품과 관련된 KBS2 예능프로그램 〈1박 2일 '백두산을 가다'(2008. 7. 6.)〉의 윤동주 생가 방문 에피소드 중 일부, MBC 예능프로그램 〈무한도전 '위대한 유산'(2016. 12. 31.)〉에 실린 노래 〈당신의 밤〉 등을 시청하였다.

우선 전체 작품을 연구자가 소리내어 읽은 후 첫 번째 연부터 다시 읽어 내려가며 모르는 단어와 표현을 확인했다. 다음으로 라흐마가 첫 번째 연부터 소리내어 읽어갔는데, 이때부터는 시의 표현에 담긴 시적 화자의 정서는 무엇인지, 그것에 공감하는지, 유사한 체험을 한 적은 있는지 등에 관해 자유롭게 대화하였다. 예를 들어 〈서시〉를 읽으면서 무엇에 "부끄럼이 없기를" 바라고 왜 "하늘을 우러"르는지, "잎새에 이는 바람"은 어떤 뜻이며 시적 화자는 왜 괴로움을 느끼는지, "별을 노래하는 마음"은 어떤 마음인지 등에 관해 이야기를 나누었다. 주로 표현의 의미와 상징하는 바, 유사한 경험의 여부 등에 관해 연구자가 질문을 하면 라흐마가 대답하고 이어 연구자가 생각한 바를 덧붙이는 방식이었다. 총 네 차례 소리내어 읽는 것 외에 표현의 뜻과 의미를 살피면서 해당하는 부분을 수차례 반복해서 읊조리며 읽었다. 이를 바탕으로 행과 연을 중심으로 꼼꼼히 읽으며 부분적으로 구성한 의미를 전체적인 흐름으로 연결하면서 이해하였다. 부끄러움 없이 살고자 하여 부끄러움이 많은 시적 화자, 혹은 시인에게 라흐마는 영화 내용을 떠올리거나 자신의 경험을 투사하며 공감하는 모습을 보였다. 마지막으로 라흐마가 소리내어 전체 작품을 읽은 후에는 영화 〈동주〉 중 〈서시〉 낭송 콘텐츠, 예능 프로그램의 일부를 시청한 후 수업을 마무리하였다.

두 번째로 읽은 〈자화상〉도 마찬가지 방식으로 읽었다. 연구자가 두 차례 소리내어 읽고 라흐마의 목소리로 다시 읽어 내려갔다. 〈자화상〉은 반복해 읽는 과정에서 연구자는 칠판에, 라흐마는 공책에 그림을 그려가며 읽었다는 점이 특징적이다. "산모퉁이를 돌아 논가 외딴 우물을 홀로/ 찾아가선 가만히 들여다봅니다." 시를 소리내어 읽고 장면을 상상하면서 자연스럽게 산모퉁이, 논가, 우물을 그려나갔다.[9] 그리고 왜 "외딴 우물"을 "홀로" 찾아가는지, 가을날 우물 안을 "가만히 들여다"본 순간 어떤 모습이 비추었을지 떠올

---

[9] 〈자화상〉에서 고뇌하고 성찰하는 시적 화자에 공감하기 위해서는 장면을 시각적으로 떠올려보는 것이 중요하다.(고정희, 2018, 121)

려 보았다. 우물물에 비친 달, 구름, 펼쳐진 하늘, "파아란 바람"이 부는 중에 비친 "한 사나이"의 모습을 그려 보면서, 자신의 모습이 미워지고, 가엾어지고, 다시 미워지며 그리워지는 마음의 움직임에 담긴 시적 화자의 복합적인 자기 성찰 과정을 더듬어 갔다.

세 번째 수업에서 읽은 〈길〉 역시 어떤 설명도 덧붙이지 않고 "잃어버렸습니다"로 시작하는 작품을 읽어나갔다. "무얼 어디다 잃었는지 몰라" 막막해 하는 시적 화자의 심정을 상상하며 거듭 소리내어 읽었다. 주머니에 손을 넣고 더듬으면서 잃어버린 것을 찾으러 나선 화자는 마주친 돌과 돌이 연달아 있는 길, 담이 세워진 길이라는 폐쇄적 공간을 마주친다. 길은 나아가는 듯 하면서 갇혀있다. 끝없이 이어지는, 담과 쇠문으로 막힌 길이 주는 막막함이 시적화자의 심정과 중첩되는데 이러한 느낌은 소리내어 읽음으로써 강화되었다. 소리내어 읽으며 "아침에서 저녁으로 / 저녁에서 아침으로 통"해 있다는 표현의 의미는 무엇인지, '돌담'과 '쇠문'으로 분리된 길에서 찾기를 계속하다 쳐다본 하늘이 "부끄럽게 푸"르다는 의미는 무엇인지 생각을 나누었다.

시를 읽는 과정에서 일어나는 질문이 매끄러운 대답으로 매듭지어지는 것은 아니었다. 애초에 각자 느낀 바를 명확히 표현하는 데 수업의 중점을 두지 않았다. 다만 소리내어 읽으면서 나름대로 떠올리고 상상한 바를 나누면서 소리가 주는 느낌과 문맥적 단서를 활용하여 각 장면의 이미지, 정서적 흐름을 따라가며 전반적인 의미를 구성하고자 노력하였다. 아래는 이 시를 읽으며 라흐마와 나눈 대화 내용 일부와 연구자의 노트에 기록된 내용이다.

[4차 수업 대화 중에서]

연구자: (돌담을 더듬어 눈물짓다 쳐다보면) "하늘은 부끄럽게 푸릅니다." 하늘이 왜 부끄럽게 푸르다고 했을까요?

라흐마: 부끄럽게 푸릅니다. (반복해 읊조리며) 부끄럽게 푸릅니다... 아마 내가 찾지 못했어요?

연구자: 음~, 내가 찾아야 하는 것을 찾지 못해서?

라흐마: 네.. 음.. 부끄럽게 푸릅니다. 부끄럽게 푸릅니다... 아니면 너무 답답해요. 나는 못 찾으니까 마음이 답답해요. 근데 하늘이 깨끗해요. 그래서?

연구자: 아, 내 마음은 답답하고 복잡한데 하늘은 맑고 깨끗해요. 그래서 부끄러워요?

라흐마: 음. 아마.

연구자: 오, 저도 그 생각했어요. 깨끗한 하늘 보면 나를 비추는 것 같잖아요. 우물이나 거울처럼. 하늘은 깨끗한데 내 마음은 깨끗하지 않게 느껴질 때도 많고.

라흐마: 음.. 맞아요.

[연구노트 중에서]

〈길〉을 읽는 중에 윤동주의 시에서 반복해서 등장하는 부끄러움의 정조가 인상 깊었는지 라흐마가 갑자기 "아, 동주~!"라며 웃음 섞인 탄식을 했다. 완전한 문장으로 감상을 풀어낸 게 아닌데도 그 짧은 순간 깊은 공감이 느껴졌다. 이어지는 연에서 "풀 한 포기 없는 이 길"을 걷고 있는 시적 자아와 "담 저쪽에 내가 남아 있는 까닭"이라는 표현에서 드러난 시적 자아의 분열과 분화에 관해 상상하던 중에는 라흐마가 "나 같아요."라는 말로 공감을 표했다. 잃어버린 것이 무엇인지도 모른 채 돌담으로 막힌 길 이쪽에서 뭔가를 끊임없이 찾는 시적 자아에게서 자신의 모습을 본 것 같았다.

연구자는 당시 라흐마가 처한 상황 때문에 길을 잃은 시적 화자에게 더욱 강한 공감을 느꼈으리라고 생각한다. 이즈음 라흐마는 일자리를 구하고 싶었지만 마음대로 되지 않아 자존감이 떨어진 상태였다. 면담을 통해 라흐마가 자신을 이도저도 아닌, 외국인도 한국인도 아닌 중간적 존재, 혹은 주변적 존재로 인식함을 알 수 있었다.

[개인 면담 자료 중에서]
사실은 제가 나라(고국)보다 한국 제가 더 가까워요. 그렇지만 언어 때문에 제가 아직 외국사람(이라고) 느껴요. 여기는 애기 낳고 여기는 life. 나라보다 여기는 더 가까워요. 애기 때문에. 그렇지만 아직 외국 사람(이라고) 느껴요.

라흐마는 아이들을 키우는 한국이 현재 모국보다 가까운 곳이지만, 언어적 한계 때문에 이질감을 느끼고 있었다. 한국 생활이 오래될수록 고국이 그립지만, 몇 년에 한 번씩 힘들게 다니러 가면 모국에서도 묘한 낯섦을 느낀다고 하였다. 이처럼 한국과 모국 모두에 일치감을 느끼지 못하는 상태를 라흐마는 "두 쪽"이라고 표현하였다. 라흐마의 상실감에는 이주를 선택함으로써 포기할 수밖에 없는 기회에 대한 아쉬움이 깔려있다. 라흐마는 아랍어 외에 프랑스어, 영어 등 다양한 언어가 널리 쓰이고 외국인이 많은 개방적인 환경에서 성장하였다. 반면 한국에 와서는 12년을 살아도 살림과 육아에 집중하느라 한국어가 충분히 능숙하지 못하다. 절대 다수가 한국어를 사용하고 인종적 다양성이 낮은 한국은 여전히 낯설 때가 많다. 자유롭고 자신감 있게 살았던 모국의 삶과 비교하면 언어, 문화, 종교적 문제로 사회활동에 제약을 받는 현재 상황이 더욱 답답하게 느껴질 것이다. 이러한 답답함을 드러내듯, 라흐마는 면담 도중 탁자에 작은 네모를 그리며 "제가 이 안에 갇혀 있"다고 말하기도 하고 "살아 있어도 죽은 것과 같"다고 표현하였다.

이런 라흐마에게 시 텍스트를 곱씹어 읽는 순간은 한정된 언어 세계에 갇혀 있던 자신을 잠시나마 해방시켜 자신의 개성과 그동안 살아온 삶의 총체적 경험을 되살려 상상하고 공감하는 기회를 주었을 것이다. 라흐마는 처음 읽는 시를 앞에 두고 자신의 감상을 완결된 문장으로 표현할 수 있을 만큼 한국어 실력이 유창하지 않다. 연구자 또한 그것을 요구하거나 수업의 중심에 두지 않았다. 시를 감상하는 데 있어서 느낀 바를 정돈하여 표현하는 활동도 중요하고 의미있겠지만, 자유롭게 시를 읽으며 순간순간 자신의 모습에 비추어 공감할 수 있다면 시 읽기의 즐거움을 충분히 누렸다고 할 수 있을 것이다.

시는 소리내어 읽는 자체로 텍스트에 몰입도가 높아지고 능동적으로 의미를 구성할 수 있는 여지가 풍부해진다. 특히 감각이 중첩되거나, 일상어와 미세하고 섬세한 차이를 드러내는 표현을 중심으로 의미를 구성하는 데 소리내어 읽기가 효과적이다. 바람에 '스치우'는 별, 파'아'란 바람, '두 손이' 주머니를 더듬어 나아가는 길, 그 길에 끝없이 '돌과 돌과 돌이' 연달아 있다는 등의 표현에 담긴 복합적 감각과 정서는 거듭 소리내어 읽으며 곱씹을수록 풍부한 의미로 다가온다. 시를 온전히 읽기 위한 방법으로 반복하여 소리내어 읽는 활동은 완결된 문장으로 감상을 표현해 내는 단계까지 이어지지 않고 마음속에 해결되지 않은 의문을 남기더라도 그 자체로 의미를 지닌다. 라흐마와 연구자의 목소리, 그리고 영화 〈동주〉에 실린 시 낭송 영상 등을 통해 복수의 목소리로 시와 만나는 과정은 시를 깊게, 동시에 전체로서 받아들이는 데 도움을 주었다. 라흐마와의 수업을 통해 반복하여 소리내고 읊조림을 통해 시적 화자가 처한 상황에 스며들고 이것이 공감으로 이어지는 모습을 확인할 수 있었다.

2) 대학(원)생과의 소설 읽기 수업

이 수업은 고급 읽기와 쓰기 수업을 원하는 대학(원)생을 위해 방학 동안 비대면 방식으로 진행하였다. 수업 시간에는 문학작품을 소리내어 완독하는 활동을 주로 하고, 수업 후에는 자유 에세이를 써서 개별적, 과정적으로 피드백하는 활동을 진행하였다. 한 작품을 정해 소리내어 완독하는 데 중심을 둔 이유는 고급 학습자라도 길이가 긴 소설 작품을 온전히 읽을 기회가 적기 때문이다. 여러 한국어 교육 현장에서 줄거리를 제공하고 일부를 발췌해 읽거나, 발췌해 읽은 내용을 중심으로 토론 등의 확장 활동을 진행하는 방식이 일반화되어 있다. 이 수업은 비형식적 맥락에서 진행되었기에 시간적 제약이나 진행 방식에 제약을 받지 않고 자유롭게 작품을 선정해 완독할 수 있었다. 수업은 아래와 같은 방식으로 진행하였다.

<표 6> 소리내어 소설 읽기 수업 진행 방식

수업 전	- 정해진 분량의 소설 텍스트 읽기 - 참여자 여덟 명 중 두 명이 차례로 어휘, 표현, 내용에 관해 찾거나 생각해 오기
수업 중	- 이전 시간에 읽은 부분 줄거리 정리(연구자) - 각 수업에서 정해진 분량의 반을 나누어 한 단락씩 소리내어 읽기 (참여자 두 명) - 단락을 읽고 난 후 어휘, 표현, 내용에 내용에 관한 질문과 답하기 - 작품의 각 장면의 상황에 담긴 이면적 배경, 인물의 정서와 행동에 관해 생각 나누기
수업 후	- 3주 동안 두 차례 자유 에세이 쓰기 (개별적, 과정적 피드백)

수업은 총 5차례 진행하였다. 참여자 모집 및 수업 시간 요구 조사를 마친 후 단체 카카오톡 방을 개설하였다. 단톡방을 통해 수업 진행 방식, 수업 일정, 소리내어 읽을 순서를 정했다. 수업 자료는 인터넷에 공개된 소설 수업 전문이 실린 사이트와 한글, pdf파일 형식으로 공유하였다.[10] 수업 중에는

---

10 문학동네에서 기획한 '이 단편이 대단하다!'라는 포스팅을 활용하였다. 여기에는 2016년과 2017년에 발표된 작품 중 소설가들이 주목한 한국 단편소설 전문이 공개되어 있다. 최은영의 〈씬짜오, 씬짜오〉는 소설가 50명이 선정한 2016년 소설 공동 1위에 올라 첫

아래와 같은 한글 파일을 띄워 화면 공유방식으로 읽었다. 여기에는 단락별 소설 텍스트와 단어, 표현, 배경 상황 설명에 필요한 그림이나 사진이 담겨 있다. 단락 길이는 내용에 따라 유동적이었다. 어려운 표현과 짚어야 할 것이 많다고 생각되는 부분은 짧게, 평이하거나 장면 중심으로 이야기가 담겨 있을 경우에는 호흡이 끊기지 않도록 길게 구성했다.

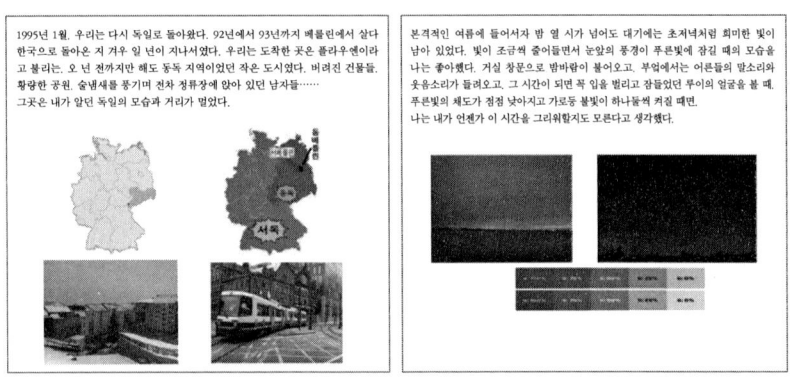

<그림 1> 수업 중에 활용한 한글 파일 화면 예시

첫 수업에서는 작품 배경 설명 후 연구자의 목소리로 텍스트를 단락별로 읽어나갔다. 주로 단어와 표현, 상황이나 인물의 정서를 이해하는지 질문하고 대답하면서 수업을 진행했다. 두 번째 수업부터는 참여자 여덟 명 중 두 명씩 나누어, 정해진 분량의 단어 뜻을 찾고 인물의 감정이나 행동, 이유 등에 대해 충분히 생각해 오도록 하였다. 단락별로 본문을 읽은 후에 단어나 표현에 질문이 있으면 우선 준비해 온 학생이 대답을 하고, 연구자가 사진 자료를 활용해 추가 설명하는 방식으로 진행되었다. 참여자들은 주로 비슷하

작품으로 소개되었다.
https://m.post.naver.com/viewer/postView.nhn?volumeNo=6944976&memberNo=6495282

거나 사전에 똑같은 말로 풀이된 단어의 차이에 대해 질문하였다. 상황적 특성이나 인물의 감정 등에 관해서는 연구자가 모든 참여자에게 질문을 던지고 자유롭게 대답할 수 있도록 했다. 대답하는 참여자가 없을 경우에는 해당 분량을 준비해 온 참여자 중 한 명을 지목하여 자신의 생각을 이야기하는 방식으로 진행했다. 수업의 한 장면을 예시로 들면 아래와 같다.

[아래 소설 원문을 참여자 A가 읽은 후]
(소설 원문)
　"이거, 우리 엄마가 드리래요."
　아줌마는 포장지를 천천히 뜯고 상자를 열었다. 그 안에는 엄마가 이번 가을부터 뜨기 시작한 목도리와, 털모자, 털장갑이 세 벌씩 들어 있었다. 엄마 이거 누구 주려는 거야? 내가 묻자 그냥 심심해서 뜨는 거라고 대수롭지 않게 이야기하던 엄마의 얼굴이 떠올랐다. 응웬 아줌마는 빨간 털모자를 꺼내 썼다. 털로 만들었다는 것만 다를 뿐, 아줌마가 여름에 자주 쓰는, 좁은 챙이 달린 모자와 비슷한 모양이었다. 털모자에는 장미꽃 모양의, 털실로 만든 코사지가 붙어 있었다. 아줌마는 박스 안에 든 모자, 장갑, 목도리를 꺼내 하나씩 허공을 향해 들어 보였다. 그것들이 옅은 빛에 세심하게 비춰봐야 할 보석이나 되는 것처럼. 아줌마는 감색 바탕에 노란 털실로 대문자 T자가 새겨진 털모자를 들어 힌참 보더니 투이의 머리에 씌웠다. "얘가 머리가 커서 모자가 잘 안 맞거든. 근데……" 아줌마는 거기까지 말하고 말을 멈추더니 입을 꾹 다물고 코를 훌쩍였다. 그녀가 울음을 삼키는 모습을 본 건 그때가 처음이었다. 전쟁에 대해 이야기할 때도 표정 하나 바꾸지 않고 담담하게 말했었기에 나는 아줌마 옆에서 어떤 표정을 지어야 할지 알지 못했다. 응웬 아줌마. 나는 그녀의 얼굴을 봤다.

(읽은 후에 이루어진 수업 대화)

연구자: 자, 이 부분에서 단어나 표현 질문이 있나요?

참여자C: '뜨다'가 '만들다'예요? '가을부터 뜨기 시작한' 여기.

연구자: 아, 두 번째 줄에 '가을부터 뜨기 시작한 목도리'에 뜨다. 무슨 뜻일까요?

참여자A: 옷이나 장갑... 아니면 모자 손으로 만들어요. 음..그 단어 찾았어요. 뜨개질?

연구자: 오, 좋아요. 뜨개질이라고 해요. 여기 사진 보시면 보통 겨울에 입는 따뜻한 옷을 이렇게 만들어요, 손으로. 명사로 뜨개질이라고 하고 동사로는 '뜨다' 사용해서, 모자를 뜨다. 장갑을 뜨다, 이런 식으로 사용해요.

(중략)

연구자: 다른 질문이 없으면 제가 질문할게요. 뜨개질하면서 엄마 마음이 어땠을까요? 주인공이 '누구 주려는 거야?' 하니까 엄마가 '대수롭지 않게 "그냥 심심해서 뜨는 거야"' 이렇게 대답했는데.

참여자D: 아마 투이 많이 생각했을 거 같아요.

연구자: 음, 그래요. 그렇게 생각한 이유는?

참여자D: 음... 응웬 아줌마가 투이 "머리가 커서 모자가 잘 안 맞거든" 말하잖아요. 근데 아마 이 모자가 잘 맞아요. 그래서 주인공 엄마가 투이 많이 생각하면서 만들었어요.

연구자: 오, 좋아요. 투이 머리 크기가 어느 정도 되는지 잘 생각해서 만든 거 보면 엄마가 정말 세심한 사람이고 투이 가족을 많이 생각한 것 같아요. 이 부분 한번 보시면, 응웬 아줌마가 "옅은 빛에 세심하게 비춰봐야 하는 보석이나 되는 것처럼" 이렇게 표현되어 있죠. 이런 부분에서 응웬 아줌마도 엄마의 마음을 느끼지 않았나 싶기도 해요.

〈씬짜오, 씬짜오〉는 투이 가족과 주인공 가족의 관계를 중심에 놓고 어린 화자의 시선으로 등장인물의 세밀하고 복합적인 감정 변화를 포착해낸 작품이다. 화자가 성장하고 성인이 된 이후에 그 관계를 재해석해 나가는 과정에서 관계의 의미, 관계의 소중함에 관한 화자의 고민을 통해 관계를 유지하고 깨어진 관계를 회복하기 위해 필요한 태도가 무엇인지를 담담하고 깊이 있게 그려낸다. 이러한 작품의 내용은 고립되기 쉬운 이주 환경에서 살아가는 참여자들이 관계의 본질에 관해 관찰하며 공감하고, 진심으로 타인을 이해하는 태도에 대해 성찰해 보는 계기로 작용할 수 있다. 이러한 공감과 성찰의 양상이 아래 수업 후 쓰기 결과에 드러나 있다. 아래는 참여자H의 1차, 2차 쓰기 결과물이다.

참여자 H의 1차 쓰기 과제

그리움

〈씬짜오, 씬짜오〉 소설 읽기 수업 중에 선생님께서 누가 주인공 여자 아이처럼 내가 언젠가 이 시간을 그리워할지도 모른다고 생각한 적이 있느냐고 질문하셨을 때 대답을 못 드렸다. 사실 그런 생각은 한 번도 생각해 본 적이 없었다. 다만, 가족과 떨어져 사는 지금은 그런 그리운 날이 많다고 느껴진다. 그리움은 나에게 외로움을 달래 주기도 하고 삶의 소중한 것을 깨닫게 하기도 한다.

소설 속 주인공이 독일에서 생활하는 동안 생겼던 일을 회상했다. 감정이 생생히 되살아난 일은 저음 투이네 집을 방문했을 때이다. 투이네 식구 모두가 반갑게 맞아주던 일, 그 환대에 기뻐하던 엄마의 모습, 같이 음식을 나눠 먹던 공기를 기억했다. 처음에 경험한 일이나 처음에 일어난 감정은 오래 가고 잊을 수 없게 마련이다. 그리고 주인공이 사소한 것, 재미있는 것도 언젠가 생각이 나서 그 순간을 그리워한다. 이런 순간의 예를 들면, 거실에서 여름 밤바람이 불어오고 부엌에서 어른들의 말소리와 웃음소리가 들려오고, 투이가 입을 벌리고 잠들었던 시간을 들 수 있다. 어른이 술을 먹고 노래를 불렀을 때도, 베트남 노래의 후렴구를 어설프게 따라 하려는 엄마를 보고 웃음을 터뜨리던 어른들의 모습도 생각났다. 주인공이 이런 회상을 통해 사랑하는 사람과 보내는 시간은 사소한 일이라도 즐겁고 행복하다고 느끼게 된다.

나도 주인공처럼 사랑하는 사람 곁에서 보낸 즐거운 시간이 그립다. 그 시간이 생각날 때마다 외로움을 덜 느꼈다. 추위를 쉽게 타는 편인 나는 겨울 내내 엄마, 조카와 같이 잠자는 날들을 애타게 그리워했다. 기온이 영하로 내려간 추운 밤에 익숙한 침대에 누워 엄마의 품에 잠들면 얼마나 행복한지 모른다. 그리고 침대에서 잠을 자기 전에 장난으로 조카와 이불을 서로 빼앗는 것이 좋다. 지금 와서 생각해 보니 처음에 그렇게 즐겁게 장난하다 보니 우리의 습관이 되었다. 조카와 같이 잠을 자면 으레 서로 이불을 빼앗기가 시작한다. 둘 다 배가 아플 정도 웃을 때나 엄마가 '시끄러워! 조용히 자!'라고 사랑스러운 잔소리를 하실 때까지 그제서야 우리는 잠을 자기로 했다. 그리고 잊지 않게 '잘 자' 아니면 '좋은 꿈을 꿔라'라고 서로 말했다. 늦게 알바가 끝나고 기숙사에 돌아갔을 때나 혼자가 이불로 몸을 감쌌을 때는 더욱더 보고 싶다. (중략)

참여자 H의 1차 쓰기 과제
    소설 〈씬짜오, 씬짜오〉 속 주인공의 엄마 마음의 변화 분석

누군가 우정은 사랑보다 낭만적이고 실연은 소중한 우정을 잃어버린 것보다 괴롭지 않다고 말했다. 이런 괴로움은 소설 〈씬짜오, 씬짜오〉 속 주인공의 엄마 마음의 변화를 통해서 충분히 느낄 수 있다. 응웬 아줌마와의 우정이 부서진 후 고통에 빠진 주인공의 엄마 모습은 쓸쓸하고 안타깝게 보인다. 그리고 예전처럼 관계를 회복하기 위한 노력, 이별 선물에 감춰 놓은 진심도 감동을 준다.

작가 최은영의 소설 〈씬짜오, 씬짜오〉는 주인공의 회상으로 등장인물의 관계가 시작한 장면부터 끝이 나버린 장면까지의 과정을 전개한 작품이다. 한국 가정과 베트남 가정은 두 아이가 동창으로 관계를 맺고 두 가족이 겪었던 전쟁의 고통에 대한 시각 차이로 관계가 깨졌다. 주인공의 엄마와 응웬 아줌마, 주인공과 투이는 두 가정의 관계를 대표하는 인물이라 할 수 있다. 주인공의 엄마와 응웬 아줌마의 우정은 나에게 깊은 생각을 하게 만든다.

응웬 아줌마는 주인공의 엄마에게 특별한 사람이라는 것을 쉽게 알아볼 수 있다. 응웬 아줌마는 낯선 독일 생활로 인해 힘든 주인공의 엄마를 위해 직접 나서 도와주고 외로움을 달래기 위해 말동무가 되어주었다. 특히 사랑이 많고 다른 사람의 마음에 공감해주는 능력을 지닌 주인공의 엄마의 장점을 발견해 주었다. 게다가 응웬 아줌마 가족과 보낸 시간 덕분에 주인공의 엄마와 남편이 서로를 따뜻하게 대했다. 주인공의 엄마에게 응웬 아줌마는 세상 사람들이 지적하는 엄마의 예민하고 우울한 기질을 섬세함으로, 특별한 정서적 능력으로 이해해준 유일한 사람이라고 주인공인 나는 생각했다.

주인공의 말로 인해 갈등이 발생했을 때 주인공의 엄마는 자기 실수가 아니라도 사과했다. 그리고 깨진 우정을 극복하기 위해 애써 노력했다. 엄마가 몇 번이나 아줌마를 찾아가고 자기 독일어가 서툴러도 어색함을 이겨내려는 듯이 평소보다 더 많은 말을 했다. 이것은 주인공의 엄마가 응웬 아줌마와의 우정을 소중하게 여긴다는 것을 보여준다. 예전처럼 관계를 회복하고 싶어하는 희망을 표현한다. 하지만 엄마의 노력에도 불구하고 응웬 아줌마는 그저 견디고 지치는 모습을 보였다. 결국 엄마는 아줌마를 찾아가지도, 아줌마에 관한 이야기도 더이상 하지 않았다.

여기서 엄마 마음의 변화를 볼 수 있다. 이것은 엄마가 자기만 극복하기 위해 노력하고 그 노력은 상대방을 지치게 하기만 한다는 깨달은 것이다. 그리고 희망은 이런 우정은 예전처럼 회복할 수 없다는 인정이 되었다. 식탁 의자에 앉아 멍하니 벽을 보고 있던 엄마의 모습,

무언가를 골똘히 생각하다 주인공을 보고 깜짝 놀라던 모습은 많이 생각하고 어렵게 결정을 내렸다는 마음이 느껴진다. 서로 더 상처를 주지 않게 관계를 회복하려는 노력이 관계를 멈추는 선택이 되었다. 엄마는 차가운 사람이 아니라 타인의 고통에 공감하고 타인의 감정을 배려해 주는 사람이라는 생각이 든다. (중략)

1차 쓰기에서 참여자 H는 연구자가 수업 중에 던진 질문을 가지고 글을 풀어간다. 연구자는 "내가 언젠가 이 시간을 그리워할지도 모른다고 생각했다"는 소설 문장을 읽고 이런 생각이 드는 순간이 있었는지 질문했었다. 참여자 H는 이 질문을 실마리로 삼아 작품에서 느낀 공감과 고향에서의 추억을 엮어 글을 풀어냈다. 2차 쓰기에서는 두 가족의 관계에서 가장 상처를 받았을지도 모르는 주인공 엄마의 마음이 변화하는 과정을 되짚어 본다. 이를 통해 관계에서 가져야 하는 성숙한 태도에 관한 성찰을 글로 표현하였다. 이처럼 참여자들은 작품에서 인상 깊게 느꼈던 인물이나 장면, 표현, 수업 시간에 오고 간 질문의 한 토막을 중심으로 자유 에세이를 썼다. 수업 시간에 접한 표현을 자연스럽게 쓰기에 활용하는 양상도 눈에 띄었다.

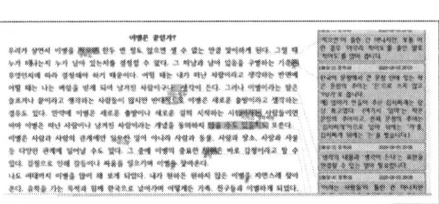

<그림 2> 자유 에세이 피드백 예시

이처럼 특별한 학습 활동을 기획하고 진행하지 않고 소리내어 충실히 읽는 데 중점을 둔 수업에 대해 참여자들은 만족감을 표시했다. 마지막 시간에 참여자들은 아래와 같이 수업 소감을 이야기했다.

참여자들의 수업 참여 소감

참여자A: 소설이 생각보다 쉬워서 어렵지 않았어요. 쓰기는 너무 쓸 게 많아서 뭘 쓰는지 정하는 게 좀 어려웠어요.

참여자B: 이런 작품 읽으면 좋은데 혼자 안 읽어요. 시간도 없고. 근데 수업이니까 다 읽을 수 있어서 좋아요.

참여자D: 혼자 읽으면 이해가 안 되는 부분이나 잘 생각할 수 없는 부분 있는데 이렇게 같이 읽어서 같이 의견 나눠서 그리고 작품을 더 깊게 이해할 수 있어서 좋았어요.

참여자E: 문학작품에서 좋은 표현을 많이 배우게 된 거 같아요. 반복되는 표현은 잘 기억에 남는 거 같아요. 그리고 쓰기 피드백 자세하게 해 주셔서 도움 됐어요.

참여자F: 코로나 때문에 고향에 못 가고 좀 답답했어요. 방학 동안에 이런 수업하니까 좋아요. 재미있고 보람도 있어요.

문학작품을 온전히 읽는 과정에 참여함으로써 학습자는 모국어와 한국어의 경계를 넘어서 언어가 담아내거나, 혹은 언어가 채 담아내지 못하는 소통의 이면까지를 살펴 인간에 대한 이해를 넓힐 수 있다. 이때 언어는 단순한 소통의 도구나 지식 차원을 넘어 고차원적인 언어문화적 실천 행위이며, 언어 소통의 본질에 가까운 행위라고 할 수 있다.

5. 결론

이 연구에서는 비형식적 맥락에서 실행한 성인 학습자의 문학작품 소리내어 읽기 수업 사례를 살펴보았다. 한국어를 깊이 있게 공부하고자 하는 성인 학습자는 모국어의 언어 문화적 유산을 풍부하게 접했으며, 그 결과 한 언어 문화 공동체의 대표적 산물인 문학작품을 꼼꼼하게 읽는 행위를 의미 있게 받아들일 가능성이 높다. 특정한 교육 목표를 이루기 위한 문학작품 활용도 필요하지만, 문학작품을 천천히 깊게 읽는 과정 자체에 방점을 두는 활동 역시 나름대로의 가치를 지닌다. 따라서 다양한 맥락에서 학습자의 성향과 요구를 파악하고 적절한 작품을 선정하여 이와 같은 수업을 진행해 볼 필요가 있다.

끝으로 연구자는 소리내어 문학작품을 완독하는 과정을 실천 공동체 참여라는 관점에서 해석하고자 한다. 레이브와 벵거(Lave & Wenger, 1991)는 필요한 지식과 기법을 체계적으로 배울 수 있는 도구가 준비되지 않아도 숙련자가 무엇을 어떻게 하는지, 공동체 내에 어떤 특수한 규칙이 있는지 관찰하는 과정에서 자연스럽게 학습이 일어난다고 보았다. 이러한 논의에 따르면 교육의 방점은 촘촘하게 설계된 활동을 따라가게 하기보다는, 열린 참여의 장을 마련해주는 것, 그 자체에 놓인다. 즉 교실에서의 활동을 통해 학습자가 '공동체와 연결되었다는 실감'을 느끼게 하는 것이 중요하다. 무언가를 통해 새로운 세계를 보고 거기에 참여한다는 실감을 통해 학습은 '진짜다워'지기 때문이다.(박동섭, 2015, 27) 한국 언어문화 공동체의 정수인 문학작품을 소리내어 읽는 동안 학습자는 한국어의 장인이 빚어낸 작품을 통해 한국어 실천공동체와 연결되고, 이들과 함께 '진짜' 세계에 들어가 있다는 느낌을 받게 된다. 이러한 관점에서도 문학작품 자체를 충실히 읽어내는 데 초점을 두는 한국어 문학 교육은 적지 않은 의미를 지닌다.

참고 문헌

강경희, 강승혜(2015), 「한국어문학교육 연구 현황과 동향 분석 -유형 및 주제를 중심으로」, 『언어와 문화』 11(2), 한국언어문화교육학회, 29-64.

고정희(2018), 「자화상(自畵像)을 통한 미술과 문학의 융합 교육」, 『문학치료연구』 47, 한국문학치료학회, 119-160.

김현진(2020), 「소리 내어 읽기와 묵독이 한국어 초급 학습자의 독해력에 미치는 효과」, 『외국어로서의 한국어교육』 56, 연세대학교 언어연구교육원 한국어학당, 51-78.

박동섭(2015), 「획득의 학습에서 문화적 실천에의 참가로서의 학습으로」, 『교육인류학연구』 18(3), 한국교육인류학회, 1-35.

박영민(2003), 「독서의 발달과 음독에서 묵독으로의 이행」, 『국어교육』 111, 한국어교육학회, 59-86.

서정미(2019), 「의사소통역량 향상을 위한 낭독과 매체를 통한 수업의 효과 -'읽기의 발견' 수업을 중심으로」, 『사고와표현』 12(2), 한국사고와표현학회, 209-236.

신규철(2017), 「영어 듣기이해에 '소리내어 읽기전략'이 주는 영향에 대한 연구」, 『영미연구』 39, 한국외국어대학교 영미연구소, 135-156.

오선영(2004), 「영어 소리내어 읽기 활동의 효과적인 이용에 관한 연구」, 『영어교육연구』 9(2), 글로벌영어교육학회, 77-98.

윤동주, 서정홍 편(2017), 『서정홍 농부시인이 시 감상을 쓰고 화가 이영경이 그린 윤동주 시집』, 고인돌.

윤여탁(1999), 「문학을 활용한 한국어교육 방법」, 『국어교육연구』 6(1), 서울대학교 국어교육연구소, 239-256.

윤여탁(2007), 한국어 문학교육의 목표, 외국어로서의 한국문학교육, 서울: 한국문화사.

윤여탁(2013), 「다문화 사회의 문식성 신장을 위한 한국어교육의 전략- 문학교육의 관점을 중심으로」, 『새국어교육』 94, 한국국어교육학회, 7-29.

윤여탁, 유영미, 박은숙(2014), 「한국어교육에서 한국문학 정전 목록 선정 연구 -한국, 미국, 중국을 중심으로」, 『국어교육연구』 34, 서울대학교 국어교육연구소, 359-388.

이승이(2016), 「낭독방법을 활용한 시 리듬 교육의 재인식」, 『현대문학이론연구』 66, 현대

문학이론학회, 213-238.

정경화(2012), 「소리 내어 읽기가 한국어 읽기 유창성에 미치는 효과- 여성 결혼이민자를 대상으로」, 영남대학교 석사학위논문.

최지현(2010), 「독서 교육에서 낭독의 의의에 대한 재음미」, 『독서연구』 24, 한국독서학회, 138-175.

허선영(2016), 「소리내어 읽기 활동이 청해력에 미치는 효과-듣기 구문의 형태와 학습자의 영어 능숙도를 중심으로」, 『인문과학연구』 51, 강원대학교 인문과학연구소, 61-76.

허선영(2019), 「발화의 정도에 따른 소리내어 읽기의 효과」, 『교양교육연구』 13(5), 한국교양교육학회, 239-252.

황인교(2001), 「외국어로서의 한국문학교육의 가능태」, 『외국어로서의 한국어 교육』 26(1), 연세대학교 한국어학당, 409-434.

황인교(2005), 「문학교육의 연구사와 변천사」, 『한국어교육론2』, 국제한국어교육학회, 277-305.

Amer, A.(1997), The effect of the teacher's reading aloud on the reading comprehension of EFL students, *EFL Journal*, 51(1), 43-47.

Brown, D.(2001), *Teaching by principles*, 권오량 외 공역(2002), 『원리에 의한 교수: 언어교육에의 상호작용적 접근법』, 서울: Pearson Education Korea.

Colins, M. F.(2010), ELL preschoolers' English vocabulary acquisition from storybook reading. *Early Childhood Research Quarterly*, 25, 84-97.

Gibson, S.(2008), Reading aloud : a useful learning tool?. ELT Journal, 35(1), 29-36.

Griffin, S. M.(1992), Reading Aloud. An Educator Comments. *TESOL Quarterly*, 26(4), 784-787.

Keller, John M(2010), *Motivational Design for Learning and Performance*, 조일현 외 공역(2013), 『(학습과 수행을 위한) 동기 설계: ARCS모형 접근』, 파주:아카데미프레스.

Kim, J.(2004), The relationship between the ability to read aloud and reading comprehension in beginning EFL reading, *English Teaching*, 59(2), 101-122.

Lave, J., & Wenger, E.(1991), *Situated Learning: Legitimate Peripheral Participation*, 손민호 역(2010), 『상황학습: 합법적 주변 참여』, 강현.

McCallum, R. S., Sharp, S., Bell, S. M., & George, T. (2004), Silent versus oral reading comprehension and efficiency. *Psychology in the Schools*, 41(2), 241-246.

Alshumaimeri, Y.(2011), The effects of reading method on the comprehension performance of Saudi EFL students, *International Electronic Journal of Elementary Education*, 4(1), 185-195.

7장 한국어 학습자의 반응 텍스트 양상 연구

-한국 현대시를 중심으로

이홍매 대련민족대학교 한국어학과

1. 서론

한국어 교육에서 문학 교육은 이미 다양한 차원, 다양한 측면에서 논의되고 연구되어 왔다. 그중 현대시 교육에 관해서도 많은 연구가 이루어져왔으며 한국어 교육에서 현대시 교육의 중요성 및 그 의의도 이미 다양한 측면에서 증명되었고 현대시 교육에 관한 다양한 방법도 연구되었다.

그럼에도 불구하고 한국어 교육의 문학 교실[1]에서는 한국어로 된 현대시를 읽는 것이 어렵다는 편견이 잔존하고 있으며, 시 텍스트에 대한 교육은 다만 외국인들에게 한국의 유명한 문학작품을 소개해주는 것이라고 생각하는 견해가 팽배하기 때문에 교사 주도의 강의식 수업이 주를 이룬다. 그 원

---

1   본고에서 문학 교실과 문학 수업은 같은 의미로 사용되는 것이며 여기에는 한국어 교육에서 통합교재에서의 문학작품 관련 수업과 문학 관련 수업이 모두 포함된다.

인은 연구 성과의 부족에도 있겠지만 무엇보다 중요한 것은 학습자에 대한 잘못된 인식에서 기인한다. 한국어 교육의 문학 교육 현장에서 학습자는 늘 부족한 독자로 간주된다. 따라서 한국어로 된 문학작품을 이해하는 것은 외국인 학습자의 부족한 언어 지식으로는 어렵다고 판단되어 왔다. 그러나 언어 지식으로만 성인 학습자의 능력을 판단하는 것은 그들이 갖고 있는 지식을 부정하는 것이자 그들의 실제 능력을 폄하하는 것에 해당한다.

 학습자들이 시 텍스트를 읽을 때 언어 지식뿐만 아니라 자신의 배경지식을 활용하기 때문에 시 텍스트의 난이도에 대해 절대적 기준을 적용할 수는 없다. 그러므로 중국의 한국 현대시 교육에서는 중국인 학습자들의 특성을 충분히 인지하고 고려하여야 하며 그러한 특성에 적합한 교육 방법들이 설계되고 실행되어야 한다.

 그리고 기존의 한국어 교육에서 특히 문학 교육에서 표현 기능들은 학습자들의 이해 상황을 확인하기 위한 일종의 수단이었다. 기존의 한국어 교육에서 문학 텍스트에 대한 다양한 쓰기가 실행되었지만 많은 경우, 학습자들이 쓴 텍스트는 그들의 이해 상황을 판단할 수 있는 매개체로 받아들여졌다. 이러한 텍스트에 대한 피드백은 문학 교육이나 쓰기 교육보다는 언어 교육 측면에서 어휘나 문법에 관해 제공되었다. 또한 문학 교실에서 많이 활용되는 감상문 쓰기는 시 텍스트에 대해 교사가 미리 해석하거나 관련된 지식을 가르친 후에 실행되기 때문에 학습자들은 자신의 생각보다는 교사의 해석을 다시 언어화하는 과정을 거치게 되므로 주체적으로 의미를 실현할 필요성을 느끼지 못한다. 쓰기는 읽기를 확인할 수 있는 수단일 뿐만 아니라 읽기와 통합되어 학습자들의 의미 구성 과정을 촉진할 수도 있으며 그들의 이해를 구체화하고 명료화할 수 있는 수단으로 재개념화 될 필요가 있다.

 본고에서는 중국의 한국어 교육에서 현대시를 가르치는 방법으로 반응 텍스트 쓰기를 제안하고 반응 텍스트 쓰기의 속성과 한국어 교육에서의 활용 의의에 대해 이론적 측면과 실제적 측면에서 고찰해보고자 한다.

2. 이론적 전제

1) 반응 텍스트의 개념 및 속성

반응(response)이란 용어는 교사 중심의 문학 수업에서 학습자 중심의 수업으로 방향을 전환하기 위하여 제안한 것으로, 반응중심 문학 교육에서 가장 중요한 개념이다. 로젠블렛(L. M. Rosenblatt)은 '반응'을 '환기'의 개념과 구별하였다. 그는 "환기란 심미적 소통 동안 독자가 자신의 언어적, 문화적, 삶의 과거 경험에서 끌어온 아이디어, 감각, 느낌, 이미지를 선택하여 그것을 새 경험인 환기된 시나 소설 또는 희곡으로 종합하는 과정"이며 "반응은 환기된 의미(곧 문학작품)에 반응하는 것이며, 심미적 소통 동안 그리고 후에 생성되는 것"이라고 하였다.(L. M. Rosenblatt, 1985) 또한 퍼브스와 리페르(A. C. Purves & V. Rippere)는 "문학 반응은 한 편의 시, 이야기, 소설을 읽는 중에 또는 읽고 나서 수행하는 인지적, 정의적, 지각적, 정신적 활동들을 포함하는 것"이라고 하였다.(A. C. Purves & V. Rippere, 1968, xiii)

경규진은 이러한 정의들을 참고하여 '반응'의 개념을 다음과 같이 정리하였다. 1. 반응은 환기에 대한 것으로 '텍스트에 의해 구조화된 경험'으로서 환기의 개념과 구별된다. 2. 반응은 텍스트의 중요성을 배제하지 않고 독자의 위치를 부상시킨다. 3. 반응은 독서 과정과 후의 전 과정을 포함시킬 정도로 확대된다. 4. 반응은 개인적이면서 사회적·문화적 행위이다. 5. 반응은 감정과 동일한 것이 아니며, 심리적 감정에 제한시키기보다 페이지에 있는 단어를 이해하는 과정에서의 복잡한 인식 작용을 포함한다.(경규진, 1993, 23)

그러므로 반응 텍스트는 학습자들이 시 텍스트를 읽고 마음속에 형성된 생각, 느낌, 감정 등을 언어로 외화하는 즉 표현한 텍스트를 의미하는 것이다. 여기에서 표현은 주로 쓰기로서 텍스트에 대한 학습자의 사고와 감정을 글로 표현한 것이 이에 해당한다.

언어인지는 언어 표현의 근원적 기점이고, 언어 표현은 언어인지의 형성 기점이다. 언어 표현은 언어인지에 있어서 한편으로는 외부의 기대와 자극에서 발생하는 언어활동이 되며, 언어의 주체에 있어서 외부의 압력으로 개인은 더 많은 심리적 요소를 동원하게 되고 더 많은 주의를 투입하게 된다. 언어인지에 비하여 언어 표현이 소모하는 심리적 에너지가 더 많다. 그러므로 언어 주체의 내부에 있어서 더 심각한 심리적 활동의 흔적을 남기게 되는 것이다.(노금숙, 2011, 151) 표현됨으로써 인지의 과정이 더욱 능동적으로 수행되며 표현됨으로써 그것은 하나의 대상이 되어 확인이 되고 성찰이 이루어질 수 있으며 표현 또한 하나의 의미 형성 과정이다.

표현에는 말하기와 쓰기라는 두 가지 방식이 있다. 한국어 교육 연구에 자주 인용되는 브라운(H. D. Brown)이 정리한 말하기와 쓰기의 차이점 7가지는 영속성(permanence), 표현 시간(production time), 거리(distance), 맞춤법(orthography), 복잡성(complexity), 어휘(vocabulary), 형식성(formality)이다.(H. Douglas Brown, 권오량·김영숙·한문섭 역, 2001, 325-326) 발화 상황맥락을 청자와 화자가 공유함으로써 상대방으로부터 즉각적인 반응을 얻을 수 있는 말하기와 달리 쓰기는 독자를 직접 대면하지 못한 채 의사를 전달해야 하기 때문에 필자의 의도가 제대로 전달되지 못할 가능성이 높다. 그러나 억양, 강세와 같은 운율적 수단이나 얼굴 표정이나 눈빛, 몸짓과 같은 비언어적 수단을 통해 상대방으로부터 즉각적인 반응이 오고 이에 대해 바로 대응을 해야 하는 말하기에 비해 쓰기는 시간적인 압력을 적게 받는다. 바로 이러한 시간적 여유로 인해 학습자는 수많은 머릿속 생각을 되풀이하는 연습을 할 수 있으며 숙고하여 수정하며 다시 쓰고 하는 과정을 반복함으로써 자신이 이해한 의미를 체계화하고 구체화할 수 있는 충분한 시간을 갖게 된다. 이 과정에서 반복적인 확인과 수정이 가능하므로 쓰기를 통해 학습자들이 이해한 의미는 더욱 명료화될 수 있다.

스콜즈(R. E. Scholes)는 읽기와 쓰기는 상호작용에 의해 완성되기까지는 미완인 채 남아 있는 상보적인 활동이며, 그것을 글로 쓸 때 읽는 텍스트에 대한 반응을 완성하게 된다고 보았다.(Robert E. Scholes, 김상욱 역, 1995, 28) 반응 텍스트 쓰기는 읽기 결과물의 표현이나 읽기를 평가하기 위한 매개일 뿐만 아니라 읽기를 발전시키고 확장시키는 것으로 그 자체로서의 의의가 있다. 쓰기를 통해 학습자들은 읽기 과정에서 추상적으로 형성된 반응을 구체화할 수 있으며, 객관적이었던 반응을 자신과의 연계 속에서 주관적 반응으로 확대할 수 있다. 또한 학습자들은 읽기를 통해 형성된 간접적인 이해를 쓰기 활동을 통해 보다 직접적인 이해로 변경할 수 있다. 이 과정에서 학습자들이 실현한 의미는 쓰기를 통해 구체화되고 심화될 수 있다. 그리고 이러한 구체화 과정은 반응 텍스트라는 매개를 통해 읽기와 쓰기를 더욱 유기적으로 통합함으로써 가능한 것으로, 이는 기능 간의 상호 보완적인 작용을 통해 반응 텍스트 쓰기 활동 및 깊이 있는 텍스트 이해 과정을 함께 유도한다. 따라서 반응 텍스트 쓰기는 읽기의 결과물을 표현하거나 그 자체가 목표가 되는 활동에 머무는 것이 아니기 때문에, 시 텍스트의 의미를 이해하는 한 과정으로서 읽기의 연장에서 의미를 구체화하는 작용을 할 수 있다.

반응 텍스트는 학습자 자신이 생각하고 느낀 것을 진술하기 때문에 학습자의 자기 표현적 글쓰기라고 할 수 있다. 또한 반응 텍스트 쓰기는 학습자가 텍스트에 대한 자신의 견해를 진술하고 그 근거를 시 텍스트에서 찾아 서술하는 것이므로 반응 텍스트는 설득적 특성도 지니고 있는데, 이는 학습자들이 반응 텍스트에서 문학 텍스트에 대한 자신의 생각을 타당성 있게 설명하려고 하기 때문이다. 반응 텍스트는 시 텍스트를 대상으로 생산된 텍스트라는 점에서 상호텍스트성도 갖고 있다. 학습자들이 반응 텍스트를 쓸 때 필연적으로 그가 읽은 시 텍스트의 어떤 것이 반응 텍스트에 반영되고 영향을 미친다. 그리고 표현 과정도 반응에 속하기 때문에 반응 텍스트는 그 자체로서 반응의 일부분이다. 뿐만 아니라 반응 텍스트는 이해와 표현의 과정을 통해 생산된 결과이며 또한 학습자가 한국어로 표현하므로 읽기 기능과 쓰기 기능의 통합 양상을 띤다.

2) 한국어 교육에서 읽기와 쓰기의 통합

반응 텍스트 쓰기는 쓰기와 분리된 읽기 활동이나 읽기와 분리된 쓰기 활동과는 다른 차원의 언어활동으로 기능한다. 반응 텍스트 쓰기는 특히 한국어 교육에서 언어 능력과 관련하여 언어 기능의 통합과 연관되는 문제이다.

읽기와 쓰기는 많은 측면에서 공통성을 갖고 있다. 특히 읽기와 쓰기는 스키마(내용과 형식)를 공유한다는 점, 비슷한 언어 처리 과정을 거친다는 점, 비슷한 기능이나 전략을 요구한다는 점, 언어 지식과 구조가 연관된다는 점, 공통된 어휘 기반을 가진다는 점 등에서 공통성 또는 관련성이 높은 것으로 받아들여지고 있다.(이재승, 2004) 이것은 읽기와 쓰기 간의 어떤 공통점을 전제하는 것으로, 읽기와 쓰기를 통합적으로 지도할 때, 이들 읽기와 쓰기 능력 모두를 기를 수 있다는 것을 보여준다.(이재승, 1997, 402) 따라서 통합하여 수행하게 하는 것은 두 기능의 상호 촉진을 실현하게 되는 것이며 이것은 또한 학습자들의 통합적인 언어 기능 신장과 밀접한 연관성이 있다.

외국어 교육에서 브라운(H. D. Brown)은 통합적 과정의 풍요로움이 학습자들에게 더 강한 동기를 부여하여 보다 효과적이고 능동적인 언어 학습 활동을 촉진시킨다고 주장하였다. 그리고 이로 인해 학습 효과가 지속적으로 유지되며 유의미한 과업을 위한 다양한 기회를 갖는다고 설명했다. 또한 네 가지 언어 기능은 서로 긴밀한 연관관계를 형성하고 있기 때문에 서로 상호

보완적으로 통합해서 가르쳐야 한다고 하면서 통합수업의 필요성[2]에 대해 제시하였다.

　쓰는 활동이 결합됨으로써 시 텍스트를 읽는 데 학습자들의 주체적이고 적극적인 개입이 필요하게 된다. 쓰기 활동을 전제로 한 문제적 접근은 읽기에 대한 명확한 목표와 함께 문제의식을 고취시켜 읽기 능력을 더욱 신장시킬 수 있다. 학습자가 텍스트에 접근하는 방식은 그가 이해하게 될 것과 그가 텍스트로부터 취할 것에 영향을 줄 것이다. 쓰기에 대한 요구와 부담감 없이 읽기 활동을 수행할 때보다, 독자에게 자신의 사고와 표현을 전달하는 '쓰기'라는 사회적 활동을 전제로 하여 읽기 활동을 수행할 때 학습 효과는 더욱 높아질 수 있다. 읽기·쓰기 통합 교육을 할 때, 쓰기를 전제로 하여 목표 언어로 된 읽기 자료를 읽는 학습자들은 읽기만을 위해 읽을 때보다 더욱 문제의식을 가지고 읽게 되어(이성희, 2008) 그들의 시 텍스트 읽기 능동성을 더욱 활성화하게 된다. 이러한 능동성 활성화의 방법론은 교육 현장에서, 교사가 일방적으로 의미를 전달하는 일방향의 구도에서 벗어나, 학습자의 능

2　1. 언어의 표현과 이해는 동전의 양면이다. 동전을 앞면과 뒷면과 쪼갤 수는 없다.
　　2. 상호작용이란 메시지를 보내고 동시에 받는 행위를 의미한다.
　　3. 문어와 구어는 밀접한 관련성을 가지고 있다. 그 관련성을 무시하는 것은 언어의 풍요로움을 무시하는 것과 같다.
　　4. 문자해독력이 있는 학습자에게 있어 문어와 구어의 관련성은 언어와 문화와 사회를 반영하는 것으로서 내적인 동기를 유발시킨다.
　　5. 언어를 가지고 학습자가 무엇을 할 것인가에 주된 관심을 두고, 언어의 형태에 부수적인 관심을 둠으로써 교실 상황과 유관한 기능은 네 기능 모두가 포함되기 마련이다.
　　6. 많은 경우에 한 가지 언어 기능은 다른 기능을 강화해준다. 예컨대, 들은 내용을 모델링함으로써 말하기를 배우고, 읽은 내용을 꼼꼼히 살펴봄으로써 쓰기를 배우게 된다.
　　7. 총체적 언어 접근법을 주장한 학자들에 의하면 인간이 실생활에서 언어를 수행하는 것을 보면 한 가지 이상의 기능을 통합하여 사용할 뿐만 아니라 언어와 사고, 감정, 행동방식이 밀접하게 관련되어 있다고 한다.(H. Douglas Brown, 권오량·김영숙·한문섭 역, 2001, 286-287)

동적 참여를 유도하고 그들을 향유의 주체로 정립한다는 점에서 소통적인 방법론이 된다.

특히 쓰기는 생각을 만들어내고 그것을 표현하는 방법에 대해서 생각하며 독자에게 분명하게 표현되도록 문장과 단락으로 구성하는 정신적인 작업이다. 스웨인(M. Swain)은 '입력 가설'과 반대로 '출력 가설'(output hypothesis)을 주장하는데 그는 SLA(Second Language Acquisition)에 있어서 출력의 세 가지 주된 기능을 제시하였다. 첫 번째는 목표 언어를 사용하려고 시도하는 동안, 학습자들은 의미를 전달하기 위한 자신들의 잘못된 시도를 알아차릴 수 있고, 언어를 생산하는 행동 자체는 학습자들로 하여금 언어적 약점을 인식하게 할 수 있다는 주장이다. 여기에서 학습자들은 자신의 출력을 통해서 스스로 정보를 제공받게 된다. 두 번째 기능은 출력이 지금 형성되고 있는 다양한 가설을 시험하기 위해서 자신의 언어를 '시험해 보는' 수단의 역할을 한다는 것이다. 세 번째 기능은 쓰기는 학습자가 동료와 벌이는 상호 작용 과정에서 언어 자체에 대해(생산적으로) 생각해볼 수 있는 수단을 제공한다는 것이다. 이것은 출력의 상위 언어적 기능으로서 "언어에 대한 학습자의 말은 그의 생각을 구체적으로 드러내는 것이며, 일관성이 없는 것을 명확하게 해준다".(H. Douglas Brown, 이흥수 외 역, 2007, 324-325에서 재인용) 학습자들은 출력을 통해서 자신의 이해 상황을 표현할 수 있을 뿐만 아니라 그 과정에서 자신이 한국어로 표현하고 싶어 하는 것과 자신이 실제로 표현할 수 있는 것 사이에는 차이가 있다는 것을 인지하게 되며 또한 규칙을 찾으면서 수정해 가는 일련의 활동을 하게 된다. 이것은 학습자들의 한국어 능력 신장과도 밀접히 연계된다.

언어 기능의 통합을 통해 기능을 가르치는 것은 학습자들의 기능 신장에 긍정적인 영향을 미칠 수 있다. 학습자들은 통합에 관련된 언어 활동을 진행하면서 두 기능의 신장을 꾀할 수 있는 것이다. 그러나 두 기능의 밀접한 연관성에도 불구하고 그것이 학습자들의 필요성을 이끌어내고 동기로 작용하여야만 비로소 통합 활동이 교육에서 가지는 효과를 극대화할 수 있다는 점을 상기할 필요가 있다. 읽기와 쓰기를 통합할 때 단순히 읽기 활동과 쓰기 활동이 함께 이루어졌다고 해서 읽기와 쓰기 능력이 길러지는 것이 아니라, 이들이 서로 유기적으로 관련을 맺으며 '의도적인' 면, 다시 말해 그 활동 속에 '교육적 요소'가 있을 때 이러한 효과를 기대할 수 있다. 반응 텍스트 쓰기는 시 텍스트를 읽지 않으면 쓸 수 없다는 점에서 이미 읽기와 쓰기 기능의 통합이 포함되어 있다. 반응 텍스트 쓰기를 시 텍스트 읽기와 쓰기의 변인들이 복합적으로 작용하여 형성된 결과물이라고 볼 때, 학습자들이 반응 텍스트를 작성하는 과정에서 한국어 읽기·쓰기 활동은 단순히 연계된 것이 아니라 통합되어 학습자들의 반응 형성과 표현을 실현하게 된다. 그리고 이 과정에서 두 기능은 상호 작용하면서 시 텍스트의 의미를 실현할 뿐만 아니라 학습자들의 언어 기능의 신장을 촉진한다.

언어 기능은 지식의 집합이 아니라 고도로 복잡한 기능의 집합이다. 언어적인 지식을 많이 안다고 해서 곧 언어사용 능력이 증진되는 것이 아니라 언어 학습은 실제로 언어를 사용하는 과정을 통해서 효과적으로 이루어진다. 그러므로 학습자들은 반응 텍스트 쓰기 및 성찰과 수정 과정을 통하여 통합적인 두 기능의 반복적인 수행 과정을 거치게 되며, 이러한 과정에서 요구되는 언어 기능들을 익히고 신장할 수 있게 된다.

3. 한국 현대시에 대한 반응 텍스트 쓰기의 양상 분석

1) 연구 대상 및 연구 방법

본고에서 고찰 과정은 주로 실험 과정을 통해 진행되었다. 실험은 중국 대학의 한국어학과에 재학 중인 학습자들을 대상으로 진행되었다. 우선 대상 텍스트를 선정함에 있어서 본고에서는 중국의 한국어 교육에서 많이 다루고 있는 작가의 작품들 중에서, 기존의 교육에서 언급하지 않은 텍스트를 선정하였으며, 중국의 한국어 교재에서는 언급되지 않은 당대의 현대시 텍스트를 선정하기 위하여 한국의 중·고등학교 「국어」 교과서에 수록된 텍스트들을 참고하였다. 그리고 학습자들의 나이와 흥미 정도를 고려하여 학습자들에게 익숙한 시, 학습자들의 실제 상황과 밀접히 연관될 수 있는 주제 및 인간의 보편적인 정서를 다룬 시 텍스트를 선정하여 학습자들이 자신의 경험과 연계하여 시를 읽을 수 있기를 기대하였다. 콜리와 슬레이터(J. Collie & S. Slater)는 문학 텍스트의 적합성 기준으로 학습자의 필요, 흥미, 문화적 배경, 언어 수준을 들면서, 가장 중요한 것은 문학작품이 학습자의 흥미를 불러일으키고 그들로부터 강력하고 적극적인 반응을 유발시켜 개인적인 참여를 자극할 수 있는지의 여부라고 하였다. 그러면서 학습자들의 여러 가지 인생 경험, 감정, 희망 등과 관련있는 작품들을 고르는 것이 중요하다고 하였다. 또한 이러한 선정 기준은 한국어로 된 시에서 비슷한 감정을 표현하는 다양한 방식에 대한 관찰을 유도하는 데 유리하다고 판단된다.

 그리고 편폭의 길고 짧음이 학습자들의 이해에 미치는 영향에 대해서 고찰해보려고 하였다. 이러한 요인들에 대한 종합적인 판단을 통해 김소월의 〈먼 후일〉과 황지우의 〈너를 기다리는 동안〉을 대상 텍스트로 선정하였다.

 실험은 중국 대학의 한국어학과에 재학 중인 2, 3, 4학년 학습자들을 대상으로 진행되었다. 실험 과정에서는 어려운 어휘에 대한 뜻풀이[3] 외에는 그

---

3 어휘의 사전적 의미를 모른다는 것은 학습자가 시 텍스트에 반응 하는 데 많은 부담과 장애 요소를 생성하게 하며 따라서 시 텍스트의 내용을 이해하는 데 많은 시간을 허비하여 다양한 반응의 형성과 표현이 수행되지 못할 수도 있다고 생각한다. 그러므로 실험에서 어휘에 관련된 뜻풀이를 시 텍스트와 함께 제시하였다.
 뜻풀이는 주로 시 텍스트에서 변형된 표현이나 고어와 같은 특수한 어휘들에 한해 제시하였으며 한국어로서의 뜻풀이와 상응되는 중국어 표현을 함께 제시하였다. 그리고 학

어떤 부가적인 정보도 제공하지 않은 상황에서 학습자들로 하여금 시 텍스트를 읽고 반응 텍스트를 쓰게 하였다. 학습자들의 모든 반응 텍스트는 모두 한국어로 작성하게끔 하였으며 수업 시간 내에 완성하여 제출하게 하였다. 그리고 실험에서는 학습자들이 솔직한 반응을 서술할 수 있도록 하기 위하여 사전을 활용하여 어휘의 의미를 찾는 것 외에는 다른 관련된 정보를 찾는 것이 허락되지 않았으며 그 어떤 내용이든 솔직하게 쓰면 된다는 점을 강조하였다.

<표 1> 실험의 자료 정보

자료유형	대상 텍스트	자료 수
반응 텍스트	김소월 「먼 후일」	62편
	황지우 「너를 기다리는 동안」	66편

2) 양상 분석

독자가 문학에 대해 쓴 글을 다룬 많은 연구들 가운데 가장 대표적인 연구로는 퍼브스와 리페르(A. C. Purves & V. Rippere)가 있다. 이 연구에서는 문학에 대한 독자들의 구어적·문어적 반응들을 분석하여 문학에 대한 글쓰기의 사태를 기술하는 네 가지 범주를 제시하였다. '참여-몰입(Engagement-involvement)', '지각(Perception)', '해석(Interpretation)', '평가(Evaluation)'가 그에 해당한다. 즉 독자가 문학에 대한 글쓰기에서 작품에 대한 자신의 몰입 상태,

---

습자들의 부담을 줄이기 위하여 3학년 학습자들을 기준으로 기존에 배우지 않은 어휘들을 부가적으로 선정하여 뜻풀이를 제시하였으며 마찬가지로 한국어와 중국어로 모두 제시하였다. 실험에서 학습자들이 모르는 어휘에 대해 사전을 통해 그 의미를 확인하는 것을 허용하였다. 실제로 2학년 학습자들과 같은 경우, 실험 과정에서 어휘의 의미를 확인하는 데 많은 시간을 소모하고 있음을 확인할 수 있었다.

작품에 대한 자신의 지각, 작품 전체 혹은 작품 일부의 의미나 의의에 대한 해석, 그리고 작품에 대한 자신의 평가에 대해 기술할 수 있다는 것이다.[4]

스콰이어(J. R. Squire)는 다음과 같은 문학 관련 반응 범주를 제시하였다. '문학적 판단(literary judgments)', '해석적 반응(interpretational response)', '서술적 즉각 반응(narrational reactions)', '연합적 반응(associational responses)', '자기 몰입(self involvement)', '규범적 판단(prescriptive judgements)', '기타(miscellaneous)'가 그것이다.(J. R. Squire, 1964, 17-18) 오델과 쿠퍼(L. Odell & C. Cooper)는 문학 관련 진술의 분류를 '개인적인 진술(Personal Statements)', '기술적인 진술(Descriptive Statements)', '해석적인 진술(Interpretive Statements)', '평가적인 진술(Evaluative Statements)' 네 가지로 제시하였다.(L. Odell & C. Cooper, 1976, 205-206) 또한 뉴웰(G. E. Newell)은 반응의 진술 분류를 '기술적인 진술(Descriptive Statements)', '개인적인 진술(Personal Reaction Statements)', '연합적 진술(Associative Statements)', '해석적 진술(Interpretive Statements)', '평가적 진술(Evaluative Statements)' 다섯 가지로 제시하고 있다.(G. E. Newell, 1996, 159-160)

본고에서는 이러한 진술 유형들과 학습자들의 반응 텍스트의 구체적인 진술 양상을 고려하여 시 텍스트의 정보에 대한 기술적 진술, 시 텍스트의 의미에 대한 해석적 진술, 시 텍스트의 가치에 대한 평가적 진술, 그리고 자신과의 연계짓기를 통한 성찰적 진술 네 가지로 그 유형을 분류하였다. 시 텍스트의 정보에 대한 기술적 진술에는 주로 사실적 정보나 시 텍스트의 내용에 대해 기술하는 반응들이 포함되며, 시 텍스트의 의미에 대한 해석석 신

---

4 '참여-몰입'은 작품에 몰입된 것을 나타내는 진술로서 독자에게 준 정서적 자극의 정도, 독자에게 일어난 흥미의 정도를 나타내는 진술이 포함된다. '지각'은 작품 그 자체를 기술하는 진술로서 작품 내용의 재진술, 내용 요약, 형식인 구성요소에 대한 언급, 작품의 역사적 배경에 관한 진술 등이 여기에 포함된다. '해석'은 텍스트의 의미를 설명하거나 일반화한 진술, 텍스트 자체에서 다루었던 것보다 문제를 더 포괄적이고 폭넓게 다루는 진술을 의미한다. '평가'는 작품의 특징에 대한 판단 진술을 의미한다.(A. C. Purves & V. Rippere, 1968, 6-8)

술은 학습자들이 다양한 맥락을 활용하여 시 텍스트의 정보들에 대해 좀 더 확장적으로 진술하는 반응들이 포함된다. 그리고 시 텍스트의 가치에 대한 평가적 진술에는 시 텍스트의 정보에 대한 윤리적 판단과 미적 가치에 대한 문학적 판단이 포함되며, 자신과의 연계짓기를 통한 성찰적 진술은 시 텍스트에 의해 환기된 학습자들의 감정이나 느낌에 대한 정서적 반응, 깨달음 및 자신의 이해 과정에 대한 성찰적 반응들을 의미한다. 시 텍스트의 어떤 부분에 주목하느냐에 따라, 그들이 어떤 맥락에 근거하느냐에 따라 그리고 어떤 진술 방식을 선택하느냐에 따라 반응 텍스트는 상이한 모습을 띠게 될 것이다.

구체적으로 학습자들의 성별, 사회적 계층, 직업, 나라, 나이 등과 같은 인지적 자원들이 학습자들의 반응에 영향을 미치게 된다. 학습자들은 인지적 자원뿐만 아니라 언어 능력[5], 배경지식의 질과 양 및 이해와 표현의 목표 등 여러 차원에서 차이를 보인다. 그러나 학습자들은 한편으로 하나의 집단으로서의 공통성을 갖고 있기도 하다. 본고에서의 대상 학습자들은 중국 대학교의 한국어학과에 재학 중인 한국어 학습자들로서 공통적인 변인들을 갖고 있다. 학습자들의 반응 및 표현은 학습자들의 차이에 의해 다양성을 가지면서도 공통적인 변인으로 인하여 유사성을 띤다. 이러한 유사성은 학습자들의 반응과 표현의 양상을 유형별로 분류할 수 있는 근거가 되어준다.

(1) 시 텍스트의 정보에 대한 기술적 진술

시 텍스트 정보에 대한 기술적 진술은 학습자들이 시 텍스트를 읽고 쓴 반응 텍스트에서 시 텍스트에 포함된 정보에 대해서 어떻게 다양하게 기술하고 있는지를 보여준다. 여기에는 학습자들의 시 텍스트의 전체나 일부분에

---

5 본고에서의 언어 능력이란 한국어로서의 언어 능력을 의미하는 것이며 여기에는 읽기와 쓰기 능력이 포함된다.

대한 언급이나 진술들이 포함된다. 학습자들이 시 텍스트의 내용이 무엇인지, 그리고 시인은 어떠한 형식이나 이미지를 통해 시 텍스트의 내용을 표현하고 있는지 등을 적합하게 파악하는 것은 시 텍스트 읽기의 기초가 되어야 한다. 물론 학습자들의 이러한 기술적 진술은 단편적이고 즉각적일 수 있다. 그러나 그것은 텍스트를 읽고 형성된 학습자의 솔직한 반응일 수 있으며 이러한 진술에 대한 구체화 요구는 곧 학습자들의 반응을 명료하고 풍부하게 유도할 수 있다.

> 이 시는 사랑했던 연인은 아무리 나무라도 잊으라고 해도 마음속에 잊지도 못하고 잊기 싫다는 마음을 서술했다. [A32][6]

김소월의 「먼 후일」[7]에 대한 이 반응 텍스트에서 시 텍스트의 내용에 대해 개괄적으로 서술하고 있다. 다만 반응이 시 텍스트의 내용에 대한 개괄적인 서술에 머물고 있다.

> ① 이 시는 두 부분으로 나눌 수 있습니다. 문두부터 '다시 문이 닫힌다'까지 나는 너를 기다리는 것을 묘사한다. 그 다음부터 끝까지 너가 오지 않아서 내가 너에게 가면서 너도 오고 있다는 것입니다. 기다리기만 하는 것은 좀 부족하기 때문에 실천을 통해 실제적인 효과

---

6 본고에서 학습자들의 반응 텍스트를 제시할 때, 실험 대상자인 학습자의 이름을 기호화하여 제시하였다. A는 김소월의 「먼 후일」을 의미하는 것이며 황지우의 「너를 기다리는 동안」은 B로 시 텍스트를 표기하였다. 다음 학습자 이름을 숫자로 대신하였다. 여기에서 학습자 번호는 성적, 성별과는 무관하다.

7 먼 훗날 당신이 찾으시면/그때에 내 말이 "잊었노라"//당신이 속으로 나무라면/"무척 그리다가 잊었노라"//그래도 당신이 나무라면/"믿기지 않아서 잊었노라"//오늘도 어제도 아니 잊고/먼 훗날 그때에 "잊었노라"(김소월 지음, 권영민 엮음, 2007, 25)

를 얻을 수 있습니다.

　② 이 시는 마침 짝사랑을 묘사하는 것입니다. 첫 단락에 나는 그냥 기다리고 있었습니다. 그래서 너도 오지 않고 아무 결과도 없습니다. 두 번째 단락에 나는 기다리는 뿐만 아니라 너에게로 갔습니다. 그래서 너도 나에게로 왔습니다.... [B27]-1

　황지우의 「너를 기다리는 동안」[8]에 대한 반응 텍스트에서 학습자는 단락을 나누어 내용을 서술하고 있지만 여기에서의 단락은 한 연으로 구성된 시 텍스트를 학습자가 이해한 내용에 따라 두 부분으로 나눈 것이다. 기다리는 장면에 대한 묘사와 가고 있다는 '행동 묘사'라는 두 부분은 단순히 시의 형식적인 정보에 대한 것을 넘어서서 시의 내용에 대한 이해에 근거하여 구성상의 특징에 대해 밝히고 있는 것이다. 이러한 진술을 통해 학습자들의 기술 내용이 단지 연의 구성에만 주목하는 것이 아니라 의미의 구성적 특징에 의해서도 조직될 수 있음을 알 수 있다.

　아주 오랜 시간 지난후에 내가 내 말이 '잊었다'고 한다. 상대방은 날 원망해도 오랜 후에 다 잊을 거라는 뜻한다. 그리고 그래도 나한테 불만 소리를 치면 내가 못 믿기로 여길거다. 잊는 것이 오늘에도 아니고 어제도 아니고 아주 먼 이후의 일이다. [A61]

8　네가 오기로 한 그 자리에/ 내가 미리 가 너를 기다리는 동안/ 다가오는 모든 발자국은/ 내 가슴에 쿵쿵거린다/ 바스락거리는 나뭇잎 하나도 다 내게 온다/ 기다려본 적이 있는 사람은 안다/ 세상에서 기다리는 일처럼 가슴 애리는 일 있을까/ 네가 오기로 한 그 자리, 내가 미리 와 있는 이곳에서/ 문을 열고 들어오는 모든 사람이/ 너였다가/ 너였다가, 너일 것이었다가/ 다시 문이 닫힌다/ 사랑하는 이여/ 오지 않는 너를 기다리며/ 마침내 나는 너에게 간다/ 아주 먼데서 나는 너에게 가고/ 아주 오랜 세월을 다하여 너는 지금 오고 있다/ 아주 먼데서 지금도 천천히 오고 있는 너를/ 너를 기다리는 동안 나도 가고 있다/ 남들이 열고 들어오는 문을 통해/ 내 가슴에 쿵쿵거리는 모든 발자국 따라/ 너를 기다리는 동안 나는 너에게 가고 있다.(황지우, 1994, 14-15)

김소월의 「먼 후일」을 읽고 작성한 이 반응 텍스트에서 학습자는 시 텍스트에서 서술하고 있는 시행들을 구절로 변경하여 시 텍스트의 내용을 진술하고 있다. 함축적으로 표현하고 있는 시의 특성을 타파하고 그 의미를 문장화하여 풀어써서 표현하고 있는 것이다. 이러한 방식은 시 텍스트의 시어들을 그대로 사용하면서도 조사나 어미를 바꾸거나 첨가하여 완결된 문장으로 진술하는 것이다. 그러나 학습자의 진술에서 볼 수 있듯이, 구절로 변형하였음에도 불구하고 구절과 구절은 의미상 서로 모순되고 있다. 특히 '그리고 그래도 나한테 불만 소리를 치면 내가 못 믿기로 여길 것이다'라는 구절은 시행에 대한 이해 및 시행 간의 연계에 대한 이해가 이루어지지 못한 상황에서 그대로 풀어쓰고 있음을 잘 보여주는 경우이다.

이와 같이 시 텍스트를 풀어쓰는 표현 방식은 학습자들이 시 텍스트의 내용을 잘 이해하지 못하였을 때 많이 택하는 진술 방법의 일종이기도 하다. 따라서 각 구절들은 분리되어 있으며 의미적인 차원에서 하나의 텍스트를 이룰 수 있는 논리성을 갖기 힘들다. 이것은 우선 시행이나 시연의 연계에 대한 파악이 이루어지지 않았기 때문이며 따라서 시 텍스트의 내용에 대해 이해하지 못했기 때문이다. 시는 짧은 형식에 깊은 뜻을 내포한 텍스트로서 간결함의 특성 때문에 빈자리가 많다. 학습자들이 시를 읽는 과정에서 이런 빈자리를 메워가면서 전체적인 의미를 이해하여야 하는데 이 과정에서 각 연의 의미에 대해 이해하고 연과 연의 관계를 파악해야만 전체적인 내용에 대해 이해할 수 있다.

지금까지 학습자들의 반응 텍스트에 진술된 기술적 부분에 대한 고찰을 통해, 시 텍스트의 전체 혹은 일부분에 대한 이해 상황을 진술하고 있음에도 불구하고 학습자들의 반응 표현 방법이나 표현 형태 및 그 구체성에 있어서 상이한 양상을 확인할 수 있다. 그러나 무엇보다도 기술적 진술에서 가장 중요한 것은 시 텍스트의 지시적 의미에 대한 이해의 적합성이다. 시 텍스트를 적합하게 이해해야 기술적 진술의 타당성 및 다양성을 확보할 수 있기 때문이다.

(2) 시 텍스트의 의미에 대한 해석적 진술

시 텍스트의 의미에 대한 해석적 진술이란 시의 내용이나 시연의 내용에 대해서 단순히 기술하는 것이 아니라 시의 일부분이나 시의 전체 또는 시어 등에 대해 학습자들이 나름대로 해석하는 것을 말한다.

전 단계가 시 텍스트의 표면적인 의미에 대한 이해 과정이라고 한다면, 이 단계는 학습자가 시 텍스트와의 상호 소통을 거쳐 그 이면적인 의미에 대해 해석하는 과정이라고 할 수 있다. 그러므로 작품 자체에서 다루었던 것보다 문제를 더 포괄적이고 폭넓게 다루는 반응, 작품 전체나 일부분에 대한 해석에 관한 진술 등이 이 양상에 포함된다. 기술적 진술과 해석적 진술을 구별하고자 한 매듀스(R. J. Matthews)의 논의를 보면, 기술이란 것은, 자신이 하고 있는 말이 진인지 아닌지를 알 수 있는 위치에 있는 서술자에 의해 말해진 진술이고, 해석은 단순히 어떤 자료를 근거로 해서 그럴 수 있다고 생각되기 때문에 제출되는 명제다.(Marie-Laure Ryan, Paul Hernadi 엮음, 최상규 옮김, 1998, 83-84에서 재인용)

...
③ 또 나는 꿈을 추구하는 사람, 너는 꿈, 이상으로 해석될 수 있습니다.... [B27]-2

"너"는 뭐니? 저는 "너"의 의미에 따라 받은 느낌도 다르다고 생각합니다. 만약, "내"가 어떤 사랑한 사람을 기다리면 데이트를 할 때 그런 느낌이 나온다. "내"가 애인이나 여자친구를 너무너무 보고 싶어서 먼저 그 만난 곳이 가고 기다리고 있다는 느낌이 있어요. 그래서 아무 소리가 나오면 나는 관심이 많다. 만약, "너"는 사회나 국가의 어떤 상태로 이해하면 느낌이 완전히 다르다. "내"가 나라의 평화를 기다리고 있다. 그래서 인간의 모두 일을 발생하면 나도 그 평화를 위해 발생한 것인다. 그리고 나도 그것을 기대한다. 내 마음도 그 평화를 향한다. [B44]

이 두 학습자는 황지우의 「너를 기다리는 동안」을 읽고 작성한 반응 텍스트에서 시 텍스트의 '너'를 '꿈, 이상, 나라의 평화' 등으로 해석하고 있다. 다른 학습자들의 관련된 반응 텍스트에서도 '너'는 꿈, 희망, 조국 등으로 해석되는 경우가 많았다. 실제로 시인이 시의 착어[9]에 쓴 내용을 보면 시 텍스트에서의 '너'는 민주, 자유, 평화, 숨결 더운 사랑 등을 의미한다. 착어를 제시하지 않았음에도 불구하고 학습자들은 황지우의 「너를 기다리는 동안」을 다만 연시로만 이해하는 차원을 넘어서 '너'의 상징적 의미에 대해 다양하게 해석하려고 하였다. 이는 시 텍스트에 대한 심층적인 해석의 결과일 뿐만 아니라, 학습자들의 문학 경험의 영향으로도 볼 수 있다. 중국인 학습자들은 텍스트를 읽으면서 상징, 의미, 형상 등 추상적이고 심층적인 이해에 유독 주목하는 경향이 있다. 장기간의 문학 교육에 대한 중요성 강조, 그리고 중국 언어와 중국 문학이 가지고 있는 특유의 기호학적 특성으로 인하여 중국인 학습자들은 문학 텍스트 읽기에 있어서 다른 언어권 학습자에 비하여 형상과 상징 및 의미의 파악에 더 주의하는 현상을 보인다.

학습자들은 시가 무엇인지 모르는 것이 아니라, 외국어 코드에 익숙하지 않을 뿐이다. 그러므로 모국어에서 체계적인 문학 교육을 받은 중국인 학습

---

9 착어: 기다림이 없는 사랑이 있으랴. 희망이 있는 한, 희망을 있게 한 절망이 있는 한. 내 가쁜 삶이 무엇인가를 기다리게 한다. 민주, 자유, 평화, 숨결 더운 사랑. 이 늙은 낱말들 앞에 기다리기만 하는 삶은 초조하다. 기다림은 삶을 녹슬게 한다. 두부 장수의 핑경 소리가 요즘은 없어졌다. 타이탄 트럭에 채소를 싣고 온 사람이 핸드 마이크로 아침부터 떠들어대는 소리를 나는 듣는다. 어디선가 병원에서 또 아이가 하나 태어난 모양이다. 젖소가 제 젖꼭지로 그 아이를 키우리라. 너도 이 녹 같은 기다림을 네 삶에 물들게 하리라.(황지우, 1994, 15)

자들의 경우, 언어적인 지식은 부족하지만 자신들이 갖고 있는 시 텍스트에 관련된 풍부한 배경지식을 활용하여 시 텍스트를 능동적으로 읽을 수 있다. 그러나 이러한 문학적 경험은 언제나 긍정적으로 기능하는 것은 아니다.

> 한국 사람들 마음 속에 걸린 "한"이란 감정에 대한 이해가 어렵다. 너무 과감하고 맹렬해서 사람을 한 입으로 먹는 것 같았다. 여지도 없이 자신의 감정을 홍수처럼 나타냈지만 다른 사람보다 자주 자신에게 상처를 주는 것을 했다.
> 김소월의 시에서 항상 "한"이라는 감정이 나왔다.
> 먼 후일이라는 시는 사랑하는 사람에게 배신을 당한 여자의 시각으로 마음속에 쌓인 한을 표현해 나왔다. 계속 "잊었노라"라고 말했는데 마음 속에 분명히 상처가 있어서 잊을 수 없는 모양이다. 처음에 그리움 때문에 "잊었노라"라고 말할 때 사랑하는 사람을 또 다시 만나서 슬프고 기뻐서 감정이 복잡했다. 사랑한다고 하고 싶었지만 예전의 한과 자존심 때문에 할 수 없이 "잊었노라"라는 거짓말만 말할 수 있었다. 그 다음에 사랑했던 사람이 계속 치근거려서 시인이 또 한번 상처를 받아서 또 다시 "잊었노라"라고 말했다. 이번에는 거짓말보다 정말과 더 가까이하다. 사랑은 한으로 바뀌기 시작했다. 마지막으로 "잊었노라"라고 할 때 시인이 자신에게 말하는 것 같다. 자신에게 꼭 잊으라고 경고하고 결심하는 것 같다.
> 이 시의 1연부터 4연까지 강해진 느낄 수도 있고 사랑과 한도 살펴 볼 수 있다. [A55]

김소월의 「진달래꽃」에 대해 이미 학습한 학습자는 김소월의 「먼 후일」을 읽고 쓴 반응 텍스트에서 이미 배운 관련된 지식을 활용하여 「먼 후일」을 해석하려고 하였다. 학습자는 이 시에서 시적 화자가 떠나간 연인을 잊지 못함을 역설적으로 표현하고 있다는 것을 이미 이해하였으며 그 이해를 '한'[10]과 연계하여 해석하고 있다. 여기에서 학습자가 이미 배운 김소월이라는 시인에 관련된 지식, 그리고 「진달래꽃」에 관련된 분석적 지식들이 「먼 후일」의 심미적 의미를 이해하고 해석하는 데 영향을 미쳤다고 볼 수 있다.

이 반응 텍스트에서 '한'의 감정이란 한국 사람들에게 보편적으로 존재하는 감정이며 그것은 결국 자신에게 상처를 주는 아주 '맹렬한' 감정으로 나타난다. 구체적으로 이 학습자에게 '한'이란 모순된 심리는 감정을 표현하고 있음에도 불구하고 결국 자신에게만 상처를 주는 그러한 감정이기 때문이다. '한'에 관련된 지식에 근거해서 시 텍스트를 해석하려고 하였기 때문에 학습자는 자신이 생각하는 '한'에 적합하게 시 텍스트의 시적 상황 및 각 연을 해석하고 있다. 따라서 시적 상황도 시적 화자가 사랑하는 사람에게 배신을 당한 것으로 해석하고 있으며 '잊었노라'고 한 것도 '한'과 자존심 때문이며 잊을 수 없는 것은 상처가 있기 때문이라고 해석하고 있다. '잊었노라'고 말하면서도 결코 잊지 못하고 있는 시적 화자의 모순된 심리를 「진달래꽃」의 시적 화자의 심리와 비교하면서 그것을 자신이 이해하고 있는 '한'의 의미에 근거

---

10 한이란 우선 서로 모순되는 두 충동의 갈등에서 빚어지는 감정이다. 그러한 의미에서 그것은 아이러니한 혹은 역설적인 감정이라고 말할 수 있다. 그 대표적인 예는 「진달래꽃」의 화자가 겪었던, 복합적 감정일 것이다. 그것은 이 시에서 화자의 심리를 구성한 좌절과 미련, 원망과 지책의 감정들이 시로 상반하는 관계에 있기 때문이다. 한은 결코 통일된 혹은 해결된 감정일 수 없다. 그것은 복합된 갈등의 감정이며 동시에 미해결의 감정이다. 현실적으로는 앞으로 나아가야 될 상황임에도 불구하고 마음속에서는 뒤로 돌아가고자 하는 미련이 강렬하게 남아 있는 감정, 그리하여 앞으로도 뒤로도 가지 못하고 모순에 맺혀있는 감정이다. 그리고 한은 여기서 다시 상대방에 대한 애정과 동시에 사랑해야 될 상대방을 증오했다는 자신의 죄의식이 수반될 때 형성되는 감정이다. 상대방을 원망했던 감정은 상대방을 원망한 사실에 대한 자신의 자책감으로 변모한다. 그런데 이렇게 상대방에 대한 원망이 자신에 대한 자책감으로 변화되는 과정에서 갈등의 텐션은 원망의 대상에 대한 주체자의 애정이 깊으면 깊을수록 강하다. 때문에 현실적으로 깊은 애정과 절실한 소망의 대상이 아닌 자에 있어서 한은 존재할 수 없다.(오세영, 1998, 26-28)

해 해석하고 있는 것이다. 이 시에서 시적 화자의 심리 전개 역시 「진달래꽃」과 마찬가지로 절망과 미련, 원망과 자책의 서로 모순된 감정으로 설명된다. 상대방을 미워하면서도 사랑하고, 긍정하면서도 부정하고, 이별하면서도 만남을 준비하는 모순의 복합적인 감정을 표현하고 있다.

학습자는 또한 '한'에 대한 이해에 근거하여 시 텍스트의 각 연에 대해 구체적으로 진술하고 있다. 처음의 '잊었노라'는 사랑하는 사람을 또다시 만나서 슬프면서도 기쁘며 사랑하지만 결국 자존심 때문에 말한 것이다. 또 다시 '잊었노라'라고 했을 때는 좀 더 진실에 가까운 의미이며 마지막 연에서의 '잊었노라'는 시인이 잊고 싶음에도 잊을 수 없는 자신에게 반드시 잊어야 함을 알려주는 말이라는 것이다. 여기에서 학습자는 시 텍스트에서 '잊었노라'는 연을 반복해감에 따라 그 의미가 더욱 강력해지며 또한 거짓말이 아닌 진실에 더욱 가까워지는 것이라고 해석하고 있다. 만일 학습자가 '먼 후일'과 같은 다른 시어를 고려했다면 보다 텍스트에 바탕을 둔 타당한 반응을 형성할 수 있었을 것이다. 특히 마지막 연에서의 '잊었노라'는 '먼 후일'에 하는 말로서 자신에게 잊어야 함을 강조하는 말이라는 학습자의 해석을 따른다면 그러한 잊음이 먼 후일에 행해지도록 강조하고 있다는 뜻이 될 수 있다. 타당한 해석을 조직하는 원칙은 전체 텍스트에 대한 반응을 포함해야 하므로(Louise M. Rosenblatt, 김혜리·엄해영 역, 2008, 224) 두 작품의 공통점만을 고려하여 기존에 배운 텍스트에 관련된 지식에 의해서만 현재 읽고 있는 시 텍스트의 의미에 대해서 해석하는 것은 적합하지 않은 해석을 생산할 우려가 있다.

학습자는 모든 작품을 새롭게 대하는 것이 아니라 자신이 이미 접한 관련된 작품들과 연계하여 시 텍스트에 다가가게 된다. 따라서 그들의 해석에는 기존 교육의 결과물들이 남아있게 되는 것이다. 그러나 이미 배운 지식들이 새로운 시 텍스트의 해석에서 모두 긍정적인 영향만을 미치는 것은 아니다. 중요한 것은 활용되고 있는 지식의 정확성의 여부가 우선시되어야 하며, 또한 정확한 지식이라고 하여도 새로 접한 시 텍스트와 관련시키는 것이 적절한지에 대한 고려가 있어야 한다는 점이다. 정확하지 않은 지식이나 시 텍스트에 적합하지 않은 지식을 활용하게 되면 학습자들의 해석은 타당성을 잃게 된다. 그리고 기존에 형성된 문학적 경험에 과도하게 의존하는 것은 학습자들의 반응의 다양성을 제한하게 된다. 언급한 사례에서 보듯 학습자가 갖고 있는 배경지식이 시 텍스트의 해석 과정에 선입견으로 작용하여 학습자들로 하여금 상투적인 반응을 형성하게 할 수도 있다. 다음의 반응 텍스트도 이와 같은 점을 잘 보여준다.

> 여성 시식으로 쓴 시이다.
> 슬픈 마음과 깊은 사랑을 "너"에게 보여주고, 끝까지 견딜 것이다는 결심을 보여준다.
> 기다린단 말을 했지만 마침내 기다릴 수 없다. 마음이 아프고 초조하기 때문이다.
> 시에서 그 남자가 "나"에 대해 무관하거나 그녀의 마음을 모르거나 냉담한 사람인 것 같다.
> 한국 사랑에 대한 시들이 주로 이런 성격이 보일 수 있다. 주로 여자가 남자를 사랑하지만 그 남자가 떠나거나 무관심하다. [B26]

이 학습자는 황지우의 「너를 기다리는 동안」을 읽고 위와 같이 반응 텍스트를 작성하였다. 학습자는 시 텍스트가 여성의 목소리로 쓰였다고 판단하였는데, 그 판단 근거는 시 텍스트에 있는 것이 아니라 학습자가 기존에 배운 한국 시 텍스트들의 경향에 있다. 학습자는 기존에 김소월 등 시인의 작품에 대해 이미 학습하였는데 이러한 시들이 모두 사랑과 관련된 주제를 다루고 있다는 공통점에 근거하여 이 시 텍스트의 시적 화자도 여성일 것이라고 추측한 것이다. 황지우의 「너를 기다리는 동안」에서 시적 화자는 여성으로 해석될 수도 있고 남성으로 해석될 수도 있다. 그러나 그러한 해석 근거는 시 텍스트 자체에서 찾아야 한다. 단순히 기존에 배운 한국 시 텍스트들이 사랑에 관련된 주제이며 또한 여성 화자의 목소리로 많이 쓰였다고 하여 이 시 텍스트에서도 그럴 것이라는 반응은 다소 편협한 것이다.

로젠블렛은 유효한 읽기를 결정하는 세 개의 일반적인 규준을 다음과 같이 제시하였다. 첫째, 읽기 사건의 맥락과 목적 혹은 전반적 교류에 대한 고려가 있어야 한다. 둘째, 해석은 전체 텍스트, 텍스트 위의 기호들과 모순되거나 그것을 포괄하지 못해서는 안된다. 셋째, 해석의 모든 요소가 텍스트 속에 '언어적 기초'를 지니고 있어야 한다. 특히 반응 텍스트에 한정해 볼 때, 학습자들의 반응의 타당성은 학습자들이 텍스트와의 소통 과정에서 텍스트의 일부분이 아닌 텍스트의 전체와의 충분한 소통을 하고 있느냐에 의해 결정된다고 볼 수 있다. 이상의 논의를 고려하면, 학습자는 자신의 해석이 수용 가능한지를 결정하는 책임에 언제나 직면해 있음을 확인할 수 있다.(Louise M. Rosenblatt, 김혜리·엄해영 역, 2006, 22)

(3) 시 텍스트의 가치에 대한 평가적 진술

시 텍스트의 가치에 대한 평가적 진술이란 시 텍스트에 대한 미적 가치 판단과 윤리적 판단에 관한 진술을 모두 포함하는 개념이다. 여기에서 미적 가치 판단이란 문학적 장치에 대한 평가를 의미하는 것이며 윤리적 판단이란 학습자가 시적 화자나 시적 대상의 행위나 생각, 시의 주제에 대해 자신만의 기준을 토대로 평가하는 것을 의미한다.

평가적 진술들은 학습자에 따라 아주 간단하게 언급될 수도 있고 정교한 기준에 근거하여 구체적으로 분석될 수도 있기 때문에, 그러한 판단은 피상적이거나 인상적일 수도 있고 비교적 구체적이고 심층적일 수도 있다. 평가의 대상에는 시 텍스트의 내용이나 주제, 시적 대상, 시적 화자를 비롯하여 시 텍스트에서 사용하는 기법, 언어, 작가가 쓰는 문체, 문장을 기술하는 방법,

문학 형식 등이 포함된다.

> ...나는 이 시를 읽고 난 후에 이런 복잡한 감정을 내 마음에서 가득 차 있다. 나는 이 여자를 위해서 슬프기도 하고 자랑스럽기도 한다. 이 시에서 깊은 슬픔이 어디에서 다 볼 수 있다. 특히 "오늘도 내일도 아니 잊고, 먼 훗날 그 때에 잊었노라" 이 구절은 정말 여자의 슬픔을 잘 표현했다. 자기 사랑하는 남자한테 어쩔 수 없이 냉담하게 대하는 건 얼마나 슬픈 일인까? 동시에 나는 이 여자를 위해 사랑스럽다. 이 여자처럼 씩씩하게 "잊었노라"는 말을 할 수 있는 여자 참으로 많지 않다. 그래서 작가의 시를 통해 내가 어떤 정이 많고 씩씩한 여자를 봤다. [A54]

> ...내 경험에 비추어 볼 때 이 시에선 '너를 기다리는 동안 나는 너에게 가고 있다'는 말이 가장 인상적이다. 기다리기만 하지 않는 주체적인 인생관이다. 앞에서 좋은 일이 있는 게 확실한다고 하며 자기도 앞으로 용감하게 나가는 걸 생각하면 얼마 행복한지 모른다. 기다리는 게 행복이라고 할 수 있다. [B18]-1

이 반응 텍스트들에서 학습자들은 모두 시 텍스트의 시적 화자에 대해 평가를 하고 있는데 구체적인 대상이나 표현 방식에서 차이를 보인다. 김소월의 「먼 후일」에 대한 첫 번째 반응 텍스트에서 학습자는 시적 화자의 행위에 대해 평가하고 있다. 잊지 못하고 사랑하고 있으면서도 그 슬픔을 누르고 '잊었노라'라고 말하는 시적 화자의 모습에서 학습자는 정이 많으면서도 씩씩한 여자의 모습을 보았다고 한다. 이러한 표현을 통해 학습자는 시적 화자의 행위에 대해 긍정적으로 바라보고 있다고 할 수 있다. '사랑하면서도 '잊었노라'라고 밖에 할 수 없는 시적 화자의 마음을 이해한다'고 서술한 부분은 자신과 연계시키면서 시적 화자의 행동의 적절성에 대해 판단하고 있다고 볼 수 있다. 그러한 행동을 할 수 있는 시적 화자의 성격을 '씩씩하다'고 평가한 것은 학습자가 시적 화자를 긍정적으로 평가하고 있다는 것을 방증한다. 학습자의 기준에서 여자가 이렇게 할 수 있다는 것은 사랑스러우며 자랑스러운 일이기 때문이다.

황지우의 「너를 기다리는 동안」을 대상으로 한 두 번째 반응 텍스트에서도 학습자는 시적 화자의 행위에 대해 평가를 하고 있지만 시 텍스트에서 보여주는 전체적인 모습이 아니라 하나의 구체적인 행위에 대해서 평가를 하고 있다. 두 번째 학습자는 시적 화자의 '너를 기다리는 동안 너에게 가고 있다'는 행위에 대해 평가를 하였다. 그러한 행위는 기다리기만 하는 행위와는 비교되므로 능동적인 의미를 포함하고 있으며 행위 주체의 인생관을 표현하고 있다고 하였다. 학습자의 기준에서 앞으로 나아가는 것은 용감한 행위이며 또한 행복한 일이다. 따라서 시적 화자의 이와 같은 행위에 대해서 학습자는 긍정적인 측면에서 평가하고 있는 것이다.

시 텍스트의 내용 및 주제를 이해하는 차원을 넘어서서 주제 및 시적 대상, 시적 화자 등에 대한 자신의 생각을 한국어로 표현하고 있다는 점에서 학습자들의 이와 같은 표현들은 주목할 만하다. 특히 성인 학습자는 시 텍스트에서 표현되고 있는 것에 대해 자신의 신념, 가치관에 의한 자신만의 기준으로 판단하고 평가할 수 있다. 이것은 시 텍스트의 의미를 능동적으로 실현하는 학습자의 또 다른 표현 양상이라고 볼 수 있다.

학습자들의 반응에는 윤리적 판단에 의한 평가뿐만 아니라 시 텍스트에서 사용하고 있는 문학적 장치에 대한 평가도 있다. 이러한 평가에는 시 텍스트의 언어, 시의 구성적 특징, 표현 기법 등에 대한 평가가 포함된다. 평가는 단순히 호불호로 서술될 수도 있으며 또한 시 텍스트의 의미 표현에 있어서의 역할 및 작용에 대한 진술을 통해서 형성될 수도 있다.

...
④ 황지우시인은 기다리는 동안의 심리 묘사를 아주 잘 하셨습니다.... [B27]-3

이 시를 전체적으로 보면 시인은 너를 기다리는 동안에 <u>심리 상태 변화를 섬세하게 묘사함으로써 이 시에서 담겨 있는 세밀한 감성을 만들어 낸다. '나'와 '너'를 반복해서 기다리는 사람은 가지고 있는 초조와 기대를 강화시킨다.</u> 어려운 단어나 긴 문장 대신 간단하지만 세련된 문장을 통해서 사랑에 빠져 있는 사람, 또 미래에 대해 걱정이며 기다리고 있는 사람의 마음을 독자들은 잘 이해하고 피부로 느낄 수 있게 된다.... [B18]-2

이 두 반응 텍스트는 모두 황지우의 「너를 기다리는 동안」을 읽고 작성한 것이다. 여기에서 두 학습자는 모두 시 텍스트의 심리 묘사 부분에 대해 평가를 하고 있는데 그 구체성에서 차이를 보인다. 학습자 [B27]과 같은 경우, 시인이 시 텍스트에서 기다리는 동안 시적 화자가 겪게 되는 심리에 관한 묘사에 대하여 '잘 하였다'고 평가하였으나 그 근거나 원인에 대해서는 따로 진술하지 않았다. 반면 학습자 [B18]은 시 텍스트에서 기다리는 동안의 심리 변화에 관한 묘사에 대해 '섬세하다'는 평가를 하였으며 그러한 섬세함이 시 텍스트에서 보여주고 있는 세밀한 감정을 잘 표현하고 있다고 하였다. 그리고 시 텍스트에서 '나'와 '너'를 번갈아 반복시켜 사용함으로써 기다릴 때의 초조함과 기대감을 강화시키며 쉬운 단어와 짧은 문장을 사용하여 기다림의 긴장감을 강화시키고 또한 독자들로 하여금 이해하기 쉽게 한다고 진술하였다. 이 학습자는 시 텍스트에서 기다리는 마음을 더욱 진실되고 핍진하게 묘사하기 위하여 사용한 수법의 효과에 대해 평가를 하고 있다. 어휘나 시행의 선택 및 그것의 배열을 통해 시 텍스트는 초조함과 기대가 반복되는 기다림의 심리 상태를 표현하고 있으며, 시 텍스트에서 사용한 표현기 법들이 기다리는 동안 시적 화자가 겪게 되는 심리 상태를 더욱 생동감 있게 보여주고 있다고 평가하고 있다.

(4) 자신과 연계짓기를 통한 성찰적 진술

자신과 연계짓기를 통한 성찰적 진술이란 시 텍스트를 읽고 형성된 성찰적 반응에 관한 진술들인데, 이러한 진술은 자신의 삶에 대한 것일 수도 있고 읽기라는 수행적 행위에 대한 것일 수도 있다. 학습자가 진정한 의미 실현의 주체이자 텍스트로부터 의미를 생산하는 능동적 존재가 되기 위해서는 텍스트를 자신의 경험과 삶에 연결시킴으로써 학습자 스스로의 변화를 이룰 수 있어야 한다. 이것은 텍스트의 경계를 벗어나는 오독이 아니라, 텍스트의 여백을 학습자의 능동적 상상으로 채워 나가는 과정이며, 생산적 활동이다.(김정우, 2006, 154) 반응 텍스트를 쓰는 동안, 학습자는 자신을 좀 더 이해할 수 있고, 자신의 삶에 대해 성찰할 수 있다. 시 텍스트에 형상화된 의미에 대한 이해를 통해, 학습자는 자신의 삶을 성찰하는 반성 의식을 가질 수 있기 때문이다. 또한 학습자는 텍스트와 소통하면서 자신을 발견하고 대상과의 비교를 통해 자신을 되돌아보게 된다. 이러한 과정을 통해 학습자들의 가치 체계는 더욱 강화될 수도 있고 흔들릴 수도 있으며 또한 새로운 깨달음으로 재구성될 수도 있다.

성찰적 진술은 시 텍스트에 의해 형성된 학습자의 개인적이고 사적인 반응에 대한 진술로서 텍스트의 정보들을 자신과 연계시키면서 심미적으로 형성된 반응들도 포함한다. 텍스트 정보에 의해 형성된 학습자 자신의 개인적인 느낌, 감성 등에 관련된 정서적 반응들도 여기에 포함되는 것이다. 이와 같은 정서적 반응들에는 시 텍스트와 관련된 학습자들의 생각 및 정체성이 포함되어 있기 때문이다.

다음은 김소월의 「먼 후일」을 읽고 작성한 반응 텍스트이다.

> 이 시를 읽고 나서 왠지 몇 년전의 짝사랑을 생각난다.
> 나의 머리 속에 수십여번 먼 훗날의 만남 장면을 생각해봤지만 만남마저 있을지도 모르겠고 있어도 세월이 많이 지나 지금 하고 싶은 말이 다 진목이 되기도 할 수 있다.
> 그러나 그때의 내 마음을 나는 영원히 잊지 않겠다.
> '난 널 잊었다'라는 거짓말을 아무리 멋있게 해도 마음이 아파 편하지 않겠다.
> 그래도 널 다시 보고 싶을까?
> 다시 만나기 되어도 우리는 그때로 뒷돌아가지 못하고 우리는 다 그때의 어린 애들이 더 이상 아니어서 다시 만날 필요가 있을까?
> 추억이 있으면 다 되지. [A41]

이 반응 텍스트는 김소월의 「먼 후일」을 읽고 자신의 옛사랑을 떠올린 학습자가 상상했던 이별 후의 먼 훗날에 대해 서술하면서 자신의 진솔한 감정을 표현한 것이다. 짝사랑하던 대상과의 이별 후, 학습자는 시적 화자와 마찬가지로 그 사람과 다시 만나는 장면을 상상하였다. 실제로는 그러한 만남이 가능하지 않다는 것을 알면서도 학습자는 다시 만나는 장면에 대해 상상하고 그 장면에서 학습자는 시석 화자와 똑같이 '난 널 잊었다'고 말한다. 그러나 그것은 진실한 마음이 아니며 그렇게 말하는 자신의 마음 또한 결코 편하지 않을 것이라고 진술하고 있다.

시 텍스트를 읽고 학습자는 자신의 옛사랑을 생각하였으며, 시 텍스트에서 묘사하고 있는 상황과 비슷한 자신의 이별 장면을 함께 떠올렸음을 밝히고 있다. 이것은 시 텍스트의 시적 상황이 환기 작용을 하여 학습자로 하여금 자신의 비슷한 체험을 떠올리게 한 것이다. 외적인 추론이든 내적인 반응이든 텍스트에 대해서 독자가 주의를 기울이는 것은 언어적 상징들과 연결되어 있었던 그의 과거의 경험 속에 있는 특정 요소를 활성화시킨다. 의미는 독자가 이러한 상징들을 지각할 때 표상된 것들 간의 관계에서 생겨나는 그 물망에서 발생한다. 이 상징들은 이러한 감흥, 심상, 대상, 생각, 관계 등에 주의를 돌리는데, 이를 위해 독자는 실제의 삶이나 문학에서 이것들과 더불어 자신의 과거 경험에 의해 창조된 특별한 연상이나 감정을 함께 가지고 오며(Louise M. Rosenblatt, 김혜리·엄해영 역, 2008, 18-19) 그러한 경험 관련 연상들은 반응 텍스트에서 직접 서술될 수도 있는 것이다.

학습자는 시 텍스트를 읽고 관련된 경험이나 체험을 떠올릴 수 있으며 그러한 체험을 글로 표현하거나 그 당시에 느꼈던 느낌이나 감성적인 부분에 대해 표현할 수도 있다. 이것은 시 텍스트의 의미를 이해하는 차원보다는 그러한 의미를 자신과 연계시키면서 내재화하는 과정이며, 학습자는 이러한 과정에서 자신을 돌아보게 된다. 이러한 반응 텍스트는 시 텍스트에 의해 촉발된 자신의 생각이나 느낌에 대해 표현하는 과정을 통해 자신을 표현하는 일종의 표현적 글쓰기에 해당한다고 볼 수 있다.

시 텍스트의 주제가 학습자들과 밀접히 연관될 때, 학습자들은 주제와 관련된 자신의 생각, 느낌에 대해 많이 진술한다. 이것은 학습자가 시 텍스트의 주제, 시적 상황, 시적 대상, 시적 화자 등을 자신과 연결시키면서 시 텍스트의 내용에 관련된 자신의 생각을 피력하고 자신을 되돌아보는 과정이라고 할 수 있다. 정서적 반응과 관련된 이러한 진술은 학습자들로 하여금 시 텍스트에 좀 더 가까이 갈 수 있는 계기가 되며, 학습자들이 자신의 생각을 자유롭게 표현할 수 있는 기회이기도 하다.

> 이 시를 읽고 저는 사랑을 생각난다. 요즘 젊은이들이 사랑을 받는 것을 너무 간절해서 상대방을 좋아하지 않아도 사귀는 일이 아주 많다. 왜냐하면 너무 외롭고 항상 혼자 일을 해야 하기 때문에 상대

방을 제 취향이 아니라도 일단 사귀어 본다고 생각한다. 심지어 어떤 사람은 사랑하지 않은 사람과 결혼할 수도 있다. 그런데 마침 이 시를 쓴 것처럼 세상에 어디든지 꼭 너에게 오고 있는 사람이 있다. 너도 마찬가지로 평생 같이 즐겁게 살아갈 사람에게 가고 있다. 이 사람을 만나기 전에 여러 가지 사람과 만났지만 포기하지 않고 계속 그 방향으로 가면 꼭 자기의 다른 반을 찾을 수 있다. 우리 주변에 사랑하지 않은 사람과 사귀고 결혼한 친구가 있다. 저는 지금까지 한 번이라도 정식적인 연애를 없지만 그들을 부럽지 않다. 저도 이 시를 쓴 것처럼 기다리고 있다. 그리고 기다리는 동안 자기를 더 완벽한 사람을 만들기 위해 노력하고 있다. 저도 그 사람을 나에게 오고 있고 조만간 우리가 만날 수 있다고 믿다. [B35]

여기에서 학습자는 시 텍스트에서의 '너를 기다리는 동안'을 사랑하는 사람을 기다리는 어느 한 시간으로 이해한 것이 아니라, 일생에서 진정으로 사랑하는 사람을 만나는 과정으로 생각하고 있다. 시 텍스트에서는 한 사람을 기다리면서 겪게 되는 설렘, 초조함 등과 같은 심리적 변화에 대해 표현하고 있다. 그러나 학습자가 생각하는 '기다리는 동안'은 진정으로 사랑하는 사람을 만나기까지의 일련의 과정으로서 시간적으로는 훨씬 길다. 진정으로 사랑하는 그 사람이 금방 나타나지는 않지만, 멀리서 아주 오랫동안 오고는 있으므로 우리는 기다려야 하며 그 사람이 오고 있는 방향으로 가다 보면 꼭 그 사람을 만날 수 있다는 것이 이 학습자의 생각이다. 학습자는 그의 주변 사람들의 연애 심리와 상황에 대한 묘사를 통해 관련된 현실 세계를 보여줄 뿐만 아니라 사랑에 대해 진지한 태도를 갖고 있지 않는 사람들에 대해 비판하고 있다.

이 학습자는 시 텍스트에서 묘사하고 있는 시적 화자의 모습에서 자신의 모습뿐만 아니라 주변 사람들의 모습을 생각하게 되었다. 이들의 모습은 사랑을 대하는 태도에서 서로 다르게 나타난다. 학습자는 자신과 서로 다른 생각을 갖고 있는 주변 사람들이 결코 부럽지 않다고 하였는데, 이러한 진술에서 시적 화자 및 그의 '기다림'의 행위에 대한 학습자의 생각을 엿볼 수 있다. 학습자는 기다림의 과정이 힘들다고 하여 곁눈질하거나 포기하게 되면 진정으로 사랑하는 사람을 만날 수 없으며 인내심을 갖고 기다려야 하고, 기다리는 동안 더 완벽한 자신을 만들기 위해 노력하여야 한다고 진술하고 있다. 이와 같은 진술은 학습자가 시 텍스트를 읽고 깨달은 바에 해당한다.

학습자들의 반응 텍스트에 대한 고찰에서, 학습자들은 자신의 반응을 구체적으로 표현하기 위해 다양한 서술 장치, 표현 방법들을 사용하고 있다. 또한 반응 텍스트 쓰기 양상에 대한 분석을 통해 학습자들이 자신이 갖고 있는 지식들을 활용하여 다양한 측면에서 진술하고 있음을 살펴볼 수 있다. 학습자들이 언어적 지식은 부족하지만 기존에 갖고 있는 서술적 지식과 절차적 지식들을 활용하여 한국 현대시를 다양한 방식으로 읽고 있는 것이다. 이러한 양상들은 학습자들이 모국어 교육에서 형성된 시 읽기 능력을 한국 현대시 읽기에 전이하고 적용하고 있음을 보여준다. 이것은 중국인 학습자들이 결코 언어 지식이 부족하다고 하여 시 텍스트를 타당하게 이해하고 해석할 수 없는 것이 아니라는 것을 방증하며 또한 그들이 시라는 장르에 대해 익숙하다는 것을 설명하는 것이기도 하다. 그러나 한국어로 된 시 텍스트에 적합하게 전이되지 못하여 적절하지 못한 반응들을 형성하기도 한다. 이러한 문제점들에 대한 수정 과정이 학습자들의 시 읽기 능력을 신장시키는 과정이다.

그리고 학습자들의 반응 양상에 관한 분석에서 볼 때, 두 시 텍스트에 관련된 반응들을 비교해 보면, 시의 편폭이나 시의 형식적 특징이 학습자들의 반응 형성에 아주 큰 영향을 미치는 것은 아니다.

4. 결론

한국어 교육의 문학 수업에서 학습자들의 읽기 및 쓰기 능력이 언어 지식에 의해서만 판단되는 것은 한계를 노정한다. 학습자들은 시 텍스트를 읽는 과정에서 자신의 배경지식을 활용하여 시 텍스트와 주체적으로 소통하여 다양한 반응을 형성하며, 또한 그것을 한국어로 표현할 수 있는 능력을 지니고 있기 때문이다. 이 연구는 실제 중국인 학습자들의 반응 텍스트 분석을 통해 학습자들이 능동적으로 의미를 실현할 수 있는 주체가 될 수 있음을 확인하였다는 점에서 의의가 있다.

학습자들이 작성한 반응 텍스트에 대한 양상 조사 결과는 중국의 한국어 교육에서 현대시 교육을 실행할 수 있는 가능성과 그 의의를 충분히 보여준다. 학습자들의 쓰기 텍스트는 언어의 세련화 정도와 논리의 구성 측면에서 한국인 학습자의 그것과 비교할 때 차이는 있지만 중국인 학습자들이 시 텍스트에 대한 자신의 생각과 느낌을 한국어로 표현할 수 있음을 보여준다. 그리고 이러한 차이는 교육의 계기로 자리매김하게 되며 교육의 과정을 통해 학습자들의 능력 신장을 도모하고 차이를 좁혀가야 하는 것은 교육의 역할이기도 하다.

학습자들이 시 텍스트를 읽고 쓴 텍스트는 단지 이해를 확인할 수 있는 매개물이 아니라 표현 자체가 이해를 촉진하는 하나의 방법이며 반응 형성의 한 과정이다. 국어교육에서는 그 당위성이 이미 증명되어 많은 연구가 실행되었지만 한국어 교육에서는 아직 연구가 잘 이루어지지 않고 있는 실정이다. 그러므로 본 연구는 후속 연구에 새로운 가능성과 방향을 제시할 수 있을 것으로 보면서 한국어 교육에서도 관련된 연구들이 더욱 구체적으로 심도있게 진행되기를 기대한다.

참고 문헌

김소월 지음, 권영민 엮음(2007), 『김소월시전집』, 문학사상사.
경규진(1993), 「반응 중심 문학교육의 방법 연구」, 서울대학교 박사학위논문.
경규진(1995), 「문학교육을 위한 반응 중심 접근법의 가정 및 원리」, 『국어교육』 87, 한국국어교육연구회, 1-23.
김정우(2006), 『시 해석 교육론』, 태학사.
노금숙(2011), 「중국인 고급 학습자를 대상으로 한 한국문학 읽기 교육 연구」, 서울대학교 박사학위논문.
양정실(2000), 「반응 일지 쓰기의 문학교육적 함의」, 『국어교육』 102, 한국국어교육연구회, 113-134.
양정실(2012), 「우리나라 문학교육 연구에서 독자 반응 이론의 수용 현황과 전망」, 『문학교육학』 38, 한국문학교육학회, 99-123.
염창권(1999), 「반응중심 문학교육의 현재와 전망」, 『한국언어문학』 43, 한국언어문학회, 385-409.
오세영(1998), 『한국현대시 분석적 읽기』, 고려대학교출판부.
윤여탁(1996), 『시 교육론: 시의 소통 구조와 감상』, 태학사.
윤여탁(1998), 『시 교육론 Ⅱ: 방법론 성찰과 전통의 문제』, 서울대학교출판부.
윤여탁(2007), 『외국어로서의 한국문학교육』, 한국문화사.
윤여탁(2009), 『현대시의 내포와 외연』, 태학사.
윤여탁 외(2010), 『현대시 교육론』, 사회평론.
이성희(2008), 「한국어 교육에서의 읽기, 쓰기 통합교육 연구」, 『이중언어학』 37, 이중언어학회, 113-131.
이재승(1997), 『국어교육의 원리와 방법』, 박이정.
이재승(2004), 「읽기와 쓰기 통합 지도의 방법과 유의점」, 『독서연구』 11, 한국독서학회, 275-300.
진선희(2005), 「학습독자 반응 연구의 문학교육적 함의 및 연구 방향」, 『문학교육학』 16, 한국문학교육학회, 289-328.

진선희(2006), 「학습독자에 대한 질적 연구 방법 고찰: 문학 반응을 중심으로」, 『청람어문교육』 33, 청람어문교육학회, 261-278.

황지우(1994), 『게 눈 속의 연꽃』, 문학과지성사.

Brown, H. Douglas(2000), *Teaching by Principles: An Interactive Approach to Language Pedagogy(2th ed.)*, 권오량·김영숙·한문섭 역(2001), 『원리에 의한 교수: 언어 교육에의 상호작용적 접근법』(제2판), Pearson Education Korea.

Brown, H. Douglas(2007), *Principles of Language Learning and Teaching(5th ed.)*, 이흥수 외 역(2007), 『외국어 학습·교수의 원리』(제5판), Pearson Education Korea.

Hoy, David Couzens(1982), *The Critical Circle*, 이경순 역(1988), 『해석학과 문학비평』, 문학과지성사.

Newell, G. E.(1996), "Reader-Based and Teacher-Centered Instructional Tasks: Writing and Learning About a Short Story in Middle-Track Classrooms", *Journal of Literary Research 28-1*, 203-225.

Odell, L. & Cooper, C.(1976), "Describing Response to Works of Fiction", *Research in the Teaching of English 10-3*, NCTE, 203-225.

Paul Hernadi, ed(1981), *What Is Criticism?*, 최상규 옮김(1998), 『비평이란 무엇인가』, 예림기획.

Purves, A. C. & Rippere, V.(1968), *Elements of Writing about a Literary Work: A Study of Response to Literature*, NCTE.

Rosenblatt, Louise M.(1985), "Viewpoint: Transaction versus interaction: A terminological rescue operation", *Research in Teaching of English 19-1*, NCTE, 96-107.

Rosenblatt, Louise M.(2005), *Making Meaning with Texts: Selected Essays Portsmouth*, New Hampshire: Heinemann.

Rosenblatt, Louise M.(1995), *Literature as Exploration(5th ed.)*, 김혜리·엄해영 역(2006), 『탐구로서의 문학』, 한국문화사.

Rosenblatt, Louise M.(1994), *The Reader, the Text, the Poem: The Transactional Theory of the Literary Work*, 김혜리·엄해영 역(2008), 『독자, 텍스트, 시: 문학 작품의 상호교통 이론』, 한국문화사.

Scholes, Robert E.(1985), *Textual Power: Literary Theory and the Teaching of English*, 김상

욱 역(1995), 『문학이론과 문학교육: 텍스트의 위력』, 하우.

Squire, J. R.(1964), *The Responses of Adolescents while Reading Four Short Stories*, NCTE.

8장 조선족 학습자를 위한
한국 현대시 이해 교육 연구

-학습자 경험을 중심으로

리위 서울대학교 국어교육연구소

1. 서론

본 연구는 '학습자 경험'을 중심으로 문학 텍스트에 작용하는 조선족 학습자의 다양한 경험을 살펴본 후, 한국 현대시 이해 교육의 방법을 마련하는 데 목적을 두고 있다.

실생활에서의 학습자 경험은 사동적으로 가동되는 것이 아니라 학습자의 자발적인 참여를 통해 비로소 그 효용을 얻게 된다. 즉 능동적이든 수동적이든 인간의 행동이 경험을 만들고, 이때 경험은 실제로 일어날 수도, 상상 속에서 일어날 수도 있다. 그러나 일상 현실의 경험은 사물에 파묻혀 그대로 잊힌 채 흘러감으로써 무의미해진다. 인간은 그러한 무의미를 극복하고 존재의 뜻을 찾고자 주체를 개입시킨다. 이는 주체적 반성을 통해 경험에 형태를 부여하는 행위이기도 하다.(P. Ricoeur, 2000, 6) 때문에, 학습자 경험으로의 복귀는 말해지기를 기다리는 경험들을 호출하는 과정이고 이는 인간 존재의 의미를 새롭게 정립해 나가는 과정이기도 하다.

최근의 문학 교육은 작가로부터 작품을 거쳐 독자로 그 관심의 대상이 이동하고 있으며 작가의 창작 경향이나 작품의 내재적 특성보다는 텍스트를 읽는 독자의 개인 경험 또는 체험과 관련된 반응 양상에 주목하는 방식으로 그 교육적 흐름이 바뀌어 가고 있다. 이는 그동안 소외되었던 학습자의 스키마(schema), 능동적인 역할, 개인 경험을 교육의 장으로 안내하여 문학 향유에서 주체성이 갖는 위상을 재확보해 주는 계기가 되었다. 조선족 문학 교육도 새로운 교재 편찬을 거쳐 기존의 지식 전달식 수업에서 학습자 중심 수업방식으로 변화·발전하고 있다. 특정된 교육제도와 이중언어 교육 환경에서 성장한 조선족 학습자들은 특수하고도 다양한 경험을 소유하고 있으며 한국 문학작품을 수용할 때 이러한 경험들이 복합적으로 작용하게 된다.

조선족 학습자의 특수성을 문학 교육의 측면에서 살펴볼 때, 필수로 배워 온 『조선어문』 교과서에는 세계 문학, 중국 문학, 남북한 문학 그리고 조선족 문학작품이 망라되어 있고, 『한어(漢語)』 교과서에는 중국 문학과 세계 문학 작품이 주를 이루고 있다. 이처럼 조선족 학습자는 『조선어문(朝鮮語文)』과 『한어(漢語)』 교과서를 동시에 배워야 하는 이중적인 부담을 지니고 있다. 따라서 조선족 학습자들은 다국적 문학 경험을 골고루 지니고 있으며 이는 각 나라의 문학작품과 민족 문학에서 획득한 경험을 통해 한국 현대시를 주체적으로 해석해 나갈 수 있음을 의미하기도 한다.

중국의 조선어 교육은 한국의 국어교육과도 유사성을 지니고 있는데, 이중언어 환경 속에서 성장해온 조선족 학습자는 한국어에 대한 언어적인 장애가 거의 없다고 할 수 있다. 따라서 텍스트 선정에 있어서 한국어를 제2언어로 배우는 학습자에 비해 언어, 정서, 사회·문화적 배경 이해의 제한을 적게 받는다. 아울러 서로 다른 생활 배경 속에서 축적한 개인 경험과 비슷한 사회공동체 속에서 축적한 일련의 경험도 한국 현대시를 이해하고 해석할 때 직·간접적인 영향을 주게 된다. 조선족 학습자들은 한국 현대시를 이해할 때, 서로 다른 개인 경험을 갖고 작가가 창작한 시 텍스트를 이해하게 되며 시 텍스트와 소통하는 과정에서 다중적 경험을 텍스트 맥락에 따라 선택적으로 소환하게 된다.

본 연구에서는 중국의 조선족 초·중·고등학교에서 의무교육(義務敎育)을 받은 조선족 학습자 14명을 대상으로 2021년 2월 16일부터 23일까지 8일에 걸쳐 온라인 실험을 진행하였고 학습자의 경험을 바탕으로 시를 읽고 떠오른 생각이나 느낌을 자유롭게 작성하게 하였다. 실험 텍스트는 다음 표와 같다.

<표 1> 실험 연구 대상 작품

작품명	작가	장르	성격	발표시기
「농무」	신경림	리얼리즘 시	묘사적, 사실적, 비판적	1971
「노동의 새벽」	박노해	리얼리즘 시	참여적, 의지적	1984

실험에서는 조선족 학습자의 개인적 참여를 자극할 수 있고 한국의 시대적 성격을 잘 드러낼 뿐만 아니라 정전으로 자리매김하고 있는 작품인 신경림의 「농무」와 박노해의 「노동의 새벽」을 실험 텍스트로 선정하였다. 리얼리즘 시는 세계가 가진 진실에 주목하여 그 진실을 반성적으로 사유한다. 이는 시가 상상력의 소산이라 할지라도 그 기반은 현실적이고 일상적인 삶 그 자체에 있다는 것을 의미한다.(이승하 외, 2019, 251) 그러므로 문학작품을 해석하는 다양한 방법 중에서 문학의 현실 반영 문제를 작품의 창작과 이해의 중요한 관건으로 삼고 있는 리얼리즘 관점(윤여탁, 2017b, 49)에서는, 1970년대의 신경림이나 1980년대의 박노해의 시가 그 당시의 한국 사회 현실을 진솔하게 형상화한 것으로 평가 받고 있다. 리얼리즘 시에서는 민중들의 의식과 생활과 감정을 시의 제재로 하는 것이 특징적이며, 신경림은 민중들의 생

활에 뿌리를 두고 있는 서정시와 민중이 주인공인 서사시의 세계를 보여주면서 민중적 서정시와 민요적 가락을 추구하였다.(윤여탁, 2003, 210) 그의 「농무」는 한국 문학사에서 대표적인 작품으로 평가 받고 있고 한국 산업화 시대의 농촌과 농민 문제를 다룬 현실 참여의 문학으로서 산업화 과정에서 소외되고 피폐해진 농촌 현실에 대한 울분과 한을 표출하고 있다. 박노해는 열악한 조건 속에서 살고 있는 민중의 현실과 노동자가 주인이 되는 세상에 대한 염원(윤여탁, 2003, 33)의 시를 다수 창작하였으며, 「노동의 새벽」을 통해 1980년대의 노동자의 삶을 여실히 반영하고 있다. 「노동의 새벽」은 생존이 위협받을 정도로 열악한 현실에 놓여 있는 노동자의 삶을 표현한 작품으로, 인간다운 삶이 보장되는 세계에 대한 희망과 단결 의지를 노래하고 있다. 두 문학 텍스트는 민족 정서 체험, 사회 역사적 배경 이해, 인류 보편적 가치의 인식에 있어서 학습자의 반응을 효과적으로 끌어낼 수 있다. 특히, 학습자들의 시골에서 생활했던 경험과 한국의 노동 현장에서 일하는 부모님에 대한 기억도 시 텍스트 이해에 특별한 의미를 가하게 될 것이다.

따라서 본 연구는 조선족 학습자의 한국 현대시 읽기 양상에 나타난 경험과 문제점을 바탕으로 조선족 학습자를 위한 한국 현대시 이해 교육의 방법을 마련하고자 한다.

2. 시 교육에서의 학습자 경험

아리스토텔레스(Aristoteles)에 의하면, '경험'은 반복적인 감각 인상과 기억에 의존(D. W. Hamlyn, 2010, 115)하며 경험의 성장은 인과적 조건하에서 일어나게 된다. 그리고 존 로크(John Locke)는 인간의 모든 지식은 경험 안에 근거하며, 궁극적으로 그 자체를 경험으로부터 끌어내며, 무엇보다 감각과 반성이 경험을 구성한다[1]고 언급했다. 즉, 경험의 생성 조건과 구성 요인은 인간의 주체적인 의식 활동을 필요로 한다.

경험은 사전적 정의에 따라 두 가지로 해석할 수 있는데, 하나는 실지로 보고 듣거나 몸소 겪은 것, 또는 거기에서 얻은 지식이나 기능을 뜻한다. 다른 하나는 객관적 대상에 대한 감각, 지각, 내성(內省)작용 전체를 이르기도 하며, 또는 그 과정에서 획득된 의식 내용을 의미하기도 한다.(고려대학교 민족문화연구원 국어사전편찬실, 2009, 395) 전자는 일상생활에 적용되는 의미에 가깝고 후자는 철학 차원에 가까우므로 감관(感官)의 지각 및 실천적 행위에 의하여 직접 자아에 나타나는 사물을 뜻하기도 한다. 이러한 정의는 듀이의 경험론과 맥을 같이 하고 있는데, 그는 전자와 후자를 별개로 본 것이 아니라 둘 사이의 상호 연관성을 강조했다.

듀이(J. Dewey)에 의하면, 경험은 유기체와 환경 간의 상호작용이 완전하게 수행될 때 상호작용을 참여와 소통으로 변형시키는, 유기체와 환경 간의 상호작용에 대한 결과이자 표식이다.(J. Dewey, 2003, 48) 그는 경험을 일차적 경험과 이차적 경험으로 구분하여 설명했는데, 전자는 실생활에서 마주치는 자연물을 사람들의 감관을 통해서 직접 보고, 듣고, 느끼면서 경험하는 것을 뜻하고, 후자는 일차적 경험 내용을 소재로 삼으면서 마음에서 반성과 숙고를 통해 지니는 판단이나 관념 등의 내적 경험을 의미한다. 그리고 경험은 계속성의 원리와 상호작용의 원리를 갖고 있는데, 이는 경험들이 서로 분리할 수 없는 관계에 놓여 있음을 의미한다. 모든 경험은 그것보다 선행하는 경험으로부터 무언가를 받아들이는 동시에 그것에 후속하는 경험들의 특성

---

1 "개별적인 감각 대상들에 친숙한 우리의 감각 기관들이 그 대상들이 그것들에 영향을 미치는 방식에 따라서 마음에 사물의 여러 다른 지각을 전달한다.…내가 감각 기관들이 마음에 전달한다고 말할 때, 나는 그것들이 거기에서 그 지각들을 산출한 것을 외부 대상으로부터 마음에 전달하는 것을 의미한다. 이것이 감각이다." 관념의 다른 차원은 지각하고 사고하며, 의심하고 믿으며, 의지를 작용케 하는 것과 같은 우리 자신의 마음의 작용들을 지각하는 것이다. 이 원천이 반성이다.(F. Copleston, 1991, 109)

을 어떠한 방식으로 변경시킨다. 한편으로 경험은 언제나 한 개인과 그 시점에서 그의 환경을 형성하고 있는 것 사이에서 이루어지는 교섭(交涉)을 통하여, 즉 개인과 환경이 서로 무엇인가를 주고받음으로써 경험으로 성립되는 것이다.(엄태동, 2001, 47-59) 모든 경험은 동적인 힘을 가지고 있고 그 이후의 경험이 일어나는 객관적 여건에 어느 정도 영향을 미친다. 이처럼 경험 지평의 확대로 인하여 새롭게 재구성되는 가운데 경험은 또다시 성장하게 된다.

경험은 고정불변한 것이 아니라 상호작용의 과정을 거치면서 변화·발전하게 된다. 반면, 어떤 경험들은 장기간 의식적인 표상으로 떠오르지 않아 시간의 흐름에 따라 침체되는 경우도 있지만 경험의 재구성 과정을 통해 반성적인 사고와 탐구의 능력을 습득하고 이를 계속적으로 신장시켜 나가게 된다. 이처럼 경험은 학습자의 삶이나 존재 의식 형성에 영향을 미치기도 하고 학습자에게 반성과 성찰의 기회를 제공해주기도 한다.

이상의 논의를 바탕으로 본 연구에서는 시 텍스트의 주체적 수용을 위해 실제 겪은 것을 기억[2]과 감각을 통해 소환해내고, 아울러 세계와의 지속적인 상호작용과 이로 인한 반성 속에서 새롭게 재구성되고 성장해 나가는 경험을 학습자 경험으로 정의하고자 한다. 이러한 학습자 경험은 수용 이론에서 논하는 기대 지평과도 관련된다. 수용 이론은 텍스트 중심의 문학관을 인간 중심의 것으로 전환시켰고 그 모든 설명 기제는 물적 대상으로서의 텍스트가 아니라 수용 주체로서의 인간에 초점을 맞추고 있다.

수용 이론에 의하면, 문학은 수용자의 의식 경험 세계를 중시함으로써 세계와 자아의 인식에 있어서 인간 중심 가치관이 중요함을 강조하고 있다. 따라서 의미가 텍스트에 의해 결정되지 않기 때문에 학습자들이 형성한 다양

---

[2] 기억은 과거 경험의 심상·관념·지식·신념·감정 등을 보존하며, 인간의 모든 정신활동뿐만 아니라 행동에까지 관여하고 있다. 기억은 이른바 연상의 법칙에 지배되고—따라서 기억 내용은 한정적·고정적이고—가공되지 않은 소재를 제공한다.(김준오, 2008, 376)

한 반응은 그 자체만으로 의의를 갖게 된다. 그리고 문학 교육은 텍스트의 세계와 인간의 세계가 하나의 살아있는 의미를 형성하면서 그 상호작용 속에서 새롭게 열려진 지평을 향해 나아간다. 독자가 텍스트를 만나 '작품'으로 재구성하는 과정에는 수용자의 상태가 변인으로 작용하게 되는데, 야우스(H. R. Jauß)는 이것을 기대 지평의 개념으로 설명하였다. 기대 지평에는 작품을 수용할 때 수용자의 이해를 구성하는 모든 요소가 포함되는데, 수용자의 기대 지평이 작품의 기대 지평과 일치할 때 작품은 수용자에 의해서 받아들여지게 된다.(차봉희, 1993, 31-32) 즉 그 요소 중에는 학습자 경험도 포함되는데, 이것이 텍스트에 반영된 작가의 경험 또는 텍스트에 내재한 객관적인 경험과 일치할 때 학습자에게 텍스트는 쉽게 받아들여지게 되며 효과적인 교육의 목표에 도달하게 된다.

수용 이론은 작가에 해당하는 예술적 경험과 수용자 측면의 심미적 경험이 만나는 곳에서 문학의 참다운 이해가 이루어진다고 본다.(구인환 외, 2007, 151) 그러나 작가의 예술적 경험과 학습자의 일상적 경험 사이에는 일정한 거리가 존재하는데 이를 흔히 심미적 거리라고 부른다. 이러한 심미적 거리가 새로운 작품을 만날 때, 기존의 경험을 의식하거나 부정함으로써 또 다른 지평 전환을 이루게 된다. 그러므로 텍스트와 교섭하는 과정에서 경험에 대한 반성적 사고를 통해 텍스트와 학습자 사이의 심미적 거리를 좁혀나갈 필요가 있다. 학습자가 텍스트에 대해 지각하고 반응하는 과정 속에서 과거 경험의 현재적 재현을 이루는 것을 학습자의 1차적 경험으로 상정한다면, 이러한 경험의 지속성과 함께 텍스트와의 상호작용 속에서 반성적 사고에 의해 경험의 재구성을 이루는 것을 2차적 경험이라고 할 수 있다.

3. 한국 현대시 이해에서 조선족 학습자 경험의 작용 양상

운문의 형식을 취하고 있는 시는 객관적 정보나 역사적 사실을 전달하기 보다는 오히려 구체적인 인간 경험을 표현한다.(김욱동, 2000, 114) 시가 경험적 사건으로 향유되기 위해서 시는 과학적·논리적 필연성이 아니라 경험 그 자체의 구조가 띠는 타당성, 즉 공감각적 필연성을 지니고 있다.(김준오, 2008, 380) 시 읽기는 학습자 주체인 자아와 텍스트로서의 세계가 서로 상호작용하면서 독특한 경험공간을 확장해나가는 과정일 뿐만 아니라 시의 정서와 형상을 체험하고 육화하는 내면화 과정이기도 하다.(유성호, 2006, 30) 시 텍스트와의 소통 과정에서 학습자 개인의 경험과 문학 능력 그리고 체험의 부족으로 인해 완벽한 해석을 기대하기가 어려울 수 있다. 그러나 학습자를 해석의 주체로 내세워 축적된 경험을 적절히 활용하게 한다면 텍스트와 학습자 사이의 심미적 거리와 해석의 간격을 좁혀나갈 수 있을 것이다. 수용자의 판단 과정이 곧 의미를 만드는 과정이며 그것이 곧 이해의 과정이라는 점은 일반적으로 텍스트 이해 과정에 본질적인 것이다.(김정우, 2004, 2) 한국 현대시를 이해함에 있어서 가장 중요한 것은 조선족 학습자들이 필요로 하는 경험이 다가오는 그 시점을 제때에 포착하고 활용하며 동시에 그것을 제대로 된 문학적인 용어로 질서화하고 적절하게 표현해내는 것이다.

개인은 태어나자마자 특정한 언어와 문화 공동체에 속해있으며 그 안에서 자신의 정체성과 가치관을 형성한다. 그리고 자신이 속한 사회적 맥락에 따라 자신의 정체성의 내용을 달리한다.(권용혁, 2012, 13) 학습자는 자신이 살아온 환경과 속해있는 공동체에 따라 개인 경험을 비롯한 여러 경험도 다양한 성격을 띠게 된다. 그러므로 이 장에서는 텍스트에 대한 조선족 학습자의 경험을 개인 성장, 문학, 사회공동체와의 관계로 유형화하여 그 반응 양상을 살펴보고자 한다.

1) 개인 성장 경험을 통한 사건 진술

학습자에게 상상력 못지않게 중요한 것이 삶의 경험, 즉 개인 성장 경험이다. 작가가 경험이 불충분하면 훌륭한 작품을 창작해내기 어려운 것과 마찬가지로 학습자도 충분한 경험을 지니고 있어야 텍스트를 폭넓게 이해하고 풍부하게 해석해 낼 수 있다. 학습자는 스스로가 의미 있게 경험한 삶의 순간들을 떠올려 마주한 상황들과 대조하면서 해석하지만 그렇지 않은 경험들은 망각 속으로 빠뜨려버리게 된다.

시를 읽을 때 문맥 속에서 언어 구조를 충실히 살피는 것이 기본적으로 요구되는 태도이다. 독자도 사회·역사적 맥락 속에서 형성되고 조건 지어진 존재이다. 그러한 한에 있어서 독자의 과거 경험도 시에 대한 반응에 일정한 작용을 하기 마련이다.(유종호, 1995, 21) 다음은 학습자가 시 텍스트를 읽고 자신의 성장 경험을 서술하면서 추억을 떠올린 반응 양상이다.

> 사람들은 하고 싶은 일을 하게 되면 마음이 유쾌하고 아무리 힘든 고난이 닥쳐도 이기려고 애를 쓴다. 하지만 체면 때문에 하고 싶지 않은 일을 억지로 하고 사람들의 올바르지 않은 편견 때문에 자기가 하고 싶지 않은 일을 견지하는 것은 어리석은 행동이다. <u>가장 중요한 것은 행복이다.</u> 사람은 인생을 살아가면서 가장 중요한 과제는 인생의 <u>의미를 찾고 그것을 찾게 되면 행복은 스스로 다가오게 된다.</u> 농무는 비록 다른 직업이랑 비교해 볼 때 수익이 적지만 <u>농사짓는 과정에서 즐거움을 찾고 행복을 찾을 수 있다면 이것이 바로 자신에게 적합한 것이기도 하다.</u> 많은 수익을 받는 큰 회사에서 매일 스트레스를 받고 자신을 불쌍한 처지에 놓이게 하고 인생의 의미도 찾지 못한다면 얼마나 불행한 일인가! <u>남들의 눈치에 얽매이지 않고 자신의 행복을 찾아가는 것이 무엇보다 중요하다.</u> (〈농무〉-학습자-7)

학습자 7은 〈농무〉를 읽고 시 텍스트 내용 자체에 주목한 것이 아니라 외적 요소에 초점을 맞추고 있으며, 성장 과정에서 쌓은 경험을 토대로 사회현상을 밝히고 있다. 학습자는 '농무'를 풍물놀이에 맞추어 추는 춤으로 본 것이 아니라 농사일로 간주하게 되었다. 자신의 기억 속에 자리하고 있는 '무대'를 떠올리면서 이를 연기자들의 현실 세계에 대입시켜 그 고난의 과정을 경험에 비춰 설명하고 있다. 동시에 반성적 사고를 통해 아름다운 일면을 보여주려는 목적과 체면 때문에 억지스러운 행동을 하는 것이 올바르지 않음을 지적하고 있다. 그리고 삶에서 그 의미를 찾고 행복하게 사는 것이야말로 바람직한 가치임을 강조하고 있다. 또한, 개인 경험을 소환하여 '농무'와 현실 생활 속의 직장과 수익을 대조하면서 그 가치를 도출하고 있다. 끝으로 개인적 깨달음을 통해 남의 눈치에 얽매이지 않고 행복을 찾아가는 것이야말로 바람직한 삶임을 서술하고 있다.

농무는 한 해의 농사를 무사히 마치고 축하하는 의미에서 마을 사람들이 모여 즐기는 축제이다. 어릴 적 시골에서 자랐던 나이지만 이러한 의미에서 행해지는 농무를 직접 본 적은 없다. 그럼에도 불구하고 농무에 대해서는 <u>전혀 낯설지 않다.</u> 고향에서 가끔 연말공연 또는 기타 민족 예술단 초청공연이 있게 되면 마지막으로 장식하는 무대는 꼭 농무였기 때문이다. ...중략... 어릴 적, 부모님과 함께 공연이 있을 때마다 따라가서 즐기던 기억이 아직도 생생하다. <u>나 또한 구락부 앞마당에서 친구들과 뛰놀며 공연을 기다리던 때의 즐거움을 잊을 수 없다. 하지만 핸드폰, 노트북, 태블릿 등과 같은 스마트 기기가 범람하고 있는 오늘날 더는 그때의 그런 행복을 누릴 수 없게 된 것이 참으로 안타깝다.</u> 시대발전의 발걸음에 힘입어 산업화가 진행됨에 따라 마을의 영화관은 쌀 가공장으로 대체되었고 그곳에서 더는 공연을 볼 수 없게 되었다. 개혁개방과 더불어 <u>젊은이들은 연해 도시로 빠</u>

> 져나가기 시작하였고 뒤이은 출국 바람에 해외로까지 나가다 보니 마을에는 노인과 어린이들만 남게 되었고 조선족 학교들은 폐교의 위기에 직면하게 되었다. 2년에 한 번씩 행해지는 마을 운동회마저도 사람이 없어서 다른 마을의 사람들을 불러서야 겨우 진행할 수 있는 상황이라고 한다. (〈농무〉-학습자-10)

학습자 10은 텍스트에 재현된 농무를 직접 보지는 못했지만 어렸을 때 고향에서 본 연말 공연이나 민족 예술단 초청공연 장면을 떠올리면서 〈농무〉를 새롭게 이해하게 되었다. 학습자는 한 단락의 기억과 추억을 지속적으로 소환함으로써 '농무'라는 단어에 초점을 맞추고 있다. 그리고 시골 공연과 연관 짓고 나서 그 준비 과정과 공연의 의미를 부각시키기도 했다. 마을 사람들과 함께 누렸던 즐거움과 개인의 아름다운 추억을 서술하면서 시대의 변화와 함께 사라진 그 즐거움은 오늘날 더 이상 누릴 수가 없게 되었다고 안타까움을 드러내고 있다. 따라서 이 학습자는 일상생활과 여러 가지 학습을 통해 쌓아온 개인 경험을 텍스트 속에 점진적으로 투영시키는 경향을 보여주고 있다. 동시에 과거와 오늘날의 사회현상을 서로 대조함과 더불어 개인 경험에 비춰 여러 가지 측면에서 분석을 시도하였다. 그러한 결과를 초래하게 된 원인이 개혁개방과 산업화에 있음을 정확히 짚어냈을 뿐만 아니라 타인에게서 전해 들은 소식을 바탕으로 마을 위기의 상황을 여실히 보여주고 있다.

> 이 시는 노동자의 힘든 하루를 쓴 것 같다. ...중략... 이 시를 읽으면서 현실이기에 이 시를 좀 더 잘 이해할 수 있었고 가난에 허덕이고 막노동으로 체력을 써가며 살아가기 힘들다는 것을 느꼈다. 이 시를 읽고 저는 저희 아버지가 떠올랐는데 과거 어릴 때에는 저녁 마다에는 아주 빈번하게 술을 마셨는데 그 당시의 어린 나로서는 이해가 되

지 않았는데 지금에 와서 보니 모두 그 노동을 하여 지칠 대로 지친 몸과 마음을 바로잡고 술에라도 기대어 힘듦을 잊고 싶었던 것은 아닌가 싶다. 아버지는 우리의 작은 가정을 지키기 위하여 그렇게 악착같이 일했는지도 모른다. (〈노동의 새벽〉-학습자-11)

이 학습자는 시를 읽은 후, 노동자의 힘든 하루를 쓴 것으로 추측하였다. 학습자는 시를 통해 현실을 보다 구체적으로 이해하게 되었고 가난에 허덕이며 막노동으로 살아가는 것이 힘들다는 것을 느끼기도 했다. 아울러 학습자는 아버지를 떠올리게 되었는데, 과거에 아버지가 저녁마다 빈번하게 술을 마신 상황을 회상하고 있다. 그 당시의 어린 '나'로서는 이해가 되지 않았지만 비로소 깨닫게 되는 과정을 기술하고 있다. 즉 노동으로 인해 지칠 대로 지친 몸과 마음을 바로잡고 술에라도 기대어 힘듦을 잊고 싶었던 것으로 간주하고 있다. 따라서 아버지는 '우리의' 작은 가정을 지키기 위하여 악착같이 일했음을 깨닫게 된다. 이는 자신의 성장 배경을 바탕으로 가족 생활사의 일면을 리얼하게 서술한 양상이기도 하다.

2) 문학 경험을 통한 텍스트 의미 생성

딜타이(W. Dilthey)는 문학이 새로운 경험을 통하여 삶의 전체적 이해를 가능하게 한다고 주장했다. 문학적 경험을 통하여 자신의 삶을 체계화한다는 것은 곧 문학이 타인의 삶에 대한 대리경험이며, 자기 삶의 객관화 과정임을 뜻하기도 한다.(구인환 외, 2007, 61) 흔히 문학을 '인간의 가치 있는 경험을 언어로 형상화한 예술'로 정의하는바, 여기에서 '언어적 형상화'가 문학의 형식이라면 '인간의 가치 있는 경험'은 문학의 내용을 이룬다.(류수열 외, 2015, 19) 작가가 자신의 개인적·공동체적 경험을 성찰을 통해 형상화한다면 학습자 역시 텍스트 수용을 통해 작가의 성찰적 질문을 읽음과 동시에 전유된 경험과 조우시키면서 간접 경험을 하게 된다. 이를 통해 학습자는 스스로의 문학 경험을 지각하고 반성할 뿐만 아니라 상상력을 통해 잠재되어 있던 또 다른 문학 경험을 추체험하게 된다. 이처럼 문학과 경험은 불가분리의 관계에 놓여 있으며 유의미한 경험은 문학 경험의 생성에 적극적인 영향을 주게 된다. 학습자는 소환된 일련의 문학 경험을 텍스트와의 끊임없는 소통을 통해 시의 의미를 자신이 처한 상황과 결부시켜 이해하게 된다. 문학 경험은 자동적으로 활성화되는 것이 아니라 학습자가 자발적으로 텍스트 해석에 참여해야 활성화된다. 이를테면 문학 경험은 학습자의 참여를 바탕으로 텍스트와 수용자의 상호작용 속에서 활성화된다.

> 남들이 이해할 수 없을 정도로 농무에 자아를 맡기고, 이를 통해 잠시나마 '망아(忘我)'의 경지를 느껴 보고자 했던 시적 화자의 '발버둥'이 안타까울 따름이다. 물론 시적 화자도 이러한 '발버둥'이 자신을 고된 삶으로부터 근본적으로 해탈시켜 줄 수 없음을 잘 알고 있는 듯하다. '산구석에 처박혀 발버둥친들 무엇하랴.' 그럼에도 '농무'에 집착하는 이유는 '농무'가 시적 화자로 하여금 세상 그 무엇에도 얽매이지 않은, 초탈하고 순수한 자신과 마주할 수 있는 시간을 만들어 주고 있기 때문이 아닌가 싶다. 이 시는 장자(莊子)의 '莊周夢蝶' 고사를 연상케 한다. 장자가 나비의 꿈을 꾸고 나서 '혹 내가 꿈속의 자유로운 나비였던 것은 아닌지' 하는, 타인이 보기에 어이없는 사색에 잠길 수 있었던 것은 어쩌면 그가 꿈속의 나비이고 싶다는 생각에서 비롯된 것일지도 모른다. 꼭 마치 '농무'의 시적 화자가 '망아(忘我)'를 꿈꿨던 것처럼 말이다. (〈농무〉-학습자-5)

이 학습자는 신경림의 〈농무〉를 읽고 사회적 맥락과는 거리 두기를 하면서 한 인간의 상태에 주의를 돌렸다. 초반에는 개인 경험을 적극 투영했지만 개별 시구를 통해 문학 경험으로의 전환을 이루었다. 학습자는 영향을 받은 선행 텍스트로부터 시 속에 반영된 자아에 초점을 맞추면서 관계 짓기를 하고 있다. 한 편의 텍스트는 다른 텍스트와의 관련성 속에서 끊임없이 수정되는 과정을 통해 의미작용의 입체성을 획득하게 된다.(손진은, 2005, 246) 학습자는 실제를 초월한 '농무'의 의미작용에 주목하면서 장자(莊子)의 '장주몽접(莊周夢蝶)' 고사를 연상했다. 이 이야기는 인간이 자신의 진정한 자아 또는 정체성에 질문을 던질 때 흔히 떠올리는 고사이기도 하다. 장자가 나비를 꿈꾸고 자신이 꿈속의 나비라고 착각하면서 자유로움과 즐거움을 느끼는 것에서 〈농무〉의 시적 화자도 장자처럼 '망아'를 꿈꿔왔던 것이 아닌가 하는 질문을 던지면서 그 상응 관계를 대조하고 있다. 이는 텍스트의 의미를 자신의 문학 경험과 상상력에 기반하여 새롭게 성찰해 나가는 과정이기도 하다.

> 이 시를 읽으면 밥도 변변찮게 드시며 뼈 빠지게 일해도 돈 몇 푼 못 벌기에 가난에서 벗어날 수 없는 노동자들의 절망이 눈앞에 선하다. 이런 곤경에 처해있음에도 이에 반항해 나서는 것이 아니라 "소주잔을 돌리며 돌리며 붓"는다는 것은 노동자들이 너무나도 오랫동안 심한 압박을 받아서 도무지 힘이 없어서 그러는 듯 싶다. 하지만 "소주보다 독한 깡다구를 오기를/ 분노와 슬픔을 붓는다" "우리들의 희망과 단결을 위해/ 새벽 쓰린 가슴 위로/ 차거운 소주잔을/ 돌리며 돌리며 붓는다" 등 연에서 노동자들의 분노가 지금 쌓이고 쌓이는 일촉즉발의 상황이므로 도화선만 있으면 반항운동이 터질듯한 분위기인 것 같다. 이것이 바로 "노동자의 햇새벽"이라고 생각된다. (〈노동의 새벽〉 -학습자-12)

이 학습자는 시적 상황을 빌려 노동자들의 절망적인 모습을 포착해내면서 그들이 곤경에 처해있음에도 반항해 나서지 못하는 이유를, 심한 압박을 받은 나머지 그 힘조차 없는 것으로 간주하였다. 그러나 학습자는 후속적으로 나타난 노동자들의 술 붓는 행위인 '소주보다 독한 깡다구를 오기를/ 분노와 슬픔을 붓는다'를 통해 그 분노의 강도를 대구적으로 표현하고 있음을 인지하게 되었다. 즉 작은 힘조차 없던 노동자들이 새로운 역량을 형성함으로써 도화선 하나가 작용하면 바로 반항운동이 일어날 수 있는 분위기가 되었다고 이해하게 된 것이다. 그리고 이것이 곧 '노동자의 햇새벽'임을 강조하고 있다. 이러한 대구적 맥락은 다른 학습자들이 밝힌 '단결의 의지, 희망의 내일'과는 달리 '노동자의 햇새벽'을 오히려 반항운동을 통한 승리로 확장시켜 나갔다는 것이 새롭게 조명되며 이는 시어와 맥락을 통한 상상력의 극대화를 보여준 양상이기도 하다.

3) 사회공동체 경험에 의한 인식 전환

공동체는 인간의 사회성을 위해 불가피하며, 따라서 포기될 수 없는 것이다.[3] 공동체들은 대부분 공통의 가치, 확신 또는 입장을 가지고 있다. 조선족 학습자의 사회공동체 경험은 그 사회 집단의 본질적 특성을 보여주고 있으며 학습자가 지니고 있는 사회문화적 정체성과 긴밀하게 연관된다. 'nation'이라는 단어는 한국어로 국가 혹은 민족으로 번역된다. 사전적 의미를 살펴보면 대체로 공통의 언어, 문화, 민족성, 혈통, 역사를 공유하는 사람들의 공동체를 전제로, 물리적 경계를 갖지 않는 경우와 하나의 물리적 영토 안에서 하나의 정부를 공유하는 경우(N.Y. Davis, 2012, 267)로 나누어 이해할 수 있다. 그러나 조선족 학습자에게는 민족과 국가는 같은 의미로 이해되지 않

---

[3] 그 이유는, 첫째로 인간 전체가 개인적 정체성, 즉 안정적인 자신의 형상, 확고한 성격 또는 일관된 인격구조를 발전시킬 수 있도록 하기 위한 전제를 이루며, 둘째로 공동체 형태의 사회관계 없이는 또한 사회적인 상호관계들 역시 불가능하기 때문이다.(L. Gertenbach, et al., 2017, 85-86)

는다. 조선족은 중국의 소수민족인 동시에 한반도에 모국을 두고 있는 월경민족이기도 하다. 아울러 다양한 공동체 속에서 생활해 온 조선족 학습자도 경험의 변화에 따라 질적인 인식 전환을 이루게 된다.

    이 시를 통하여 도시화, <u>산업화로 인해 농촌으로 되돌아가는 사람과 농촌에 머물러 있는 사람들이 적어지고 있다는 점을 느낄 수 있었다.</u> 현재도 많은 농촌 마을들이 무방비 상태에 놓여 있다. 할머니, 할아버지도 농촌에 살고 계시지만 폐가가 많아졌고 젊은 세대는 모두 돈벌이하러 도시로 갔고 간간이 보이는 아이들과 노인들이 마을을 지키고 있으며 농민도 크게 보이지 않는다. 시에서 '<u>텅 빈 운동장</u>'이 마치 사람들이 대거 없어진 농촌의 마을을 의미하는 것 같다. 또한, 농민들의 허탈한 마음을 엿볼 수 있다. 이 시는 농촌의 현실과 농민의 삶을 잘 반영해주고 있다. (〈농무〉-학습자-3)

    <u>산업화 과정에서 농촌은 낙후해지고, 농촌 마을의 젊은 남자들은 더 이상 돈 안 되는 농사를 짓지 않고, 돈을 많이 벌 수 있는 도시로 떠날 수밖에 없을 것이다.</u> 이런 현상은 지금 <u>중국 조선족 사회에서도 나타나고 있다.</u> 한중수교 이후, 방문취업제도가 시행되면서 마을에 있던 젊은이들은 더 많은 돈을 벌기 위해 한국으로 떠났다. 그들 중에는 한국에 정착하여 새로운 보금자리를 마련한 사람도 있었고, 돈을 벌어 도시에 집을 마련한 사람도 있었다. 이로 인해 마을 사람들은 한 명씩 마을을 떠나기 시작했고, 나중에는 마을 전체가 사라지는 현상도 나타났다. (〈농무〉-학습자-6)

학습자 3과 6은 〈농무〉의 배경을 제대로 포착해냈고, 중국 농촌의 현황을 〈농무〉의 시대와 대조하여 보여주고 있다. '텅 빈 운동장'이라는 묘사가

사라진 농촌을 의미하고 이같은 현상이 중국 조선족 사회에서도 나타나고 있음을 강조하고 있다. 학습자들은 이미 무너진 사회공동체와 그 경험에 기대어 중국의 도시화와 시장화 그리고 한·중 수교를 통한 변화에 주목하면서 농촌 공동체가 와해된 원인을 밝히고 있다. 즉 젊은 노동력이 농촌에서 도시 혹은 한국으로 이동하면서 농촌이 낙후되거나 이미 사라진 현실을 그대로 보여주고 있다. 또한, 어린 시절의 기억을 되새기면서 농민들의 허탈한 마음과 현실적인 삶을 절실히 인식하고 있다. 따라서 학습자들은 오늘날 농촌사회의 공동화 현상에 대해 반성하면서 인식의 전환을 맞고 있다.

> 이 시가 발표된 1984년에는 주로 육체적인 노동 때문에 힘들었지만 많은 시간이 지난 2021년에는 여전히 육체적인 노동도 존재하지만 주로 감정적인 노동이 대세다. 예전에는 몸이 힘들었지만 지금은 감정노동으로 인하여 심각하면 우울증에 걸리는 직장인이 대반수다. 이처럼 시대가 달라짐에 따라 노동의 종류도 달라지겠지만 청춘들의 가혹한 현실은 똑같다. 하지만 나는 밤이 지나 새벽이 찾아오는 것처럼 언젠가 감정노동도, 막노동도 모두 끝날 거라 믿는다. (〈노동의 새벽〉-학습자-9)

학습자 9는 시의 대의를 비교적 객관적으로 파악하고 있으며, 오늘날에는 육체적인 노동보다 감정적인 노동이 대세라고 서술하였다. 텍스드의 의미를 해석할 때, 결정적인 역할을 하는 것이 다름 아닌 작품을 창작한 시기 혹은 배경이 될 수 있다. 이는 작품 창작의 시대 배경이 텍스트의 주제와 화자의 정서를 깊게 파악하고 이해할 수 있도록 핵심 단서를 제공해 주기 때문이다. 따라서 학습자는 자신을 서로 다른 시대적 상황에 위치시켜 객관적으로 의미를 해석하려는 노력을 보이고 있다. 다름 아닌 시적 거리두기를 통해 노동의 종류와 성격을 대조하면서 그러한 가혹함은 새벽이 찾아오듯이 언젠가는 종결되기 마련이라고 인식하고 있다.

　　노동의 새벽, 이 제목을 보게 되는 순간, 떠오르는 것은 바로 시간적 의미이다. 새벽에는 또 많은 생각을 하게 되고 잠을 이루기가 어려운 시기다.
　　평소에 <u>한국 드라마에 대해 흥취가 크기에 늘 보고 있는데</u> 많은 경우에 볼 수 있는 장면이라면 그것은 바로 가족의 생계를 유지시키기 위해 늦게까지 일하거나 야근을 해가면서 악착스레 돈을 버는 사람들, 너무 피곤한 끝에 지하철에서 꿈나라로 들어간 사람들이다. 작가도 새벽에 쓰린 가슴 위로 차거운 소주를 붓는다고 하였는데 여기에서 '차거운' 이 어휘가 아주 큰 빛을 뿌리고 있는 듯 싶다. 차거운을 품사로 가리면 이는 하나의 형용사로서 그 슬프고 쓰라린 심정을 아주 잘 표현시켰다. <u>돈을 벌기 위해 아득바득 애를 써도 순풍에 돛단 듯 순리로울 수가 없는 것처럼 끝내 오래 못갈까봐 끝까지 버텨낼 수 없을까봐 걱정을 하고 수많은 사상투쟁을 하고 있는 작가의 간절하고도</u> 어찌할 방도가 생기지 않는 거의 붕괴되는 심정이 잘 느껴진다. 가난의 멍에에서 빠져나올 수 없는 그 간절함이 정신적인 피로가 아닌 육신마저 함께 피로해질 것이다. 이제는 차거운 소주와 함께 분노와 슬픔도 함께 부어버리는 작가-어쩔 수 없지만, <u>절망이 다가오지만 진이 빠져도 이 세상에서 이 사회에서 살아남자면 모든 고난과 좌절을 이겨내면서 버텨야 한다.</u> 이 시를 읽으면서 많은 생각을 가지게 되었다. 이 세상은 아주 아름답다. 아름답기 때문에 그만큼 힘겹고 숨이 차다. 그럼에도 불구하고 이 아름다운 세상에서 우리는 충분히 노력하고 분투하여야 만이 살아남을 수 있고 빛을 뿌릴 수 있다고 생각된다. (〈노동의 새벽〉-학습자-8)

　　이 학습자는 시의 제목에서 시간적 의미를 탐색하면서 특별한 시간을 배경으로 하는 시임을 제시하고 있다. 특히 한국 드라마 속의 가족의 생계를 위해 늦게까지 일하거나 야근을 하며 돈 버는 사람들을 떠올리면서 그 피곤한 모습을 극적으로 보여주고 있다. 다시 '차거운'이란 시어에 눈길을 돌리면서 이 시어가 전반적인 시적 분위기에서 특별한 역할을 하고 있음을 감지하고 있다. 또한, 돈을 벌기 위해 분투하는 사람들의 심정을 빌려 그 간절함과 정신적 피로를 차거운 소주로 달래며 고난과 좌절을 이겨내고 있음을 서술하고 있다. 이러한 시적 상황들을 빌려 학습자는 메타적 성찰을 이어가게 되는데, 세상은 아름답지만 아름답기 때문에 그만큼 힘겹고 숨이 차다고 역설하고 있다. 그리고 아름다운 세상에서 안주할 것이 아니라 충분히 노력하고 분투해야만 더 멋지게 살아남을 수 있음을 제시하고 있다. 이러한 해석 또한 학습자의 내재화된 경험을 바탕으로 세상사의 흐름을 어느 정도 파악한 내용물이라고 할 수 있다.

4. 조선족 학습자를 위한 한국 현대시 이해 교육 방법

시 해석은 텍스트로 제시된 시를 읽고 이해하며 텍스트의 내적·외적 맥락을 총동원하여 궁극적으로 학습자 자신의 언어로 의미화하는 일이기도 하다.(우한용 외, 2009, 117) 조선족 학습자의 반응 텍스트를 살펴볼 때, 한편으로는 문학 경험, 개인 성장 경험 그리고 사회공동체 경험 중 개인 경험이 두드러지게 작용했고, 다른 한편으로는 텍스트가 담고 있는 의미를 세부적으로 파헤치기보다는 자신의 경험을 통해 자의적으로 해석하는 경우도 어렵지 않게 확인할 수 있었다.

조선족 학습자들은 한국 현대시를 이해할 때 자신의 경험을 활용해 텍스트에서 관련된 단서를 발견하여 텍스트를 의미화해 나갔다. 이 과정은 학습자로 하여금 시 읽기를 용이하게 할 뿐 아니라 텍스트의 의미를 확장하고 창의적인 해석으로 나아가게 한다. 또한, 텍스트에 대한 단편적인 이해를 보이는 경우 결여된 이해에 대해서는 자신의 경험과 상상력을 동원하여 텍스트의 틈을 창조적으로 메꿔나가는 경향이 있었다. 그러나 텍스트 본연의 가치와 의미를 고려하면, 신빙성이 떨어지는 학습자의 자의적인 해석이 과도하게 개입되는 현상도 나타났다. 따라서 조선족 학습자의 경험을 통한 한국 현대시 이해 교육의 방법에 대해 다음과 같이 제안하고자 한다.

첫째, 개인 경험을 활용함에 있어서 타당성이 결여된 해석을 지양할 필요가 있다. 시적 표현 활동뿐 아니라 인간의 사유 활동 전반은 일차적으로 자신의 삶이나 경험에 바탕을 두고 이루어진다.(윤여탁, 2017a, 264) 시의 일반적인 특질과 시의 구성요소에 익숙한 학습자들은 일차적 독서 행위에서 얻은 직감적 감응을 통해 체계적으로 해석을 이어나갔다. 효과적인 경험의 최대치에 달하기 위해서는 낯선 텍스트와 마주하더라도 자발적이고도 주체적인 참여를 통해 텍스트와의 끊임없는 소통을 유지해 나가야 한다. 즉 주어진 시적 상황의 이해를 피할 것이 아니라 감각과 기억을 통해 개인 경험을 활성화하면서 그 공감의 접점을 찾기 위해 노력해야 한다. 시적 맥락을 벗어난 자의적인 반응에 대해서는 정확한 시 읽기를 권장해야 할 것이다. 즉 타당성이 결여된 해석을 지양해야 하며 텍스트에 대한 해석의 다양성[4]을 합리적으로 조율할 필요가 있다. 무정부주의 해석과 명백한 오류도 바로잡아야 한다.

둘째, 문학 경험을 통한 상호텍스트성의 해석은 필요하지만 원 텍스트에 근접한 정서와 내용이 담겨있는 텍스트를 알맞게 선정해야 한다. 그리고 단편적인 시적 장치에만 주목할 것이 아니라 다양한 요소들을 포착해내야 한다. 작품의 수용은 작품 세계와 독자의 삶이 만나는 과정이므로 상호작용 속에서 명백한 의미를 파악하기 위해 노력해야 한다. 문학 교육의 목표 중의

---

4 교육이라는 것은 본질적으로 학습자의 성장, 나아가 인간의 성장을 목적으로 하는 지향적 행위이며, 교육적 관점에서 접근하였을 때 해석의 다양성이라는 현상이 무조건적으로 긍정될 수는 없다.(이종원, 2019, 2)

하나는 적정한 향수 능력과 감식력의 배양(유종호, 1995, 14)이므로 주체적 판단능력을 가진 학습자를 양성해야 한다. 학습자가 자신의 경험을 문학적으로 표현해낼 때, 개인적 차원에서 성장을 이룰 수 있고, 사회·역사적 차원에서도 새로운 의미를 구성해낼 수 있다. 그러나 시에 표현된 정서와 학습자가 텍스트를 통해 실제로 느끼는 정서 및 기타 상황 사이에는 거리감이 존재하므로 작품 세계와 학습자 사이의 거리를 좁혀나가기 위해서는 배경지식을 통한 반성이 필요하다.

셋째, 사회공동체 경험에는 주체와 행위, 그리고 여러 가지 관계 등이 포함되는데, 집단의 본질적 특성에 따라 시적 상황에 대해 유사한 경험을 가진 학습자의 능동적인 참여가 필요하다. 그리고 시의 저변에는 시인이 오랫동안 겪은 절실한 경험과 함께 한 시대의 사회상이 녹아져 있기에 학습자 역시 이를 무시할 것이 아니라 텍스트와의 충분한 상호작용을 통해 관조할 필요가 있다. 한 작가가 살았던 시대와 그 환경을 살피고 텍스트와의 상관관계를 제대로 이해한다면 그의 문학 세계에 더 깊이 다가갈 수 있을 것이다. 학습자를 염두에 둘 때, 텍스트-작가의 삶-텍스트의 연속적인 탐구 과정을 거쳐 최종적 의미 해석과 내적 관계를 객관적으로 규명할 수 있을 것이다. 때문에 학습자의 사회공동체 경험을 활용하여 텍스트의 사회문화적 맥락을 정확히 읽어내야 하며, 이와 같은 소통이 제대로 이루어질 때만이 학습자는 경험의 교호작용(交互作用) 속에서 스스로 성찰하면서 심화된 이해로 나아갈 수 있다.

5. 결론

본 연구에서는 조선족 학습자들의 시 읽기 양상을 통해 과거부터 축적되어 온 경험이 텍스트와의 상호작용 속에서 오늘날의 학습자에게 어떠한 이해와 해석의 가능성을 열어주는지를 살펴보았다. 그 결과, 조선족 학습자의 반응 양상은 기존의 신비평에 기댄 태도에서 벗어나 자신들의 다양한 경험을 바탕으로 현실적인 시점에서 생각과 느낌을 표출하는 것으로 나타났다. 다시 말해, 학습자들은 시적인 것을 이 시대의 문화 지평에서 인지하고 해석하여 과거보다는 현재의 경험으로 수용하는 경향이 두드러지고 있다.

학습자들은 서로 다른 기대 지평과 사전 지식으로 텍스트를 마주하면서 텍스트와 소통하는 과정에서 이미 축적된 다양한 경험을 통해 시를 이해하였다. 시 텍스트가 담고 있는 내용이 학습자 과거와 현재 삶의 세부적인 경험과 적극적으로 관련을 맺을 때 주체적인 수용이 극대화되었고, 반대로 그렇지 못한 경우에는 수동적인 주체가 되어 시에 대한 표면적인 인지에 그치게 되었다. 따라서 본 연구에서는 학습자의 반응 양상을 바탕으로 한국 현대시 읽기 교육의 방법에 대해 세 가지 차원으로 제안하였다. 즉, 개인 경험을 활용함과 동시에 타당성이 결여된 해석을 지양하는 것, 문학 경험을 통한 상호텍스트성의 해석은 필요하지만 보다 근접한 정서와 내용이 담겨있는 텍스트를 선정하는 것, 사회공동체 경험은 집단의 본질적 특성에 따라 시적 상황에 대한 유사한 경험을 작동시키는 것이다. 동시에 지식 차원의 이해를 뛰어넘어 시인의 체험을 이해해야 할 뿐만 아니라 시에 내재한 객관적인 사회·문화적 맥락도 함께 터득하는 것도 중요하다.

참고 문헌

1. 기본자료

고려대학교 민족문화연구원 국어사전편찬실(2009), 『고려대 한국어대사전』, 고려대학교 민족문화연구원.
박노해(2014), 『노동의 새벽』(초판 1984, 풀빛/ 30주년 개정판), 느린걸음.
신경림(1975), 『농무』, 창작과비평사.

2. 논문 및 단행본

구인환 외(2007), 『문학교육론』, 삼지원.
권용혁(2012), 「개인과 공동체」, 『사회와 철학』 23, 사회와철학연구회, 1-26.
김욱동(2000), 『문학이란 무엇인가』, 문예출판사.
김정우(2004), 「시 해석 교육 내용 연구」, 서울대학교 박사학위논문.
김준오(2008), 『시론』, 삼지원.
류수열 외(2015), 『문학교육개론Ⅱ 실제편』, 역락.
손진은(2005), 「상호텍스트성의 시 교육 및 창작교육 활용」, 『반교어문연구』 18, 반교어문학회, 245-274.
엄태동(2001), 『존듀이의 경험과 교육』, 원미사.
우한용 외(2009), 『실용과 실천의 문학교육』, 새문사.
유성호(2006), 『현대시 교육론』, 역락.
유종호(1995), 『시란 무엇인가-경험의 시학』, 민음사.
윤여탁(2003), 『리얼리즘의 시 정신과 시 교육』, 소명출판.
윤여탁(2017a), 「시 교육에서 학습 독자의 경험과 정의에 관한 연구」, 『국어교육연구』 39, 서울대학교 국어교육연구소, 261-287.
윤여탁(2017b), 『한국 근·현대시와 문학교육』, 태학사.
이승하 외(2019), 『한국 현대 시문학사』, 소명출판.
이종원(2019), 「시적 주체 구성을 중심으로 한 시 읽기 교육 연구」, 서울대학교 박사학위논문.
차봉희(1993), 『수용미학』, 문학과지성사.

Copleston, F.(1959), *The British Philosophers: Hobbs to Hume*, 이재영 역(1991), 『영국 경험론: 홉즈에서 흄까지』, 서광사.

Davis, N.Y.(1997), *Gender and Nation*, 박혜란 역(2012), 『젠더와 민족』, 그린비.

Dewey, J.(1934), *Art as experience*, 이재언 역(2003), 『경험으로서의 예술』, 책세상.

Gertenbach, L. et al.(2010), *Theorien der Gemeinschaft. zur Einführung*, 곽노완·한상원 역(2017), 『공동체의 이론들』, 라움.

Hamlyn, D. W.(1978), *Experience and the growth of understanding*, 이홍우 역(2010), 『교육인식론-경험과 이해의 성장』(증보판), 교육과학사.

Ricoeur, P.(1984), *Temps et récit*, 김한식·이경래 역(2000), 『시간과 이야기 2』, 문학과지성사.

9장 한국 문학 교육을 위한
중국인 학습자의 시 번역 양상 연구

한설옥 서울대학교 국어교육연구소

1. 서론

학습자의 역할이 중요시되는 현재의 교육적 흐름에서 외국문학 교육으로서의 한국 현대시 교육은 여전히 교사 중심의 강독식 교수법에서 쉽게 벗어나지 못하고 있다. 그 원인으로는 교육 목표가 시라는 점과 대상이 외국인 학습자라는 점을 들 수 있다. 모호성과 함축성이 특징인 시는 학습자들이 적극적으로 접근하기가 워낙 쉽지 않은 데다가 한국어를 배우는 단계에 있는 외국인 학습자가 텍스트의 의미를 구성해내는 데 역시 적잖은 어려움이 따르기 때문이다. 한국 현대시 교육의 중심이 학습자로 무리 없이 넘어갈 수 있는 방법으로 본고는 학습자의 특징을 고려한 방법으로서의 번역에 주목하고자 한다.

번역은 한국 국내외의 한국어 교육기관에서 문학작품이 교수-학습되는 방법 중의 하나(윤여탁, 2009, 54)이고, 중국의 한국어 교육에서 효과적인 읽기 방식이자 효율적인 텍스트의 주해 방식으로 중요한 교수법으로 간주되고 있다.(주옥파, 2006, 3-4) 그러나 번역 자체가 차지하는 교육 목표로서의 번역과 교육 방법으로서의 번역이라는 이중적인 위치로 인해 후자가 전자에 편입되어 문학 교육 현장에서 번역 기교를 가르치는 것에 치우치거나, 번역이 방법으로 활용되고는 있지만 텍스트의 표층 의미를 신속하게 전달하는 데만 활용되어 학습자들의 주체적인 해석을 이끌 수 있는 방법으로서의 번역의 효용성을 감소시키고 있다. 이러한 문제의식에서 출발하여 본고는 학습자가 주체적으로 수행하는 번역 활동에 초점을 두고자 한다. 한국 현대시 교육에서 번역과 관련된 연구는 김염(2007)이 있는데, 이 논의에서의 번역은 언어지식, 문화지식의 교육적 접근으로서의 성격이 강하다. 반면 본고에서 논의하는 번역은 문학 교육적 접근으로서의 성격을 지닌다고 볼 수 있으며, 번역의 활용 목적의 측면에서 그 층위가 다르다고 할 수 있다.

짧은 길이에 비례하지 않게 의미가 풍부한 한국 현대시는 다른 유형의 텍스트에 비해 학습자에게 상대적으로 많은 인지적, 정의적 개입을 요구한다. 중국인 학습자가 한국 현대시를 중국어로 번역하는 과정에는 한국어의 언어적 특질에 대한 체험과 개인의 정서적 경험이 동반되며 학습자의 텍스트에 대한 이해를 촉진시킬 수 있다. 따라서 번역을 방법으로 활용할 경우 학습자가 번역 과정에서 보이는 일련의 반응이 중요하므로 본고는 중국인 학습자가 한국 현대시 텍스트를 번역하는 과정에서 나타나는 반응을 통해 번역이 한국 현대시 교육에서의 작용을 살펴보고 교육적 활용에 관하여 제안하는 것을 목표로 삼는다.

2. 이론적 배경

슐라이어마허(F. Schleiermacher)는 번역의 대상을 객관적인 것과 주관적인 것으로 분류하였는데, 객관적인 것의 경우 그 언어는 "어떤 두께도 없이", 단순히 내용을 운반하는 "무심한 매개체"의 역할을 하고, 주관적인 것의 경우 "주체가 표현되는 동시에 언어도 변화되는" 문학적 혹은 철학적 텍스트들이 있다고 하였다.(윤성우·이향, 2009, 293-294) 객관적인 것에 대한 번역은 번역 주체에 따라 읽어낼 수 있는 정보에서 뚜렷한 차이가 거의 없으므로 유사한 번역 결과를 산출하기 마련이다. 그러나 주관적인 것, 이를테면 문학의 경우 저자와 텍스트가 언어와 맺은 "내밀한 관계"를 적극적으로 파헤쳐야 하며 번역자의 능동성이 비교적 많이 요구된다. 따라서 객관적인 것에 대한 번역은 번역자의 존재가 덜 드러나는 반면, 주관적인 것에 대한 번역은 저자와 번역자 모두의 주관성과 관련된다. 문학 교육의 장에서 시 텍스트를 번역하는 학습자는 단순히 정보를 옮기는 작업을 하는 것이 아니라 자신의 주관적인 세계를 텍스트와 적극적으로 연결시키게 된다.

번역의 과정을 이해와 재현[1]으로 구분할 때 번역자의 주관성은 번역의 두 단계에 모두 관여한다. 시 텍스트를 번역할 경우 번역자는 인지적, 정의적 요소를 동원하여 원문의 의미를 구성하고, 잠정적 번역어들 사이에서 자신의 이해를 언어화한다. 번역학자 홈즈(James S. Holmes, 1994, 82-84)에 의하면 번역자들이 번역을 수행하는 과정에서 그들이 스스로 원문으로부터 읽기 원리에 따라 추출해낸 정신적 구상(mental conception)이 그 기준이 된다. 따라서 번역의 대상은 저자가 창작한 원문이 아니라 번역자의 내면에서 형성한 텍스트에 대한 상인 것이다. 그러나 여기서 언어화의 기준이 되는 '정신적 구상'

---

[1] 김윤진(2000, 41)은 재현을 재표현과 구분시켜 사용하였다. 그에 의하면 번역은 표현된 것을 언어를 달리하여 재표현하는 것이 아니라, 번역자가 "아직 도착어의 언어적 형태를 지니지 못한 것을 언어화하는 과정"을 일컫는 말로 '재현'을 사용하였다.

자체의 특징에 대한 설명이 결여되어 있다. 이점을 보완하기 위해 본고는 독자반응 이론에 기대어 설명하고자 한다.

로젠블렛(Louise M. Rosenblatt)은 듀이(John Dewey)와 벤틀리(Arthur F. Bentley)로부터 '상호교통'이란 용어를 차용하여 독서 과정을 텍스트에 대한 일방적인 해석이 아닌 텍스트와 독자가 서로 영향을 미치는 진행 중인 과정으로 표현한다.(김혜리·엄해영 역, 2008, 28-30) 그리고 텍스트와 독자 간의 상호 작용으로 이루어지는 역동적인 읽기 과정에는 시간과 장소가 존재하고, 네 개의 요소에서 한 가지만 변화해도 읽기가 다른 회로에 들어간다고 하였다.(김혜리·엄해영 역, 2008, 25) 즉, 시간의 경과에 따라 독자의 반응도 계속해서 구성된다는 것이다. 그러나 이때의 반응은 산발적으로 일어나지 않는다. 현상학적 관점에서 독서 과정을 설명하는 이저(W. Iser)에 따르면 빈자리가 불분명한 텍스트는 독자의 환상에 의해 점차 뚜렷해지고(차봉희, 1993, 164), 그 실현 과정을 분해하여 보면 독자의 의식 속의 상(image)은 과거의 상을 바탕으로 갱신되며 연속적으로 나타난다.(Iser, 1978, 148) 따라서 독자이자 번역자인 학습자는 원문을 도착어로 표현하기 위해 우선 머릿속에서 텍스트에 대한 상을 형상화하는데, 이 상은 읽기 과정에서 구체화되고 전체성과 유일성을 갖게 되면서 학습자가 텍스트에 대한 이해도 정교해질 수 있다.

번역은 학습자가 텍스트의 의미를 파악하는 데서 끝나지 않는다. 번역자가 스스로 이해한 바를 언어로 표현하는 단계에서 각각의 특성을 가진 두 언어의 만남이 이루어지는데 이는 평화롭지 않다. 모호성이란 특징을 지닌 시의 언어는 뜻이 명확하고 단일하지 않기 때문에 학습자가 바로 등가 관계를 이룰 수 있는 도착어 표현을 찾아내기 쉽지 않다. 김효중은 문학텍스트 번역이 어려운 원인으로 문학번역이 문화의 전이라는 이유 외에 문학 언어의 특성을 꼽았는데, 문학의 언어는 언어의 역사적 발전 과정에 뿌리를 두고 개인적이고 구체적 사용의 실현으로 개체성이라는 특성을 지니고 있기 때문이라고 하였다.(김효중, 2004, 150-151) 개체성이 있는 시의 언어가 내포한 의미는 일반적이고 보편적인 상황에서 쓰일 때의 의미의 폭과 다르다. 그리고 그 언어의 개체성을 번역자가 나름대로의 개체성이 반영되는 언어로 옮기는 과정에서 번역어가 처한 도착어의 언어적, 사회문화적 맥락도 함께 원문 텍스트의 의미 탐색에 개입하게 된다.

따라서 재현 단계에서 번역자는 도착어에 관한 감각, 정서, 상상력을 동원하여 원문의 잠재적인 의미를 활성화시키고 해석을 풍부하게 할 수 있으며, 번역 텍스트는 텍스트와 번역자 모두의 언어에 의해 산출된 결과물이다. 이러한 번역 과정은 번역자의 원문에 대한 이해를 발전시키는 중요한 일환으로 볼 수 있다. 비네(Jean-Paul Vinay)와 다블네(Jean Darbelnet)는 단어 대 단어의 직역이 아닌 간접 번역의 전략을 기술하면서 의무적의 경우(obligatory)와 선택적의 경우(optional), 두 가지 구분(Vinay & Darbelnet, 1995, 36)을 제시하였다. 전자는 언어 체계의 차이로 인하여 원문을 다르게 번역해야 하는 상황을 설명하는 것이고 후자는 번역자의 주관성의 영향에 의해 변형을 일으키는 상황을 뜻한다. 이런 맥락을 학습자가 한국의 현대시를 이해하기 위해 수행하는 번역에 적용시켜보면 원문에 대한 재현 단계에서는 출발어와 상이한 도착어의 언어 체계와 학습자의 주체적 선택이 원문에 대한 변형을 일으킬 수 있고, 원문 텍스트에 대한 이해도 두 가지 요소의 작용과 관련이 있다는 것이다. 다시 말해 번역자는 번역하는 과정에서 원문의 언어, 그 언어들의 결합, 텍스트의 구조를 세세히 고찰하고 도착어의 표현을 생성하여, 두 텍스트를 오가며 적절성을 계속해서 검토하며 번역 텍스트를 퇴고하는 동시에 언어들의 역동적인 상호작용 속에서 이해를 심화시킬 수 있다.

그러나 완결된 형태를 지닌 번역에 비해 해석은 잠재적인 것(윤성우, 2018, 204)이기 때문에 번역 텍스트만 놓고 학습자들의 해석을 추적하기에는 부족하다. 또한 번역 결과의 산출만 요구할 경우 학습자들은 번역 텍스트의 완성만을 목표로 삼아 그 과정에서 원문 텍스트를 깊이 있게 읽지 못하는 한계가 존재한다. 번역이 시 읽기에 어떤 영향을 미치는지를 살펴보기 위해 학습자의 텍스트에 대한 반응과 직결되는 번역의 수행 과정에 주목할 필요가 있다. 위에서 언급한 바와 같이 번역이 이해와 재현으로 나뉜다면 보편적으로 이해는 암묵적으로 진행되는 것이고 재현도 역시 번역 텍스트만으로 그 실체를 드러내고 있어 이해에 변화를 일으키는 원인을 판단하기 어려워진다. 따라서 교육의 장에서 전문가가 아닌 학습자에 의해 완성된 번역 텍스트 외에도 그들의 해석을 다양하게 표현할 수 있는 기회를 마련해줄 필요가 있다. 즉, 학습자는 일차적으로 시 텍스트 번역을 통해 모호하고 불명료한 생각들을 자국어로 번역하면서 글로 고정시켜야 한다. 다음으로 번역에 대한 또 한 차례의 설명을 통해 번역 또는 해석의 경로를 밝히고, 자신의 이해를 종합적으로 표현할 수 있도록 해야 한다.

3. 중국인 학습자의 번역을 통한 한국 현대시 읽기 양상

이 연구는 학습자들이 한국 현대시를 중국어로 번역함으로써 시를 이해하는 것을 교육 내용이자 방법으로 삼고자 한다. 중국 대학교에서 번역과 관련된 교과목은 중급 수준 이상의 학습자를 대상으로 진행된다는 실정(박은숙, 2018, 117)과 번역 대상 텍스트의 유형이 한국 현대시라는 점을 감안하여 본고는 중국인 고급 학습자를 대상으로 실험 조사를 진행하였고 학습자의 구체적인 정보는 다음 표와 같다.

번호	성별	나이	한국어를 공부한 기간	TOPIK 급수	전공
1	여	25	4년	6	경영학
2	여	30	3년 6개월	6	교육학
3	여	22	4년	6	한국학
4	여	25	4년	5	사회학
5	여	27	4년 6개월	6	철학

실험에서 사용하는 텍스트 선정에 있어 학습자의 수준에 부담이 되지 않는 길이, 난이도와 같은 요소 외에도 연구 주제와 관련하여 학습자의 주체적 해석 가능성을 높이기 위해 텍스트의 상징적 성격을 고려하여 김수영의 「눈」을 선정하였고, 정의적 접근의 용이성을 고려하여 문태준의 「평상이 있는 국숫집」을 선정하였다. 실험은 2020년 4월 13일에서 17일 사이에 진행하였고 학습자의 번역 과정에 대해 집중적이고 전체적으로 살펴보기 위해 번역하는 동안에 사고구술기법(think-aloud techniques)을 적용하였다. 이 방법은 인간의 행동과 능력의 바탕을 이루는 인지적 과정을 파악하기 위한 내성적 방법(introspective methods)[2]에 속하는데 연구 참여자가 과제를 완성하거나 문제를 해결하는 동안에 자신의 사고 과정을 소리 내어 말하는 방법이다.(Nunan, 1992, 117)

구체적인 실험 과정을 살펴보면 우선 학습자들로 하여금 시 텍스트를 읽고 이해한 내용을 1차적으로 구술하게 하였다. 어려울 수 있다고 판단되는 일부 어휘에 대해 사전에 나타난 설명을 미리 주석으로 달았고 이 외에도 학습자들이 시를 읽는 동안 모르는 단어가 있으면 사전의 사용을 허용하였다. 다음의 번역 수행 단계에서는 학습자들이 본격적으로 시를 번역하면서 자신의 머릿속에 떠오른 모든 생각을 구술하게 하였다. 번역을 완성한 뒤 반구조화된 면담[3]을 진행하였는데 학습자의 대답에 따라 추가 질문을 하였고, 면담을 마친 후 시에 대한 감상문을 작성하도록 하였다. 면담과 감상문 작성에 있어 한국어로 표현하는 부담감으로 본인의 의사를 충분히 표현하지 못할

---

2 내성(introspection)은 사람의 생각, 감정, 동기, 추리 과정, 정신적 상태가 어떻게 행동을 결정하는지를 밝히기 위해 이러한 과정, 상태를 관찰하고 이에 대해 성찰하는 과정을 의미하는 용어로, 조사하고자 하는 정신적 사건과 자료 수집이 동시에 일어나는 기법에 사용된다.(Nunan, 1992, 115)

3 실험은 '1차 면담 → 번역하기 → 2차 면담 → 감상문 작성' 순으로 진행하였다. 2차 면담에서 제시한 문항은 첫째, 번역 과정을 돌이켜보고 번역문을 통해서 시의 어떤 내용을 표현하고 싶었는지, 둘째, 시의 어떤 내용이 번역문에서 표현되지 않았는지, 셋째, 번역문을 어떻게 평가하는지 등을 파악하는 차원에서 이루어졌다.

수 있다는 점을 고려하여 한국어 사용을 강요하지 않았으며 대신 중국어로 표현한 부분은 직역을 거쳐 제시하였다. 이와 같은 실험 과정을 통하여 수집된 자료는 번역문 10편, 면담 녹음 자료와 이에 대한 전사 자료, 감상문 10편으로 구성되었다.

학습자의 번역 및 읽기 양상을 분석하기 위해 앞서 2장에서 논의한 것과 같이 우선 원문의 변형을 일으킨 주요 요인인, 언어적 차이와 주체적 선택으로 번역 양상을 구분하고 각 변형 유형에 따른 학습자의 읽기 양상을 살펴보고자 한다.

1) 언어적 차이에 의한 변형

번역하기 전에 학습자는 주어진 시 텍스트에 대한 이해를 몇 개의 시어나 시구에 대한 생각을 바탕으로 다소 단편적으로 서술하는 경향이 있고, 심지어 텍스트의 맥락에서 많이 벗어난 이해를 서술하는 경우도 있었다. 이는 학습자들이 텍스트에서 제공한 단서를 꼼꼼하게 살피지 못하고 텍스트의 일부에만 집중하였기 때문이다. 하지만 번역은 원문 텍스트인 한국시를 구성한 모든 부분을 거쳐야 하며 이를 도착어의 언어 사용 습관에 맞게 변형시키는 것을 요구한다. 이는 학습자들로 하여금 텍스트의 언어적 맥락에 따라 의미를 구축하게 할뿐만 아니라 원문의 특징적인 표현 방식에 대한 주목으로도 이어지게 한다.

(1) 원문 텍스트의 언어적 맥락에 따른 의미 구성

언어 체계 간의 차이로 인하여 학습자는 출발어 텍스트를 번역할 때 도착어의 표현 습관에 맞게 그 내용을 전달하기 위해 하나하나의 시어와 시행의 뜻을 명확하게 이해해야 한다. 이때 시어나 시행에 대한 이해는 개별적으로 이루어지는 것이 아니라 텍스트의 차원에서 시어의 의미, 시어 또는 시행 간의 관계를 고려하게 된다. 학습자들은 자신이 구성한 의미를 원문에 대한 변형을 감수하면서 번역 텍스트에서 드러냈다.

원문 텍스트	[3-눈-번역 텍스트][4]
눈은 살아 있다. 떨어진 눈은 살아 있다. 마당 위에 떨어진 눈은 살아 있다.	雪是鮮活的 落下的雪是鮮活的 落在地上的雪是鮮活的
시인은 원래 많이 우울한 것 같아요. 그런데 눈이 내린 풍경을 보고 그런 우울함이 싹 다 날려 버린 것 같았어요. 사람들은 좋은 풍경이나 대자연을 통해 위로를 받잖아요. 이 시도 그런 시인 것 같아요. [3-눈-1차 면담]	
'살아 있다'를 "雪活了(눈이 살았다), 雪活着(눈이 살아있다)"라고 번역해야 해요. 이런 표현은 너무 어색해서 중국 사람들은 이렇게 말하지 않아요. "살아 있다"는 아무래도 눈이 이렇게 떨어지는 게 아직 생명이 있다는 것을 얘기하는 것 같아요. 그래서 "鮮活的"라고 했어요. [3-눈-번역 과정]	
눈이 내리는 것이 원래 소리가 없어서 조용하고 아름다운데 시에서 눈은 생명력이 있고 강렬한 인상을 남겨줘요. 사람들에게 보이는 평범한 눈이 아니라 살아 있는 눈이에요. [3-눈-2차 면담]	

이 학습자는 번역하기 전에 '눈'을 단순히 사람을 위로해주는 아름다운 '풍경'으로 보았지만 번역하면서 '살아 있다'란 표현에 주목하게 되었다. 이 표현에 유독 관심을 갖게 된 원인은 원문 그대로 번역할 경우 어색한 중국어 표현이 되기 때문이다. 그래서 이 학습자는 눈이 어떤 상황에서 '살아 있다'로 표현되었는지를 텍스트의 언어적 맥락에 따라 생각하면서 이에 적합한 중국어 표현을 고민해 나간 모습을 보여주었다. 최종적으로 이 학습자는 고울 선

---

[4] 본고에서 인용한 자료는 [학습자 연번-시 제목-자료 구분]으로 표기한다. 자료 구분에는 실험을 통해 학습자들이 산출한 자료인 '번역 텍스트'와 '감상문', 면담 및 번역 과정을 녹음한 자료를 전사한 '1차 면담', '번역 과정', '2차 면담'이 포함된다.

과 살 활로 조합된 형용사 '鮮活的'로 표현하기로 하였다. 이 어휘는 신선하고 생동적이며 활력이 있는 상태를 묘사할 때 사용된다. 번역 전에는 눈은 다른 자연 풍경과 같이 감상의 대상이라는 관습적인 생각을 가졌다면 번역하면서 눈의 '생명력'이 '강렬'하게 이 학습자에게 다가왔고 더 이상 '조용하고', '평범한' 풍경으로 여기지 않았다.

시 텍스트를 중국어로 재현하기 위해 이 학습자는 관습적인 언어의 사용법에 맞게 원문의 구성 요소를 재조합하게 된다. 이 과정에서 위의 학습자는 사전적인 대응 관계를 고려하여 단순하게 옮기지 않고 그 표현이 시 텍스트의 맥락에서 어떤 의미를 지니는지를 따져보고 어휘의 성질을 바꾸었다. 이처럼 학습자들은 번역하기 전에 눈여겨보지 못한 부분을 다시 주목하고 자신이 놓쳤던 의미를 발견하여 텍스트의 의미를 보다 능동적으로 구성할 수 있다. 그러나 위의 사례와 같이 시행을 구성한 표현의 뜻을 제대로 파악하는 것도 중요하지만 시행과 시행 간의 관계를 생각하면서 번역하는 것도 중요하다. 아래 사례에서 학습자는 자연스러운 중국어 문장을 만들었지만 원문과 어긋난 이해를 보여주었다.

원문 텍스트	[2-평상이 있는 국숫집-번역 텍스트]
국수가 찬물에 헹궈져 건져 올려지는 동안 쯧쯧쯧쯧 쯧쯧쯧쯧,	把面条从凉水里捞出来的时候 呲溜呲溜呲溜呲溜

'쯧쯧'은 중국에 이런 어휘가 없어요. 국수를 먹는 소리로 '呲溜呲溜呲溜呲溜(츠류츠류츠류)'로 할게요. [2-평상이 있는 국숫집-번역 과정]

피동사를 쓰면 조금 이상해요. 중국어 문법에도 맞지 않고. 이게 자연스러워 보여요. 젓가락으로 국수를 이렇게(동작을 보여줌) 건지는 거잖아요. [2-평상이 있는 국숫집-2차 면담]

이 학습자는 중국어 문법에 부합하도록 피동표현('헹궈져 건져 올려지는')을 능동표현으로 바꾸었다. 통상적으로 학습자들은 자신이 이해한 바에 따라 텍스트의 내용을 보다 명확하고 자연스럽게 전달하기 위해서 통사적 변형을 택하는데 이 과정은 자신의 생각을 다시 정리하게 하는 계기로 작용한다. 인용된 부분에서 제시한 번역 텍스트와 이에 대한 학습자의 설명을 결합해 보면, 이 학습자는 국숫집 손님들이 국수를 젓가락으로 건져 올리면서 '츠류(呲溜)'와 같은 국수를 먹는 소리를 내는 장면을 묘사하는 시행으로 이해한 것이다. '쫏쫏'을 국수를 먹는 소리로 생각한 이 학습자는 면을 먹을 때 나오는 소리를 표현하는 중국어 어휘를 사용하였고, 인용문 1행에 쓰인 피동표현도 사람의 주동성을 나타내는 표현으로 바꾸었다. 그리고 이러한 변형을 '자연스럽게', '중국에' 있는 어휘로 표현하기 위해서라고 하였다.

학습자들이 시 텍스트 전체에 대한 생각을 서술할 경우 내용을 요약하거나 시의 일부를 생략할 수는 있지만, 번역은 자국어로 원문을 더욱 명확하게 표현하는 것이어서 시적 상황을 구체적으로 구성해야 가능하다. 그러나 이 학습자처럼 원문을 철저하게 분석하지 않을 경우 번역을 하여도 오독의 여지를 남기기 마련이다. "국수가 찬물에 헹궈져 건져 올려지는" 상황은 국수가 만들어지는 과정을 표현하는 것이지만 이 학습자는 일상생활에 대한 관찰이 부족하거나 또는 자신이 알고 있는 상식을 시에 적용시키지 못한 탓에 시의 내용을 이해하지 못했다. 해당 시행의 앞뒤 맥락을 세세히 따져보면 이 부분이 손님들이 국수를 먹는 장면을 묘사하는 것으로 이해하면 적절하지 않다는 것을 알 수 있는데, 이를 인식하지 못한 것은 학습자의 적극적인 개입과 자신의 이해에 대한 성찰이 부속했다는 것을 말해준다.

번역은 학습자들에게 시에서 펼쳐진 상황을 상세하고 구체적으로 상상할 것을 요구하기 때문에 시 이해에 도움이 된다. 그러나 위의 사례에서 제시한 것처럼 학습자가 스스로 생각한 바가 시의 내용과 어긋나는 상황도 발생한다. 따라서 원문 텍스트에 대해 토론할 수 있도록 동료 학습자와의 토의 활동이 필요해 보인다. 학습자들은 토론을 통해 여러 가지 이해의 가능성에 대해 검토할 수 있고, 원문에 대한 한층 세밀한 분석이 이루어질 수 있다.

(2) 원문 텍스트의 표현 방식의 주목

학습자의 시 번역은 자신이 파악한 의미를 언어로 자유롭게 전달하는 데서 그치지 않는다. 번역 대상이 시이기 때문에 학습자에게는 자신이 인식하고 있는 시의 표현 특징을 번역 텍스트를 통해 재현하는 과제가 부과된다. 주체에 따라 인식한 부분이 다르고 표현해 내고자 하는 것도 동일할 수 없다. 학습자들이 시행의 배열 순서에 따라 번역하는 경우가 보편적이지만 시행과 시행 간의 관계를 세세히 고찰하고 그 규칙을 발견하는 경우도 있다.

원문 텍스트	[4-눈-번역 텍스트]
눈은 살아 있다. [떨어진 눈은 살아 있다.] 마당 위에 [떨어진 눈은 살아 있다.]	雪是活着的 [掉落的雪是活着的] [掉落]在院子里[的雪是活着的]

이 시에서는 많은 "눈은 살아 있다" 그리고 "기침을 하자"를 반복해서 쓰고 있어요. [4-눈-1차 면담]

"눈은 살아 있다"가 세 번 반복해서 나왔어요. "눈", "떨어진 눈", "마당 위에 떨어진 눈"에서 점점 가까워지는 것 같았어요. 세 번째 행에서 '마당 위에'가 중간에 갔는데 느낌은 비슷해요. [4-눈-번역 과정]

위의 학습자는 번역하기 전에 원문 중 '눈은 살아 있다'가 반복해서 쓰인 구조적 특징만을 발견하였지만 번역하면서 해당 구조를 '점점 가까워'지게 느끼게 하는 점층적인 반복으로 인식하였다. 원문의 1연에서 밑줄 그은 '눈은 살아 있다'는 1행의 전체 내용인 동시에 2행과 3행의 후반부에도 위치하고 있다. 2행과 3행의 '눈'은 '떨어지다'로 수식되어 있어 반복 부분은 괄호 안의 "떨어진 눈은 살아 있다"로 변하였고, 이 부분도 역시 2행의 전체 내용인 동시에 3행의 후반부에 위치한다. 1행부터 3행까지의 반복을 기호로 가시화하면 'A→BA→CBA'로 일정한 규칙에 따라 반복을 나타냈다는 점이 뚜렷해진다.

위 학습자의 번역 텍스트를 얼핏 보면 반복을 성실하게 수행하고 있지만 스스로 밝힌 바와 같이 세 번째 행에서 변형이 일어났다. 중국어에서 "동사(掉落〈떨어지다〉)+在+장소(院子〈마당〉)"라는 고정적인 구조 때문에 장소를 가리키는 명사가 있을 경우 '떨어지다'가 '눈'의 바로 앞에 위치할 수 없어서 원문에서의 반복이 다소 파괴되어 'A→BA→B^{1}CB^{2}A'로 나타났다. 두 언어 간의 문법적 차이로 의무적인 변형이 일어났지만 학습자는 번역을 수행하면서 '눈'을 한정시키는 수식적 표현의 길이가 길어지면서 '눈'이 점차 구체적으로 표현되었다는 점을 발견할 수 있었다.

동일한 구문이 반복하는 현상은 상대적으로 쉽게 발견할 수 있지만 특정한 텍스트에서 어떻게 구현되어 있고 어떤 효과를 지니고 있는지를 파악하는 데는 해당 구조에 대한 주목이 필요하다. 학습자들은 번역할 때 원문의 형식도 존중해야 한다는 인식으로부터 시의 표현 방식에도 주의를 기울이게 된다. 그러나 기계적으로 옮길 경우 표면적인 의미를 파악하는 데만 그칠 수 있다.

원문 텍스트
쯧쯧쯧쯧 쯧쯧쯧쯧

zzizzizzizzi zzizzizzizzi [1-평상이 있는 국숫집-번역 텍스트]
사람들이 국수 먹을 때 나는 소리예요. 국수를 먹는 장면도 보여주고 소리도 나는 것 같아서 생동적이에요... 이것은 중국어로 표현 못하는 것 같아요. 변음으로 z가 아니라 더 강한 zz인 거 같아요. [1-평상이 있는 국숫집-번역 과정]

啧啧啧啧 啧啧啧啧 [3-평상이 있는 국숫집-번역 텍스트]
한국 사람들이 아쉬워할 때 '쯧쯧' 하잖아요. 중국에서 비슷한 표현이 '啧啧'가 있어요... 그런데 사람들은 왜 아쉬워할까요? [3-평상이 있는 국숫집-번역 과정]

滋滋滋滋 滋滋滋滋 [5-평상이 있는 국숫집-번역 텍스트]
그냥 국수를 먹는 소리가 아닌가요? 이 국숫집에 온 사람들이 모여서 국수를 먹을 때 나는 소리인 것 같아요. [5-평상이 있는 국숫집-번역 과정]

위의 인용문은 1번, 3번, 5번 학습자가 "쯧쯧쯧쯧 쯧쯧쯧쯧"에 대한 번역이다. 세 명의 학습자는 모두 원문에서의 소리에 주목하게 되었고 'z'의 음이 내포한 중국어나 로마자로 표기하였다. 그들은 해당 시어가 의성어라는 점을 인식하여 소리를 표현하려고 하였지만 의미적인 층위에서의 변형을 일으켰다. 1번과 5번 학습자는 원문을 국수 먹는 소리로 생각하였지만 각각 다르게 번역하였다. 1번 학습자는 '쯧'의 발음을 전달하고 싶었으나 같은 음을 가진 중국어가 없어서 병음으로 이를 'zzi'로 표기하였다. 두 번 반복해서 나온 해당 시행을 제외하고 나머지 부분은 모두 중국어로 작성된 번역 텍스트에서 이는 이질적으로 느껴지기도 한다. 하지만 이 학습자는 '쯧'이 소리라는 점을 부각시키려는 의도와 이를 중국어로 표현하기 어려운 번역의 불가능성을 인식하여 발음을 표기하는 것으로 타협하였다. 5번 학습자도 역시 소리를 번역하려고 하였지만 '쯧'과 유사한 발음을 가지긴 하였지만 중국어에서 보통 먹는 소리를 표현할 때 쓰지 않는 '滋(zī)'로 번역하였다. 즉 중국어의 음만 빌려올 뿐 그 의미는 고려하지 않은 것이다. 두 학습자의 번역은 소리를 그대로 번역하려는 의도였지만 중국인 독자들에게 해당 번역문을 제시할 경우 그들이 생각하는 의미는 제대로 전달되지 못할 수 있다. 물론 두 학습자가 시어의 뜻을 제대로 파악하지 못한 전제가 있지만 이들은 모두 소리를 번역하는 것이 목적이었고 또한 실제로 중국어에서 국수를 먹는 소리를 표현하는 의성어가 있는데도 불구하고 한국어의 소리 그대로 번역하는 것은, 시어가 어떤 뜻이든 간에 위의 방식으로 발음만 옮길 경우 원문의 의미는 달라지기 마련이다.

반면 3번 학습자는 소리와 뜻이 모두 '쯧'과 비슷하다고 생각하는 '啧(zé)'로 표현하였다. 실제로 중국어에서 '啧啧'로 혀를 차는 소리를 표현하기 때문에 어떻게 보면 세 개의 번역 텍스트 중 상대적으로 전달력이 높다. 한편 이 표현은 단지 연민의 감정을 전달하는 것으로 원문의 시어가 내포한 또 다른 의미, 즉 국수를 헹구는 소리는 표현해내지 못했다.

시 번역을 수행하는 학습자는 시어의 발음과 조합, 시행의 배열에 모두 주목하게 된다. 번역 텍스트의 완성은 원문에 의존하여야만 가능하며 최대한 비슷한 번역어를 찾는 기준에는 외적인 형식을 고려하는 것도 포함된다. 번역하는 과정에서 학습자들은 오직 표현 방법을 알아내는 데만 그치지 않고 시 텍스트에서 어떤 의미를 지니고 있는지 또는 어떤 효과를 불러올 수 있는지에 대해 생각해야 한다. 그러나 위의 1번과 5번 학습자는 문자의 외적 형태인 소리를 번역하는 데만 급급하여 무엇을 의미하는지에 대한 고려가 부족했고, 3번 학습자처럼 사전적인 의미를 파악하는 데만 그치고 텍스트 차원에서 어떤 의미를 지니는지에 대한 해답을 찾지 못한 경우도 있다. 따라서 번역 텍스트를 완성하는 것이 목표가 아니라 원문 텍스트를 이해하고 설득력이 있는 번역 텍스트를 완성해야 한다는 점을 인식하게 하는 것이 중요하다. 이러한 목표에 달성하기 위해 학습자들에게 스스로 번역 텍스트를 점검하도록 참고 기준을 명확히 하거나 원문 텍스트에 대한 충분한 토론을 거쳐서 함께 번역 텍스트를 완성할 수 있는 활동을 준비하는 것이 이에 대한 교육적 조치가 될 수 있다.

2) 주체적 선택에 의한 변형

언어 체계가 달라서 무의식적으로 혹은 당연히 그래야 하는 듯 원문을 변형시켜서 자연스러운 자국어 표현을 생성해 내는 경우와 달리 주체적 선택에 의한 변형은 학습자의 주관적인 요소가 더욱 많이 개입되어 학습자에 따라 임의적으로 발생한다. 그들은 어휘에 대응되는 여러 가지 잠정적인 번역어로 인해 상기할 수 있는 특정 의미, 또는 시적 상황이나 주제로부터 떠오른 상호텍스트로부터 원문 텍스트의 심층적인 의미를 탐구하게 된다. 이때 학습자는 텍스트의 내적 구조에서 벗어나지 않고 텍스트가 제공한 단서로 그 의미를 구축하는 것보다 자신에게 보다 익숙한 자국의 문화나 자신의 경험으로부터 적극적으로 해석하는 모습을 보여주었다.

(1) 번역어의 문화적 의미에 따른 텍스트 해석

고립된 하나의 출발어 단위는 잠정적 등가 관계를 이룰 수 있는 상응어에 병렬될 수 있더라도 텍스트 차원에서는 그중의 하나가 적절하거나 가장 최선의 것이다.(박용삼, 2003, 76) 구체적인 맥락에서 벗어난 단어는 여러 도착어 표현과 대응될 수 있어도 실제로 시 텍스트에 놓여있는 출발어는 학습자에 의해 적절한 그 '하나', 또는 '가장 최선의 것'을 선택해야 한다. 학습자들은 번역할 때 상기할 수 있는 수많은 표현과 함께 그 표현에 부착되어 있는 도착어 문화권에서의 상징적인 함의도 함께 떠올려 그에 따라 텍스트를 해석하게 된다.

원문 텍스트	[1- 평상이 있는 국숫집- 번역 텍스트]
평상이 있는 국숫집에 갔다 붐비는 국숫집은 삼거리 슈퍼 같다	我去了一家榻榻米**小面馆** 人潮拥挤的**小面馆**像极了街头超市

기분이 안 좋아 보이는 이 사람은 국숫집에 갔는데 자신과 똑같이 기분이 안 좋은 사람보고서 공감이 되는 거예요...다들 기분이 안 좋고, 여기 와서 서로를 보면서 위로를 받는 거죠. [2-평상이 있는 국숫집-1차 면담]

어떤 국수일까? 국수, 잔치국수? 가늘고 시원한 국수인 것 같은데....중국의 국수 중에 차게 먹는 면이 뭐가 있을까? 냉면으로 할까요? '소'자를 붙이면 친절해 보이니까 소면으로 할게요. 사람들이 밖에서 옹기종기 앉아서 먹는 면이라면 소면이 있어요. 충칭의 소면 가게랑 비슷하잖아요? 소면으로 할게요. [1-평상이 있는 국숫집-번역 과정]

나는 원래 기분이 안 좋은 사람들이 기분을 풀려고, 비슷한 처지의 사람들끼리 서로 공감하는 것으로 생각했는데, 이것은 가족애에 비슷한 우정을 얘기하는 것 같았다. 슬픔과 기쁨, 이별과 만남 등등의 평범한 사람들이 사는 세상의 복잡한 감정들이 이 소면집에서 오고가는 것을 느꼈다. [1-평상이 있는 국숫집-감상문]

1번 학습자는 시를 접했을 때 첫 행에 나온 국숫집에 간 특정 인물에게만 초점을 두고 그 사람이 국숫집에 가기 전과 후의 심정 변화에 대해 서술하였다. 부정적인 감정을 풀어주는 그러한 장소로서의 국숫집은 단지 등장인물이 처한 장소 또는 배경의 역할을 하고 있는데 '국수'에 대한 번역을 고민하면서부터 이러한 해석에 변화가 일어나기 시작한다. 국숫집을 그냥 면집으로 번역하는 데 아쉬움을 느끼고, 이 장소에 깃들어 있는 따스함의 특질을 구현하기 위해 중국의 충칭 '소면'(重庆小面)으로 대체시킨 것이다. 그리고 다시 번역문을 검토하면서 원문의 국숫집과 중국의 소면집은 문화적으로 유사한 측면이 있으므로 시 속의 분위기와 부합하여 적절하게 표현한 것 같다고 만족감을 드러냈다. 사람들이 밖에 한데 모여서 국수를 먹는 장면을 떠올리면서 이 학습자의 시선은 그 사람으로부터 국숫집의 사람들로 확장되었고 장소에서 파생된 상징적인 의미와 자신이 이해한 바를 보다 구체적으로 파헤치고 표현해 내고자 하는 지향이 드러난다.

그러나 이 학습자의 번역문을 다시 검토해 보면 '榻榻米(다다미)', '小面馆(소면집)' 같은 시어의 번역은 과잉 번역의 혐의를 피할 수 없다. 물론 번역이 주요 목적이 아닐 경우 번역 결과물의 수준 평가에서는 비교적 느슨하게 이루어질 수 있지만 번안이 아닌 번역의 경우 임의적으로 지나친 변형은 삼가야 한다. 자신의 해석을 모두 번역 텍스트를 통해 문자화하기보다 스스로 읽어낸 분위기, 정서 등을 절제된 번역어로 표현해야 한다. 이 학습자의 번역도 학습자들이 표현하고자 하는 것과 실제로 표현해야 하는 것 시이의 비대칭을 보여줌으로써 번역 텍스트에 노출된 해석을 번역 텍스트의 밖에서 표현하게 하는 조치가 필요하다는 점을 시사한다. 따라서 위 학습자의 경우 '옹기종기 앉아서 먹는 면'이란 특징은 '소면'에서 나오는 사람들이 '옹기종기' 모여서 먹는 상상과 '다다미'에서 '앉아서' 먹는 점을 '평상'에 대한 역자의 주석을 달게 하는 방식으로 이루어질 수 있다.

원문 텍스트	[5-눈-번역 텍스트]
눈은 새벽이 지나도록 살아 있다.	雪即使经历了凌晨也依然**鲜活** (눈은 새벽을 거쳐도 여전히 살아 있다) → 整夜的雪都在**歌唱** (밤새 내린 눈이 노래를 부른다)

눈의 뜻이 가장 중요해요. 눈은 天道(천도)인 것 같아요. 어떤 징조를 나타내는 거예요. 나쁜 것을 비판하고 좋은 것을 찬양하는 그런 존재인 것 같아요. 이렇게 표현하면 감정이 더 풍부해져요. 눈은 그런 용감한 시인들을 찬양하는 거죠. [5-눈-번역 과정]

이 학습자는 '눈'을 인간계를 능가하는 존재가 무엇을 알리는 징조로 해석하고 있다. 하나의 자연 현상인 눈을 이처럼 해석한다고 해서 눈의 다른 명사로의 변형은 일으키지는 않았지만 '살아 있다'에 대한 번역을 원문대로 번역하다가 '노래 부르다'로 즉, 어떤 대상에 대한 긍정의 표시로 바꾸었다. 중국의 속담 '상서로운 눈은 풍년의 징조다(瑞雪兆丰年)'와 억울함을 암시하는 사자성어 '유월비설(六月飞雪)'에서 눈은 어떤 메시지를 전달하는 역할을 한다. 이 학습자는 중국의 '눈'이 지닌 문화적 의미를 상기시켜 '천도'를 언급하면서, 시 원문을 죽음을 무릅쓰고 자신이 지향하는 가치를 추구하는 시인들에게 하늘이 찬양의 계시를 내린 것으로 해석하였다.

한편, 눈이 가진 백색의 이미지로 인해 깨끗함, 순수함을 떠올린 다른 학습자와 달리, 이 학습자가 '눈'을 '천도'와 연결시켜서 해석할 수 있는 원인은 동양철학에 대한 관심이 유독 많은 데서 찾을 수 있다. 눈을 인간에게 내리는 모종의 도덕적인 심판으로 보는 관점은 천인관계론의 시각에서 천을 해석하는 방식과도 유사한 면이 있다. 이처럼 학습자 개개인의 관심사에 따라 특정 시어와 관련하여 상상할 수 있는 의미도 다르다. 시를 읽고 번역하는 과정에서 학습자들 간의 소통이 이루어질 경우 보다 풍부한 의미 구성을 이끌어 낼 수 있다.

이처럼 학습자들은 시어가 자국의 문화에서 지니고 있는 의미를 떠올리고 이를 텍스트 해석에 적용시키는 경향을 보여주었다. 그러나 이러한 학습자 주체의 개입은 번역 텍스트에 대한 불필요한 변형을 일으키는 경우도 발생하는데 이는 학습자들이 원문에 대한 번역과 자신의 해석 간의 분계점을 인식하지 못하는 데서 그 원인을 찾을 수 있다. 이에 대해 번역의 기준을 정립하는 교육적 처치가 필요할 것이다.

(2) 상호텍스트적 맥락 구축에 의한 텍스트 해석

학습자들은 번역하면서 시에서 제시한 상황이나 시의 주제, 소재와 유사한 지점이 있는 자국의 문학 텍스트 혹은 다른 매체의 텍스트와 상호텍스트적 맥락을 구축하여 원문 텍스트를 해석하는 경향이 있다. 이때 그들은 특정한 표현에 국한시켜서 심층적인 의미를 실현하는 것이 아니라 텍스트의 전반적인 차원에서 의미를 해석하고 이를 번역 텍스트에 반영하려고 한다.

원문 텍스트	[1-눈-번역 텍스트]
눈을 바라보며 밤새도록 고인 가슴의 가래라도 마음껏 뱉자.	望着雪 将郁积于内心的愤懑 尽情呐喊[5]出来吧

앞에는 기침을 하라고 완곡하게 표현하는데 마지막에는 가래를 마음껏 뱉으라고 직설적으로 말하고 있어요. 무엇을 입 밖으로 내놓는 것이 토로하는 것과도 같고, 더 심하게 가면 소리 지르는 것이에요. 저는 루쉰이 생각났는데 '呐喊(외침)'과 비슷한 거 같아요. [1-눈-2차 면담]

루쉰은 우매한 중국인을 일깨우기 위해 외쳤다. 김수영 시인도 답답한 마음을 표현하려고 기침을 한다고 표현하는 것 같았다. 수많은 사람들은 희생하였고 더이상 이런 비극을 끝내야 하기 때문에 잠든 사람들을 깨우기 위해 지식인부터 일어서야 한다는 것을 말하고 있다. [1-눈-감상문]

---

5 『외침(呐喊)』은 루쉰의 단편집으로 「광인일기」, 「아Q정전」 등 작품이 수록되어 있다. 여기서 '외침'은 민중을 일깨우려는 의도와 신문화 운동(新文化運動)에 투신한 애국주의자들을 향한 격려의 의미가 포함되어 있다.

이 학습자는 번역을 통해 '뱉자'가 뜻하는 무엇을 몸 속에서 밖으로 내보내는 의미에서 크게 소리 지르는 '외침'을 상기시켰고 루쉰의 글에 기대어 자신의 해석을 성립시키려고 노력하였다. 적극적으로 중국의 문학 텍스트와 연결시키는 시 읽기 방식은 긍정적이라고 할 수 있지만 시 속의 '눈'은 무슨 의미인지, 왜 사람들을 각성시켜야 하는지에 대한 설명이 부족하였고 자신이 생각한 루쉰(鲁迅)의 『외침(呐喊)』의 창작 배경에만 전반적으로 의존하고, 원문의 맥락을 고려하지 않아 원문과 괴리된 해석을 하는 모습을 보여준다. 이로 인해 눈과 기침 또는 가래의 관련성을 구축하지 못하고 '외침'에만 집중하게 되었다. 텍스트의 내적 맥락에서 출발해서 자국 작품과 비교하면서 시를 읽는 것은 작품에 대한 이해를 촉진시키고 풍부한 해석으로 인도할 수도 있지만, 이 학습자와 같이 텍스트의 내적 상황을 간과하고 외부에서만 해석의 근거를 찾을 경우 시의 특정 부분에 대한 추론에 치우쳐 내적 일관성을 구축하지 못한다. 시를 읽는 데에 있어 여러 외적 지식과 자신이 처한 맥락의 활용이 중요하며 그 대상이 외국인일 경우 더욱 그러하다. 그러나 텍스트의 맥락에서 벗어나 자신에게 익숙한 이야기에만 머물고, 일부 요소에만 집중하여 자신의 해석을 합리화하려 하면 시에 대한 해석은 익숙한 답을 찾는 수동적 과정에 갇히고 만다. 따라서 시 텍스트의 전체적인 맥락을 살펴보고 타당성에 대하여 검증해 나가면서, 비교문학의 방법을 활용할지라도 유사성 외에 차별성에 대한 탐구로 각 작품의 특수성을 찾아내는 노력이 이루어져야 한다.

원문 텍스트	[4-평상이 있는 국숫집-번역 텍스트]
큰 푸조나무 아래 우리는 모처럼 평상에 마주 앉아서	在大朴树下 我们好不容易聚在了一起

'聚(모이다)'가 더 명확한 것 같아요. 여기 뒤에 많은 얘기가 남아 있어요. '모여서' 전처럼 얘기를 나누거나, 울고 웃고나 한국 드라마에 이런 장면이 많이 나와요. 아줌마들이 마당에 모여서 '아이고, 아이고'하면서 수다 떠는 걸 자주 본 것 같아요. [4-평상이 있는 국숫집-2차 면담]
이 시는 사람들이 평상이 있는 국숫집에 모여서 이야기를 나누며 화기애애한 장면을 보여주었다. 일상적인 생활을 반영하는 시이기 때문에 어렵지 않았다. 국숫집에서 사람들 간의 거리는 좁아지고 음식과 대화로 쌓인 피로를 푸는 것 같다. 읽으면서 집같이 따뜻하고 편안한 분위기를 느꼈다. [4-평상이 있는 국숫집-감상문]

이 학습자는 '평상에 마주 앉아서'를 '한데 모이다'의 중국어 표현으로 변형시켰다. 시 텍스트에서 구성한 상황으로 볼 때 이 학습자에게 사람들이 마주 앉아있는 것은 모여 있는 상황과 크게 다르지 않는 것이다. 주목할 만한 것은 이때 '평상'이란 장소가 사라졌고 오직 사람들이 한데 모이는 장면만 남아 있는 것이다. 이 학습자의 서술에서 알 수 있듯이 시적 상황이 한국 드라마에서 나오는 장면과 겹쳐 '모이다'에 초점이 맞춰졌기 때문이다. 즉, '평상이 있는 국숫집'이란 공간이 '마당'으로 이동해서 "얘기를 나누"고 "울고 웃"는 장면을 떠올리게 된 것이다. 그러나 학습자가 감상문에서 이 시를 "화기애애한 장면"으로 시의 주제를 규정한 것은 원문에서 제시한 상황이 가진 본질적인 측면에서 의미를 구성하지 못했다는 것을 보여준다. '아이고' 하면서 대화를 나누는 드라마의 구체적인 장면은 언급하지 않았고 또한 설명을 요구했을 때 두루뭉술하게 분명하게 묘사하지 못하고 있지만, 한동네에서 사는 사람들이 모여서 서로의 고충을 토로하고 신세타령하는 것은 쉽게 상상할 수 있다는 것이다. 소통의 장소로서의 마당은 서로에게 위로를 주고받고 정을 쌓는 공간으로 해석될 수 있다. 이렇게 해석했을 때 '국숫집'을 단지 '화기애애'라고 결론짓기에는 빈약하고 단순한 설명이라는 것을 깨달을 수 있을 것이다.

상호텍스트의 환기는 원문에서 비교적 큰 단위, 즉 시행 또는 시 전체에서 구성한 상황으로부터 연상하는 것이다. 두 텍스트 간의 역동적인 비교가 이루어질 때 보다 효과적인 시 해석으로 이어질 수 있지만, 상호텍스트의 의미를 그대로 원문에 적용시키거나 혹은 상호텍스트의 심층적인 의미를 파악하지 못해서 표면적인 유사성을 찾는 데만 그칠 수도 있다. 이와 같은 상호텍스트의 환기를 단지 번역 텍스트의 완성을 목표로 하기보다 원문에 대한 해석을 목표로 삼아 학습자들로 하여금 원문과 상호텍스트와의 관계를 부단히 탐구하게 할 필요가 있고, 번역 텍스트에 대한 보다 상세하고 철저한 설명이 이루어질 수 있도록 질문을 설정할 필요가 있다.

4. 교육적 제언 및 결론

이 연구는 번역의 한국 현대시 교육에서의 역할을 밝히고자 중국인 고급 학습자들의 번역을 활용한 한국 현대시 읽기 과정을 살펴보았다. 분석한 결과를 정리하면 우선 학습자들이 한국시를 중국어로 번역하는 과정은 그들이 자신의 텍스트에 대한 이해를 바탕으로 중국어로 원문을 변형시키는 과정이라는 것을 알 수 있다. 변형의 원인은 한국어와 중국어 간의 차이와 번역 주체인 학습자의 주관적인 선택으로 나눌 수 있는데, 언어적 차이로 인하여 학습자들은 중국어의 사용 습관에 맞게 원문 텍스트를 변형하여 재현하는 과정을 거치게 되고, 이 과정에서 그들은 언어적 맥락에 따라 의미를 구성하고 특징적인 표현 방식에 주목하여 의미를 부여하게 된다. 또한 문학번역을 수행하는 과정에서 학습자의 주관성이 많이 개입되어 번역어가 역사적 문화적으로 축적한 의미를 원문에 적용시키거나, 시에서 구성한 상황 혹은 추측된 주제 측면에서 유사성을 가진 상호텍스트를 환기시켜 텍스트의 심층적인 의미를 탐구하기도 한다. 이와 같이 번역 활동은 학습자들의 시에 대한 해석을 활성화시키는 데 효용성을 보여주었지만, 한편으로는 번역의 작용을 지체시키는 원인도 노정하였다.

첫째, 독립적으로 완성하는 시 번역의 경우 학습자가 원문에 대한 이해의 적절성 여부를 판단하기 전에 성급하게 번역 텍스트로 전환되는 경우가 있다. 이때 번역은 자세한 읽기를 추동하는 데는 제한적이었다. 둘째, 학습자의 해석이 번역 텍스트에 지나치게 노출되어 번역이 허용하는 범위에서 벗어날 수 있다. 셋째, 학습자는 스스로 상기한 번역어의 문화적 의미 또는 상호 텍스트에 지나치게 의존하고 있어서 원문의 상황에 따른 새로운 의미의 산출로 나아가지 못하게 된다.

위와 같은 한계점을 토대로 방법으로서의 번역의 효용을 높이기 위해 교육적으로 제언할 점에 대해 기술하고자 한다. 우선, 번역 전에는 번역문 작성에 대한 요구를 제시해야 한다. 시 번역이라서 어려울 수 있지만 학습자가 텍스트 차원에서 등가 관계를 이룰 수 있는 번역 텍스트를 산출하도록 노력하여야만 텍스트를 충분히 이해할 수 있을 것이다. 그리고 학습자는 개별적으로 구성한 의미에 대해 비판적인 시각을 갖기 어렵기 때문에 원문 텍스트의 읽기를 동료 학습자와 함께 토론하는 방식으로 진행하는 것이 효과적이다. 다음으로, 공동 번역의 방식으로 번역을 수행하게 할 수 있다. 이는 학습자들이 번역 과정에서 표현의 선택에 대한 고려가 부족할 경우 번역 텍스트의 수준이 상대적으로 낮아지고 또한 이 과정에서 텍스트에 대한 이해를 심화시킬 수 있는 기회를 놓칠 수 있기 때문이다. 공동 번역으로 진행할 경우 번역이 비교적으로 천천히 진행됨으로써 다양한 번역어에 관한 토론이 이루어질 것이다. 모둠 내에서 학습자들은 각각 생각한 도착어 표현들의 다양한 의미 그리고 원문과 그들이 상기한 상호텍스트와의 연관성을 검토하면서 시에 대한 이해를 심화시킬 수 있다. 한편, 번역 텍스트는 원문의 내용과 표현의 제한을 받아 학습자들이 자신의 해석을 충분히 표현하지 못하게 된다. 따라서 번역 텍스트의 형식 측면에서 각주, 괄호, 밑줄, 특수 부호 표시 등을 활용하여 학습자가 자신의 생각을 더욱 자유롭게 표현할 수 있게 해야 한다. 마지막으로 번역이 끝난 후에는 각자 혹은 각 모둠이 완성한 번역 텍스트를 함께 비평하고, 전문가의 번역을 제시하여 같이 감상할 수도 있다. 학습자들은 이를 통해 자신의 생각을 동료 학습자와 공유하고 발전시킬 수 있고, 전문가의 해석 방식을 비계로 삼아 자신의 지평을 확장해 나갈 수 있다.

본고는 중국인 고급 학습자가 한국 현대시를 어떻게 번역하고, 또한 이를 통해 시를 어떻게 이해하는지에 초점을 맞춰 논의하였다. 번역은 중국의 한국어 교육에서 중요한 교육 과목이자 교육 방법이지만 이를 문학 교육적 관점에서 다룬 연구는 미비하다. 따라서 본고는 학습자가 중심에 위치해야 하는 현재의 교육적 흐름을 감안하여 중국인 학습자의 특성을 충분히 활용할 수 있는 방법으로서의 번역을 제안하고 효과적인 활용을 위한 교육적 제안을 제시한 점에서 의의가 있다. 하지만 조사 설계에 있어 시 텍스트의 범위를 넓히고 시 번역 활동도 여러 차례로 다양하게 진행해야 문학 교육에서의 번역을 보다 체계적으로 다룰 수 있을 것이다. 이에 대한 지속적인 탐구는 앞으로의 연구를 통해 보완할 것이다.

참고 문헌

Berman, A.(1984), *L'épreuve de l'étranger: culture et traduction dans l'Allemagne romantiquem*, 윤성우·이향 역(2009), 『낯선 것으로부터 오는 시련: 독일 낭만주의 문화와 번역』, 철학과 현실사.

Holmes, James S.(1994), *Translated! : Papers on Literary Translation and Translation Studies*. Amsterdam: Rodopi.

Iser, W.(1978), *The Act of Reading: A Theory of Aesthetic Response*. The Johns Hopkins University Press.

Nunan, D.(1992), *Research Methods in Language Learning*. Cambridge University Press.

Rosenblatt, L.(1978), *The Reader, the Text, the Poem: The Transactional Theory of the Literary Work*, 김혜리·엄해영 역(2008), 『독자, 텍스트, 시: 문학 작품의 상호교통이론』, 한국문화사.

Vinay, J.-P. & Darbelnet, J.(1977), *Stylistique comparée du français et de langlais : methode de traduction*, J. C. Sager & M.-J. Hamel trans and ed.(1995), *Comparative Stylistics of French and English: A methodology for translation*. John Benjamins Publishing Company.

김염(2007), 「중국어권 고급 학습자를 위한 한국 현대시교육 방법 연구: 번역과 비교문학을 중심으로」, 『한국언어문화학』 4(2), 국제한국언어문화학회, 21-42.

김윤진(2000), 『불문학텍스트의 힌 국어번역 연구』, 서울대학교출판부.

김효중(2004), 『새로운 번역을 위한 패러다임』, 푸른사상.

문태준(2006), 『가재미: 문태준 시집』, 문학과지성사.

박용삼(2003), 『번역학: 역사와 이론』, 숭실대학교출판부.

박은숙(2018), 「중국내 대학교 한국어과 번역 관련 교과목 및 교재에 대한 연구」, 『한중인문학연구』 59, 한중인문학회, 111-132.

윤성우(2018), 「번역의 해석학적 쟁점: 해석과 번역의 수렴점과 발산점을 중심으로」, 『현대유럽철학연구』 48, 한국하이데거학회, 199-220.

윤여탁(2009), 「비교문학을 적용한 외국어로서의 한국 현대문학 교육 방법」, 『한국언어문화학』 6(1), 국제한국언어문화학회, 53-70.

이영준 편(2018), 『김수영 전집 1: 시』, 민음사.

주옥파(2006), 「중·한 문화차이의 번역에 관한 소고」, 『한국어 교육』 17(1), 국제한국어교육학회, 365-394.

차봉희(1993), 『독자반응비평』, 고려원.

한국 현대시를 활용한 문화 교육

10장 베트남의 한국어 교육의 과제와 진흥 방안 연구
　　　-상호문화 교육을 중심으로

11장 한국어 시 텍스트를 활용한 상호문화 교육 연구

12장 시적 이미지를 활용한 정서 교육 연구
　　　-소외 정서를 중심으로

13장 현대시를 활용한 한국 문화 교육 연구

10장 베트남의 한국어 교육의 과제와 진흥 방안 연구

-상호문화 교육을 중심으로

푸옹마이 호치민국립대학교 한국학부

1. 서론

베트남과 한국은 2022년 수교 30주년을 앞두고 그동안 다방면에서 활발하게 교류해 왔다. 특히 경제 분야의 협력에 따른 한국의 언어와 문화를 잘 이해하는 인력에 대한 수요가 대폭 증가하였다. 2020년 10월 기준 전국 32개 대학에서 한국어를 정규 과목으로 가르치고 있어 정규 한국어 학습자만 1만6천여 명으로 집계되었으며[1] 한국(어)학과가 개설 준비 중인 학교들도 많아지고 있다.

특히 베트남 일부 중등학교에서 2017년부터 한국어를 제2외국어로 시범 교육을 시작했고, 2019년 한국어가 제2외국어로 정식 선정되었다가 2021년에는 한국어가 제1외국어로 정식으로 채택 받아 2022년 9월부터 한국어 교

---

[1] 한국국제교류재단 하노이 사무소 통계자료(2020.10).

육이 가능해질 전망이다. 한국어가 제1외국어로 채택되었다는 것은 영어, 러시아어, 프랑스어, 중국어, 일본어, 독일어 6개국어와 동등한 위상이 되며 베트남 학생들이 이들 7개 외국어 중 하나를 외국어 과목으로 선택해서 초등학교 3학년부터 고등학교 12학년까지 공부한다는 것이다. 이처럼 사회경제적 변화와 수요에 의해 한국어 교육의 규모가 커진 것은 분명하나 질적인 발전도 동반해야 한다는 문제가 새롭게 제기된다.

베트남에서의 한국어 교육은 단순히 기능 중심의 언어 교육이 이루어지고 있다고 할 수 있다. 그러나 앞으로 이에 머무르지 않고, 질적인 성장을 도모하기 위해서는 문화 교육 차원으로 승화될 필요가 있다.

현재 베트남 한국(어)학과의 교육과정에서는 '한국문화'라는 과목은 학교에 따라 필수 또는 선택과목이 될 수 있고, 대부분 2~3학점의 과목이다. 그 외에는 '한국문화사회', '한국언어와 문화', '한국의 대중문화', '한국의 문화산업' 등 한국 문화에 대해 다양한 과목을 찾아볼 수 있으나, 과목명에서 알 수 있듯이 베트남 문화와 대조하거나 서로의 문화에 대해 상호이해를 시키려는 것이 아니라 단순하게 한국 문화의 소개를 위주로 교수요목이 설계되었다는 점을 알 수 있다.

이 글에서는 먼저 문화와 상호문화와 관련된 이론을 검토하고, 이를 바탕으로 베트남의 한국어 교육의 진흥 방안을 상호문화 교육으로 제안하며 구체적인 교육 방안을 모색하고자 한다.

2. 이론적 배경

박영순(박영순, 2004, 201)은 일찍이 한국어 교육에서의 문화 교육은 필수적이라고 하면서, 문화 교육 목표를 다음과 같이 설정하였다.

(1) 한국어의 문화를 찾아서 그 단어들의 문화적 의미를 이해한다.
(2) 한국인의 생활양식을 이해한다.
(3) 한국인의 가치관, 인생관을 이해한다.
(4) 한국인의 관혼상제 등 세시풍속을 이해한다.
(5) 한국의 예술세계를 대략적으로라도 이해한다.

이처럼 (1), (2), (3)은 목표어가 속한 한국 문화와 베트남 문화에 대한 상호이해가 필요해진 교육 목표가 될 수 있으며, (4)와 (5)는 일반적인 한국 문화 교육에 대한 목표라고 할 수 있겠다. 그만큼 상호문화 교육의 중요성을 강조하고 있는 것이다. 상호문화 교육의 내용과 방안에 대한 연구에 앞서 이론적으로 문화와 관련된 개념에 대해 알아보기로 한다.

1) 문화 개념

상호문화 관점에서 문화 간 차이를 설명하는 데 중점을 두는 문화 이론은 대표적으로 홀(E. T. Hall)과 호프스테드(G. Hofstede)가 있다. 홀은 의사소통 모델에 입각하여 문화 이론을 전개시켰다. 문화를 그 총체성에서 의사소통 체계의 한 형태로 다루었으며 문화가 인간의 매체라고 강조하였다. 인간의 삶은 어떤 측면에서나 문화의 영향을 받고 그로 인해 변용된다. 홀은 문화가 사람들의 감정 표현을 포함하여 어떤 방식으로 자기를 나타내는가, 어떤 방식으로 생각하고 행위하는가, 어떤 방식으로 문제를 풀어나가는가 어떤 방식으로 도시를 기획하고 건설하는가, 교통체계는 어떤 방식으로 조직되고 기능하는가, 어떤 방식으로 경제와 정치체제가 구성되어 기능하는가를 결정한다고 밝혔다. 이는 다른 문화를 가진 사람들은 다르게 행동하고 사고한다는 뜻으로 이해할 수 있겠다.(E. T. Hall, 2000, 39)

호프스테드(G. Hofstede, G. J. Hofstede & M. Minkov, 2014, 26)는 사람은 누

구나 어릴 때부터 배워온 일정한 형태의 생각이나 느낌, 잠재적 행동을 자기 의식 속에 내재하고 있다고 주장하였다. 이는 컴퓨터 프로그램을 입력하는 것에 비유되어 정신 프로그램(mental program) 또는 정신의 소프트웨어(software of mind)라고 불리며, 문화는 이러한 정신의 소프트웨어라고 정의된다. 한 개인의 정신 프로그램은 자신이 자라면서 생활경험을 축적해온 사회 환경 속에 기초하고 있으며 최초의 정신 프로그램의 입력은 가족 내에서 비롯되어, 이웃, 학교, 서클, 직장, 지역사회로 범위가 확장되어 간다. 이에 따라 정신 프로그램을 습득한 사회적 환경이 다르면 정신 프로그램도 달라지게 된다. 이로 인해 같은 환경에서 성장한 사람들은 같은 방식으로 행동할 것이라는 유추가 가능하다. 호프스테드는 문화는 어떤 집단이나 범주를 구성하는 사람들을 여타의 다른 집단 또는 범주의 구성원들과 구별 짓는 집단적 정신 프로그램으로, 학습이 되는 것이지 유전되는 것이 아니라고 강조하였다.

2) 한국과 베트남 문화의 차이

상호문화 연구에서 문화 간의 차이를 구별하는 데 행동 유형들을 분석하는 분류법을 고안한 대표 연구자인 홀과 호프스테드의 이론을 살펴보겠다.

우선 홀의 문화 이론의 핵심 개념으로는 문화 차이를 설명하는 고맥락 문화와 저맥락 문화가 있다. 맥락이란 한 사람이 속한 세계를 말하는데 맥락을 이해하기 위해서는 체계 선제에 관해 설명해야 하며, 그렇지 않고는 그 행동이나 그 사람을 이해할 수 없다. 홀은 문화에서의 맥락의 중요성을 늘 강조하였으며 의미와 맥락이 떼려야 뗄 수 없는 관계라고 주장하였다. 맥락도가 의사소통의 성격에 관한 모든 것을 결정하고 그에 따른 모든 행위(상징적인 행위를 포함하여)의 기초가 된다고 하였다. 인간은 내재적인 맥락화(contexting) 능력에 의해 메시지의 정보가 왜곡되거나 누락되는 것을 자동적으로 수정하는 지극히 중요한 기능을 수행할 수 있다고 하였다. 그에 따르면 인간의 모든 상호작용은 맥락도에 따라 구분할 수 있다. 맥락도가 높은 상호작용에서는 수신자와 그 배경에 정보가 이미 프로그램화 되어 있고, 전달된 메시지에는 최소한의 정보밖에 없다. 반대로 맥락도가 낮은 상호작용에서는 맥락(내재적 및 외재적)에서 누락된 부분을 보충하기 위한 정보들이 전달된 메시지에 포함되어 있다.(E. T. Hall, 2000, 39-177)

고맥락과 저맥락 체계의 특징에 덧붙여 홀은 맥락도가 낮은 체계일수록 행동의 방향성이나 초점이 불분명하고 예측할 수 없게 되며 그 제도를 위협하는 정도가 심각해진다고 하였다. 그에 반해 대개 맥락도가 높은 체계는 그 기반이 동요되는 일이 없이 행동을 흡수할 수 있다고 설명하였다. 또한 고맥락의 의사소통은 흔히 예술 형식으로 이용되기도 한다. 그러한 의사소통은 결합력과 응집력을 부여하며 수명이 길고 잘 변하지 않지만 저맥락의 의사소통은 결합시키는 작용이 없고 쉽사리 변할 수 있다고 해석하였다.(E. T. Hall, 2000, 146-156)

구체적으로 살펴보면, 고맥락 문화는 또한 저맥락 문화에 비해 내부인과 외부인 사이의 구별이 훨씬 분명하다. 고맥락 체계에서 성장한 사람들은 저맥락 체계에서 성장한 사람들보다도 타인에게 많은 것을 기대한다. 고맥락 체계에서는 의식적으로 조작된 판례에 좌우되는 일이 없다. 또한 맥락도가 아주 높은 제도는 그 정의 자체에 의해 저맥락의 제도에 비해 훨씬 많은 사항을 고려한다.

제도적으로 볼 때, 저맥락 체계의 결함은 특히 복합 사회에서 그 구성원(인구)이 증가함에 따라 다루기가 힘들어진다는 점이다. 저맥락의 제도에서는 모든 사람을 평등하게 대우할 여유가 없다. 또한 저맥락 문화에서 책임감이란 조직을 통해 파급되는 것으로 다른 사람에게 전가하기 어려우며 무슨 일이 발생하면 모든 구성원이 책임을 회피하면서 '제도'가 자신을 보호해주리라 생각한다. 조직의 경우 해결책은 다소 애매하지만 여전히 고맥락적 규칙이 적용되는 것 같으며 저맥락에서 고맥락으로 갈수록 선택 과정에 대한 인식도 높아진다.

호프스테드는 국가 간 문화 차이를 확인하기 위해 문화의 6차원을 개발하여 각 나라의 문화가치를 측정하였다. 호프스테드의 문화 차원에 따른 한국 문화와 베트남 문화 간 차이는 다음의 도표로 확인할 수 있다.

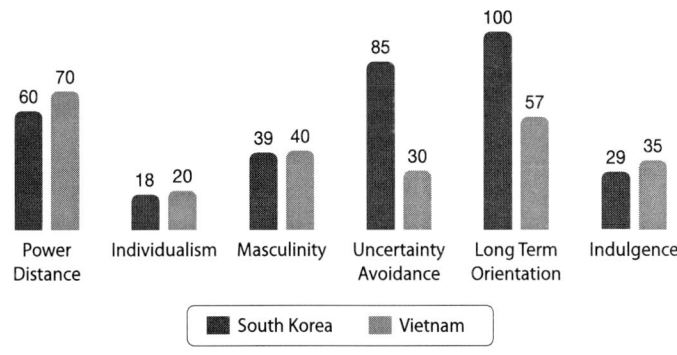

<그림 1-2> 호프스테드의 6차원으로 본 한국과 베트남 문화
(G. Hofstede, 2014 참조)

도표에서 나타난 것과 같이 한국 문화와 베트남 문화는 권력거리(Power Distance), 불확실성 회피(Uncertainty Avoidance), 장기지향성(Long Term Orientation), 자제·자적(Indulgence·Restraint)의 순으로 차이가 나타나며 개인주의·집단주의(Individualism·Collectivism)와 남성성·여성성(Masculinity·Femininity) 차원에 유사한 성질을 가지므로 큰 차이가 나지 않는 것으로 알 수 있다.

먼저 권력거리는 사회 속 불평등 정도를 측정하는 차원으로 이는 국가 내의 사회계층, 교육수준, 직종, 학교, 직장에서의 권력거리를 반영하며 그 국가의 정부, 사상과도 관련이 있다. 권력거리는 또한 부하들이 상사들로부터 자신을 격리시키는 감정적 거리에 관한 것이다. 권력거리 지수는 한 국가에서의 의존관계를 말해주는데 지수의 크기에 따라 상사와 부하 직원 간의 상호의존관계의 크기가 달라진다.

권력거리 지수 PDI(Power Distance Index)에서 확인할 수 있는 것은 한국과 베트남 점수가 각각 60점과 70점으로 계층 사회이며 사람들은 계층 질서를 받아들이고 자기가 소속된 계층에서 위치가 있으며 더 이상의 정당화는 필요하지 않다고 여긴다는 것이다. 조직 내에서의 위계는 내재된 불평등, 중앙집중의 보편화를 반영하며 하부 계층에서는 행동 지침을 부여 받고 이상적 지도자는 일종의 자애로운 군주로 간주된다. 베트남에서 지도력에의 도전은 받아들여지지 아니하는 것으로 나타났다.

개인주의·집단주의에서의 개인주의는 개인 간의 구속력이 느슨한 사회이며 모든 사람은 자기 자신과 자기의 직계가족을 돌보면 되는 것으로 생각한다. 집단주의는 사람은 날 때부터 강력하고 단결이 잘된 내집단에 통합되어 있으며 평생 무조건 내집단에 충성하는 대가로 그 집단이 개인을 계속 보호해주는 사회를 말한다. 개인주의는 사회의 개인주의 강도를 측정하는 차원으로 국가 비교 연구에서 많이 활용된다. 또한 개인주의는 직종에 따라 달라지고, 가정, 학교와 직장에서도 나타나며, 인터넷, 정부, 사상과 관련이 있다.

개인주의 지수 IDV(Individualism)에 대해서는 한국과 베트남 점수가 각각 20점과 18점으로 집단주의 사회로 간주되며, 이는 가족, 확장된 가족 또는 확장된 관계 등의 구성원 집단의 밀착된 장기간 헌신에서 분명해진다. 집단주의 문화에서 충성도는 무엇보다 중요하며 다른 어떤 사회 규율이나 규정에 우선한다. 이 사회는 모두가 동료 구성원에게 책임을 지는 강력한 관계를 조성한다. 집단주의 사회에서의 범죄는 수치심과 체면의 상실로 이어지며 고용주와 피고용인의 관계는 가족 간의 유대처럼 도덕적 관계로 인식되고 고용과 승진의 결정에는 피고용인 내부 집단이 고려되며 관리는 집단의 관리를 뜻한다. 집단주의 사회는 고맥락적 의사소통이 더 우세하다는 것이 호프스테드의 주장이다.(G. Hofstede, 2014, 140) 즉, 호프스테드의 이론에 따르면 한국은 베트남보다 개인주의적이며 고맥락 문화에 속한다.

남성적 문화와 여성적 문화와 같은 남녀 역할 유형의 안정성은 사회화의 문제인데, 남성성 여성성 차원이 잘 인식되지 않는 이유는 이 차원이 국가의 부와 전혀 무관하다는 데에 있다. 개인은 남성적이면서 동시에 여성적일 수 있지만 국가 문화는 어느 한쪽이 아니면 다른 쪽이 우세하다.

한국과 베트남은 남성성·여성성 지수 MAS(Masculinity)에서 39점과 40점으로 여성적 사회로 간주된다. 여성적 국가에서 중점은 "살아남기 위해" 일하는 데 있으며, 관리자는 동의를 구하기 위해 노력하고 사람들은 평등, 연대와 노동 생활의 질을 소중히 여긴다. 갈등은 타협과 협상으로 해결되고 여가 시간과 유연성 같은 포상이 선호된다. 초점은 복지에 맞춰져 있고 지위는 드러나지 않는다. 유능한 관리자는 조력자이며 의사결정은 연관을 통하여 이루어진다고 한다.

불확실성 회피 문화와 수용 문화에서 불확실성 회피란 한 문화의 구성원들이 불확실한 상황이나 미지의 상황으로 인해 위협을 느끼는 정도라고 정의할 수 있다. 국가가 번영하면 개인주의가 지지되고 불확실성 회피 성향이 가난한 자들의 집단주의와 강하게 결합될 가능성은 약화된다.

불확실성 회피 UAI 지수(Unvertainty Avoidance Index) 85점으로 한국은 세계에서 가장 불확실성 회피성이 높은 나라 중 하나이다. 높은 불확실성 회피성을 보이는 나라는 견고한 신념과 행위규범을 유지하고 이단적 행위와 사상에 비관용적이다. 베트남은 이 분야가 30점으로 불확실성 회피에서 낮은 평점을 받았다. 이러한 사회는 좀 더 느슨한 태도를 유지하며, 관행이 원칙에 앞서 고규범의 일탈이 쉽게 용인된다.

장기지향 문화와 단기지향 문화의 차원에서 장기지향은 미래의 보상을 지향하는 미덕의 수양을 의미한다. 특히 끈기와 절약 가치에서 그렇다. 단기지향은 과거 및 현재와 연관된 미덕의 수양을 의미하며 특히 전통 존중. 체면 유지, 사회적 의무의 이행 가치에서 그렇다.

 장기지향 지수 LTO(Long Term Orientation) 100점으로 한국은 가장 실용적이고 장기지향적인 사회의 하나이다. 하나의 유일한 전능한 신의 개념은 한국에 친숙하지 않다. 사람들은 도덕과 실제적인 좋은 사례들에 따라 삶을 영위한다. 57점을 받은 베트남은 실용적 문화를 만들고 있다. 실용적 목표를 가진 사회에서 사람들은 진실이 많은 경우에 상황, 문맥과 시간에 달려 있다고 믿는다. 베트남 사람들은 변화된 조건에 전통을 쉽게 적용시키는 능력, 결과를 성취하기 위해 절약하고 인내하며 저축하고 투자하는 강력한 성향을 보여준다.

 자적(自適) 문화와 자제 문화 차원에서 자적은 재미있게 지내기, 삶 즐기기와 연관된 인간의 기본적 자연적 욕망에 대해 상대적으로 자유로운 충족을 허용하는 경향을 의미한다. 자적과 반대의 극. 즉 자제는 그러한 욕구 충족이 엄격한 사회적 규범에 의해 규제되고 억제될 필요가 있다는 확신을 나타낸다. 자적·자제 지수 IND(Indulgence versus Restraint) 29점을 획득한 한국과 35점의 베트남은 자적 사회의 하나로 보인다. 이 영역에서 낮은 점수를 가진 사회는 냉소주의와 염세주의의 경향이 있다. 또한 자적 사회와 대조적으로 자제적 사회는 여가시간을 별로 강조하지 않고 자기 욕구 만족을 통제한다. 이 목표를 가진 사람들은 자기들의 행동이 사회규범에 따라 제한된다는 인식이 있고 스스로에게 관대한 것은 뭔가 잘못된 것이라고 느낀다.

 이처럼 호프스테드의 문화 6차원을 통해서 드러난 한국과 베트남 문화의 특성을 파악해 보았다. 이상에서 보듯이 홀과 호프스테드의 문화 개념은 한 문화를 다른 문화와 구별 짓게 하는 그 문화만의 고유한 특성에 주목한다. 이러한 개념을 통하여 하나의 문화권의 구성원들이 다른 문화권 구성원들과 다른 행동과 사고방식을 가지는 이유를 알 수 있다. 이 연구에서 이처럼 홀과 호프스테드의 문화 구조와 특성을 설명해주는 이론에 근거를 두고 한국 문화 교육의 방안을 제시하고자 한다.

3) 문화 프레임

인지언어학에서는 필모어(C. J. Fillmore)는 프레임의 개념을 "지식의 통합적 체계 또는 경험의 도식화로 여기고, 부분을 이해하기 위해서는 반드시 그것이 속하는 전체를 이해해야 하는 개념의 체계"라고 정의하고 있다. 즉 프레임이란 문화적 관례, 세상에 대한 믿음, 공유된 경험, 일을 하는 방식, 그리고 사물을 보는 방식 등에 대한 특정한 이해로서 "하나의 프레임에 속한 개념 하나를 이해하기 위해서는 그 프레임의 구조 전체를 알아야만 하는 그러한 개념의 체계"라고 할 수 있다.(C. J. Fillmore, 1982, 111)

레이코프(G. Lakoff)는 필모어의 문장 단위의 프레임 개념을 언어 분야를 넘어서 사회 분야, 특히 정치 분야로 더 확장하여 프레임은 세계에 대한 사람의 가장 기본적인 상호작용을 가능하게 한다고 주장하였다. 즉 프레임은 우리의 아이디어와 개념을 구조화하고, 사고방식을 형성하며, 심지어 지각 방식과 행동 방식에도 영향을 준다는 것이다.(G. Lakoff & the Rockridge Institute, 2007, 45-46) 레이코프는 프레임은 경계가 있어 제한된 범위의 정신 구조이며, 그 내부 조직은 체계적이라고 설명하였다. 사람들의 모든 사고는 개념적 프레임을 사용한다고도 덧붙였다.(G. Lakoff, 2010, 17-18)

홀과 호프스테드의 문화 개념, 그리고 이상의 프레임에 대한 개념들을 취합해 보았을 때 서로 다른 사회의 구성원들, 사회적 그룹, 또한 서로 다른 문화를 구분하게 하는 요소들이 복합적으로 다양하게 존재하면서 문화를 형성하며 한 개인, 한 사회 집단의 성격을 결정한다는 것을 확인할 수 있다. 한 개인이 속한 정신적, 물리적, 지적, 감성적, 예술, 문학, 삶의 방식, 가치체계, 전통과 같은 큰 범주에서부터 어릴 때부터 성장하면서 익혀온 생활 경험의 하위 범주에 이르기까지 나타나는 이러한 요소들을 본 연구에서는 각각 하나의 '프레임'(frame)으로 보는 관점을 취하고자 한다. 즉, 한 개인은 자기가 속한 '사고의 프레임', '행동의 프레임', '감성적 프레임', '가치 세계의 프레임',

'전통의 프레임', '가족의 프레임', '학교의 프레임', '직장의 프레임' 등 수많은 프레임에 둘러 싸여 있는데, 이러한 프레임들을 포괄적으로 '문화 프레임'이라는 개념으로 사용하고자 한다.

'문화 프레임'은 또한 지식의 체계와 관련이 있어 배경지식으로 기능하기도 하는데 이러한 프레임을 형성하는 일이 프레임 구성(framing)이다. 또한 학습자들은 놓여지는 '문화 프레임'에 따라 행동과 사고가 달라지는데, 목표어 문화를 학습할 때 자신이 가지고 있는 프레임이 목표어 문화의 프레임과 불일치할 때 충돌이 일어난다. 즉, 자신의 배경지식에 없는 새로운 것들과 당면하게 될 때 문화 충격이 일어난다는 뜻이다. 이럴 때 자신이 가지고 있는 기존의 프레임에 변화를 주어 새로운 것을 수용하고 적응하도록 조정할 필요가 생기는데 이는 프레임 재구성(reframing)이라고 한다. 이처럼 프레임은 한 개인이 세상을 바라보는 방식을 형성하는 정신적 구조물이며 프레임을 재구성 하는 것은 개인이 세상을 보는 방식을 바꾸는 것에 해당한다.(G. Lakoff, 2006, 17-18)

4) 문화 학습 유형

문화 학습에 대해서는 상호문화 분야와 외국어 교육 분야에서 많이 다루었는데 대표적으로 한베이(R. Hanvey), 홉스(D. S. Hoopes)[2], 브라운(H. D. Brown), 베네트(M. J. Bennett) 등이 있다. 이러한 모형들은 학습자들이 문화적 차이와의 만남을 설명하고 학습자들이 이러한 만남에 반응하는 경향이 어떠한지를 설명해주고 있다.

한베이는 학습자의 인식이 증가하는 것과 문화 구성원의 관점에서 주관적인 관점으로 문화 이해를 축적해 가는 과정을 나타내는 문화 학습 모형

---

2 한베이와 홉스에 관한 설명은 P. R. Moran(2004, 224-227) 참조.

을 제시하였으며 홉스는 타문화에 대한 이해와 태도에서 변화된 모양을 갖게 되는 문화 간 학습 과정을 제시하였으며 행동의 중요성을 강조하였다. 브라운의 문화적응 모형은 언어 학습의 역할에 기반을 두고 있으며 문화 충격 경험과 문화 충격에서 벗어나면서 새로운 문화에 동화하거나 적응하는 과정에 관심을 보여주었다.[3] 베네트는 자민족중심주의에서 민족상대주의로 문화 간 감성을 계발해야 한다는 것을 강조하는 문화 간 감수성 발전 모형(Developmental Model of Intercultural Sensitivity - DMIS)을 제안하였다.[4] 이 모형은 문화 이해, 행동의 습득, 정체성, 태도, 적응 등과 연결이 되어 있으며 학습자의 사고와 태도, 문화 차이에 대한 학습자의 주관적 경험에 초점을 두고 있다.

이들이 제시한 문화 학습 모형은 문화를 학습하는 사람들의 심리적인 반응, 감정, 인식의 정도 등의 변화 과정을 자세히 기술할 수 있어 문화 학습자로서 베트남 한국어 학습자들의 한국 문화 학습에 좋은 이론적 근거가 된다고 하겠다.

4. 문화 프레임을 이용한 상호문화 교육 방안

상호문화 교육 방안을 연구하기 위서 본 연구에서는 한국어 학습 기간이 다른 호찌민 국립대학교 한국학부 2학년부터 4학년까지의 236명의 대상으로 2016년에 다양한 주제의 한국 텔레비전 드라마 시청을 통해 한국과 베트남의 상호문화적 이해도에 대한 조사를 실시하였다. 학습자들의 문화 차이에 대한 반응은 공감·흥미·불확실·거부·수용·적응 등 다양하게 나타났다. 텔

---

3 브라운의 문화 습득에 관한 설명은 H. D. Brown(2004, 212-214) 참조.
4 베네트의 문화 간 감수성 발전 모형에 관한 설명은 J. M. Bennett, M. J. Bennett(2004, 147-165) 참조.

레비전 드라마 속에 재현된 한국 문화에 접촉하는 과정에서 보인 반응 양상의 특징을 살펴본 결과 한국 문화에 적응하기 위해 베트남 학습자들에게는 지식 습득, 자기 조정과 태도 형성의 교육이 필요하다는 시사점을 얻을 수 있었다.

이 연구에서는 상호문화 교육을 위해 학습자들이 한국 문화에 대한 체계적인 지식을 쌓아 문화 차이에 대한 충격을 최소화하고 한국 문화에 적응할 수 있는 지식 습득, 자기 조정, 태도 형성의 교육적 방안을 설계하고자 한다.

위의 논의처럼 한 개인이 가지고 있는 프레임이 그의 사고와 행동을 결정하는데, 따라서 그 개인을 이해하고자 할 때 그 개인이 가지고 있는 프레임을 이해해야 한다. 또한 그 개인의 사고와 행동을 바꾸고자 할 때 기존의 프레임을 바꿀 필요가 있는 것으로 판단된다.

문화 이질성을 발견했을 때, 충격과 같은 부정적 반응을 보이는 것은 자신이 살아온 문화 프레임 내에서만 새로운 문화를 판단하려는 태도를 가지고 한국어와 한국 문화에 대한 지식이나 타문화에 대한 수용하는 태도가 형성되어 있지 않기 때문이다. 문화 충격을 겪지 않는 사람들은 직접 겪어보거나 학습한 경험에 의해 자신의 문화 프레임에서 이미 벗어난 것으로 해석할 수 있겠다. 지식 부족, 타문화 수용력 부족, 한국어 능력 부족의 문제는 결국 학습자들이 가지고 있는 문화 프레임이 한국 문화 프레임과 불일치하기 때문에 발생한다고 본다. 이 연구에서는 문화 프레임의 불일치를 해결할 수 있는 방안을 마련하고자 한다.

1) 지식 습득을 통한 프레임 구성

문화를 이해하는 데에는 해당 문화에 대한 배경 지식이 기본적으로 필요하다. 문화에 대한 지식은 다른 일반 지식과 서로 연관되어 있으므로, 이를 아우르는 체계적인 지식 구조, 즉 프레임을 형성하는 것이 문화를 이해하고 습득하는 데 중요한 요소가 된다고 할 수 있다.

학습자들이 베트남의 생활양식, 사고방식 등으로만 구성된 기존의 지식 프레임에 새로운 문화의 요소를 포함시켜 새로운 프레임을 구성하고 그 프레임의 관점에서 새로운 문화를 음미하고 재해석할 필요가 있다.

지식 습득을 통한 프레임 구성은 관찰을 통한 프레임 구성이나 맥락 활용을 통한 프레임 구성과 체계적 지식 습득을 통한 프레임 확장으로 제시할 수 있다.

낱말의 경우는 특정 낱말을 이해하기 위해서 그 낱말이 개념화하는 범주의 존재에 대하여 동기와 배경을 제공하는 것이 프레임이다. 따라서 문화적 프레임을 알아야 담화의 의미를 정확하게 파악할 수 있다.[5] 가령 존댓말과 같은 경우 문화적 프레임을 알아야 의미를 올바르게 해석할 수 있고 대화법을 이해할 수 있으며, 오해의 소지를 막을 수 있다. 같은 맥락으로 본 반응조사에서 학습자들이 '당신'의 사용법을 알려면 한국어의 지칭어, 호칭 체계를 알아야 할 뿐만 아니라 한국의 사회적 관계와 분위기를 알아야 더 효과적으로 한국어를 구사할 수 있다. 이것이 바로 필모어(Fillmore)가 말하는 부분을 이해하기 위해서는 반드시 그것이 속하는 전체를 이해해야 하는 개념의 체계에 해당되는 프레임의 개념이다.(C. J. Fillmore, 1982, 111)

2) 자기 조정 및 태도 형성을 위한 프레임 재구성

목표어 문화와 완전히 대립되는 문화 프레임을 가지고 있는 학습자가 외국어를 학습하기는 곤란하다. 한국 문화 프레임과 대립된 문화 프레임을 가진 학습자에게는 상호문화 입장에서 어떤 문화 사건을 적절한 문화 프레임

---

5   오주영의 연구도 이와 비슷한 맥락에서 프레임의 중요성에 주목하고 있다.(오주영, 2010, 309)

안에서 설명할 수 있는 능력이 있어야 하다. 그 문화 프레임이 긍정적인 경우 서로 수용하는 반면에, 그렇지 않은 경우에는 서로 거부하기 때문이다. 학습자들이 기존에 가지고 있는 프레임이 실제 한국 문화의 프레임과 대립되거나 거리가 먼 경우에는 학습자의 프레임을 한국의 문화 프레임과 근접하게 또한 일치하게 재구성(reframing)을 해야 한다.

프레임은 "그림의 프레임처럼 정지된 것이 아니라 끊임없이 진전되어가는 해석의 방향이며 조정되는 입각점"(D. Tannen, 1994, 112-113)이다. 어느 시점이든 진행 중인 프레임 구성은 다음에 오는 프레임을 구성하는 것의 일부이며 또한 앞서 지나간 프레임의 일부로 구성되기도 한다. 즉 한 사람의 프레임이 계속 머물러 있는 상태가 아니라 계속 변화 가능하다는 것이다. 이러한 프레임의 특징을 활용하여 학습자들이 가지고 있는 프레임에 변화를 주어 원하는 프레임으로 재구성하는 방안을 제시하고자 한다.

(1) 문화 수용을 위한 자기조정

타문화 수용력 부족은 문화적 편견인 자민족중심주의의 영향으로 한국 문화를 자신들이 잘 아는 베트남의 표준과 관행으로 부정적인 시각에서 판단하도록 하여 한국 문화의 수용과 그것에의 적응을 어렵게 한다. 언어 능력의 한계는 내용을 이해하는 데 어려움을 겪게 하는 요인으로 작용하여 문화 적응 과정에 장애가 된다.

본 연구가 지향하는 상호문화적 능력이란 새로운 문화를 배워 나가는 과정에서 원어민처럼 새로운 문화로 동화(enculturation)되는 것이 아니라 새로운 문화에 적응해 나가고 제2문화 상황과 맥락에서 적절하게 대처하고 선택적으로 받아들일 수 있는 능력이다.(김수은, 2008, 82)

"차이로서의 문화"는 나이, 성, 지역, 인종, 사회계층 등 국가적으로도 다양성이 존재한다는 것을 인식하고 문화 내에 존재하는 다양성을 받아들이도록 교육하는 것을 말한다. 여기서 다양성을 받아들인다는 것은 그 문화와 동일시한다는 것이 아니라 문화 간 차이를 인정한다는 것을 의미한다.

가. 맥락 이해를 위한 프레임 부여

'프레임 부여'(framing)는 창조성에 중요한 역할을 하는 둘 또는 그 이상의 정신 공간 사이에 대응 관계를 성립시키는 과정(D. Lee, 2003, 12-19/322-325)을 말하는데, 이는 하나의 단어, 표현, 문장, 문화 현상의 의미를 그 단어, 표현, 문장이나 문화 현상이 생성되고 나타날 수 있는 프레임에서 지식 기반을 근거로 접근하고 해석하는 방법을 말한다.

한 개인은 태어나서 일정한 문화와 사회적 프레임을 부여 받아 성장해 간다. 베트남 학습자들은 베트남이라는 사회·문화적 프레임 안에서 제한 받고 고정되어 사고와 행동이 이 프레임을 따르게 되는데 이는 쉽게 바뀌지 않는다. 한국어와 한국 문화를 학습할 때 가지고 있는 자신의 프레임을 바꾸지 않고 베트남의 사회·문화적 프레임 안으로 끌어 들여 이해하려고 하니 해석이 어려워지는 것이다. 때문에 새로운 문화인 목표어 문화 현상이나 사건에 한국 사회·문화의 프레임을 부여하고 그 프레임 안에서 이해하고 판단하도록 하는 것이 필요하다고 본다.

나. 이해관계 조정을 위한 프레임 설정

베트남 학습자들이 충격적 반응으로부터 회복 및 적응 반응으로 전환하기 위한 프레임 설정의 방법을 제시하고자 한다. 어떠한 문화 현상을 판단하기 전에 그 현상에 관련될 수 있는 사항들을 점검하여 최대한 많은 정보를 확보해야 한다. 정보를 충분히 확보해야 그 문화 현상을 객관적으로 검토할 수 있고 깊숙이 이해할 수 있다.

(2) 문화 회복·적응을 위한 태도 형성

학습자들은 자신의 문화가 더 우월하다고 생각하는 자민족중심적인 관점에서, 자신의 가치관을 기준으로 한국 문화에 대해 비호의적인 태도로 판단하였다.

가. 비판적 사고를 위한 프레임 전환

한국 문화에 관련된 사건, 내용, 인물에 대해 올바르게 이해하기 위해 비판적 사고력이 필요하다. 베트남 학습자들이 베트남에서 접하는 한국 사람이나 한국 문화가 과연 전형적 한국 사람이거나 대표적인 한국 문화가 맞는지, 그러한 현실이 과연 한국 문화의 진정한 본질인지, 설정된 맥락적 상황을 비판적 보기를 통해 판단할 수 있어야 한다. 이렇게 하기 위해서 베트남 문화를 연상하여 비교함으로써 양 문화의 차이를 파악하고 자기타자화(self-othering)를 통해 문화적 배경을 이해하도록 도와야 한다.

나. 수용적 태도를 위한 프레임 조정

학습자들이 한국 문화와 접촉하면서 생길 수 있는 문제들에 대한 이해와 지식 증진을 도모하고, 문화적 도전에 부딪쳤을 때 극복해 내며, 문화 간 차이로 인해 생긴 문제들을 견뎌낼 뿐만 아니라 나아가 이를 해결하고 즐기기 위해 학습자들로 하여금 문화에 대한 이해관계를 긍정적으로 보는 방향으로 조정하는 것을 한국 문화 교육의 방법으로 제시하고자 한다.

5. 결론

앞에서 언급했듯이 한국어 교육이 베트남에서의 지속가능한 발전을 위해서는 팽창하는 양적 성장에서 한걸음 물러나 질적인 보완이 시급하다고 본다. 그러나 베트남 내 한국어 교육이 이제 질적으로 발전해야 한다면 한국문화 교육과 상호문화는 양과 질 두 가지 방면으로 발전해야 한다는 과제를 대면하고 있다고 할 수 있다.

본 연구에서는 상호문화 교육 방안으로 초·중·고급 학습자가 체계적으로 문화 지식을 습득하게 하기 위한 방법으로 프레임 구성(framing) 접근법을 통한 교육 방법을 제시하였다. 프레임 구성 이론에서는 부분을 이해하기 위해서 반드시 관련 현상의 전체를 이해해야 한다고 본다. 이러한 프레임 개념에 입각하여 단어, 표현, 문장 그리고 문화 현상들과 관련된 프레임을 구성하는 방법을 제시하고자 하였다. 또한 문화적 사건이나 현상 관련 정보를 최대한 많이 확보하게 하고, 기존에 가지고 있던 프레임과 새로운 프레임을 연결하고 확장하게 하는 상호문화 교육 방법을 제안하고자 한다.

문화 수용 및 적응에 있어서의 자기 조정과 태도 형성을 위해서는 프레임 재구성(reframing)의 방법을 제안하였다. 프레임 재구성에는 프레임 전환과 프레임 조정 방법이 포함된다. 프레임 전환의 경우 학습자들 스스로가 상대방의 입장이 되어 생각하고 양측 문화의 차이를 파악하도록 하는 방법이다. 프레임 조정 방법은 문화 차이에 대한 이해관계를 다양한 시각에서 볼 수 있도록 하는 방법이다.

이 연구는 목표어 문화와 학습자 문화와의 연관성에 주목하고, 상호 간 문화적 연관성을 상호문화적 능력의 향상을 위한 계기로 바라보았다는 점에서 접근의 의의가 있다. 상호문화적 능력이 향상됨에 따라 한국어능력도 향상되며, 궁극적으로 한국어 교육의 목표가 달성되어 교육의 질을 보장 받게 되는 것이다.

참고 문헌

Bennett, J. M., Bennett, M. J.(2004), "Developing Intercultural Sensitivity: An Integrative Approach to Global and Domestic Diversity", in Landis, D., Bennett, J. M., & Bennett, M. J.(Eds). *Handbook of Intercultural Training (3rd ed.)*, Sage.

Brown, H. D.(2000), *Principles of language learning and teaching(4th ed.)*, 이홍수 외 역(2004), 『외국어학습·교수의 원리』, 피어슨에듀케이션 코리아.

Fillmore, Charles J.(1982), "Frame Semantics", in Linguistic Society of Korea(ed.), *Linguistics in the Morning Calm: Selected Papers from SICOL-1981*, Hanshin, 110-137.

Hall, E. T.(1976), *Beyond culture*, 최효선 역(2000), 『문화를 넘어서』, 한길사.

Hofstede, G., Hofstede, G. J. &Minkov, M.(2010), *Cultures and organizations(3rd ed.)*, 차재호·나은영 역(2014), 『세계의 문화와 조직』, 학지사.

Lakoff, G. & the Rockridge Institute(2006), *Thinking Points: Communicating Our American Values and Vision*, 나익주 역(2007), 『프레임 전쟁 - 보수에 맞서는 진보의 성공전략』, 창비.

Lakoff, G.(2004), *Don't think of an elephant!: know your value and frame, the debate: the essential guide for progressives*, 유나영 역(2006), 『코끼리는 생각하지마, 미국의 진보 세력은 왜 선거에서 패배하는가』, 삼인.

Lakoff, G.(2006), *Whose freedom*, 나익주 역(2010), 『자유는 누구의 것인가』, 웅진 지식하우스.

Lee, D.(2001), *Cognitive linguistics*, 임지룡·김동환 역(2003), 『인지언어학 입문』, 한국 문화사.

Moran, P. R.(2001), *Teaching Culture: Perspective in Practice*, 정동빈 외 역(2004), 『문화 교육』, 경문사.

Nguyen Thi Phuong Mai(2017), 「베트남의 한국어문학의 과제와 진흥 방안」, 『국외 한국어문학의 과제와 진흥방안』, 국립국어원 국어국문학회 공동주최, 2017년 국립국어원 국어 정책 학술대회 자료집.

Tannen, D. (1986), *That's not what i meant*, 이용대 역(1994), 『내 말은 그게 아니야』, 사계절출판사.

Trần Ngọc Thêm(2013), Những vấn đề văn hóa học lý luận và ứng dụng, Nhà xuất bản Văn hóa Văn nghệ.

김수은(2008), 「문화 간 의사소통 능력 배양을 위한 한국어문화 수업 개발 연구」, 한국언어문화교육학회 제13차 전국학술대회 자료집.

박영순(2004), 『외국어로서의 한국어교육론』, 월인.

오주영(2010), 「프레임 의미론을 통한 인지적 의미학습에 관한 연구」, 『비교문화연구』 19, 경희대학교 비교문화연구소, 295-311.

한국국제교류재단 하노이 사무소 통계자료(2020.10).

11장 한국어 시 텍스트를 활용한 상호문화 교육 연구

전홍 장춘대학교 한국어학과

1. 서론

1) 연구의 목적 및 필요성

외국어 교육의 궁극적인 목표는 기능적인 측면을 넘어 문화적 측면까지 고려한 원활한 의사소통에 있으며 외국인 학습자가 완벽한 의사소통을 하려면 그 나라의 문화적 맥락까지 이해할 수 있어야 한다. 그러나 "문화는 의사소통이다(E. T. Hall, 1959)"라는 말처럼 타문화에 대한 이해 없이는 의사소통이 이루어지기 힘들다. 모란(Moran)은 문화 간 의사소통을 타문화와 원활하게 의사소통하기 위해서 생각하고 행하고 느끼면서 경험하는 하나의 과정으로 보았다.(P. R. Moran, 2004, 7) 한국어 교육에서도 학습자가 의사소통 과정에서 타문화를 구성해 가는 경험을 강조하면서 학습자들에게 상호문화

(intercultural)[1] 경험을 쌓을 수 있는 기회를 제공해 주어야 한다.

윤여탁은 문화 능력을 외국어 학습자가 문화에 대해 습득한 사전적인 지식이나 배경 지식 그 자체라기보다는 언어활동의 장에서 문화에 맞게 언어를 정확하게 이해하고 표현할 수 있는 능력이라고 보았고, 이러한 맥락에서 문학작품 등에 나타나는 문화는 실질적(actual)이고 실제적인 교수-학습 자료가 될 수 있다고 강조하였다.(윤여탁, 2013, 152) 하지만 문학 텍스트로서 시는 함축성을 지니고 있기에 이해하기 어렵다는 인식으로 인해 한국어 교육 자료로서 중요한 위치를 차지하지 못하였다. 그럼에도 불구하고 시는 감정을 강조하는 장르이기 때문에 외국인 학습자가 시 읽기를 통해 시적 정서를 이해하는 가운데서 타문화에 대한 정의적 접근이 보다 활발하게 일어날 수 있다. 이는 시 텍스트가 상호문화 교육을 위한 효과적인 제재가 될 수 있음을 시사한다.

최근 시가 지닌 문화적 가치, 외국인 학습자에 대한 효용성에 대한 논의가 점차 부각되고 있고 한국어 교육에서도 시를 활용하여 문화 교육 방안을 모색하려는 시도가 이루어지고 있다. 하지만 한국어 교육에서 시를 활용한 상호문화 교육에 관한 구체적인 상을 정립하기 위해서는 시 읽기 과정을 중심에 놓고 학습자들이 시에서 체현된 문화적인 요소를 어떻게 이해하는지, 실제 교육 과정에서 시를 어떻게 교수-학습할 수 있을지에 관한 질적 연구가 이루어져야 한다고 본다.

이에 본 연구에서는 한국어 시 텍스트 중에서 문화 내용을 담고 있는 텍스트를 선정하여 질적 연구 방법으로 한국어 고급 학습자들의 시 읽기 과정에서의 상호문화 이해 양상을 살펴보고 더 나아가 한국어 시 텍스트를 활용한 상호문화 교육 방안을 마련하고자 한다.

---

1 문화 간(間)의 성격을 강조하는 "intercultural"라는 용어는 간문화, 상호문화, 교차문화, 이문화라고도 번역이 되는데 본고에서는 일관성 있는 논의를 위해 '상호문화'라는 용어를 사용하고자 한다.

2) 연구 방법 및 연구 대상

본 연구에서는 질적 연구 방법으로 한국어 고급 학습자들의 시 읽기 과정에서의 상호문화 이해 양상을 연구하고자 하고자 하며, 이를 위해 다음과 같은 연구 문제를 중심으로 살펴보고자 하였다.

(1) 시 텍스트에 한국 문화 내용이 체현된 경우, 학습자들은 어떤 상호문화 이해의 양상을 나타내는가? 문화권에 따라 어떤 차이를 보이는가?
(2) 이질적인 문화적 배경을 지닌 학습자들은 동료 학습자 및 교사와의 상호작용 과정에서 어떤 상호문화 이해의 양상을 나타내는가?

본 실험에서는 다국적의 한국어 학습자를 실험 대상자로 선정하여 시 읽기 과정에서의 상호문화 이해 양상을 살펴보고자 하였다. 본 실험에 참여한 학습자는 6명으로 서울대학교 대학원 1학기에 재학 중인 학습자들이다. 알파벳순으로 학습자들에게 국적에 따른 번호를 부여하면 다음과 같다.

인도	인도	베트남	터키	중국	중국
A	B	C	D	E	F

연구 대상자를 선정한 근거를 부연설명하면 다음과 같다. 우선, 본고에서는 시 읽기 과정에서의 상호문화 이해 양상을 살펴보기 위해서는 일정한 언어 능력이 필요하다고 판단하여 고급 한국어 학습자를 선정하고자 하였다. 연구에 참여한 학습자들은 모두 대학원 1학기 학습자로서 고급 한국어 학습자에 해당하며, 또한 한국에 거주한 경험이 오래되지 않았기 때문에 한국 문화에 대한 이해가 그다지 깊지 못하다. 다음으로, 본고에서는 시 교육 현

장에 시사점을 제공하는 동시에 상호문화 이해 양상을 살펴보기 위해 교실 내 주체인 학습자, 교사, 동료 학습자들의 자연스러운 상호작용을 상정하고 소집단을 구성하는 방식으로 실험을 진행하였다. 따라서 학습자 수를 6명으로 한정하였는데 그 이유는 효과적인 상호작용이 일어나기 위해서는 일반적으로 4-6명의 학습자가 소집단을 구성하는 것이 적절하기 때문이다. 그 다음으로, 다양한 국적의 학습자를 포함시킨 이유는 본 연구에서 다루고자 하는 텍스트는 문화적인 내용을 담고 있는 텍스트이기 때문에 문화권에 따라 문화 이해 양상이 어떻게 다르게 나타나는지 살펴보고자 하였기 때문이다. 즉, 상대적으로 동양 문화권에 속하는 중국과 베트남 학습자와 동양 문화권이지만 유럽 문화의 영향을 많이 받은 터키 학습자, 그리고 문화적 특수성을 지니고 있는 인도 학습자를 포함시켜 문화권에 따른 문화 이해 양상을 살펴보고자 하였다.

본 연구에서는 담화 자료의 전사를 위해, 다음과 같은 전사기호를 사용하였다. 예를 들면, 'A-1'의 영어 문자는 국적별 학습자 번호를 나타내고, 숫자는 상호작용의 방식을 나타내는데 독자와 텍스트의 상호작용은 1로, 학습자와 동료 학습자의 상호작용은 2로, 학습자와 교사와의 상호작용은 3으로 표기하였다. 또한 S는 동시에 여러 명의 학습자의 반응을 나타내고, 【 】안의 숫자는 전사 자료의 발화 순서를 나타낸다.

본고에서는 다음과 같은 기준을 고려하여 실험용 텍스트를 선정하고자 하였다. 우선, 언어 수준의 적합성 면에서 언어적 이탈이 적은 시를 선정하고자 하였으며 다음으로, 내용 면에서 사랑과 자아성찰 등 인류 보편적 주제를 다루고 있어 학습자들의 적극적인 반응을 유발할 수 있는 시를 선정하였다. 또한 한국인의 정서, 사고방식, 가치관 등 한국 문화를 잘 보여주고 있는 시 텍스트를 선정하고자 하였다.[2] 본고에서 선정한 시는 서정주의 「신부」, 김

---

2 문학작품의 선정 기준은 다음과 같은 논의를 참고하였다. 콜리와 슬레이터(Collie & Slater, 1987, 3-6)는 문학작품 선정에 있어서 ①학생의 흥미 ②문화적 배경③ 언어 수

소월의 「접동새」와 「초혼」 등 3편이다. 이 텍스트들은 모두 '한'이라는 한국인의 전통적인 정서와 사고방식을 담고 있고, 설화를 차용하고 있다는 점에서도 유사하다.

실험의 절차는 다음과 같다.

(1) 학습자로 하여금 스스로 시를 읽고 시의 대체적인 의미를 파악하게 하고 어려운 부분을 기술하게 한다.
(2) 한국어 시를 읽는 과정에서 생긴 의문이나 시에 대한 이해를 자유롭게 토의하게 한다.
(3) 학습자들이 시 읽기 과정에서 어려움에 처했을 때, 교사는 학습자들이 잘못 이해하고 있는 부분, 심층적인 문화 이해가 필요한 부분 등에 대해 조정한다.

2. 이론적 기반

1) 상호문화와 상호문화 능력의 성격

상호문화(interculture)란 두 개의 문화와 만나 관계를 형성하는 것으로 이해할 수 있는데 김순임은 이러한 관계 형성 과정을 고유문화(Eifenkultur)와 이방문화(Fremdkultur) 그리고 문화중첩상황(kulturelle Überscheidungssituation)이

준 ④학습자의 필요 등을 고려해야 한다고 지적하였다. 스턴(Stern, 1991, 344)은 문학 작품 선택에 있어 고려해야 할 점을 지적하고 있는데 특히 시와 관련해서는 학생들이 큰 어려움 없이 해석할 수 있을지의 언어적 형태와 자신의 개인적 경험과 관련 지어 시를 느낄 수 있을지를 고려해야 한다고 주장하였다. 이러한 선정 기준의 핵심을 정리해 보면 언어 수준의 적합성, 언어와 문화적 측면의 조화, 학습자의 흥미를 끌 수 있는 내용 등으로 귀결될 수 있을 것이다.

나타나고 이로부터 상호문화가 생긴다고 주장하였다.(김순임, 2005, 102-103) 권오현은 서로 다른 문화A와 B가 만나는 '문화AB' 개념으로 상호문화적 소통을 설명하였는데 '문화AB'는 문화A의 요소와 문화B의 요소가 새롭게 혼합된 문화 실체라기보다는, 오히려 문화 간 만남에서 형성되는 관계 상황 자체를 지칭한다. 상호성은 자기중심에서 벗어나 관점의 복수화를 이루는 것이며 '문화AB' 속에는 쌍방, 대화, 공존, 이해 협력, 나눔, 협상 등과 같은 관계적 가치들이 수용된다.(권오현, 1996, 34)

상호문화의 성격은 'inter'와 'culture'로 나뉘어 설명할 수 있다. 'inter'라는 접두사의 의미를 최대로 고려한다면, 'interculture' 단어의 사용은 필연적으로 상호작용, 교환, 장벽제거, 상호성, 진정한 연대성을 의미한다. 만약 'culture'라는 단어가 가진 모든 가치를 인정한다면, 그것은 사람들이 개인 차원에서뿐만 아니라 사회 차원에서 타인과 맺는 관계 속에서, 그리고 세계라는 개념 속에서 참조하는 상징적 표상, 생활방식, 가치 등을 인정함을 의미한다.(Maddalena De Carlo, 2011, 50) 다시 말하면, 상호문화는 타인과 맺는 관계 속에서 설명되어지며 문화적 주체, 공동체, 정체성 간의 상호작용에 주목하고 그 관계를 역동적으로 바라본다.

이때 상호문화의 성격은 자아와 타자와의 관계를 규정하는 상호주관성이라는 개념으로부터 설명될 수 있다. 상호주관성은 학자들에 따라 다양하게 정의되고 있지만 동등한 두 주관의 공유된 이해라는 측면에서는 공통점을 가진다. 상호주관성은 타자를 자신과 같이 의식하고 공통경험을 공유함으로써 타자를 경험하는 능력을 의미하며, 그처럼 경험을 공유할 수 있는 서로에게 주체적으로 열린, 그러면서도 서로가 서로에게 영향을 주는 자아와 타자와의 관계를 규정하는 말이다. 후설(Husserl)은 어떻게 타자가 경험되느냐 하는 질문을 제기하고, 모든 경험은 상호주관적임을 보여주는 것이며, 세계는 원초적으로 공통적인 세계를 공유하는 공동체의 각 주체에 주어진 것으로, 상호주관성은 이렇게 개개 주체에 대한 각 개인의 객관성의 이해를 전제로 하는 것이라고 설명하고 있다.(E. Husserl, 1973, 83; 진권장, 2005, 341에서 재인용) 상호주관성에 근거한 문화의 개념은 다른 주체로서의 타문화를 인정하고 서로 소통하고 교류함으로써 자아를 실현시켜 나가는 상호주체로서의 문화를 이해하는 것이다.(이화도, 2011, 176)

따라서 한국어 교육에서의 상호문화 교육은 교실 내 맥락에서 자아와 타자의 만남을 교육적 장치를 통해 마련해 줌으로써 학습자가 상호문화 경험을 획득하고 이를 통해 상호문화 능력을 함양하는 방향으로 이루어져야 한다. 많은 학자들이 상호문화 능력을 정의하려고 시도하였는데 쉽게 말해서 상호문화 능력은 서로 다른 문화적인 배경을 지닌 사람들이 성공적으로 의사소통하기 위해 필요한 능력이라고 할 수 있다. 드어도프(Deardorff)는 상호문화 능력을 자신의 상호문화 지식, 기술, 태도에 기초해 상호문화적 상황에서 효과적이고 적절하게 의사소통할 수 있는 능력(D.K. Deardorff, 2004, 194)이라고 보았는데 이 정의는 상호문화 능력의 구성요소에 기초하여 상호문화 능력을 정의하려고 시도했다는 점에서 주목받는다.

학자에 따라 상호문화 능력의 구성요소에 대해서도 의견 차이를 보이기는 하지만 일반적으로 크게 지식, 기술, 태도 세 가지 요소로 이루어져 있다고 본다. 바이럼(Byram)은 문화 간 능력의 구성요소들을 태도(attitudes), 지식(knowledge), 해석 기술(skills of interpreting), 발견과 상호작용 기술(skills of discovery and interaction), 비판적 문화 인식(critical cultual awareness) 등 다섯 가지로 규정하였다. 여기에서 비판적 문화 인식은 태도에 관련하여 논의할 수 있고 해석기술, 발견과 상호작용 기술은 기술 능력에 포함되어 설명될 수 있다. 또한 써큐(Sercu)는 외국어 교육에서 상호문화 능력의 평가를 강조하였는데 상호문화 능력을 평가할 수 있는 기준으로 지식(knowledge), 기술/행동(skills, behavior), 태도/자질(attitudes, traits)을 제시하였다.(L. Sercu, 2004, 75)

이상의 논의에 따르면, 상호문화 능력은 자문화와 타문화에 대한 지식, 문화 간 차이를 상대적인 관점에서 바라보고 이해하고 포용하는 개방적인 태도, 실제 의사소통 상황에서 문화 간 갈등을 적절히 처리할 수 있는 기술을 포함한다. 따라서 상호문화 교육은 지식의 측면을 넘어 문화적 갈등이 일어날 수 있는 상황에서도 자문화와 타문화 사이의 차이를 이해하고 타문화를 포용하고 존중할 수 있는 태도와 문화 간 갈등을 적절하게 처리할 수 있는 기술의 함양을 목표로 이루어져야 할 것이다. 상호문화 교육을 통해, 이질적인 문화적 배경을 지닌 학습자들이 자문화중심적 사고에서 벗어나 원활한 의사소통을 하게 되며 그 과정에서 새로운 문화적 정체성을 확립할 수 있을 것이다.

2) 시 읽기 과정에서의 상호문화 이해

문학 텍스트는 하나의 지역 공동체 문화를 반영하며, 문학작품은 외국인 학습자가 목표 문화와 간접적으로 소통할 수 있는 하나의 통로를 제공해 준다. 우한용은 문화 주체들의 문화와 관련된 제반 현상의 상호작용을 문화 상호작용이라고 한다. 문화 상호작용의 관점에서는 개인이 배경으로 하는 집단과 집단 간의 문화 제반 현상의 상호작용에 관심을 가진다.(우한용, 1997, 26) 이런 의미에서 외국인 학습자가 문학 텍스트로서 한국어 시를 이해하는 과정은 타문화와 자문화가 상호작용하는 과정이고 자문화와 비교하면서 문화적 동질성과 이질성을 파악하는 과정이라고 할 수 있다.

따라서 시 읽기 과정은 낯선 문화를 담고 있는 시 텍스트와 독사가 만나는 상황이라고 할 수 있으며 이때 자아로서의 독자와 타자로서의 텍스트의 상호문화적 관계가 형성된다. 외국인 학습자가 시 텍스트를 이해하려면 텍스트 내에 반영된 타문화의 문화적 요소를 파악해야 하는데 이에 대해 논의하기 위해서는 문화의 성격과 분류에 대해 살펴볼 필요성이 있다. 인류학자들의 연구 대상은 '문화'이기 때문에 일찍이 문화의 실체를 규정하려는 노력을 해왔다. 그들은 문화를 매우 폭넓은 범위의 현상을 언급하는 개념으로 사용한다. 타일러(E. B. Tylor)는 문화를 '광범위한 민족지적 견지에서 볼 때, 지식, 신념, 예술, 도덕, 법률, 관습 그리고 사회의 일원으로서 인간이 습득한 다른 모든 능력들과 습관들을 포함하는 바로 그 복합적 총체물'(E. B. Tylor, 1871; 정정호 외, 1994, 292에서 재인용)이라고 정의하였다. 이처럼 문화 자체는 그 범위가 넓고 복합적이기 때문에 그동안 문화를 분류하기 위한 많은 연구가 이루어져 왔다. 비록 연구자마다 다양한 용어를 쓰고 있지만 일반적으로 이분법적 또는 삼분법적 분류 기준을 취한다는 점에서 유사하다.[3]

산물, 행위, 관념의 삼분법적 분류 기준에 따라 텍스트 내의 문화 요소를 살펴보면 다음과 같다. 산물은 인간의 지혜를 바탕으로 만들어진 것으로 유형, 무형의 모든 성과물을 포함한다. 행위는 한 지역적 공동체 구성원들의 보편적 생활양식과 행동 유형을 가리킨다. 관념은 민족성, 가치관, 세계관, 정서 등 집단의 무의식 또는 의식이 전승되어 내려온 것을 말한다. 이상의 세 가지 분류 체계에 따라 시에 나타난 문화적인 요소를 논의할 때, 시 텍스트는 특히 눈으로 보거나 설명을 하여 이해하기 어려운 고차원적인 관념 문화를 이해하는 데 있어서 매우 효과적이라고 할 수 있다.

하지만 현상학자들이 말하는 문화는 사람들이 객관적으로 살펴볼 수 있는 사회적 실체 그 자체가 아니라 의미를 재구성해야 하는 경험이다. 상호문화에서 타문화에 대한 이해는 주체의 개입이 이루어져야 하며, 개인은 더 이상 문화의 산물이 아니라 문화의 생산자이고 문화는 주체의 의미 부여를 통해 실현되는 하나의 경험적 대상인 것이다.(Martine Abdallah Pretceille, 2009, 80) 따라서 상호문화적 접근의 과정에서는 타문화에 의미 부여를 하는 주체가

---

[3] 외국어 교육에서 다루는 문화는 이분법적 차원에서 흔히 BigC와 LittleC로 분류되는데 브룩스(Brooks, 1968)에 따르면, BigC 문화는 문학, 예술, 역사, 음악 등과 같은 제도적인 부분을 가리키고 LittleC 문화는 보다 비가시적인 것, 예컨대 문화적 규범, 행동양식과 같은 것들을 가리킨다. 또한 터맬린과 스탬플래스키(Tomalin & Stempleski, 1993)는 일반 행위 문화를 확대 규정하여 산물, 행위, 관념으로 세분화하였고, 로빈슨(Robinson, 1985)에서도 외국어 교육에서 문화 요소를 크게 산물, 관념, 행위로 분류하였다.

전면에 나서게 되며, 어떻게 문화 간 상호작용을 통하여 문화적 경험을 획득하느냐가 중요한 의미를 지니게 된다.

디페드(Defays)는 상호문화적 접근의 과정을 타문화의 발견, 자문화의 재발견, 교류과정에서 '함께 만든 문화'의 생성이라고 도식화하여 설명한다. 베스(Besse) 상호문화적 접근의 과정을 '동화와 이화' 과정을 번갈아 하거나 동시에 함으로써 외국 문화를 이해하게 되는 과정이라고 보았다. 학습자에게 외국 문화가 제시되면 학습자의 인식 체계에서는 먼저 자국 문화 지식에 대비하여 외국 문화에 대한 이질감으로 이화작용이 이루어짐과 동시에 그에 대한 반작용으로 자국 문화에 대한 동화작용이 강화된다. 그 다음으로 문화 이해 의지에 따라 외국 문화에 대한 동화작용이 이루어지고 동시에 자국 문화에 대한 이화작용이 다시 이루어진다. 이때 작용되는 외국 문화에 대한 동화는 일시적이기 때문에 학습자는 외국 문화의 차이점을 확인하고 자국 문화의 정체성을 확립하는 결과에 이르게 된다는 것이다.(김은정, 2011, 12-14)

비록 두 학자가 사용한 용어는 다르지만 상호문화적 접근의 과정을 모두 타문화를 발견하고 자문화를 되돌아보고 비교하면서 문화적 정체성을 확립하게 되는 세 단계로 설명하고 있음을 알 수 있다. 베스는 디페드의 논의에 비해 좀 더 구체적으로 학습자의 '문화 이해 의지'를 강조하면서 상호문화접근을 '동화와 이화' 과정으로 설명하였다. 이는 실제 상호문화 의사소통에 참여한 학습자가 자신의 상호문화 능력에 따라 자문화와 타문화를 발견하고 사문화를 상대화시키면서 자아정체성을 확립하는 단계에 이르거나 또는 목표 문화에 대해 편협한 인식으로 인해 이화 단계에 머물 수도 있음을 말해준다.

시 읽기 과정에서의 상호문화 이해는 문화 주체로서의 외국인 학습자가 타문화를 담고 있는 시 텍스트를 읽을 때 시 텍스트 내에 반영된 타문화를 어떻게 이해하고 받아들이는가와 관련이 있다. 이상의 논의에 따라 외국인 학습자들의 시 읽기 과정에 대한 가설을 세우면 다음과 같다. 우선, 시 텍스트에 반영된 타문화와 자문화 간의 차이, 또는 학습자가 지닌 편견과 고정관념 등으로 인해 학습자들은 문화 간 갈등을 겪을 수 있고 시 텍스트의 의미 구성에 어려움을 느낄 수 있을 것이다. 또한 학습자들의 상호문화 능력의 차이에 따라 자민족중심주의 해석을 하면서 '이화 단계'에 머물거나 자문화와 타문화의 차이를 넘어 문화의 특수성과 보편성을 이해하고 '함께 만든 문화'를 생성하면서 자아정체성을 확립하는 단계에도 이를 수 있을 것이다.

3. 시 읽기 과정에서의 상호문화 이해 양상

시 읽기 과정은 타자의 낯선 문화를 담고 있는 시 텍스트와 독자가 만나는 상황이라고 할 수 있으며, 이때 자아로서의 독자와 타자로서의 텍스트의 상호문화적 관계가 형성된다. 본고에서는 앞 절에서의 논의를 토대로 한국어 학습자들이 시 읽기 과정에서의 상호문화 이해 양상을 살펴보고자 한다.

1) 문화 간 차이로 인한 이해 실패

문화론적 관점에서 학습자들이 목표 문화를 담고 있는 시를 이해하는 과정은 한국 문화에 대한 체험의 과정이라고 할 수 있다. 한국어 시 텍스트라는 타문화와의 만났을 때, 외국인 학습자들은 자문화와 타문화를 비교하면서 동질성과 이질성을 발견하려고 한다. 하지만 한국어 시 텍스트에 자문화와 다른 낯선 문화적 요소가 체현되었다면 이해에 어려움을 겪을 수가 있다. 특히 시 텍스트 내의 타문화가 주제의 이해에 영향을 미칠 경우, 학습자들은 타문화를 발견하지 못하고 문화 간 차이로 인해 의미 구성에 어려움을 겪는 양상을 보여주었다. 반면, 시 텍스트에 반영된 타문화가 학습자의 자문화와 동질적인 성격을 지닌 경우, 학습자들은 쉽게 주제를 파악하기도 하였다.

　서정주의 「신부」[4]는 한국 여인의 정절과 한을 형상화한 작품이다. 그 내용은 결혼 첫날밤 신부가 신랑의 오해를 받아 소박을 당하였지만 40년, 50년이 지나서도 첫날밤과 변함없는 모습으로 앉아 있었고, 우연히 들린 신랑의 안쓰러운 손길이 닿은 뒤에야 매운 재가 되어 내려앉았다는 이야기를 담고 있다. 대부분의 학습자들은 시의 대체적인 의미가 무엇인지를 파악하였지만 신부가 왜 기다렸으며, 40년, 50년 뒤에 신랑의 손길이 닿았을 때 어떻게 재가 되었는지에 대해서는 이해하지 못하였다.

　그 원인은 주로 텍스트 내의 관념 문화를 이해하지 못하는 데 있었는데 학습자의 개인적 의미 구성 자료와 교사와 학습자 및 동료 학습자의 상호작용 자료를 살펴보면서 이에 대해 구체적으로 논의하고자 한다. 독자와 텍스트의 상호작용을 통한 개인적 의미 구성 자료를 살펴보면, 학습자들이 타문화를 이해하는 양상은 문화권에 따라 다양하게 나타남을 알 수 있는데 그것은 학습자들이 자문화로부터 출발하여 비교문화적 시각으로 타문화를 이해하고자 하였기 때문이다. 따라서 상대적으로 한국과 비슷한 문화를 갖고 있는 중국인 학습자와 베트남 학습자는 시적 분위기를 잘 파악하고 시의 주제

---

[4]　이 시의 표기는 서정주 저, 김화영 엮음, 『서정주 시선집』(서울: 시와 시학사, 2001, 109쪽)을 따랐다.
　　新婦는 초록 저고리와 다홍 치마로 겨우 귀밑머리만 풀리운 채 新郞하고 첫날밤을 아직 앉아 있었는데, 신랑이 그만 오줌이 급해져서 냉큼 일어나 달려가는 바람에 옷자락이 문 돌쩌귀에 걸렸습니다. 그것을 新郞은 생각이 또 급해서 新婦가 음탕해서 그 새를 못 참아서 뒤에서 손으로 잡아당기는 거라고, 그렇게만 알고 뒤도 안돌아보고 나가 버렸습니다. 문 돌쩌귀에 걸린 옷자락이 찢어진 채로 오줌 누곤 못 쓰겠다며 달아나 버렸습니다.
　　그리고 나서 四十年인가 五十年이 지나간 뒤에 뜻밖에 딴 볼 일이 생겨 이 新婦네 집 옆을 지나가다가 그래도 잠시 궁금해서 新婦방 문을 열고 들여다보니 新婦는 귀밑머리만 풀린 첫날밤 모양 그대로 초록 저고리 다홍치마로 아직도 고스란히 앉아 있었습니다. 안쓰러운 생각이 들어 그 어깨를 가서 어루만지니 그때서야 매운 재가 되어 폭삭 내려앉아 버렸습니다. 초록 재와 다홍 재로 내려앉아 버렸습니다.

와 근접한 해석을 하였음을 발견할 수 있었다.

> 제가 생각하기에는 이건 아마 조혼인 것 같아요. 두 사람이 일찍 결혼해서 신랑이 아직 철이 덜 들어서 첫날밤에 이렇게 달아나버렸는데 <u>신부는 유교의 영향을 많이 받아서 신랑을 꼭 기다려야 된다는 그런 신념이 머리 깊이 박혀있는 것 같아요.</u> -학습자 F-1

> 신랑이 신부를 사랑하지 않고 떠났어요. <u>신부가 아픔을 품고 40년 후에도 살아갔어요.</u> 신부의 일생이 불쌍한 것 같아요. 신부를 사랑하고 존중하는 신랑의 마음이 부족하다는 느낌이 들어요. -학습자 C-1

위의 개인적 의미 구성 자료를 살펴보면, 베트남 학습자는 '신부가 아픔을 품고 살아왔다.'는 것을 언급함으로써 피상적으로 '한'을 이해하고 있었으며, 중국인 학습자는 이 시에서 신랑의 철없는 행동과 신부가 신랑을 기다리는 행동에 대해 이해하였고 그 원인이 유교적 영향에 있다고 정확하게 인식하였다. 또한 중국인 학습자는 신부의 정절은 '신랑을 꼭 기다려야 된다는 신념이 머릿속에 깊이 박혀있기 때문이다.'라고 보았다. 한·중 두 나라는 같은 유교 문화권에 속하기 때문에 중국인 학습자들은 문화 간 차이로 인해 갈등을 겪지 않았고 시에 체현된 타문화를 쉽게 발견하였으며 시의 주제를 파악할 수 있었다. 하지만 인도 학습자들은 신부의 행동에 대해 의문을 제기하면서 신부의 행동이 무엇을 의미하는지를 전혀 파악하지 못했고 추리력과 상상력에 기반하여 다양한 해석을 하였다.

> 오줌이 급해서 물론 오줌이라는 거 나왔지만 결과가 뭔지 이해하지 못했어요. 신부는 죽었어요? 조각 만들었어요? 이 사람이 지금 꿈꾸는 거예요? 신부의 위치, 신부 Status, 저기, 30년 뒤에도 신부가 고

스란히 앉아있었어요. 왜 고스란히 앉아있었어요? 아주머니, 할머니 돼버리잖아요? 아직도 신부예요? 그 신부 40년 뒤에도? -학습자 A-1

제가 이해하기로는 여기서 신부를 말하는 게 아니라 신부의 상징? 신부는 우리 생명에서 중요한 상징을 말하고 있는 것 같아요. 제 생각으로는, 우리는 지금도 생명의 전반에는 어떤 중요성을 느끼지 못하고 예를 들면, 우리 가족보다 좋은 회사에 들어가는 거 더 중요하고 공부를 하는 것이 더 중요하고 다른 일이 더 중요하다고 생각하고, 신경 안 쓰고. 하지만 생명의 후반에 가서 그 중요성을 느끼게 돼요. 많은 것을 이루었고 돈도 벌었지만 그런 부분들을 많이 잃었다고 느껴요. 그런 생각이 들었어요. -학습자 B-1

인도 학습자들의 개인적 의미 구성 자료를 살펴보면, 학습자 A는 '신부가 죽었는지? 신부를 조각으로 만들었는지? 신랑이 꿈을 꾸는 건지?' 등등 혼란스러운 이해의 양상을 드러내고 있으며 더욱이 신부가 '왜 고스란히 앉아 신랑을 기다렸는지'에 대해 이해할 수 없다는 태도를 나타냈다. 또한 터키 학습자 B는 40년 뒤에야 버렸던 신부를 찾아오는 신랑의 행동에 초점을 두고 신부가 생명의 어떤 중요한 것을 상징하고 있다고 이해하기도 하였다. 시는 빈자리가 많고 자율적인 읽기가 강조되지만 이 시는 설화를 바탕으로 썼기 때문에 학습자의 해석은 확대된 해석이라고 볼 수밖에 없다.

동일한 유교문화권에 속한 중국인 학습자들은 한국어 시 텍스트에서 체현된 타문화를 쉽게 발견하고 자문화와 결부하여 이해한 반면, 인도 학습자들은 시의 주제에 영향을 미치는 여성의 '정절'과 '한'이라는 타문화의 문화적인 가치에 대해 전혀 이해하지 못했기 때문에 개인적 의미 구성 과정에서는 타문화 인지가 일어나지 못했고 상호문화 이해에도 실패하였다.

2) 자민족중심주의 해석

타문화를 해석하는 시각은 크게 외부자 시각과 내부자 시각으로 나누어 설명될 수 있다. 외부자 시각은 타문화를 제삼자로서의 입장을 가지고 객관적으로 문화를 해석하는 것이다. 반대로 내부자 시각은 타문화를 그 원주민의 시각에서 이해하고자 하는 것이다.(김주희, 1991, 184) 시 읽기 과정에서 학습자들은 우선 시 텍스트에 제시된 타문화를 발견하게 되며, 자문화와 차이를 지니는 타문화에 대해 해석하려고 노력하게 된다. 이때 자문화와 타문화를 상대적인 관점에서 바라보는 것이 중요하지만 일반적으로 자문화를 잣대로 타문화를 바라보고 평가하기 쉽기 때문에 자칫 잘못하면 자민족중심주의 해석에 빠질 수 있다.

다음은 서정주의 시 「신부」에 대한 연구자와 학습자들의 담화 전사 자료인데 연구자는 시의 주제를 잘 나타내고 있는 신부가 그 오랜 세월 동안 품었을 '한'이라는 관념 문화에 대해 학습자들이 어떻게 이해하는지 알아보고자 하였다. 이에 연구자는 '한이란 무엇인가'라는 포괄적인 질문을 통하여 학습자들의 '한'에 대한 인식을 알아보았고 이 시에서 신부의 '한'이 어디에서 체현되었는지, 신부의 한이 풀렸는지에 대해 추가적으로 질문하였다.

01 T: 여러분은 '한'이 뭐라고 생각하나요?
02 E-3: 「진달래꽃」에서 여성의 마음? 원망스러운 마음...슬픈 마음....
03 C-3: 예를 들면, 부모님께 잘해드리지 못했는데 돌아가셔서 후회하는 마음? 원통한 감정인 것 같아요.
04 T: 좋아요. 그럼 이 시에서 한의 감정은 어디에서 체현되었을까요?
05 E-3: 마지막 구절이 그 한을 잘 표현한 것 같아요.
06 T: 맞아요. 재는 그동안 신부가 품었을 한을 상징하는 거죠. 그럼 신부의 한은 풀렸을까요?

07 E-3: 마지막 구절에서 신랑이 찾아 와서 재가 되었으니까 한이 풀렸을 것 같아요.
08 D-2: 재가 되었는데 한이 풀릴 수 있어요?
09 S: 하하…
10 D-2: 한은 풀리지 않은 감정이 아닐까요?
11 A-2: 그럼 제 생각이 맞았어요. 한은 완전히 병이에요.

학습자들이 '한'에 대한 인식은 비교적 단순하였는데 원망스러운 마음, 슬픈 마음, 후회하는 마음, 원통한 감정 등으로 표현되었다. 천이두는 '한'의 어두운 내포로는 원(怨)으로서의 한, 원(冤)으로서의 한, 탄(嘆)으로서의 한, 설움(悲哀)으로서의 한이 있다고 하고, '한'의 밝은 내포로는 정(情)으로서의 한, 원(願)으로서의 한 긍정과 부정의 복합체로서의 한, 멋의 표상으로서의 한을 들고 있다.(천이두, 1993, 32) 하지만 학습자들은 어두운 내포로서 '한'에 대해서만 이해하고 있었으며, 또한 문화권별 문화적인 차이 때문에 학습자들은 '한'을 이해하고 받아들이는 과정이 서로 달랐다. 특히 '한'이 풀릴 수 있는 감정인가에 대해 학습자 간에 인식의 차이가 나타났다. 하지만 발화 [08]에서 터키 학습자는 '한'이 풀릴 수 없는 감정이라고 인식하고 있었으며 이에 발화 [10]에서 인도 학습자는 외부자 시각으로 타문화에 대해 평가하면서 '한이란 완전히 병'이라는 표현을 쓰고 있다.

학습자는 왜 '한'이 한국의 대표적인 정서인지, '한국석인 한'이 지닌 특수성은 무엇인지에 대해 깊이 있게 성찰하지 않고 자문화의 잣대로 타문화에 대해 섣불리 평가하였는데 이는 상호문화 교육에서 지양해야 할 자민족중심주의의 표현이라고 할 수 있다. 물론 풀리기 쉬운 감정이라면 '한'이 되지 않았을 것이지만 '한국적인 한'의 특성은 한(怨·嘆)을 기반으로 하면서도 끊임없이 초극의 과정을 통하여 긍정적 속성(情·願)을 이룩해간다.(천이두, 1993, 33-51) 이 시에서 매서운 유교적인 일부종사의 신념을 지닌 신부도 긴 세월

동안 인고의 시간을 보내면서 '한'을 삭이면서 끊임없는 초극의 과정을 통하여 극복하고자 하였다. 40년 내지 50년 뒤에 신랑의 손길이 닿자 '한'은 풀리면서 여인의 정절이 완성에 이르렀고 이 또한 한국적인 '한'의 특성을 보여주었다고 해석할 수 있을 것이다. 이에 연구자는 '한'에 대해 부정적인 인식을 보여준 터키와 인도에서도 이러한 '한'과 비슷한 개념이 있는지 알아보았다.

41 T: 터키는 왜 한이 있다고 생각해요?

42 D-3: 전쟁도 많았고 심하게 가부장적이라서요. 많은 사람들이 터키가 유럽나라인줄 알고 있는데 아시아 나라예요.

43 T: 그래요? 그럼 인도가 오히려 서양적인 사상을 갖고 있나요?

44 A-3: 좀 달라요. 인도는 철학이 달라요. '한' 같은 건 물론 인간으로서 누구나 가지고 있을 수 있지만 '인도는 가볍게 살아야 되고 즐겁게 살아야 한다.'는 철학이 있기 때문에 인생 넘 진지하게 살면 안 됩니다. 재미가 없어요.

45 T: 그러면 인도 문화에는 '한'과 비슷한 개념이 없는 건가요?

46 A-3: 문화에서 슬픔 같은 개념이 있는데 물론 쓸 수도 있겠지만 제가 봤을 때는 없어요. '한'은 제가 한국에 와서 처음 들어봤어요. 왜 인도에서 그런 개념이 없느냐? 인도에서 성자들이 많이 태어났기 때문에 성자가 태어나기 위해서는 그 땅에 한이 없어야 돼요. 한이 없어야 그 정도 사람이 태어날 수 있어요. 그래서 한이 없어요.

47 T: 그럼 원래는 있을 수가 있는데 성자가 태어났기 때문에 없어졌다는 거예요?

48 A-3: 네, 성자가 있으면 '한'이 있을 수가 없어요.

위의 담화 전사 자료를 살펴보면, 인도 학습자는 발화 【44】와 【46】에서 인도 사상의 철학을 설명하면서 무엇 때문에 '한'이라는 개념이 인도에 없는지를 설명하였다. 이런 상호작용적 의미 구성 과정을 통하여 학습자들은 모국 문화와 결부하여 '한'의 의미에 대해 좀 더 깊이 있게 이해할 수 있었고, 또 각 문화권에서 생각하고 있는 '한'에 대해서도 이야기를 할 수 있는 기회가 주어지게 되었다. 이처럼 학습자 간의 열린 대화는 자연스러운 상호문화 이해를 촉진해 주는 방법이 되기도 했다.

김소월의 시 「초혼」[5]은 '초혼 의식'[6]을 바탕으로 하고 있으며, 죽음에 대한 애통함을 절규한 시이다. 다음은 김소월의 「초혼」에 대한 교사와 학습자 간의 담화 전사 자료인데 학습자가 목표 문화권 텍스트에 반영된 '초혼'이라는 행위 문화를 이해하지 못해 어려움을 겪은 경우이다. '초혼'이라는 어휘는 한자어였기 때문에 인도 학습자 A는 처음에 그 의미를 정확하게 파악하지 못했다. 따라서 하늘과 땅 사이가 무엇을 의미하는지 몰라서 나름대로 철학적 의미를 부여하여 해석을 하였다. 이에 '초혼'의 의미를 알고 있는 중국인 학습자 E는 의문을 제기하면서 그 의미를 확인시켜주고자 학습자 A와 의미 조

---

[5] 이 시는 김소월 저, 권영민 엮음, 『김소월시선집』(문학사상사, 2007, 257-258)의 현대어 표기를 따랐다.
산산이 부서진 이름이여!/허공중에 헤어진 이름이여!/불러도 주인 없는 이름이여!/부르다가 내가 죽을 이름이여!//심중에 남아 있는 말 한 마디는/끝끝내 마저 하지 못하였구나./사랑하던 그 사람이여!/사랑하던 그 사람이여!//붉은 해는 서산 마루에 걸리었다./사슴이의 무리도 슬피 운다./떨어져 나와 앉은 산 위에서/나는 그대의 이름을 부르노라.//설움에 겹도록 부르노라./설움에 겹도록 부르노라./부르는 소리는 비껴가지만/하늘과 땅 사이가 너무 넓구나//선 채로 이 자리에 돌이 되어도/부르다가 내가 죽을 이름이여!/사랑하던 그 사람이여!/사랑하던 그 사람이여!//

[6] 사람이 죽는 것은 혼이 몸을 떠나는 것이라고 믿는 것이 한국의 전통적인 장례 풍속이다. 죽은 사람을 다시 살리고 싶은 간절한 소망을 행동으로 표현한 것이 초혼이다. 그 의식은 보통 사람이 죽은 후에 그가 생에 입었던 저고리를 왼손에 잡고 지붕이나 마당에서 북쪽 방향으로 향하여 이미 죽은 사람의 이름을 세 번 부르는 행위이다. 초혼은 한국 전통적인 풍속에서 떠나간 사람을 다시 돌아오라고 하는 의지를 담는 '부름의 의식'이라고 한다.(양승준·양승국, 1996, 98-99)

정을 시도했다. 하지만 학습자 E가 정확한 의미를 전달했음에도 불구하고 학습자 A는 '초혼 의식'에 대해서 이해할 수 없다는 반응을 보이면서 자문화권의 한 이야기를 상호 관련시켜 해석했다. 학습자가 한 이야기를 살펴보면, 목표 문화의 '초혼'이라는 행위 문화와 완전히 반대되는 의미를 담고 있다는 것을 발견할 수 있다.

01 T: 이 시에서는 무엇을 말하고 있나요?

02 A-3: 이 사람이 실패한 사랑이라든지 아쉬운 사랑이라든지 끝까지 잘 못한 사랑이라든지, 생각할 수가 있어요. 이 사람이 사랑이 없으면 하늘과 땅 사이가 너무 넓다는 건 안 되는 일이라고 생각해요. 이건 너무 큰 말이에요. 하늘과 땅 사이가 실제로 넓을 수도 있고 그렇지 않을 수도 있어요.

03 E-2: 그 사람 죽은 거죠? 초혼은 그 사람의 영혼을 부르는 거잖아요.

04 A-2: 그래요?

05 C-2: 아, 사람이 죽은 후에 정신은 남아있어. 그 혼을 영혼이라고 해요.

06 E-2: 하늘과 땅 그거는 제 생각에는 그 사람 죽었잖아요. 그 사람 하늘에 있고 작가는 땅에 있어요. 거리가 너무 멀어서 아무리 그 사람 이름을 불러도 소용없다는 것 같아요.

07 A-2: 그럼 왜 불러요? 그럼 간단해요. 그 사람 죽었어요. 나랑 헤어졌어요. 그럼 왜 불러요?

08 T: 그럼 인도에서 사람이 죽었을 때 혼을 부르는 행위가 의미가 없다는 뜻인가요?

09 A-3: 인도에 이런 이야기가 있어요. 엄마가 거의 죽어가고 있어요. 가족끼리 다 모이고 같이 다 펑펑 울고 있었는데 아들, 좀 있다가 아들 왔어요. '엄마! 엉엉~' 그러니까 엄마는 '나 방해하

지 말라. 나 지금 죽을 때니까 너 나가라.'라고 했어요.
10 S: 하하!
11 A-3: 인도에서 그런 거 없어요. 죽으면 안 불러요. 죽으면 데려가도 돼요. 죽으면 그 사람이 reincarnation, 어떻게 전도할 수 있는지, 다음 생이 있기 때문에.
12 T: reincarnation은 환생? 다음 생이라는 뜻인가요?
13 A-3: 네, 다음 생이 있을 수 있고 없을 수도 있어요.
14 T: 그럼 부르는 행위가 의미가 없다는 거죠?
15 A-3: 그렇게 말하지 못해요. 의미가 있죠. 제가 개인적으로 말하자면 어떤 사람이 없어요. 그래서 거리가 너무 멀다고 생각하는데, 그 거리 생각하지 말고 인생 새롭게 시작하면 좋다고, 왜 계속 한 만, 한에서 벗어나자고 노력하는 거, 인생에 한 말고도 해야 할 일이 많은데…… 허허……

학습자 A가 발화 【9】에서 말한 인도의 이야기와 김소월의 「초혼」은 문화 간 차이를 보여주는데 인도에서는 불교의 윤회 사상을 갖고 있으며, 다음 생이 있다고 믿기 때문에 죽음에 대해 연연하지 않는 모습을 보인다. 이는 학습자의 발화 【11】에서 잘 나타난다. 따라서 혼을 부르는 행위는 인도 문화권에서는 지극히 생소할 수 있으며, 학습자는 '초혼'이라는 행위 문화에 대해서도 받아들이기 쉽지 않았다. 하지만 이 시의 작가인 김소월의 현실과 죽음에 대한 인식은 불교의 윤회가 없는 유교의 현세주의 그 자체이다. 따라서 현실에서 고통과 좌절에 빠졌을 때 슬픔과 절망을 받아들이고 이를 참고 견디는 삶의 태도를 보인다. 이러한 김소월의 현실과 죽음에 대한 인식은 작품에 그대로 형상화되어 나타나고 있다.

이 담화의 마지막 부분인 발화 【15】를 살펴보면, 학습자는 '한'에 집착하는 작가의 태도를 이해할 수가 없다는 생각을 밝히고 있다. 즉, 학습자는 '자신과 다름'으로 인해 거리감을 느끼고 있었다. 또한 자문화의 잣대로 타문화를 바라보고 있으며 '한에서 벗어나야 한다'는 관점을 가지고 타문화를 평가하는 양상을 나타냈다. 이에 연구자는 학습자의 타문화에 대한 태도를 알아보고자 '초혼 행위를 의미가 없다고 보는가'라는 질문을 던졌다. 다행히 학습자는 문화적 다양성을 인정하고 관용의 태도를 보이면서 '초혼 행위'를 '의미가 있는 것'으로 보았다. 그럼에도 불구하고 학습자는 여전히 자문화의 시각으로 타문화를 바라보고 있으며 자문화와 거리를 두고 자기중심적 인식을 상대화하려는 노력이 부족하였다. 타문화와 자문화를 비교하면서 이해하는 과정에서 대다수 학습자들은 타문화에 대한 감정이입이 부족하였고 자문화중심주의 해석을 하거나 타문화에 대한 단순한 인식에 머물러 있었다.

3) 문화의 보편성과 특수성 이해

모든 현상은 어떤 의미에서 상호 보편성과 특수성을 전제한다. 상호문화적 접근 방식은 다양성·개별성·보편성이라는 세 가지 개념에 기초한다. 문화의 이질성은 보편성 원칙의 인정 위에 성립되고 중요한 것은 타인의 완전한 특수성과 완전한 보편성 사이에서 균형을 찾는 일이다.(Martine Abdallah Pretceille, 2009, 76-77) 각 문화는 나름대로의 문화적 상징들을 지니고 있기 때문에 학습자가 낯선 문화를 접했을 때 그 문화의 특수성을 넘어서 문화의 보편성과 다양성을 이해하는 것은 쉽지 않은 일이다.

김소월의 「접동새」[7]는 어머니 상실 의식으로 대표되는 '한'의 정서와 비애

---

7   이 시는 김소월 저, 권영민 엮음, 『김소월시선집』(문학사상사, 2007, 302-303)의 현대어 표기를 따랐다.
    접동/접동/아우래비 접동//진두강 가람 가에 살던 누나는/진두강 앞마을에/와서 웁니다// 옛날, 우리나라/먼 뒤쪽의/진두강 가람 가에 살던 누나는//의붓어미 시샘에 죽었습니다//누나라고 불러 보랴/오오 불설워/시새움에 몸이 죽은 우리 누나는/죽어서 접동새가 되었습니다//아홉이나 남아 되던 오랩동생을/죽어서도 못 잊어 차마 못 잊어/야

를 잘 표현한 작품이라는 평가를 받고 있다. 오세영에 따르면, 이 시의 서사적 배경은 다음과 같다. 옛날 평북 박천의 진두강가에 한 소녀가 아홉 명의 동생과 아버지 그리고 계모와 살고 있었는데, 계모가 성질이 흉포 잔인하여 전실 10남매를 매일같이 학대하였고, 세월이 지나 그 소녀가 부잣집 도령과 혼약을 하게 되자 계모는 예물들을 빼앗고 그 소녀를 장롱 속에 가두어 불에 태워 죽인다. 그 때 불 탄 잿더미 속에서 접동새 한 마리가 날아간다. 즉, 죽은 소녀가 접동새로 환생하였다. 한편 뒤늦게 이 사실을 안 관청에서 계모를 잡아 소녀를 죽인 방식으로 계모를 처형하였는데 계모는 까마귀가 되어 나왔다고 한다. 접동새가 된 소녀는 죽어서도 계모가 무서워 낮에 나오지를 못하고 남들이 다 자는 야삼경에 조심스럽게 나와 오랍동생들이 자는 창가에서 목 놓아 울었다는 것이다.(오세영, 1998, 36-37)

이 시는 설화를 바탕으로 이야기를 서술하는 식으로 되어있고 그 내용이 그다지 어렵지 않기 때문에 학습자들이 대체적인 의미를 쉽게 이해하였다. 하지만 시적 소재인 '접동새'에 대해 관심을 보였고 학습자들은 '왜 접동새가 되었을까?' '접동새는 무엇을 상징할까?'에 대해 의문을 나타냈다. 학습자들의 개인적 의미 구성 자료를 살펴보면 다음과 같다.

> 의붓어미가 Stepmother? 만약 아버지가 새로운 여자와 결혼했는데 그 여자가 젊었으면 누나를 시샘할 수도 있을 것 같고 누나를 죽였을 수도 있다고 생각하고 내 그린 이야기를 하지 않았을까 그런 생각을 했어요. <u>그래서 접동새가 되었고, 그런데 접동새는 무슨 새인지 모르겠어요. 무언가를 상징하는 것 같아요.</u> -학습자 D-1

> 누나가 죽어서 동생을 못 잊어 밤에 이 산, 저 산 옮겨가면 슬피웁니다. <u>왜 죽고 나서 접동새가 될까?</u> 누나, 동생의 상징은 무엇일까?

삼경 남 다 자는 밤이 깊으면/이 산 저 산 옮아가며 슬피 웁니다//

-학습자 E-1

　한국 문학에서 접동새는 두견, 자규, 촉백, 망제 혼 등 여러 가지 이름으로 불려왔다. 접동새는 두견과 마찬가지로 이승의 억울함을 안고 죽은 원한의 넋 또는 이승에 남겨진 대상에 대한 그리움을 의미한다.(여기현, 2009, 96) 이 시에서의 '접동새'도 이러한 맥락에서 '한'이라는 관념 문화를 표상하는 새이다. 서정주의 「신부」를 읽는 과정에서 이미 '한'에 대해 충분하게 이야기를 주고받았기 때문에 학습자들은 김소월의 「접동새」라는 시도 역시 '한'에 대해 이야기하였다는 점은 어렵지 않게 파악하였다. 하지만 나라별로 접동새가 지니고 있는 문화적인 상징에는 차이가 있기 때문에 학습자들이 시를 받아들이는 태도가 다양하였다.

　다음 전사 자료를 살펴보면, 발화 【01】에서 인도 학습자 A는 이 시가 한국에서 잘 알려져 있는 시인지에 대해 궁금해 하였고, 발화 【30】에서도 이 시가 왜 좋은 시인지에 대해서도 의문을 제기하였다. 교사 및 학습자와의 상호작용 과정에서 그 원인을 알 수 있었는데 그것은 인도에서는 접동새가 '바보새'이기 때문에 문학작품에서 좋은 의미로 쓰일 수 없기 때문이었다. 다음 학습자와 교사 및 동료 학습자와의 담화 전사 자료는 각 문화권에서 접동새의 문화적인 상징적 의미를 잘 보여준다.

01 A-3: 제가 궁금한 건 한국에서 이 시가 잘 알려져 있는 시예요?
02 T: 네, 잘 알려진 시예요.
03 A-3: 신기해요. 허허, 아마 제가 잘 이해 못했기 때문에 신기할 수도 있는데요. 누나가 죽었다. 접동새로 변했고 울고 있다. <u>접동새가 그렇게 우니까 누나가 한이 너무 많고 아직도 한이 풀리지 않았어요. 접동새가 어떤 새예요?</u>
04 T: 뻐꾸기과고 밤에만 나와서 우는 새 있잖아요.

05 F-3: 아! 소쩍새?

06 D-3: 올빼미?

07 T: 네, 맞아요.

08 A-3: 문화적으로 비교하면 인도에서는 시에서 이런 새를 안 써요. 왜냐하면 인도에서는 이 새는 바보새예요.

09 S: 하하!

10 B-3: 어떤 사람이 낮에는 자고 밤에 늦게까지 공부하면 그 사람이 접동새라고 해요. 나쁜 뜻이에요. 그거 좋은 뜻 아니에요.

11 A-3: 어떤 사람이 물건을 사다가 사기 당했어요.

12 D-2: 바가지 씌운 거?

13 A-2: 네, '울루 당했어요.'라고 말해요.

14 T: 울루가 머예요?

15 B-3: 울루가 인도말로 접동새예요.

16 D-3: 터키말도 접동새 웃겨요, Mr Bird라고 해요.

17 T: 허허, 재밌네요.

18 D-3: 그런데 접동새는 터키에서 좀 악운을 의미해요. 집 근처에서 접동새가 울면 안 좋다고 생각해요.

19 E-3: 접동새가 잘 우는 새예요?

20 T: 네, 잘 울죠.

21 E-3: 잘 우는 사람이 불평이 많은 사람이라고 그렇게 말하면, 새도 잘 우는 새가 불만이 많은 한이 많은 새겠죠. 잘 우는 사람이 한이 많은 새겠죠, 이 누나가 다른 새가 아니라 접동새가 되는 것도 아마 한이 많아서겠죠?

22 T: 네, 허허, 접동새는 한국에서 한이 많은 새의 표상이라고 할 수 있어요.

23 D-3: 우리나라에서도 그런 표현, 슬픔이 많은 접동새? 그런 표현이 있어요. 사람이 우울하게 앉아 있으면, 너무 안 좋은 얘기하

		는 사람을 슬픈 올빼미, 슬픔을 주는 올빼미라고 얘기해요.
24	A-3:	이것이 왜 한국에서 좋은 시예요?
25	T:	한국인의 민족적 정서를 표현한 시니까요. 접동새는 한국적인 한을 표상하는 새예요.

　학습자들은 이 시의 내용을 대체적으로 파악하였지만, 각 나라에서 접동새의 문화적인 관념이 다르기 때문에 이해하기가 쉽지 않았다. 따라서 이 시에서의 접동새가 무엇을 나타내는지, 각 나라에서의 접동새의 상징적 의미가 무엇인지를 둘러싸고 학습자 간 및 교사 간의 상호작용이 이루어졌다. 발화 【21】을 살펴보면, 중국인 학습자 E는 접동새가 잘 우는 새이기 때문에 한이 많은 새일 것이고 누나가 접동새로 변한 것 역시 한이 많아서일 것이라고 추론을 하였는데 이처럼 배경지식을 활용하여 추론을 하는 것은 시의 주제를 파악하는 데 많은 도움을 준다. 또한 학습자와의 상호작용 과정에서 터키에서는 접동새가 슬픔이 많은 새이며, 악운을 상징하는 새라는 것을 알 수 있었고, 인도에서는 접동새가 바보새라는 것을 알 수 있었다. 따라서 인도 학습자 A는 이 시가 왜 좋은 시인지에 대해서도 의문을 가질 수밖에 없었다.

　시를 읽는 과정에서 학습자들은 자연스럽게 상호문화적인 시각으로 시적 소재의 자문화와 타문화에서의 차이를 이해하게 되었으며 이러한 차이는 또한 문화의 심층 구조로서의 가치관, 세계관, 사고방식의 차이임을 인정하게 되었다. 학습자들은 문화 간 열린 대화를 통하여 문화는 특수성과 보편성을 지니고 있고 어떤 기준에 의해 우열을 가릴 수 없다는 관점에 이르게 되었고 문화의 상대성에 대해 이해할 수 있게 되었다.

4. 한국어 시 텍스트를 활용한 상호문화 교육 방안

상호문화성 개념에서 문화는 고정되고 동질적이며 폐쇄적인 것으로 간주되거나 동질적인 독립된 단위나 어떤 상태로 주어지는 것이 아니라, 복합성과 가변성의 논리를 바탕으로 한 상호작용 과정으로 인식된다.(이화도, 2011, 175-176) 따라서 상호문화 교육은 특정의 문화 요소를 학습자들에게 전수하는 시각에서 벗어나 학습자가 주체가 되어 교수-학습 활동에 참여하고 타인과 상호작용하면서 자문화와 타문화에 대해 능동적으로 탐구하는 실천 과정이 전제되어야 한다.

이에 본고에서는 문화 주체로서의 학습자들의 역할을 강조하면서 상호문화 능력의 신장이라는 목표를 염두에 두고 '질문 설정을 통한 문화 간 비교 활성화', '상호작용적 과제를 통한 문화 경험의 확대', '성찰일지 쓰기를 통한 문화적 정체성 함양' 등 세 가지 상호문화 교육 방안을 제안하고자 한다.

1) 질문 설정을 통한 문화 간 비교 활성화

교육은 기본적으로 질문과 대화로 이루어진다. 가다머는 질문은 텍스트 앞에 자신을 여는 행위이며, 대화는 질문을 바탕으로 한 끊임없는 해석의 연속이라 보았다.(진권장, 2005, 114) 학습자들은 나름대로 텍스트에 대한 선지식과 스키마를 가지고 있는데 교사는 수업을 시작하기 전에 적절한 질문을 통하여 학습자들의 동기를 유발하고 흥미를 자극하면서 스키마를 활성화시켜야 한다.

효과적인 상호문화 이해가 이루어지기 위해서는 시에 대한 축어적인 이해가 먼저 이루어져야 한다. 윤여탁은 시 교수-학습 과정을 인지주의 단계와 구성주의적 단계로 나누어 설명하면서 인지주의적 단계가 학습자와 시 사이에 존재하는 인지적, 심미적 거리를 좁히는 '이해'의 단계라면, 구성주의 단계는 경험적, 정의적 거리를 좁히는 '감상'의 단계라고 보았다.(윤여탁, 2017, 268-269) 따라서 학습자들의 시 이해를 돕기 위한 질문 사항도 '인지주의 단계'로부터 '정의적인 단계'로 나아갈 수 있도록 설정하는 것이 필요하다. 교사는 우선 학습자들의 시 이해에 도움을 주는 질문들을 설정하여 학습자가 스키마를 활성화하면서 보다 쉽게 시의 전체적인 느낌이나 의미를 파악할 수 있도록 한다. 다음, 학습자들의 경험 구조와 잘 결부하면서 학습자들의 다양한 경험과 감상을 이끌어내는 것이 필요하다.

예를 들면, 서정주의 시 「신부」에 대해 다음과 같은 질문을 설정함으로써 시에 대한 이해와 학습자 경험의 활성화를 도모할 수 있다. 다음 질문은 시의 주제 파악으로부터 시작하여 시적 화자에 대한 이해, 시적 소재 및 시적 상징에 대한 이해로 나아갔으며, 시 텍스트에 대한 축어적인 이해를 기초로 학습자들의 개인적인 경험과 상호텍스트적인 경험을 이끌어 내면서 정의적, 경험적 거리를 좁힐 수 있도록 설정하였다.

▶ 시의 이해 및 스키마 활성화와 관련된 질문
- 신부는 왜 오랜 세월 동안 신랑을 기다렸을까?
- 이 시에서 시적 화자는 누구일까?
- 신부의 절개를 형상화한 소재는 무엇일까?
- 매운 재, 초록 재, 다홍 재는 무엇을 의미하는가?
- 만약 내가 신부라면 나는 신랑을 기다릴 것인가?
- 재가 된 신부를 보는 신랑의 심정이 어땠을까?
- 이 시를 읽고 떠오르는 시, 소설, 영화, 음악 등이 있는가?

시에 대한 축어적인 이해가 이루어졌다면 교사는 학습자로 하여금 시 텍스트에서 체현된 문화 요소에 초점을 두고 문화 간 비교를 활성화하면서 상호문화 이해를 이끌어 낼 수 있도록 유도해야 한다. 한국어 시 텍스트에는 산물, 행위, 관념 문화 등 다양한 문화적 요소가 체현되어 있는데 상호문화 교육의 효율성을 높이기 위해, 교사는 시에 체현된 문화 요소들은 어떤 것들이 있는지, 학습자들의 이해에 어떤 영향을 미칠 수 있는지, 각 문화권별로 어떤 의미를 지니는지 미리 고찰할 필요가 있다.

산물 문화와 행위 문화 요소들은 비교적 다루기 쉽고 직접적인 설명과 그림, 동영상, 영화, 드라마 속의 장면들을 선정하여 직접 학습자들에게 보여주는 방식으로 전수할 수 있다. 하지만 일반적으로 한 집단의 생활양식이나 행동 방식에 깔려 있는 사고방식이나 가치관 등 정신적인 요소를 의미하는 관념 문화는 추상적이고 복합적인 성격을 지니고 있기 때문에 교사의 설명을 통해 전수하기 어렵다. 또한 단편적인 문화 지식을 전수하는 식으로 다루다 보면 학습자들이 목표 문화에 대한 고정관념을 고착화시킬 수 있기 때문에 바람직하지 못하다. 따라서 관념 문화는 지식적 차원을 넘어 기술과 태도적인 측면의 변화를 이끌어낼 수 있도록 단계적이고 순환적인 교수가 필요하다. 상호문화 지식 차원에서는 우선 한국인의 관념 문화를 잘 보여줄 수 있는 영상 자료를 보여줌으로써 학습자가 대체적으로 이해하고 그 감정을 느끼게 하는 것이 필요하다.

상호문화 교육은 자기 자신에 대한 이해로부터 시작하여 타자에 대한 이해로 나아가야 한다. 베스(Besse)는 상호문화의 이해를 돕기 위해 어떠한 문화를 기준이 될 수 있는 '기점 문화'로 삼아야 하는지를 고려하면서 외국 문화보다는 자국 문화를 '기점 문화'로 삼는 것이 더 효율적이라고 본다. 그 이유는 '사람들이 자기 자신을 통해서만 타인을 이해한다', 즉 '사람들은 자기 자신이 잘 알고 있는 자국의 문화를 통해서만 타인을 이해한다'는 것이다.(김은정, 2011, 15) 따라서 상호문화 교육은 학습자들의 문화적 스키마를 활성화하면서 자문화에 대한 인식을 명료화하는 데로부터 시작해야 한다. 이에 본고에서는 자문화의 인식을 명료화하고 타문화와의 비교를 활성화하는 데 도움이 될 수 있는 질문을 설정하여 학습자들의 스키마를 활성화시키고자 하였다.

> ▶ 자문화 인식 및 문화 간 비교 활성화와 관련된 질문
> - 자국에는 어떤 상례가 있는가? '초혼'을 하는 것을 본 적이 있는가?
>   -김소월 「초혼」
> - 망부석 설화에 대해 들어봤는가? 자국에도 망부석 설화가 있는가?
>   -김소월 「초혼」, 서정주 「신부」
> - '한'이란 무엇이라고 생각하는가? '한국적인 한'이란 어떤 특성을 지니고 있는가? -김소월 「초혼」, 「접동새」, 서정주 「신부」
> - 자국에는 의붓어미가 아이를 학대한 이야기가 있는가? -김소월 「접동새」
> - 자국에서 '접동새'는 어떤 의미를 지니는가? -김소월 「접동새」

교사는 이러한 질문 설정을 통해 학습자들이 시의 주제를 이해하고 능동적이고 주체적으로 타문화 지식을 습득할 수 있도록 도움을 줄 수 있다. 목표 문화가 학습자들에게 완전히 생소한 문화일 때에는 매체를 활용하여 학습자들이 쉽게 다가갈 수 있도록 해야 한다. 이를 기초로 '타문화와 자문화 사이에는 어떤 차이가 있는가'에 대해 추가적으로 질문함으로써 자문화와 타문화의 비교를 활성화시킨다. 이 단계에서 학습자들은 타문화에 대한 단순한 인식으로 인해 양문화의 동질성과 이질성을 정확하게 파악하기 어려울 수 있다. 하지만 이 단계는 학습자가 적절한 과제 수행을 통해 상호문화 능력의 신장으로 나아가기 위해 중요한 역할을 한다.

2) 상호작용적 과제 수행을 통한 문화 경험의 확대

상호문화성은 문화의 다양성을 바탕으로 하면서 문화적 융합을 지향하는 것이다. 이를 다른 관점에서 보면 어떻게 다양한 문화 간 열려진 대화와 결

합이 보편적으로 가능할 것인가 하는 실천적 문제로 귀결된다.(박인철, 2010, 134) 다양한 문화가 혼재되어 있는 한국어교실이라는 상황 맥락 안에서 이루어지는 시 읽기는 학습자 개인의 읽기 행위와 다른 특징을 지니고 있다. 한국어교실에는 교사와 학습자, 동료 학습자라는 소통 주체들이 존재하고 교수-학습은 이들의 만남에서 비롯된다. 상호주관적인 관계는 진정한 교수·학습이 일어나는 조건이므로 소통 주체들 간의 관계는 상호주관적으로 설정되어야 한다. 따라서 교수-학습 과정에서 교사는 학습자 간의 상호주관성을 확대할 수 있도록 학습자 개개인의 특성을 살펴, 소집단을 구성해 주어야 하며, 학습자들이 적극성을 가지고 대화에 임할 수 있도록 편안한 교실 분위기와 환경을 마련해 주어야 한다.

토의는 교실 내에서 보편적으로 이루어지는 교수-학습 활동이다. 앞 절에서 여러 나라에서 온 학습자들이 자문화에서의 시적 소재의 상징적 의미에 대해 서로 상호작용하면서 토의하는 담화 자료에 대해 살펴볼 수 있었다. 토의는 자연스럽게 문화 간의 대화로 이끌고 학습자로 하여금 문화의 상대성을 이해하고 다양한 해석을 존중할 수 있게 만든다는 것을 발견할 수 있었다. 하지만 대다수 학습자들은 자문화를 상대화시키고 타문화에 감정이입하면서 자문화를 바라보는 능력이 부족하였다. 따라서 문화 주체들 간의 상호작용은 단지 시 텍스트에 체현된 어떤 문화 요소에 대해 토의하는 것을 넘어서 타문화에 감정이입을 할 수 있는 과제 수행을 통해 문화적 경험을 축적함으로써 실제 문화 간 의사소통 상황에서의 상호문화 실행 능력 신장으로 나아가야 한다.

상호문화 능력에는 타민족의 입장에 서서 배려하고 존중할 수 있는 감정이입이 필요하며 자문화 중심 탈피는 감정이입 능력을 향상시킴으로써 가능하다.(Martine Abdallah Pretceille, 2009, 141) 특히 문학 텍스트 읽기는 다른 설명문 텍스트 읽기와 달리 심미적 읽기를 통하여 독자의 정서적 반응을 유발하는 힘을 가지고 있다. 문학 텍스트는 다른 사람의 사고, 감정, 입장을 이해하고 우리의 감정이입 능력을 형성하는 데에 도움을 준다.(Maddalena De Carlo, 2011, 96) 이에 본고에서는 타문화에 대한 감정이입 능력을 신장하는 데 도움을 줄 수 있는 상호작용적 과제로 구술을 제안하고자 한다.

구술은 이야기를 만들어 내고 이야기를 하는 능력을 말하는데 주체의 인식 측면에서 개인으로 하여금 자기가 그 안에서 자기 자리를 찾을 수 있는 세계를 상상하도록 도와주며 개인적 삶의 구성에도 매우 중요한 역할을 한다.(Maddalena De Carlo, 2011, 115-116) 이때 구술자는 타문화의 텍스트를 기반으로 자신의 직접적 경험을 연관시켜 이야기를 만들어내게 됨으로써 자연스럽게 타문화에 감정이입을 하게 된다. 또한 구술은 이야기를 재미있게 구성하여 전달하고자 하기 때문에 이야기를 전달 받는 청자가 존재하게 된다. 따라서 구술은 대화체의 성격을 지니며, 구술을 통해 이야기를 하는 구술자로서의 학습자와 이야기를 전달받는 청자 및 이야기 속의 화자는 문화 간 소통을 할 수 있는 기회가 주어지게 된다.

교수-학습 과정에서 동료 학습자들은 청자의 입장이 되어 구술자의 이야기를 듣고 공감적·비판적 이해를 할 수 있다. 따라서 구술을 통해 문화 간 열린 대화가 가능해지며 타문화의 시각으로 자문화를 바라볼 수 있게 되는데 이 과정은 상호문화적 태도의 형성에 효과적이라 할 수 있다. 교사는 시에서 체현된 목표 문화를 중심으로 학습자들의 관련된 경험을 이끌어내고 교실 안에서 문화 간 소통을 이루도록 유도해야 한다. 구술 활동 절차는 대체적으로 이야기를 준비하는 단계, 이야기를 들려주는 단계, 구술자와 동료 학습자가 토론을 통해 의견을 나누는 단계로 구분할 수 있다. 본 연구에서 선정한 시에서 체현된 관념 문화인 '한'을 예로, 구술 활동을 제시하면 다음과 같다.

▶ 구술 활동의 절차
(1) 시에서 느껴지는 '한'과 비슷한 감정을 느낀 경험을 떠올리며 이야기를

만들어 봅시다.
(2) 동료 학습자들에게 이야기를 들려주고, 서로의 이야기를 공유해 봅시다.
(3) 동료 학습자들의 이야기와 자신의 이야기는 어떤 차이가 있나요? 동료 학습자와 토의를 통하여 '한'에 대한 이해가 바뀌었다면 이에 대해 이야기해 봅시다.

교사는 학습자가 토의, 구술 등 상호작용적 과제를 수행하는 동안 지속적으로 학습자들의 과제 수행 과정을 살펴보고 조정하며 도움을 주어야 한다. 학습자가 타문화 또는 자문화에 대해 잘못된 진술을 하거나 모호한 진술을 했을 경우, 교사는 학습자가 자기 인식을 명료화할 수 있도록 재진술을 요청할 수 있다. 또한 학습자가 타문화에 대해 정확하게 인지할 수 있도록 여러 시각으로 연속적으로 질문하면서 조정해야 한다.

3) 성찰일지 쓰기를 통한 문화적 정체성 함양

문화적 정체성이란 중요하게 전승되는 어떤 가치와 믿음들의 다발인데 문화적 역동성 상호작용의 형태에 의존하면서 자신을 해석하여, 그 자신의 문화를 변형하려는 노력을 통해 자신의 문화를 부분적으로 구성해 가는 것이다.(김유신·윤상근, 2011, 169-170) 하지만 앞 절에서 학습자들의 상호문화 이해 양상을 살펴본 데 따르면, 학습자들은 외부사 시각으로 자민족중심주의 해석을 하거나 자문화와 타문화를 상대화하면서 문화적 주체가 되어 새로운 문화를 구성하고 정체성을 형성하려는 노력이 부족하였다.

쓰는 것은 누군가에게 자신의 해석을 설명해야 함을 의미하며 설명은 왜 그렇게 생각하는지에 대한 상세한 근거의 제시를 수반하기 마련이다. 또한 표현을 위한 시도들 속에서 항상 타인들에게도 인지될 수 있는 방식으로 그 표현된 바들을 전달하고자 한다는 점(H. Joas, 2002, 146) 때문에 쓰기는 읽기와의 상호보완적인 성격을 수행할 수 있게 된다. 앞서 교실 내에서 소통 주체 간에 상호작용 과제를 실행하는 것을 통하여 상호문화 기술의 신장을 도모했다면 이런 과정은 다시 성찰을 통해 내면화될 필요가 있다. 따라서 본고에서는 성찰일지 쓰기를 통하여 학습자로 하여금 자문화를 성찰하는 동시에 자민족중심주의 사고에서 벗어나 문화적 정체성을 확립하는 방법을 제안하고자 한다.

성찰이란 용어에 대한 관심은 듀이(Dewey)로부터 시작되었다. 그는 성찰을 '기존의 믿음이나 지식에 대한 능동적이고 지속적이며, 주의 깊은 고찰이며 이러한 과정을 통한 깊이 있는 결론(J. Dewey, 1993, 3)이라고 하였다. 또한 메지로우(Mezirow)는 경험을 통하여 우리의 사고가 변화되는 과정을 '관점 전환 학습'이라고 하였고, 자기 성찰이 문제에 대해 비판적으로 접근하는 과정에서 우리의 경험을 해석하고 의미를 부여하는 데 있어 역동적이고 중요한 기능을 한다고 하였다.(J. Mezirow, 1991, 167) 이는 상호문화 교육에도 적용되는데 학습자가 자문화 내지 타문화에 대한 '관점 전환'을 이루려면 우리의 경험을 해석하고 비판적으로 접근하는 성찰의 단계가 필요하다.

성찰일지는 학습자가 스스로 자신의 학습 내용과 과정에 대한 평가를 기록하는 것을 의미한다. 하지만 성찰일지는 일반적인 일지와 달리 학습자가 학습 경험에 대한 성찰과 이해를 표현한다는 점에서 사실적인 기록 이상의 의미를 지닌다. 성찰일지는 일반적으로 오늘 배운 내용이 무엇인지 기술하고, 이해되지 않는 부분이 무엇인지, 어려운 부분을 이해하기 위해 어떻게 해야 할 것인지, 교수-학습 활동에서 부족한 부분이 무엇인지 등 학습 내용과 과정에 대한 성찰을 포함한다. 또한 성찰일지는 형식상 구조화된 성찰일지와 비구조화된 성찰일지로 구분할 수 있는데 본고에서는 효과적인 상호문화 교육을 도모하기 위해 구조화된 성찰일지를 제안하고자 한다.

본고에서는 상호문화 능력의 신장이라는 목표를 고려하면서 상호문화 능력의 지식, 기술, 태도 세 차원을 중심으로 다음과 같이 성찰일지를 설계하고자 한다. 본고에서는 학습자들의 이해를 돕기 위해 성찰일지를 작성하면서 생각할 문제들을 제시해 주었는데 이는 앞서 바이럼(1997)에서 논의된 상호문화 능력의 구성요소들을 참고하여 설정한 것이다. 지식 차원에서는 자문화와 타문화에 대해 무엇을 배웠는지, 어려운 부분은 무엇인지, 자문화와 타문화의 특수성과 보편성은 무엇인지에 대해 성찰해 보도록 한다. 기술 차원에서는 상호문화 의사소통 과제를 실행하면서 타문화에 대한 지식을 적용했는지, 자신과 타문화에 대해 잘 평가하고 해석했는지, 효과적으로 타인과 상호작용하면서 과제를 수행했는지 등을 생각해 보면서 스스로 잘했다고 생각하는 점과 부족한 점이 무엇인지 성찰해 보도록 한다. 태도 차원에서는 자문화중심주의에서 벗어나 타문화를 존중하는 긍정적인 태도가 형성되었는지, 타문화에 대한 태도가 바뀐 것이 있는지에 대해 성찰해 보도록 한다. 이상의 논의에 따라 상호문화 교육에서 활용할 수 있는 성찰일지를 설계하여 표로 제시하면 다음과 같다.

<표 1> 상호문화 성찰일지

성찰 층위	생각 할 문제	이름( ) / 날짜( )
지식	자문화와 타문화에 대해 무엇을 배웠는가? 자문화와 타문화는 어떤 특수성, 보편성을 지니는가? 타문화에 대해 이해하기 어려운 부분은 무엇인가?	
기술	타문화에 대한 새로운 지식을 적용했는가? 자문화와 타문화에 대해 잘 해석하고 평가했는가? 타인과 효과적으로 상호작용하면서 과제를 수행했는가?	
태도	타문화의 가치를 존중할 수 있는가? 타문화에 대한 태도가 바뀐 것이 있는가?	

성찰일지 쓰기를 통하여 학습자는 스스로 학습 과정에 대해 되돌아볼 수

있을 뿐만 아니라 '자문화-타문화-보편문화' 맥락을 형성하면서 문화적 정체성을 재구성해 갈 수 있다. 크람시는 문화 학습의 결과 학습자들이 스스로 만드는 심리적인 공간인 '제3의 장소'[8]에 도달한다고 하였다. 성찰일지를 쓰는 과정은 나와 타자, 자문화와 타문화에 대한 비판적 거리를 얻게 하며 문화 간 차이를 넘어 문화적 정체성을 형성하고 '제3의 장소'에 이르는 데 도움을 준다.

5. 결론

본 연구에서는 한국어 시 텍스트 중에서 문화적 내용을 담고 있는 텍스트를 선정하여 한국어 고급 학습자들이 시 읽기 과정에서의 상호문화 이해 양상을 살펴보고자 하였다. 이를 통해, 시를 활용한 상호문화 교육의 가능성을 확인하고 구체적인 교수-학습 방안을 마련하고자 하였다.

이 연구를 통하여 한국어 학습자들에게 시는 이해하기 쉽지 않은 자료이긴 하지만 적절한 방법을 활용하면 상호문화 교육을 위한 좋은 제재가 될 수 있음을 확인할 수 있었다. 실험에 참여한 학습자들은 텍스트 내에 모르는 어휘가 있더라도 개별 어휘의 의미에 집착하는 것보다 전체적으로 시의 내용을 파악하고자 하였으며, 시적 기교에 대한 이해와 시의 분위기, 풍부한 배경지식을 활용하여 주제를 이끌어 내었다.

본 연구의 시사점은 다음과 같다. 같은 유교문화권에 속한 중국인 학습자와 베트남 학습자들은 한국어 시에서 체현된 문화를 비교적 쉽게 이해하고

---

8 모란(Moran, 2004)에 따르면, 이 제3의 장소란 그들의 고국 문화와 언어도 아니고, 그들이 학습하고 있는 제2문화나 언어도 아니다. 이 제3의 장소에서, 학습자들은 목표 문화 안에서 적절히 효과적으로 참여할 수 있을 뿐만 아니라, 제2문화로부터 '비판적인 거리'를 얻을 수 있다.(P. R. Moran, 2004, 161)

공감하는 양상을 나타냈고, 인도 학습자와 터키 학습자는 상대적으로 받아들이기 어려워하였다. 학습자들은 문화 간 차이로 인해 시의 주제를 파악하지 못하기도 했으며 대체적인 이해를 한 다음에는 타문화와 자문화의 차이를 인식하는 차원에 이르렀지만 자문화의 잣대로 타문화에 대해 섣불리 평가하는 자민족중심주의 해석 양상도 나타났다. 학습자들은 대체로 자문화와 타문화의 차이에 대해 존중하는 태도를 보였으나 자문화를 상대화시키고 타문화에 감정이입하면서 문화적 정체성을 형성하는 단계에는 이르지 못했다. 하지만 서로 이질적인 문화적 배경을 지닌 소통 주체 간의 상호작용 과정이 자연스럽게 문화 간의 대화를 이끌고 학습자들로 하여금 문화의 특수성과 보편성을 이해하게 하고 다양한 해석을 존중할 수 있게 만든다는 것을 발견할 수 있었다.

이에 본 연구에서는 한국어 학습자의 상호문화 능력의 함양을 목표로 지식, 기술, 태도 등 세 차원에서 '질문 설정을 통한 문화 간 비교 활성화', '상호작용적 과제를 통한 문화 경험의 확대', '성찰일지 쓰기를 통한 문화적 정체성 함양' 등 세 가지 상호문화 교육의 방안을 제안하였다.

본 연구는 아직 한국어 교육에서 효과적인 제재로 다루어지지 못하고 있는 시를 활용하여 상호문화 교육의 가능성을 제시하였고, 시 읽기 과정에서의 상호문화 이해 양상을 질적으로 분석하여 시사점을 도출하고 상호문화 교육 방안을 고안하였다는 데서 의의를 지닌다. 하지만 연구에 참여한 학습자 수가 적었고, 세 문화권으로만 구성되었기에 다양한 상호문화 이해 양상을 이끌어내지 못한 한계도 지닌다. 추후 한국어 교육 분야에서 보다 체계적이고 깊이 있는 연구가 지속적으로 이루어지길 기대해 본다.

참고 문헌

1. 자료
김소월 저, 권영민 엮음(2007), 『김소월시선집』, 서울: 문학사상사.
서정주 저, 김화영 엮음(2001), 『서정주 시선집』, 서울: 시와 시학사.

2. 국내외 논저
권오현(1996), 「간문화적 커뮤니케이션으로서의 외국어교육」, 『독어교육』 14, 한국 독어독문학교육학회, 5-51.
김순임(2005), 「이문화간 의사소통 능력의 개념에 대한 고찰」, 『독일언어문학』 29, 한국독일언어문학회, 97-129.
김유신·윤상근(2011), 「문화다원주의, 문화적 정체성, 공약불가능성」, 『대동철학』 57, 대동철학회, 159-183.
김은정(2011), 「상호문화 접근법에 기반한 문화 교육 -프랑스와 한국의 문화 비교 관점에서」, 『프랑스어문교육』, 한국프랑스어문교육학회, 7-34.
김주희(1991), 『문화인류학』, 성신여자대학교출판부.
박인철(2010), 「상호문화성과 윤리 -후설 현상학을 중심으로」, 『철학』 103, 한국철학회, 129-157.
양승준·양승국(1996), 『한국 현대시 400선-1 이해와 감상』, 태학사.
여기현(2009), 「'정과정'의 향유양상과 접동새의 문학적 변용」, 『비교어문연구』 27, 비교어문학회, 89-123.
오세영(1998), 『한국현대시 분석적 읽기』, 고려대학교 출판부.
우한용(1997), 『문학교육과 문화론』, 삼지원.
윤여탁(2017), 「시 교육에서 학습 독자의 경험과 정의에 관한 연구」, 『국어교육연구』 39, 서울대학교 국어교육연구소, 261-287.
윤여탁(2013), 『문화교육이란 무엇인가』, 태학사.
이화도(2011), 「상호문화성에 근거한 다문화교육의 이해」, 『비교교육연구』 21(5), 한국비교교육학회, 171-193.

진권장(2005), 『교수·학습 과정의 재개념화』, 한국방송통신대학교출판부.

천이두(1993), 『한의 구조 연구』, 문학과 지성사.

Abdallah Pretceille, Martine(1999), *L'educaqtion interculturelle*, 장한업 역(2009), 『유럽의 상호문화교육』, 한울.

Brooks, N. H.(1975), "The Analysis of Language and familiar cultures", In Robert Lafayette ed., *The Culture Revolution in Foreign Language Teaching*, Lincolnwood, ILL: National Textbook Company.

Byram, M.(1997), *Teaching and Assessing Intercultural Competence*, Multilingual Matters.

Colle J. and Slater S.(1987), *Literature in the Language Classroom: A Resource Book of Ideas and Activities*, Cambridge University Press.

De Carlo, Maddalena(1998), *l'interculturel*, 장한업 역(2011), 『상호문화 이해하기』, 한울.

Deardorff, D. K.(2004), *The identification and assessment of intercultural competence as a student outcome of international education at institutions of higher education in the United States*, Raleigh: North Carolina State University.

Dewey, J.(1993), *How We Think: A Restatement of the Relation of Reflective Thinking to the Educative Process*, Lexington,MA: D.C. Heath.

Lentricchia, F.(1990), *Critical terms for literary study*, 정정호 외 역(1994), 『문학연구를 위한 비평용어』, 한신문화사.

Hall, E. T.(1959), *The silent Language*, Garden city, New York: Doubleday.

Joas, H.(1992), *(Die)Kreativität des Handelns*, 신진욱 역(2002), 『행위의 창조성』, 서울: 한울.

Mezirow. J.(1991), *Transformative dimensions of adult learning*, San Francisco:Jossey-bass.

Moran, P. R(2001), *Teaching Culture: Perspective in Practice*, HEINLE&HEINLE, 정동빈 외 역(2004), 『문화교육』, 경문사.

Robinson, G.(1985), *Crosscultural Understanding*, New York: Prentice Hall.

Sercu, L.(2004), Assessing intercultural competence, a framework for systematic test development in foreign language education and beyond, *Intercultural Education* Vol.15, No 1.

Stern. S. L.(1991), *An Integrated Approach to Literature in ESL/EFL*, New York: Newbury House.

Tomalin, B., S. & Stempleski.(2001), *Cultural Awareness*, Oxford University Press.

12장 시적 이미지를 활용한 정서 교육 연구

-소외 정서를 중심으로

이명봉 산동여자대학교 한국어과

1. 문제제기

현재 중국 소재 한국어학과의 인재 육성 목표는 과거의 전문적 인재 육성에서 벗어나 복합형 인재 육성으로 전환되었다. 전문적 인재 육성이라는 요구 때문인지 그동안 문학교육은 주로 세 가지 목적에서 진행되어왔다. 문학을 활용한 의사소통 교육과 문학을 통한 한국의 사회 문화 교육, 문학 자체 교육이 바로 그것이다. 문학을 활용한 의사소통 교육은 문학작품을 교수-학습의 제재로 삼아서 말하기/듣기, 읽기/쓰기와 같은 언어 기능을 신장시키는 것이다. 문학을 활용한 사회 문화 교육은 문학작품을 학습함으로써 목표어의 사회 문화를 이해하고, 나아가서는 이와 같은 사회 문화에 적합한 언어를 구사할 수 있는 능력을 기르도록 하는 것이다. 문학 자체 교육은 주로 문학의 실체와 속성에 대해 교수-학습함으로써 문학 능력을 함양하고, 세계문학 속에서 한국 문학의 보편성과 특수성에 대해 이해하는 것을 목적으로 한다.(윤여탁, 2003, 511-512) 이제 한국어학과 인재 육성 목표인 복합형 인재 요구에 부합하도록, 문학교육은 지식 및 기능 교육에 멈추지 않고 인문학적인 정서 교육에도 이바지해야 한다.

본 연구는 인문학적 시각에서 한국 현대시 〈엄마 걱정〉을 활용하여 중국인 학습자에게 정서 교육을 하는 데 목적을 둔다. 특히 〈엄마 걱정〉은 '어머니'라는 인류 보편적인 존재에 대한 애틋함이 잘 드러난 작품으로서 인류 보편적인 정서를 함유하고 있다고 널리 인정받는 작품 중 하나이다. 이 시는 '어머니'를 비롯한 가족에 대한 사랑이 많이 담긴 중국 고전인 《시경》에 익숙한 중국인 학습자에게 더욱 효과적으로 이해될 수 있을 것이다.

그런데 이 시를 쓴 기형도의 시 의식의 근저에는 바로 '소외'도 존재한다. 소외란 인류 보편적인 정서로 사람은 누구나 언제나 소외 문제를 만날 수 있다. 특히 근대에 들어와 산업화, 도시화 발전에 따른 인간 소외 문제는 심각해졌다. 이에 따라 문학작품에서도 소외 문제를 많이 다루게 되었다. 또한 소외는 개인 내면적인 문제만이 아니라 세계와의 소통 문제이기도 하다. 그리고 소외를 극복하는 방법이 사랑이다. 본 연구는 인류의 가장 보편적인 정서 중 하나인 '소외'를 임의로 선정하여 한국 현대시를 활용한 정서 교육을 살펴보고자 한다.

2. 시적 이미지를 활용한 정서 교육의 이론적 바탕

2) 정서 교육의 필요성

한국어 교육에서 정서 교육의 필요성을 논의하기 전에 우선 북경대학교 한국어학과의 양성 목표와 교육 목표를 살펴보고자 한다. 중국 각 대학교 한국어학과의 양성 목표와 교육 목표는 서로 공유하고 있는 지점을 지니는 것으로 보인다. 그 중 중국 최고 수준의 국립대로서 다른 대학을 선도하는 북경대학교를 대표 사례로 소개하고자 한다.

양성 목표: 조선(한국)언어문화학과는 외교, 국제무역, 국제문화교류, 외국기업관리, 언론, 출판, 외국어 교수-학습 및 외국 문제 연구 등 여러 분야에서 활동할 수 있는, 덕과 재능을 겸비한 복합형 전문 인재를 양성하는 것을 목표로 한다.

교육 목표: 조선(한국)어문학 기초 지식을 가지며, 해당 분야에서 활동할 수 있도록 필요한 듣기, 말하기, 쓰기, 읽기, 번역하기 기능을 신장한다. 한국의 사회, 역사, 문화, 외교, 정치, 경제 현황 등에 관한 비교적 폭넓은 이해를 가지며, 중국과 세계 문화에 관한 해박한 지식을 안다. 국가 4급 영어 시험을 통과할 수 있는 영어 실력을 갖춰야 하고, 비교적 좋은 중국어 수준과 표현 능력을 갖춰야 한다. 또한 독립적인 학습 능력과 초보적 연구 능력 및 각종 사회 직업에 잘 적응할 수 있는 능력을 갖춘다.[1]

상기한 북경 대학교 조선(한국)언어문화학과의 양성 목표를 보면, 여러 분야에서 활동할 수 있는, 덕과 재능을 겸비한 복합형 전문 인재를 양성하는 것으로 되어 있다. 한국(조선)언어문화학의 전문적 인재 육성만이 아니라 이

---

1 韩国(朝鲜)语言文化系旨在培养能从事外教, 外贸, 国际文化交流, 涉外企业管理, 新闻, 出版, 外语教学和外国问题研究等工作的德才兼备的复合型专门人才。要求学生扎实掌握朝鲜(韩国)语言文学基础知识和能胜任实际工作的听, 说, 读, 写, 译技能, 对韩国, 朝鲜的社会, 历史, 文化, 外交以及政治, 经济现状等有较广泛的了解, 对中国和世界文化有比较广博的知识, 英语水平达到四级, 具有良好的汉语水平和表达能力, 具备独立学习的能力, 初步的研究能力以及较好适应不同社会职业需要的能力。2009年北京大学韩国(朝鲜)语言文化系培养目标(남연, 2009, 193-194)

제 한국어 교육은 복합형 인재 육성을 목표로 하는 것이다. 복합형 인재란 완벽하고 시스템이 있는 간(間)학과적인 전공지식 및 능력을 가지며 여러 분야의 일을 담당할 수 있는 인재를 말한다. 구체적으로 복합형 인재는 아래와 같은 세 가지 방면의 지식과 능력을 갖추어야 한다.

(1) 지식 측면

외국어 전공 복합형 인재는 2개 이상의 전공이나 학과 지식을 가져야 한다. 그런데 지식을 단순히 더하는 것이 아니라 여러 학과의 지식을 전환하거나 융합할 줄 알아야 한다. 즉, 원래 지니고 있던 지식을 뛰어넘어 융합을 달성하는 것이다. 이를 위해 우선 대학교 교육에서 기초가 견실하도록 하여 박학다식한 인재를 양성해야 한다.

(2) 능력 측면

대학교 교육에서 외국어 복합형 인재는 자신이 가지고 있는 강력한 지식 시스템을 효과적으로 운용하여, 마주치는 문제들을 창의적으로 해결할 수 있다. 예를 들어, 통찰력, 분석, 사고, 조직, 결단, 해결, 교제 능력을 포함한다. 창조는 한 민족의 영혼이다. 창조가 없다면 발전이 없다. 복합적인 지식 시스템을 원활히 운용하여 창조적 잠재력을 불러일으키는 것이 외국어 전공에 있어서의 복합형 인재에 관한 중요 지표가 된다.

(3) 사상 측면

새로운 시대의 복합형 인재가 되기 위해서는 건전한 심리, 높은 지능지수와 감성지수, 건전한 인격, 높은 도덕, 숭고한 사상, 강한 사회적 책임감, 자신 있고 활달하며 긍정적인 인생관, 불굴의 도전 정신과 모험 정신을 가져야 한다. 그리고 진선미(眞善美)를 숭상하고, 세계와 인류와 나라를 사랑해야 한다. 대학교육에서 무엇보다도 소양이 높은 인재를 양성해야 한다.[2]

복합형 인재는 단순히 인지적으로 외국어 능력이 뛰어날 뿐만 아니라 정의적으로도 높은 소양을 가진 사람이다. 따라서 이처럼 요구되는 외국어 복합형 인재 요구에 부응하기 위하여 우리는 정서 교육에 주목해야 한다.

정서 교육은 도덕교육에도 중요하다. 도덕교육에서는 인지·정서·실천 영역의 조화를 통해 바람직한 인격을 기르고자 한다. 그 중 정서는 인지와 뚜렷하게 구별되기보다 인지를 보완함으로써 올바른 인격을 위한 도덕적 실천의 가교 역할을 한다는 점에서 중요하다. 구체적으로 도덕에서 정서 교육이 중요한 이유는 두 가지이다. 하나는 개인의 욕구·감정·정서가 표현되어 타인에게 영향을 주는 순간 그것이 관계성을 띠면서 도덕적 문제와 연계되기 때문이고, 다른 하나는 인간다움의 본질이 감정·정서에 있다고 볼 때 정서 교육을 통한 인간다움 교육은 인지와 행동을 연계하는 것 이상의 의미를 지니기 때문이다.(장승희, 2010, 166) 정서 교육은 본질적으로 도덕교육이기에 정서

---

[2] 复合型人才指具备完整而系统的跨学科专业知识与能力, 可胜任多个领域的人才.具体来说, 复合型人才包括以下三个方面的知识与能力。
一, 知识层面
外语专业复合型人才要熟练掌握至少两门的专业或学科知识.但不是知识的简单叠加, 原始积累, 而是对多学科知识的转换和交融, 实现原有知识的超越, 实现知识融会贯通.在大学教育中, 要培养基础扎实, 知识渊博的人才。
二, 能力层面
在大学教育中, 外语专业复合型人才能运用所拥有的强大知识体系, 创造性地解决所遇到的问题。包括：洞察能力, 分析, 思考, 组织, 决策, 解决, 交际能力.创新是一个民族的灵魂, 没有创新, 就没有发展。自如地运用复合知识体系, 激发创新潜能, 是外语专业复合型人才的重要指标。
三, 思想层面
作为新世纪的复合型人才需要心理健全, 需要智商.情商综合指数高, 需要健全的人格, 高尚的道德, 崇高的思想, 强烈的社会责任感, 自信豁达乐观的人生观, 不屈不挠的意志品质, 风险的精神, 需要崇尚真善美, 热爱世界, 热爱人类, 热爱祖国.在大学教育中, 要培养素质高尚的人才。(单畅·王永胜, 2013, 142)

교육을 하는 것이 중요하다.

　인간의 정서 중에서 소외라는 정서는 인류 보편적인 문제이다. 카프만(W. Kaufamman)에 따르면 소외는 좋건 싫건 인간 존재의 가장 중요한 특징의 하나(임세진, 2011, 230)이다. 특히 근대 이후 자본주의 발전에 따른 사회적 모순으로 인간 소외 문제가 심화되었다. 인간 존재와 인간 소외에 대한 탐구는 문학작품의 핵심 문제가 되었다.

　인간은 누구나 언제나 소외 문제를 부딪칠 수 있다. 소외는 본질적으로 고립된 존재의 상황을 뜻한다. 가까운 사람들로부터, 그리고 자기 자신으로부터 떨어져 나온 자는 대부분의 사람들이 자신의 상황을 무덤덤하게 지나치는 고통에 빠지게 된다. 그러한 고통은 존재의 내부에서 다만 인식이나 관념으로 머무는 것이 아니라 특수한 정념, 감각, 느낌, 정서 등을 촉발하는 요인이 된다. 소외된 자는 그 소외의 상황을 어떤 특수한 감각으로 체감하며 동시에 어떤 특수한 정념으로 전이시켜간다. 소외는 분노와 외로움, 우울, 위축감, 좌절, 절망 등을 낳는 원천이다.(엄경희, 2015, 357) 소외를 주제로 하는 시의 정서 교육에서 학습자는 이와 같은 소외 문제를 통하여 자기 자신을 성찰하고 타자와의 소통을 원활히 할 수 있다.

　한편 이와 같은 소외를 극복하는 것은 바로 사랑이다. 프롬에게 있어서 사랑이란 분리된 것을 결합하고, 소외를 극복하는 것이다. 참다운 사랑은 진보적인 결합을 뜻하는데, 이러한 진보적 사랑은 세계와 자기 동료와 다시 결합하려는 인간의 깊은 욕구에서 생긴다. 사랑은 '자기 자신의 완전성과 거리감을 유지하는 조건 아래' 자기 이외의 어떤 사람이나 어떤 것과 '결합하는 것'이다. 인간은 사랑으로서 타인과 관련지을 때만 다른 사람과 일체감을 느끼고 동시에 자신의 통합성을 유지할 수 있다.(김정신, 2011, 191) 인간의 소외는 결국 사랑으로 극복할 수 있는 것이다. 소외를 주제로 하는 시의 정서 교육에서 학습자는 시에서 표현하는 소외를 체험하고 최종적으로 사랑이라는 것에 대해 깨닫게 될 수 있다.

2) 공자의 시교육관

　중국의 경우 역사적으로 아주 오래전부터 시(詩) 교육을 중시하였다. 중국의 고대 사상가이자 교육가인 공자는 '시에서 흥기시키며, 예에 서며, 악에서 완성한다'[3]고 하였다. 이 대목은 공자의 교육 사상이 잘 드러나고 있다. 그리고 그는 시교육에 대하여 구체적으로 언급한 바가 있다. 그에 따르면 '그대들은 어찌 시를 배우지 아니하는가? 시는 사람의 감응[興]을 돋우고 사물을 올바로 보게 하며, 여러 사람과 잘 어울릴 수 있게 하며, 은근히 불평을 할 수 있게도 한다. 가깝게는 어버이를 섬기고 멀리는 임금을 섬길 줄 알게 하며, 새나 짐승, 돌, 나무의 이름을 많이 알게 한다'고 하였다.[4] 송대 성리학자 주희(朱熹)는 전술한 '사람의 감응'인 흥(興)에 대하여 자세하게 해석한 바가 있다. 그에 따르면 '흥은 흥기하는 것이다. 시는 성장에 바탕을 삼는 것으로서 사악한 것도 있고, 올바른 것도 있다. 그 말한 것이 이미 알기 쉬운데, 그 읊는 사이에 억양과 반복하는 것이 있어서 사람을 감동시키는 것 또한 쉽게 전달된다. 그러므로 배우는 이는 처음에 그것의 선한 것을 좋아하고 악한 것을 싫어하는 마음이 일어나게 되는데, 스스로 그만두지 못하는 것은 반드시 이 시 때문에 그렇게 되는 것이다.'[5] 즉 시는 사람의 정서를 계발하고 감화시킬 수 있다. 〈시경〉의 구절들은 인간의 성정(性情)을 바로 잡아 사악한 생각이 일어나지 않게 한다'[6]라고 하는 공자의 말에 따르면, 시를 통하여 정서를 일으키고 최종적으로 사람이 사악한 생각이 없게 된다. 따라서 시는 정서 교

3　'兴于诗, 立于礼, 成于乐', (孔子, 『论语』)

4　'小子何莫学乎诗？诗, 可以兴, 可以观, 可以群, 可以怨, 迩之事父, 远之事君, 多识于鸟兽草木之名.' (孔子, 『论语·阳货』)

5　'诗, 可以兴'的意思是说'兴, 起也, 诗本性情, 有邪有正, 其为言, 既易知, 而吟咏之间, 抑扬反覆, 其感人又易入, 故学者之初, 所以兴起其好善恶恶之心而不能自已者, 比于此而得之.' (朱熹, 〈四书集注〉; 문승용, 2008, 89)

6　'诗三百, 一言以蔽之, 曰思无邪', (孔子, 『论语』)

육의 중요한 수단이자 방법으로 인식되고 있음을 알 수 있다.

시 교육은 학습자들이 내적으로 자기이해를 하고 외적으로 세계 인식을 하게 한다. 즉 '수기치인(修己治人)'이다. 자기이해는 과정의 성격을 가진다. 우선 시 교육은 자기이해를 추진한다. 자기이해란 우선 자신의 주관성(subjectivity)을 의식하는 것이다. 자신과 타인에 의해 일반적으로 인정되는 자신을 넘어 자기 스스로에 의해 규정되고 제약받는 자신을 확인하는 과정이다. 주관성은 개인의 내부에 있는 것, 삶을 살아감으로써 얻어지는 것, 개인에게 주어지고, 개인이 선택함으로써 개인 안에 남겨지는 것, 개인이 두려워하고 꿈꾸고 열망하는 것들과 관련 있는 무엇이다. 둘째, 자기이해란 자기-자기 관계의 확립이다. 의식된 자신의 주관성을 어떻게 이해하는가의 문제이다. 셋째, 자기이해는 자연과 세계, 타자와 같은 자기 외부를 이해하는 틀을 결정한다. 개인이 속한 개인의 외부, 즉 세계, 역사, 문화, 자연 등은 개인을 조건화하고 구성한다. 또한 개개인은 그것을 구성하는 부분이기도 하다. 따라서 자신을 이해하는 것과 세계를 이해하는 것은 상호보완적이며 상호구성적이다.(김성신, 2017, 4-5) 자기 자신을 이해하는 것에는 세계에 대한 이해를 필요로 한다. 인간이란 길 위의 존재, 미완의 존재로 태어나 끊임없이 세계를 인식하면서 성장해 가는 존재이다. 언어로 표현하는 타자의 세계인 시를 통해서, 학습자는 내적으로 자기 자신을 더 잘 이해할 수 있게 된다.

3) 이미지와 정서 교육

이미지는 시에 있어서 운율과 함께 두 가지 핵심적인 요소이다. 시인은 사물(대상)과 교감을 하면서 사물 속에 은폐되어 있는 존재를 파악하여 시를 통해 드러내고, 우리들(독자들)과 작품을 통해 교감하여 존재를 파악하게 한다. 시에서 이러한 교감이 가능하도록 만드는 것은 시적 이미지의 작용이다.(하상협, 2010, 247) 따라서 시는 결국 이미지를 통하여 인식되는데, 이미지는 단순히 피동적이고 감각적인 재현이 아니라 능동적인 의미를 가진다.

이미지[心象, 影像]는 '마음속에 언어로 그린 그림'(mental picture, word picture)으로 정의된다. 시의 이미지는 표현상에서 추상적이고 관념적인 것을 구체화함으로써 내용을 보다 선명하게 인식하고 시적 상황을 암시하여 독자의 정서적 반응을 유발시키는 기능을 갖고 있다. 넓은 의미에 있어서 이미지는 비유 언어이고, 표현상에 있어서 추상적인 것을 구체화시키는 한 방법이다.(김영철, 1995, 146-147) 시인은 이미지를 통하여 의미를 전달하고 자신의 정서를 형상화시킨다.

이미지는 대상을 그대로 전달하는 것이 아니라 창조적으로 전달한다. 이미지는 대상의, 세계의, 실재의 복사가 아니라 대상, 실재, 세계를 그 이미지를 통하여 볼 수 있게 하는 또 하나의 능동적 주체가 된다. 이러한 입장에서 볼 때 예술가란 외부의 사물을 모방하는 사람이 아니라, 우리의 경험 속에서는 접할 수 없었던 이상적이고 본원적인 형태로 그 사물을 복원하는 사람이며, 따라서 예술은 미리 존재하고 있는 형태를 복사한 것이 아니라, 비가시적인 상태에 머물러 있던 것에 처음으로 얼굴과 형태를 부여한 것이 된다. 그렇게 될 때, 실제의 사물(대상, 모델)은 어떤 의미에서는 그것의 복사인 이미지보다 근원적인 것으로부터 멀리 떨어진 범상한 존재일 수도 있다.(유평근·진형준, 2001, 98) 이미지는 창조적으로 대상을 표현할 뿐만 아니라 동태적으로 변화하고 진화해나가는 것이다. 이는 시 읽기 과정에서 독자와 이미지의 상호작용과 관련된다.

시 읽기는 학습 독자가 이미지와 상호작용을 통하여 정서를 형성하는 과정이다. 시 읽기에서 독자의 정서는 '주체의 내면에서 독립적으로 형성되는 결과물'이 아니라 '이미지로서의 대상과 맺는 관계'이다.(민재원, 2012, 265) 학습 독자의 정서는 정태적인 것이 아니라 이미지와 서로 상호작용하는 일련의 동태적인 과정이다. 결국 학습 독자는 이미지를 통하여 시에서 형상화된 정서를 체험하고 형성한다. 따라서 시에 나온 이미지들을 통하여 정서 교육을 하는 것이 바람직하다.

3. 시적 이미지를 활용한 정서 교육의 실제

1) 시적 이미지를 활용한 정서 교육의 대화주의적 접근

교실에서의 학습은 주로 대화로 진행된다. 공자도 대화 교육을 중요시하며 계속 대화 교육을 실행하였다. 공자의 대화 교육은 그리스 철학자 소크라테스의 문답법보다 더 고전적인 것으로서, 소크라테스보다도 100여 년 정도 앞서 동양에서 이미 시행되고 있었다. 공자의 제자 교육은 대부분이 대화에 의한 교육이었으며, 그 방법은 대체로 질의응답과 문답법 및 비유법 등이었다. 제자들과 함께 학습 공동체인 공자학원에서 구체적 상황을 배경으로 이루어지는 인격적인 대화 교육은, 사제지간의 따사로운 정과 긴밀한 유대를 느끼게 하는 인간화 과정이었다. 그리고 이때 공자는 항상 문자들과 동지였고 다정한 친구 사이였다.(鄭瑽, 1980, 64) 즉, 공자의 교육관에 있어서 대화란 인격 완성과 참된 지식을 획득하는 방법이었던 것이다.

교실에서의 대화에는 여러 가지가 있는데 학습자와 텍스트의 대화, 학습자들 간의 대화, 학습자와 교사 등 전문가와의 대화가 그것이다. 우선 학습자와 텍스트의 대화는 학습자 내면에서 일어나는 내적 대화이다. 시를 읽으면서 독자 내면에서 이루어지는 대화는 현대시를 읽는 순간에 내적 자아들 간에 이루어지는 내적 대화의 형태를 띤다. '내적 대화'란 시 텍스트를 읽는 과정에서 독자의 내면에서 이루어지는 다양한 시적 사고들 간의 대화를 말한다. 학습자들 간의 대화는 현실적 독자들 사이에서 이루어지는 횡적 대화의 형태를 띤다. 이것은 내적 대화를 통한 독자 개인의 시 텍스트 읽기가 얼마나 타당한 것인지 다른 사람들을 설득하는 것이면서도 동시에 자신의 시적 사유를 공개하고 타인의 사유와 동등하면서도 횡적인 대화를 통해 시적 사유의 폭을 넓히고 조정하는 과정이다. 교사 등 전문가와 학생 사이에 이루어지는 대화는 전문적 중개자로서의 교사와 학습자 사이, 다시 말하면, 이상적 독자와 현실적 독자 사이에 이루어지는 종적 대화라는 특성을 지닌다.(최미숙, 2006, 235-243)

그런데 횡적 대화는 교사와 학습자 간의 대화에만 한정되는 것이 아니라 바로 고급 독자인 비평가와의 대화도 포함되어 있다. 비평 텍스트는 전문 독자인 비평가의 생산물로서 시 텍스트를 보다 깊게 해석할 수 있게 돕는다. 로젠블렛은 다른 사람들이 텍스트에 대해서 생각하는 것을 앎으로써 자기 자신과의 관계에 대한 통찰력을 엄청나게 증가시킬 수 있다고 주장하였다. 또한 다른 독자들 중에서 지식이나 통찰력, 그리고 감수성이 가장 뛰어난 사람이 비평가라고 제시하였다. 텍스트에 의해서 감동을 받거나 혼란스러움을 느끼는 독자는 종종 그것에 관해서 이야기하고, 의견을 분명하게 하며, 그 작품에 관한 자기의 감각을 결정화하고 싶은 충동을 드러낸다. 독자는 다른 사람의 견해를 듣고 싶어 한다. 이러한 상호 교환을 통해서 독자는 다른 기질, 문학적 경험, 인생 경험을 텍스트에 가져오는 사람들이 어떻게 텍스트와 아주 다른 상호 교환에 참여하는지 알 수 있다. 뿐만 아니라 로젠블렛은 독자 간 상호 소통을 통하여 서로 생각이 비슷할 때 자신의 주장을 강화할 수 있고 독자가 간과했거나 경시했던 단어, 구, 심상, 장면들에 참여하도록 서로를 도울 수 있으며, 텍스트를 다시 읽고 자신의 해석을 수정하도록 지도 받을 수도 있다고 제시하였다. 그리고 텍스트에 대한 접근법, 명백한 문학적 내용을 다루는 접근법부터 문학적 재현에 대한 프로이드적 접근까지 다양한 해석 방식을 얻을 수 있다고 밝혔다.(L. M. Rosenblatt, 2008, 253-255) 학습자는 문학 능력이 높은 비평가의 생산물인 비평 텍스트와의 횡적 대화에서 시를 더 깊게 읽을 수 있다.

2) 현대시를 활용한 정서 교육의 설계

(1) 〈엄마 걱정〉를 선정한 이유

전술하였던 공자의 시교육관에 따르면 사람의 정서를 함양할 수 있는 것이 바로 《시경》이었다. 그런데 《시경》에는 〈소아(小雅) 요아(蓼莪)편〉과 같이 어머니와 아버지에 대한 효심과 염려를 순수하게 드러내고 있는 작품들이 많다. 즉 인간이 태어나면서 최초로 속하게 되는 사회인 가정에서 일차적 관계를 어떻게 맺을지에 대한 도덕적인 가치판단과 정서가 시에 풍부하게 녹아들어 있는 것이다. 그리고 《시경》에 등장하는 다양한 감각적 이미지들 또한 중국인들의 근간을 이루는 일종의 근본적 심상으로서 작동하고 있다.

이와 같이 《시경》의 내용을 문화적 토대로 지니고 있는 중국인들에게 정서 교육의 교재로써 좋은 시가 바로 기형도의 〈엄마 걱정〉이다. 이 시는 한국어라는 목적어의 사회문화적 배경을 잘 알려주는 역할을 하면서도, 동시에 가난하고 어려웠던 시절을 회상하면서 '어머니'에 대한 애타는 그리움 및 시적 화자의 소외 정서를 시적 이미지들을 통해 섬세하게 구사하고 있는 작품이기도 하다. 따라서 중국인 학습자들에게 심정적 접근성이 뛰어나다고 보인다. 이에 본 연구는 이 작품을 예로 들어 정서 교육을 구성해보고자 한다.

그런데 김현에 따르면 기형도의 시는 '닫힌 빈 방의 체험'이다. 즉 기형도의 시 의식은 소외를 바탕으로 한다. 그의 소외의식은 그가 생활했던 시대적 배경에서 이유를 찾을 수 있다. 기형도가 활동하던 80년대는 급격한 산업화로 경제 성장이 이루어졌지만, 분배의 불균형으로 계층 간의 경제적 편차가 심화되던 시기였고, 군사정권의 연장선상에서 신군부에 의해 또 다른 폭압 정치의 암흑기가 전개되던 시기였다. 이와 같은 전제주의적인 정치 상황에서 시인들은 결코 시대에서 자유로울 수 없었기에, 시대의 구속과 억압성을 어떤 방식으로도 드러내기 마련이다. 기형도는 시 속에서 개인사적 체험과 고통을 사회사적 모순의 연결 고리를 통해 드러내고 있다. 기형도는 자신이 겪는 개인적 가난과 죽음 체험을 통하여 부조리한 사회의 구조적 모순을 투영하고 있는 것이다. 신군부에 의한 통제와 탄압, 경제적 궁핍과 불균형으로 야기된 민중의 소외는 80년대를 관통하는 공적인 정서였다. 기형도는 이러한 소외를 시로 표현함으로써 80년대적인 민중 형식의 탐색에 동참하고 있다. 그의 시에는 존재론적 측면과 사회학적 측면에서의 소외의식이 모두 드러나고 있다. 소외의 원인을 자본주의로 바라보고 있는 사회학적 관점에서 기형도의 시는 가난과 사회적 약자의 억압된 모습을 그리고 있고, 시적 자아가 자신의 삶 자체에 대한 환멸을 느끼며 자기 소외를 겪게 되는 내적 갈등을 존재론적 측면에서 파악한다.(임세진, 2011, 227-231) 기형도는 그의 시를 통하여 소외의식을 철저히 표현하는 '소외'의 시인이라고 할 수 있다.

　기형도의 〈엄마 걱정〉은 서정시[7]로서 그의 소외 의식을 전형적으로 드러내고 있다. 소외에는 여러 가지가 있는데, 〈엄마 걱정〉은 주로 가정으로의 소외를 표현하고 있다. 이러한 유형의 소외는 사람, 특히 아이에게 제일 큰 영향을 미친다. 인간은 태어나면서부터 일생 동안 타인들과의 정서적 지지와 유대를 필요로 한다. 이러한 친밀감이나 소속감과 같은 정서적인 욕구는 인간의 존재를 가능하게 하는 필수적인 조건으로 인식된다. 그런데 최초로 속하게 되는 사회인 가정에서 정서적 욕구가 좌절될 경우, 인간은 무력감, 규범 상실, 사회적 고립과 같은 소외감을 느끼게 된다. 가정에서의 소외감은 더 나아가 개인이 가정 밖의 사회를 인식하고 적응하는 데 영향을 미친다. 가정 내에서 가족과의 상호작용을 통해 사회적 상호작용에 적응하는 방법을 배우기 때문이다.(한용희, 2009, 13) 〈엄마 걱정〉에서는 시적 화자가 가정으로부터

---

[7] 서정시라는 용어는 두 가지 개념을 포함한다. 하나는 장르의 개념으로 사용되고 있는 경우이고, 다른 하나는 특별히 서정적 경향이 강화되어 있는 경우이다. 여기서 서정시는 두 번째 의미를 강조한다.(김준오, 1997, 19)

의 소외가 표면화되고 있다. 따라서 이 작품은 시인이 표현하고자 몰두했던 '소외'라는 인류 보편적인 정서까지도 중국인 학습자들에게 정서 교육을 할 수 있다는 장점을 지닌다.

2) 〈엄마 걱정〉를 활용한 정서 교육의 설계

〈엄마 걱정〉을 활용한 정서 교육에서 학습자는 학습의 주체이고 교사는 인도자이자 조직하는 사람이다. 이 정서 교육은 주로 대화로 진행되며, 대체로 학습자의 학습 단계에 따라 시 텍스트와 내적 대화 단계, 비평 텍스트와 종적 대화 단계, 학습자들 간의 횡적 대화 단계로 구분된다.

1단계: 〈엄마 걱정〉 텍스트와 내적 대화를 통한 소외의식 체험

이 단계에서 학습자는 우선 주체적이고 능동적으로 시 텍스트 〈엄마 걱정〉을 읽는다. 학습자는 시 텍스트에서 나온 이미지들을 통하여 시적 의미를 해석하고 시적 정서를 체험한다. 슈타이거는 서정시에 수용되는 정서를 크게 서정적 정서와 파토스적 정서로 구분하였다. 서정적 정서가 조화와 균형을 추구하는 정서이고 파토스적 정서는 극적 격정을 추구하는 정서이다.(E. Steiger, 1978, 207-212) 〈엄마 걱정〉은 조화 균형을 추구하는 정서를 표현하는 것이 아니라 극적 격정을 추구하는 파토스적 정서를 표현한다. 이러한 정서 체험을 위하여 학습자들이 〈엄마 걱정〉에 어떤 이미지들이 있는지, 어떻게 소외의식을 표현하고 있는지를 파악하게 한다.

학습자들이 스스로 〈엄마 걱정〉을 읽을 때 소외에 주목하도록 교사가 아래와 같은 초점 문제를 제시할 수 있다.

> 소외구조의 현재적 상황에서는 (1) 〈누가 소외〉되며, (2) 구체적으로 나타난 〈소외의 양상〉은 무엇인가라는 점이다. 둘째로는 소외되지

않는 원래상황에서의 (3) 〈무엇으로부터 소외〉되었으며, 소외되지 않은 상태에서 소외된 상태로 옮겨가는 과정에서의 (4) 〈소외의 원인이나 매개〉가 무엇이냐 하는 점이다. 셋째로는 현대적 상황에서 소외가 극복된 상황으로 옮겨가는 과정에서의 (5) 〈소외의 극복을 위한 수단과 방법〉이 무엇이며, 마침내 (6) 〈소외가 극복된 상황의 모습〉이 어떤 것이냐 하는 점이다.(정문길, 1978, 214)

학습자는 위에 제시한 내용을 바탕으로 시 텍스트를 읽는다. 〈엄마 걱정〉의 공간은 '방'이다. 방의 이미지는 인간에게 있어서 '집'이라는 삶의 중심이자 실존의 근원이기도 하다. 일반적인 경우, 집은 가옥, 가족, 가정의 어느 하나를 지칭하거나 그 의미가 결합되어 있는 다의어로 기능한다.(심재휘, 2012, 193) 원래 방은 인간에게 따뜻하고 안전한 삶의 터전이다. 그러나 〈엄마 걱정〉에서는 춥고 외로운 소외된 공간이다. 학습자들이 이러한 소외된 방의 이미지를 통하여 시적 정서를 체험하게 한다.

2단계: 비평 텍스트와 종적 대화를 통한 소외의식 심화

비평가는 높은 감수성과 표현력을 가지는 고급 독자이다. 진정한 비평가는 일반 독자보다도 높은 문학적 교양을 갖추고 심미적 훈련이 된 사람이다. 따라서 감상 능력이 발달된 부류의 사람이므로, 가장 야량 있고 편견과 고집 없는 진실한 독자가 비평을 읽음으로써 자기의 어떤 인상과 작품상을 비평과 비교하며 자기의 감상 능력의 배양에 많은 도움을 얻을 수 있는 것이다. 그리고 그뿐 아니라 가장 중요한 것은 비평이란 일종의 창작이라는 관점에서 독자는 비평을 일종의 창작품으로서 감상할 수가 있는 것이다.(김환태, 1972, 54) 비평 텍스트는 비평가의 생산물로서 비평가의 감수성과 문학 능력을 드러낸다. 따라서 학습자는 이와 같은 비평 텍스트와 대화를 통하여 시 텍스트를 더 깊게 읽게 된다.

비평 텍스트 1

(상략) 기형도는 슬픈 가족사나 아버지의 부재로 인한 공포를 빈번하게 진술하고 있다. 아버지의 부재는 어머니의 삶이 신산해질 수밖에 없는 원인으로 작용된다. 또한 자식들이 겪는 경제적 고통과 정신적 공허함의 한 원인으로 작동한다. 이 공허함은 시적 화자가 우울한 내면을 드러내게 되는 계기로 볼 수 있다.

열무 삼십 단을 이고/시장에 간 우리 엄마/안 오시네, 해는 시든지 오래/나는 찬밥처럼 방에 담겨/아무리 천천히 숙제를 해도/엄마 안 오시네, 배춧잎 같은 발소리 타박타박/안 들리네, 어둡고 무서워/금간 창 틈으로 고요히 빗소리/빈 방에 혼자 엎드려 훌쩍거리던//아주 먼 옛날/지금도 내 눈시울을 뜨겁게 하는/그 시절, 내 유년의 윗목 (「엄마 걱정」 전문)

가족 서사의 전형으로 언급할 수 있는 이 텍스트에서 아버지에 대한 언급은 전혀 드러나지 않는다. 아버지의 부재는 어머니가 '열무 삼십 단을 이고 시장에' 가서 행상을 해야 하는 원인이다. 어린 서정적 자아는 어머니가 돌아올 때까지 '빈방'에 갇혀 공포를 느껴야만 한다. 그러므로 아버지의 부재는 어린 화자에게 공포라는 트라우마를 제공하게 된다. 여기서 눈여겨보아야 할 것은 '지금도'라는 제시어이다. 텍스트의 정황상 어른이 된 시적 화자가 어린 시절에 느낀 공포감을 서술하고 있는데 '지금도'라는 시제어로 미루어 어린 시절에 형성된 공포가 여전히 지속되고 있음을 고백하고 있기 때문이다. 따라서 아버지의 부재는 화자에게 어머니에 대한 연민을 넘어 홀로 남겨진 것에 대한 공포와 상흔으로 기억되고 있음을 알 수 있다.(박종덕, 2014, 217-218)

비평 텍스트2

시적 화자의 유년 공간은 부재와 결핍의 '집'(방)의 이미지로 형상화 되고 있음을 시 〈엄마 걱정〉에서도 확인할 수 있다. 어머니나 가족으로부터 소외된 시적 화자는 '찬밥처럼 방에 담겨' '빈방에 혼자 엎드려 훌쩍거리'며 '무서워'떨고 있다. 화자의 유년 공간은 포근한 아랫목이 아닌 축축하고 썰렁한 '윗목'이며, 성인이 된 '지금도 눈시울을 뜨겁게 하는' 아픈 기억의 공간이다.(한금화, 2008, 362)

비평 텍스트 3-상실의 바람-세상으로부터의 소외

시 속에 형상화된 집은 시적 화자의 유년기의 성장에 필요한 보호와 양육이 충만하지 못한 곳이며, 삶의 내재적 원리가 정립되지 않은 혼동과 갈등의 공간이다. 그 원인은 어머니의 부재 때문이다. 아이에게 어머니는 단순한 보호자가 아니라 온 세계를 상징하는데 그 세계인 어머니와의 결별은 곧 세계로부터의 소외이다.

여기서 시적화자는 유년시절에 엄마와 단절되어 있는 자신의 모습을 '혼자 찬밥처럼'으로 묘사함으로써 소외되고 고독한 자신을 표현한다. 아무도 없는 빈방은 역시 차갑고 어두우며 밖에는 비까지 내린다. 시인의 마음에도 찬비가 내린다. 이 시의 제목은 〈엄마 걱정〉이지만 화자가 진정 걱정한 것은 엄마로부터 떨어진 자기 자신이며 그로 인해 느끼는 외로움이다. 화자는 불안하고 추운 아이의 목소리로 유년기의 외로움을 말한다. 엄마로부터의 소외는 가장 먼저 싸늘한 '냉기'를 느끼게 하는 이미지로 떠오른다. 육체적 차가움뿐 아니라 감정으로 느끼는 차가움은 엄마의 온기를 느낄 수 없는 외로운 심리상태 즉 모성의 상실을 나타낸다.(김진아, 2007, 270-271)

비평 텍스트4

"열무 삼십 단을 이고/시장에 간" 엄마는 아직 오지 않는다. 이미

"해는 시든 지 오래"이다. 그러나 아직 엄마의 "배춧잎 같은 발소리"는 들리지 않는다. 마침내 유년의 화자는 "빈방에 혼자 엎드려 훌쩍거"린다. 그러나 엄마를 원망하지는 않는다. 제목에서처럼 "엄마 걱정"이 주조를 이룬다. "찬밥처럼 방에 담"긴 자신의 처지보다 엄마가 머리에 인 "열무 삼십 단"의 무거움이 먼저 느껴진다. "금간 창틈"은 엄마에 대한 기다림이 걱정으로 이어지던 마음의 균열과 상처로 읽힌다. 이러한 시적 정황으로 인해 "내 유년의 윗목"의 풍경에는 자신의 고독이나 공포보다 "엄마 걱정"으로 집중되는 타자의 윤리학이 기저를 이룬다.(홍용희, 2014, 343-344)

비평 텍스트 1은 어머니라는 이미지를 통하여 가족으로부터의 소외를 해석한다. 어머니로부터의 소외는 아버지의 부재로 귀결된다. 어린 시적 화자는 아버지의 부재로 생계를 유지하기 위하여 부득이 열무를 팔러 시장에 간 어머니가 돌아올 때까지 혼자 빈 방에 있다고 하였다. 그리고 혼자 있는 빈 방 속에서 늘 공포를 느껴 성인이 된 지금조차도 아직 공포를 잊지 못한다고 하였다. 비평 텍스트 2는 주로 부재와 결핍의 집(방)의 공간적 이미지를 통하여 소외라는 정서를 해석한다. 시적 화자는 어머니나 가족으로부터 소외당해 찬밥처럼 방에 담겨 있다고 하였다. 비평 텍스트 1과 2는 시적 화자의 소외 정서를 해석하고 있지만 다른 이미지를 통하여 해석한다. 비평 텍스트 3은 시적 회지가 어머니와 가족으로부터의 소외를 확장시켜 온 세상으로부터의 소외로 해석한다. 아이에게 어머니는 단순한 보호자가 아니라 온 세계를 상징하는 존재라서 어머니와의 분리는 바로 세계로부터의 소외라고 하였다. '찬밥', '빈방', '비' 등 이미지를 통하여 이러한 소외를 표현한다고 하였다.

비평 텍스트 4는 비평 텍스트 1, 2, 3과 달리 엄마 없이 혼자 빈 방에 있는 공포와 고독보다는 엄마에 대한 걱정을 해석한다. 비평 텍스트 4에서 주로 열무 삼십 단의 무거움을 통하여 엄마를 걱정하는 마음을 해석한다. 학습자는 동일한 시를 다르게 해석하는 비평 텍스트들을 통하여 시를 더욱 심도 있게 독해하게 된다.

3단계: 동료 학습자와 횡적 대화를 통한 소외의식 확장

학습자는 각자 선경험과 선지식을 가지므로 같은 대상을 보더라도 각각 다르게 체험하게 된다. 체험은 동일한 시간, 공간, 대상에 대해서 모두 동일하게 받아들여지지 않는다. 사람들은 동일한 조건의 상황 속에서 저마다 다른 체험을 한다.(전한성, 2013, 249) 학습자는 4-5명을 소집단으로 구성하여 서로 토론을 하여 체험을 공유할 수 있는데, 이러한 과정을 통하여 각자 시 텍스트와 비평 텍스트에서 읽은 소외 현상을 공유하며 자신들의 정서를 확장시킬 수 있다.

문학교육에서 논의되는 정서에는 문학작품에 형상화된 정서뿐만 아니라 독자가 전유하는 정서도 포함되어 있다. 즉, 문학교육에서 주목해야 할 정서는 '작가의 감정과 시적 대상의 분위기 사이에서 형성되는 일차적 정서'와 '독자가 이러한 문학 텍스트의 정서와 만나서 전유하는 이차적 정서'를 모두 포괄한다. 이와 같은 이차적 정서를 함양하기 위해서는 독자가 전유하는 정서의 총량을 늘리는 것이 바람직하다.(고정희, 2013, 274) 학습자는 서로 체험한 정서를 토론함으로써 자신의 정서의 양을 늘리고 정서적 소통력을 향상시킬 수 있는 것이다.

뿐만 아니라 학습자는 내적 대화에서 교사가 제시한 초점 문제들을 서로 토론하여, 자신의 생각을 언어화하고 타자의 생각을 들음으로써 생각을 확장시킬 수 있다. 특히 소외의 극복으로서의 사랑도 체험할 수 있다. 학습자는 세계를 인식함으로써 자기 이해를 하며, 타자의 소외를 체험하여 자신과 연관 지어 생각하게 된다. 결국 학습자는 '세계-내-존재'라는 과정에서 세계를 인식할 뿐만 아니라 자기 이해를 도모할 수 있게 되는 것이다.

4. 맺음말

　본 연구는 기형도의 〈엄마 걱정〉을 중심으로 중국인 학습자들을 대상으로 하는 정서 교육을 살펴보았다. 〈엄마 걱정〉은 중국인에게 친숙한 《시경》과 상통하기도 한 작품이며, 작가의 시 의식 속에 근저한 소외 정서는 인류 보편적인 정서 중 하나로서 정서 교육의 주제로 적합하다. 본 연구에서는 이 소외의 정서를 중심으로 정서 교육을 구성해보았다.

　현재 중국의 한국어 교육은 과거의 전문형 인재 양성에서 복합형 인재 양성으로 전환되었다. 전문형 인재가 의사소통 능력 등 언어 능력을 중시한다면 복합형 인재는 언어 능력 및 인문학적 소양을 동시에 갖출 것을 요구한다. 본 연구는 인문학적 소양의 시각에서 정서 교육을 논의하였다.

　본 연구는 이전의 교사 중심 및 교과서 중심 교육에서 벗어나 학습자의 주체성, 능동성을 발휘할 수 있는 대화 중심 정서 교수-학습 방법을 고안하였다. 학습자는 우선 주체적으로 시 텍스트와 내적 대화에서 시적 이미지를 통하여 소외 정서를 체험한다. 다음으로 전문가인 비평 텍스트와 종적 대화에서 체험한 소외 정서를 심화시킨다. 마지막으로 동료 학습자와의 횡적 대화에서 각자 다르게 체험한 정서를 공유함으로써 소외 정서를 확장시킨다. 이상과 같은 다차원 대화 과정을 통하여 학습자들이 주체성과 능동성을 충분히 발휘할 수 있을 뿐만 아니라 자신이 가지는 정서의 총량을 최대히 풍부히게 만들어 정서적 소통력을 향상시킬 수 있다.

　교육의 궁극적인 목적은 기계적이고 기능적인 인간이 아니라 '인간다운 인간'을 만드는 것이다. 한국어 교육도 본질적으로 교육이므로 언어 능력뿐만 아니라 인문학적 소양을 갖추도록 하는 교육이 이루어져야 한다. 이러한 목적을 달성하려면 인간의 삶을 다루는 문학의 역할이 중요하다. 그런데 현재 현대 한국시는 한국어 교육 현장에서 흔히 어렵다는 편견을 받아 외면을 당하고 있다. 하지만 교육은 교육 방법을 어떻게 하느냐에 달라질 수 있는 것이다. 복합형 인재 육성이라는 목표를 달성할 수 있도록 현대시 교육에 관한 연구에 있어서 더 많은 연구자의 노력이 필요하다. 본 연구는 인문학적 소양 교육 차원에서 현대시를 활용한 정서 교육에 대한 시론이다. 앞으로 중국에서의 현대시 교육에 대한 연구가 더욱 활발하게 이루어지기를 희구한다.

참고 문헌

고정희(2013), 「고전시가 교육의 탐구 −시공간적 거리감, 전유, 정서를 중심으로」, 소명출판.
김성신(2017), 「미술교육에서 '자기이해'와 창의·인성」, 『미술교육연구논총』 49, 한국초등미술교육학회, 1-22.
김영철(1995), 『현대시론』, 건국대학교 출판부.
김정신(2011), 「이성복 시에 나타난 소외 극복 과정 고찰」, 『현대문학이론연구』 44, 현대문학이론학회, 179-200.
김준오(1997), 『시론』, 제4판, 삼지원.
김진아(2007), 「기형도 시의 바람 이미지 연구」, 『한국언어문학』 60, 한국언어문학회, 259-282.
김환태(1972), 「作家, 評家, 讀者」, 『전집』.
남연(2009), 「중국인 학습자를 위한 한국문학 교재 편찬 연구」, Journal of Korean Culture, 한국어문학국제학술포럼, 187-233.
문승용(2008), 「공자의 시예악론」, 『世界文學比較硏究』 22, 세계문학비교학회, 87-107.
민재원(2012), 「시 읽기에서의 정서 형성 교육 연구 시론」, 『문학교육학』 38, 한국문학교육학회, 241-272.
박종덕(2014), 「기형도 시에 나타나는 공포의 근원과 형상화 양상」, 『어문연구』 82, 어문연구학회, 211-235.
심재휘(2012), '백석 시와 집의 상상력」, 『한국문학이론과 비평』 57, 한국문학이론과 비평학회, 191-212.
엄경희(2015), 「이상의 시에 내포된 소외와 정념」, 『한민족문화연구』 48, 한민족문화학회, 333-375.
유평근·진형준(2001), 『이미지』, 살림.
윤여탁(2003), 「한국어교육에서 문학교육 방법-현대시를 중심으로」, 『국어교육』 111, 한국어교육학회, 511-533.
임세진(2011), 「기형도 시에 나타난 소외 이미지 연구」, 『겨레어문학』 47, 겨레어문학회,

227-257.

장승희(2010), 「공자사상에서 정서교육의 해법 찾기」, 『동양철학연구』 61, 동양철학연구회, 159-192.

장용수(2016), 「한국어교육이 공자의 교육관에서 취할 수 있는 시사점」, 『아시아연구』 59(2), 고려대학교 아세아문제연구소, 159-192.

전한성(2013), 「체험적 자기 이해의 개념과 창작 교육적 의의」, 『국어문학』 55, 국어문학회, 239-267.

정문길(1978), 『소외론 연구』, 문학과지성사.

鄭瑽(1980), 『孔子의 教育思想』, 집문당.

최미숙(2006), 「대화 중심의 현대시 교수-학습 방법」, 『국어교육학연구』 26, 국어교육학회, 227-252.

하상협(2010), 「시적 활동에서의 이미지(Image)의 존재론적 의미」, 『대동철학』 50, 대동철학회, 239-260.

한금화(2008), 「기형도 시의 공간 의식 연구」, 『겨레어문학』 40, 겨레어문학회, 357-384.

한용희(2009), 「고트프리트 벤과 기형도의 시세계 비교」, 서울대학교 석사학위논문.

홍용희(2014), 「타자의 윤리학과 주체성의 지평」, 『한국시학연구』 41, 한국시학회, 339-362.

Rosenblatt, L. M.(1978), *The Reader, the Text, the Poem*, 김혜리, 엄해영 역(2008), 『독자, 텍스트, 시』, 서울: 한국문화사.

Steiger, E.(1946), *Grundbegriffe der poetik*, 이유영, 오찬일 역(1978), 『시학의 근본개념』, 삼중당.

单畅·王永胜(2013), 「本科外语专业复合型人才的培养」, 『渤海大学学报哲学社会科学版』, 渤海大学, 142-143.

13장 현대시를 활용한 한국 문화 교육 연구

박성 서울대학교 국어교육연구소

1. 서론

중국 내 대학에서 한국어를 전공하는 학습자들은 대체로 한국어 언어적 수준은 상당히 높으나 이에 비해 문화적 수준은 상대적으로 낮다는 것을 종종 발견할 수 있다. 그 원인은 다양하겠지만 그중 하나는 중국 내 대학에서의 문화 교육이 대체로 지식적인 측면을 강조하여 '한국 문화 개황'으로 문화에 대한 대략적인 소개를 하는 데에 지나지 않기 때문이다. 이러한 교육은 학습자들이 진정으로 한국 문화를 이해하고 한국 문화에 접근했다고 보기는 어렵다. 즉 한국 문화의 표면-패션, 음식 등 성취문화나 행위문화에만 집중하였기 때문에 한국 문화의 기저에 깔린 가치(정신, 관념)문화에는 거의 접근하지 못했다. 그러므로 이들은 높은 언어적 수준에 비해 문화적으로는 수준이 현저히 낮은 비대칭적인 모습을 보이기도 한다.

또한, 중국 현지에서 한국 문화 교육은 한국인과의 접촉이 부족하고 한국 문화와 동떨어진 환경에서 진행되고 있기에 여러모로 어려움을 겪고 있다. 한국어 학습자들의 경우 문화 수업 외 한국 영화나 드라마, 예능 프로그램을 통해 간접적으로 한국 문화를 접하고 있지만, 이러한 매체는 교육이 아닌 상업성을 목적으로 기획한 것이고 대외적으로 '한국'이라는 브랜드를 조성하여 좋은 이미지를 구축하고자 하는 의도도 있기에 실제와 달리 과장이나 왜곡된 부분도 없지 않아 있다. 한류의 영향 하에 한국 문화에 대해 정확한 인식이 부족하고 공허한 환상과 맹목적인 동경에 빠질 수 있다는 문제점도 있다.

아울러 배운 지식과 현실과의 괴리로 인해 이들은 본격적으로 한국인과 접촉하면서 실제 언어적 장벽보다는 심각한 문화적 장벽에 부딪히고 문화충격과 충돌 등을 경험한다. 이러한 경험은 문화적 장벽으로 인한 교류와 소통의 부재에서 오는 고립감과 불안감의 문제일 뿐만 아니라 학습자들의 문화를 수용하는 위와 같은 태도와도 연관이 있다. 즉 문화 '열광단계'에서 학습자들이 문화적으로 재생한 '공정'에 대한 무비판적인 수용은 결국 '열광단계'를 지나면서 문화충격으로 드러나므로 정서적으로 혼란, 불안, 우울증, 고립된 감정까지 나타나기 마련이다. 만약 학습자들이 자신들을 둘러싼 문제의 원인을 자아 및 모문화에 대한 반성과 성찰 없이 문화적 차이, 사회적 편견과 차별에서만 찾을 경우, 결국에는 한국 사회에 대한 불만의 정서만 커질 것이다. 그렇기 때문에 중국에서의 한국 문화 교육은 이질적인 문화 이해를 통해 다른 삶의 양식과 조화를 이루고, 자신의 문화적 정체성을 찾아가고, 나아가 다른 문화권의 사람들과 더불어 살아가는 세계인으로서의 존재 가능성을 확장해가는 과정이라는 점을 인식해야 한다.(임경순, 2006, 582) 이제 한국어 교육이나 한국학 교육은 한국을 진정으로 이해하고 한국 문화에 책임감이 있는 학문 목적 학습자를 양성하는 것을 목표로 해야 하고(윤여탁, 2014, 282) 문화 교육의 목표는 단순히 목표문화를 배우는 것이 아니라 상호문화 능력의 신장을 지향해야 함을 의미하기도 한다.

이러한 관점에서 본고에서 한국 문화 교육에서 제재로 주목한 것은 바로 한국 현대시이다. 현대시는 언어 예술의 정수로 한국의 사회와 문화를 반영하며, 형식이나 내용, 언어, 맥락 등과 같은 문학 내·외적인 측면에서 장점이 있다. 즉, 시어는 함축적이고 다의적이기 때문에 독자들은 각기 다른 의미를 지각하거나 다른 이미지를 재생하며, 이런 독자 반응의 차이나 다양성은 상호 작용적인 토론을 가능하게 한다.(윤여탁, 2010, 146) 그리고 상징과 은유를 빌려 묘사하는 현대시의 형상적 언어를 통해 학습자들의 문화에 대한 거부 반응을 줄일 수 있고 학습자들에 대한 정서적인 자극은 내면세계의 무의식을 밖으로 끌어낼 수 있다.

또한, 시를 통해 다양한 타자들과의 간접적인 만남을 경험할 수 있고 시 읽기를 통해 타자의 삶의 조건을 총체적으로 이해하며 공감과 연민을 느끼고 세계에 대해 비판적 성찰을 공유할 수 있다. 이는 시를 포함한 문학은 인간 삶의 정서나 사상을 말이나 글로써 표현하는 언어 예술로서 다양하고 풍부한 인간 경험이 내재되어 시를 통해서 학습자는 '인간과 세계에 대한 이해'와 함께 '인간 삶의 의미와 가치'를 새롭게 이해하고 '타자와 더불어 사는 삶의 기술'을 배울 수 있기 때문이다. 그러므로 만약 문화 교육을 문화 간 역동적이고 긍정적인 관계를 형성하려는 새로운 교육 과정으로 본다면 이것을 교육하기에 현대시는 적합한 제재라고 할 수 있다.

아울러 본 연구에서는 중국에서의 한국 문화 교육에서 학습자들이 성공적으로 문화를 다뤄낼 수 있게, 먼저 중국 문화와 비교를 통해 한국 문화 요소를 추출하고, 이러한 문화 요소를 제재로 한 현대시를 선정하여 학습자들에게 제시함으로써, 학습자들이 시를 읽고 쓴 감상문을 토대로 중국인 학습자들의 특수성을 반영한 한국 문화 교육 방안을 모색하고자 한다.

2. 한국 문화와 현대시

위의 문제 제기 부분을 통해 알 수 있듯이 현행 문화 교육에서 다루고 있는 문화 내용은 생활문화와 성취문화에 치우쳐 있고 문화의 보편성보다는 특수성에 입각하고 있다. 하지만 한국 문화 교육에서는 표면적인 문화뿐만 아니라 심층적인 문화에 대한 접근도 요구된다.

미국 NSFLL의 문화개념에 의하면 문화는 한 사회의 유·무형의 철학적 관점(philosophical perspectives), 관행(behavioral practices), 산출물(products)을 포함하며 관행과 산출물들은 철학적 관점에서 도출되며 세 가지 구성 요소들은 상호 밀접하게 연결되어 있다.(박준언, 2012, 60 재인용) 그러므로 한국 문화를 이해한다는 것은 산출물(의식주, 문화재, 문학 등)뿐만 아니라 그 문화권에 속한 사회 구성원들 사이에 암묵적으로 형성된 의식구조와 가치관을 이해하는 것이다. 이러한 가치문화를 알아야 비로소 한국인의 행동 양식과 생활양식을 이해할 수 있고 문화 차이에서 오는 오해와 갈등을 줄일 수 있다. 아울러 본 연구에서는 한국 문화 중에서도 가치문화에 중심을 두고 논의를 전개하고자 한다.

중국인 학습자를 대상으로 하는 한국 문화 교육 내용을 선정하기 위해 무엇보다 모문화와 비교하여 한국 문화의 보편성과 특수성을 반영할 필요가 있다. 본 연구에서는 문화 요소 선정을 위해 먼저 호프스테드(Geert Hofstede 외, 2014, 79-269)의 가치문화 분류기준을 참조하여 중국과 한국의 전반적인 가치 지향성을 비교 분석하고자 했다. 호프스테드의 문화 차원 분류는 일반적으로 서구문화권에서 활용되고 있는 문화 척도이므로 동아시아의 지리적, 사회적 특성에 따라 단순히 유교 중심 문화나 집단 중심적 문화로 설명하고 있다. 이는 유교 중심 국가 사이의 문화적 차이에 대해 명확한 검토가 부족한 탓이기도 하지만, 역설적으로 서구권의 시각, 즉 중국이나 한국 밖에서 보면 중국과 한국은 하나로 묶어서 볼 수 있을 만큼 문화적으로 공통점을 많이 공유하고 있다는 것을 방증하기도 한다. 하지만 유교라는 문화적 토대를 같이 하고 있기는 하나 이보다 각각 역사적으로 발전해 오는 과정에서 각자의 특수성을 발전시켰다는 점도 명심해야 한다. 아울러 본 연구에서는 호프스테드의 문화 차원 분류와 임경순(2008, 642), 권오경(2009, 67) 등에서 언급한 한국 문화 분류체계를 참조[1]하여 중국인 학습자를 위해 아래와 같이 한국 문화 코드를 선정하고 이러한 문화 요소를 반영한 시 텍스트를 제시하고자 한다.

<표 1> 문화 요소

문화 차원 분류	중국 문화 고려사항	한국 문화 키워드
양국 모두 집단주의 성향이 강하고 권력의 차이가 큼	수평적 가족주의 정치적 관계에서는 위계질서가 탄탄함; 관시 문화	가부장(수직)적 가족주의 가족과 사회에 전반에 위계질서가 탄탄함; 우리문화
중국 남성성 – 한국 여성성	상대적으로 남녀 성 역할 구분 모호; 남녀평등 추구	남녀 성 역할 구분이 뚜렷; 가족과 사회에서 남녀 불평등이 현저히 존재
불확실성에 중국은 수용 - 한국은 회피	내적 문화의 다양성이 장시간 혼재; 하지만 대외적으로 통일성 추구	내적 문화의 단일성이 장시간 존재; 하지만 현재는 다양한 문화 공존
양국 모두 장기지향성	만만디 문화가 보편적; 일부 지역은 빨리빨리 문화 추구	빨리빨리 문화가 보편적; 여유로운 생활 추구

위 표에서 확인할 수 있듯이 호프스테드의 가치분류 기준에 의하면 중국과 한국은 권력의 거리가 큰 편이고 집단주의 성향이 강한 편이며 모두 장기

---

1 한국 내에서 한국 문화에 대한 분류체계가 아직 합의를 보지 못했으며 가치문화에 포괄하는 내용에도 다소 차이가 있지만 주로 권위주의, 우리주의, 가족주의, 빨리빨리 문화, 정과 한 등을 공동으로 언급하고 있다는 것을 확인할 수 있었다.

지향성이 강한 문화권에 속한다. 이러한 분류 차원은 유기적 관계를 형성하여 서로 영향을 행사하고 있다. 하지만 남성성과 불확실성 회피에 있어서 양국은 차이를 보이는데 여기서 특히 불확실성의 회피에 대해 유의할 필요가 있으며 구체적으로 보면 아래와 같다.

먼저, 개인주의 지수를 보면 중국과 한국 모두 전통사회의 유교에서 비롯된 효를 근간으로 하는 가족주의-집단주의 성향이 강한 문화권에 속한다. 농경 생산을 토대로 한 중국과 한국 사회는 노동력에 대한 필요성으로 남성의 경제적 지위가 높았고 남성 중심의 가족주의 사회를 형성했다. 이러한 배경에서 중국과 한국의 인간관계는 주로 친족 중심으로 형성되었고 부계 활동을 통해 남성 지배적인 체계를 구축해 왔다. 그러나 중국에서는 전통적인 가족주의를 봉건적 사상으로 취급하는 '신문화' 운동을 통해 봉건사상이 약화됐고 봉건적 경제기초가 사라짐에 따라 이러한 사상도 점차 약화됐다. 그리고 여성의 사회 진출로 사회적 지위가 향상되었고 비록 일부 산간 지역에는 아직 남아선호사상이나 남성중심 사상이 남아있지만, 전반적으로 봤을 때 남녀평등이 이루어졌으며 전형적인 남녀 성적 역할은 모호해졌다고 할 수 있다.

이에 비해 한국의 가족주의는 역동적인 근현대의 역사를 거치면서 혼란한 시대 상황에서 가족을 지키고 사회에 적응하기 위해 더욱 고착되었다. 그러는 와중에 전통적인 가족주의가 배타적이고 이기적인 가족 중심주의로 재구성되었다고 할 수 있다. 그러므로 한국에는 여전히 대를 이을 남아를 선호하며 아버지나 장남이 가장으로서 절대적인 권위를 가지고 있다. 이러한 문화는 한국의 언어문화에도 여전히 남아있다. 예를 들면 '도련님, 시댁'과 '처남, 처가' 등 남녀 차별의 언어뿐만 아니라 표현 방식에 있어서도 직설적인 표현보다는 완곡한 어법을 즐겨 사용하는데 이는 한국어는 겸양의 미덕을 중시하는 사고방식, 남성의 체면을 중시하는 남성 중심의 문화가 발달했기 때문이라고 할 수 있다.(윤여탁, 2010, 58) 이처럼 한국은 가정에서 가장이 권위의 중심이며 수직적 관계를 유지하는 반면 중국 가정은 수평적 관계를 중심으로 형성된 하나의 공동체로 볼 수 있다.

또한, 오늘날 한국의 가족주의는 전통적인 의미와 범위를 넘어 자신이 속한 집단과 속하지 않는 집단을 재는 잣대로서 자신이 속하지 않은 집단을 적대적으로 대하는 극단적인 행동 양식의 출발이 된다.(박성, 2018, 195) 즉, '우리 의식'은 운명공동체 의식과도 같아 '우리' 안에 속한 사람이라는 확인을 통해 관계를 형성해 나갈 수 있다. 그러나 이러한 의식은 '우리' 안에 속하지 않은 대상에 대한 냉정함과 무관심이라는 양면성도 지니고 있다. 이는 일제강점기 통치의 반동으로 형성된 단일민족의식과 맞물려 외국인에 대한 차별적인 의식으로 나타나기도 한다. 이처럼 가부장적 민족주의 담론은 민족의 내부와 외부를 나누고 주체와 타자를 분할함으로써 내적 단일성을 유지하고자 한다. 아울러 다소 무리가 있어 보이지만, 한국의 전통적인 집단주의 특징을 가부장 중심의 가족관과 권위주의, 혈연주의 등 우리 의식과 위계질서에 대한 예우와 복종의 가치관으로 요약할 수 있다면 중국은 서로 수평적 관계인 '꽌시'문화로 요약할 수 있다.

하지만 한국에서 가족주의는 가족 구성원 간의 관계나 결속만을 규정하는 것이 아니라, 다른 사회 제도의 작동에까지 확대되어서 전체 사회 체계의 통합 규범에도 영향을 미친다.(송승영, 2006, 246) 이러한 논의는 한국의 가족주의가 이데올로기적 특성에 기인하여 일종의 문화적 무의식으로서 개개인의 삶과 가치관에 영향을 주며 일상생활의 원리로서 구제적 생활양식을 통해 계승되어 온 것임을 보여준다.(신수진, 1998, 130) 그러므로 비록 중국과 한국 모두 권력의 거리가 큰 문화권에 속하고 위계질서와 서열 관계가 엄격하게 존재하지만, 한국과 중국에 있어 이러한 위계질서는 약간의 차이성을 보인다. 한국에서는 가부장적 가족주의의 영향 하에 사회관계에서도 종속적 의존관계가 지속되고 상사는 아버지와 같이 신뢰하고 존경하고 따라야 할 존재이다. 이는 일상에서 '한솥밥을 먹는 식구', '가족 같은 분위기', '가족처럼 같이 일할 분' 등 언어에서도 반영된다. 이러한 언어 표현은 가족 같은 친근한 분위기를 말하는 한편 사회에 만연한 한국인의 가족주의 사고방식을 반영하고 있기도 하다.

　불확실성에 대한 회피의 주요한 특징은 '다른 것은 위험한 것', '동일성, 획일성 추구', '다른 민족에 대한 편견', '외국인 혐오' 등을 들 수 있다. 이러한 불확실성은 한국이 가진 분단국가라는 특수성과 깊은 연관이 있다고 볼 수 있다. 분단된 상황으로 인해 군사주의가 작동하고 늘 적과 적이 아닌 우리로 선을 긋고, 누군가는 배제되고 누군가는 우리로 받아들인다. 이런 적대감은 한국 사회가 다양한 혐오를 앓고 있는 것과도 무관하지 않다. 여성, 성 소수자, 외국인 등 한국 사회가 '적'을 상정하게 되면 불안감을 갖게 되고 그건 다시 누군가를 의심하고 적으로 상정하고 공격하는 기제가 되기 쉽다. 그리고 한국인의 언어 특징을 보면 '다르다'는 말을 써야 할 때 '틀리다'는 말을 쓰는 경우가 많다. 이것은 자신과 다른 것을 단순히 다르다고 받아들이기보다는 '틀리다'라고 단죄해버리는 습성이 알게 모르게 간섭하는 것을 보여주는데 무의식중에 다른 것은 틀리거나 위험한 것으로 믿는 것인지도 모른다. 한국인은 사회문화적 동질성이 워낙 강해 인종적으로 다른 사람들을 많이 겪지 못한 탓에 그런 것일 수도 있다. 여기서 한국의 단일민족 특성과 중국의 다민족 특성이 각기 영향을 미쳤다고 볼 수 있다. 한국은 단일민족 국가로 과도한 단일민족주의로 인해 유입된 타문화에 대해 배타적인 태도를 보이지만 중국은 다민족 국가여서 예로부터 '화이부동'이란 사상으로 융화를 강조했으며 그러므로 유입된 타문화에 대해서 수용하는 태도를 보인다고 할 수 있다.

　불확실성의 수용은 '다른 것은 호기심으로 자극', '필요할 때만 열심히 일함,' '다양성 추구', '외국인에 대해 긍정적이거나 중립적' 등을 들 수 있다. 그리고 불확실성에 대한 수용이 나타나는 중국은 타자와 타문화에 대해 상대적으로 수용하는 태도를 보이고 타자를 포용하는 집단주의로 발전했다고 할 수 있다. 한국의 집단주의는 불확실성에 대한 회피로 '우리'를 강조하고 '우리'

와 다른 것에 대해서는 배타적인 태도를 보이는, 타자를 배척하는 '우리 의식'으로 발전했다. 하지만 역으로 한국은 해외로 진출했을 때 타문화에 비교적 잘 융합되는 편이지만 중국은 타문화에 융합되기를 거부하는 자세를 보이고 있다. 대표적인 예가 세계 어디를 가든 중국인이 있는 곳은 '차이나타운'이 있다는 것인데 그만큼 중국인은 타문화에 융합되기를 거부하는 것이다. 이러한 문화적 특징은 해외에 있는 중국인 학습자들의 문화 수용 자세나 태도에도 반영된다. 중국인은 '대중화사상'으로 타문화를 하위문화 혹은 주변문화로 취급하고 멸시하는 경향이 있다. 그러므로 중국인 학습자는 한국과 같은 나라에서 학습할 경우 모문화의 대외적인 배타성과 한국 문화의 대내적인 배타성, 즉 이중의 배타성으로 인해 문화적 경계인으로 전락하기 쉽다. 이는 문화 교육에 있어 중국인 학습자들에 대해 특별히 신경 써야 할 부분이기도 하다.

그리고 양국 모두 장기지향성 국가이지만 한국은 불확실성의 회피로 인해 '감정적으로 바빠야 한다'는 압박감을 갖고 있다. 그래서 확실한 결과를 추구하고 단시일 내에 성과를 내기를 바라는 '빨리빨리' 문화가 발달하여, 단기지향적인 성격을 띤 장기지향성을 나타내는 모순적인 특징을 띠고 있다고 할 수 있다. 이에 비해 중국은 '인내, 느린 결과를 위한 꾸준한 노력'을 추구하는 '만만디' 문화가 발달했다고 할 수 있다. '빨리빨리' 문화는 중국의 '만만디' 문화와 양극이라고 할 수 있다. 한국의 '빨리빨리' 문화는 '한강의 기적'과 같은 빠른 발전을 가져왔지만, 그 대가로 삶의 실을 잃게 되었다. 중국의 '만만디' 문화는 사람들이 마음의 여유를 얻었으나 업무적으로 비효율적이란 지적을 받게 되었다. 하지만 산업화로 인해 중국 일선 도시인 베이징, 상하이 등 지역도 한국 못지않게 빠른 생활 패턴으로 돌아가고 있다. 여기서 유의해야 할 것은 '빨리빨리'와 '만만디'는 모두 문화의 특징을 파악하고자 하는 것이지 문화의 우열을 가리고자 하는 것이 아니라는 점이다.

이러한 양국 간 문화의 공통점과 차이점에 대해 개인에 따라 주관적으로 느껴지는 개인차가 분명히 어느 정도 있을 것이다. 그리고 어떻게 보면 이러한 사회 현상은 관찰 대상이 될 수 있으나 개개의 인원들로 환원될 수 없는 '특수한 존재'라는 것이다. 즉 '가족'이라는 사회 문화 현상은 관찰 대상인 구체적인 구성원들을 떠나서는 존재할 수 없지만, 개별적으로 관찰될 수 있는 구성원들의 총화와 다른 의미를 가진다는 것이다.(박이문, 1982, 78 재인용) 아울러 본 연구에서 주목하고자 하는 것은 이러한 현실에 입각하여 양국 문화 사이에 놓인 학습자들이 한국 문화를 한국인으로 환원하는 것이 아니라 문화의 역동적인 속성을 인식하고 현실적으로 차이를 이해하고 간격을 조율하며 문화적으로 가교 역할을 수행할 수 있도록 하는 것이다.

이상으로 호프스테드의 이론에 기반하여 중국 문화를 고려한 한국 문화의 보편성과 특수성에 대해 알아봤다. 다음은 이러한 한국 가치문화를 교육할 제재로 현대시를 제시하고자 한다. 시 텍스트의 선정은 시의 활용 목적과 연관된다. 본 연구에서 시 텍스트는 시 교육을 위한 것이 아니라 한국 가치문화 교육을 위한 제재라는 점을 다시 한번 명시한다.

<표 2> 문화 요소를 반영한 현대시

문화 요소	시 텍스트	선정 이유
가부장(수직)적 가족주의	아버지의 마음(김현승)/ 아비(김충규) 가정(박목월)/ 임진강에서(정호승) 아버지의 등을 밀면서(손택수)	아버지의 사랑과 헌신, 희생, 생계에 대한 책임
	가족(진은영)/ 일찍이 나는(최승자) 나의 가족(김수영)	가부장적 이데올리기 비판과 탈피, 전통적인 가족주의 해체
남녀 역할 구분이 뚜렷하고 남녀 기준이 다름	그 많던 여학생들은 어디로 갔는가(문정희) 퇴근 시간(문정희)/ 작은 부엌 노래(문정희)	가족과 사회에 여전히 성적 불평 등 관계가 존재; 가부장적 가족주의의 여성에 대한 억압과 불평등한 혼인 관계에 대해 비판

불확실성으로 인한 타자와 타문화에 대한 회피와 배척	악랄한 공장(하종오) 코시안리(하종오)/ 흥보가(윤제림)	한국인의 단일민족 사상에 대한 비판; 타자에 대한 배척과 불평등한 대우에 대한 비판
사회 전반에 걸쳐 '빨리빨리' 속도만 추구	금단증상(김기택)/ 노동의 새벽(박노해) 젊은 손수 운전자에게(김광규) 상행(김광규)/ 농무(신경림) 성북동 비둘기(김광섭)	산업화에 대한 비판: 산업화 폐단으로 과도한 속도를 추구하고 자연을 파괴하고 사람 간 관계가 메말라가는 사회에 대한 비판

〈표 2〉와 같이 현대시를 선정한 이유는 다음과 같다. 먼저 선정된 시 텍스트는 길이가 비교적 짧고 어려운 어휘나 사투리, 문법의 파괴가 많지 않아 학습자들이 이해하기 쉬운 편이다. 그리고 이러한 시 텍스트는 현실 문화를 반영하였으며 학습자들의 생활과 밀접한 관련이 있다. 즉 상기 시 텍스트는 학습자들에게 때론 감동을 줄 수 있고 때론 자신의 경험이나 삶에 비추어서 이해할 수도 있고 때론 학습자들이 일상적으로 생각하고 있는 것에 대하여 문제를 제기하면서 학습자들로 하여금 일상적인 것에 대해 다시 한번 생각하고 판단할 것을 권유할 수도 있다.(윤여탁 외, 2002, 324)

한편 시는 기타 장르에 비해 난해하다는 편견이 있는데 중국인 학습자의 경우 자국어 교육에서 미취학 단계에서부터 시를 접하기에 시 장르 자체는 학습자들에게 낯설지 않다. 특히 한국어를 학습하는 학습자의 경우 다수가 문과 계열 출신이거나 문학에 대해 비교적 관심이 많은 학습자라고 할 수 있다. 그리고 중국 내 한국 문화 교육은 문화 수업뿐만 아니라 문학 수업에서도 다룬다는 점을 고려하면 현대시를 활용한 한국 문화 교육이 실현 가능성이 있고 유의미한 것으로 판단된다.

3. 중국인 학습자 시 읽기 양상에 대한 분석

이 장에서는 중국인 고급학습자 8명이 문정희의 [작은 부엌 노래]를 읽고 작성한 감상문 분석을 통해 학습자들이 한국 문화를 어떻게 인식하고 이해하는지를 파악하고 이를 토대로 현대시를 활용한 한국 문화 교육 방안을 모색하고자 한다.

1) 중국인 고급학습자

윤여탁(2010, 60)에서는 시 텍스트의 함축성, 비문법성, 독창적인 시어, 상징성 등 본연의 특징 때문에 시 텍스트 활용은 생활 한국어 차원의 의사소통을 강조하는 초급 단계보다는 한국인의 의식이나 사고, 문화를 이해하는 바탕 위에서 이루어지는 중급 이상의 단계에 적합하다는 것을 강조했다. 따라서 본 연구에서의 실험 대상자는 중국인 고급학습자로 선정했고 학습자 신상은 아래와 같다.

<표 3> 실험 참여자 신장 (성명코드: Park Seong을 P-S)

성명	과정	성별	전공	토픽 수준	학년	대학 소재지
L-Y	석사	여	한국어	6급	2학기	경남 소재 J 대학원
Y-S	석사	여	한국어	6급	졸업	경남소재 J 대학원
S-M	학사	여	중국어	6급	졸업	경남 소재 C 대학
L-P	학부	여	한국어	6급	2학년	경남 소재 C 대학, 결혼이주여성
J-S	석사	여	한국어	6급	졸업	서울 S 대학
H-Q	학부	여	한국어	6급	4학년	중국 소재 H 대학
X-Y	학부	여	한국어	6급	4학년	중국 소재 H 대학
L-Z	학부	남	한국어	6급	3학년	중국 소재 H 대학

문화는 개인의 행동을 이루는 기본적인 구성단위인 인지, 정서에 영향을 미치므로 문화에 따라 '생각하는 방식'이 다를 수 있다. 아울러 본 연구는 독자반응 이론에 근거하여 학습자들이 쓴 감상문을 바탕으로 학습자들의 선지식이 현대시를 읽는 데 어떻게 영향을 미치며 모문화가 목표문화를 학습하는데 어떻게 작용하는지를 살펴보고 이에 적합한 교수-학습 모형을 제시하고자 한다. 이에 〈표 2〉에서 제시한 텍스트 중 [작은 부엌 노래]로 학습자들에게 감상문을 작성하도록 했다. 학습자들이 중국과 한국 여러 대학에 분산되어 있어 이메일로 시 텍스트를 제공하고 감상문을 받았으며 학습자들에게 시 텍스트와 작가 및 창작 연도를 제공한 것 외에 기타 시 텍스트와 관련된 정보를 일절 제공하지 않았으며 또한 시와 관련해 인터넷 검색을 지양하고 본인이 읽고 느낀 점을 솔직하게 작성할 것을 독려했다.

2) 학습자들의 감상문 분석

교사의 간섭이 없다는 전제하에서 학습자들이 작성한 감상문을 보면 독자의 주관적인 관점에서 의미를 중심으로 이해와 감상을 전개한다는 것을 발견할 수 있다. 이러한 과정에서 학습자들이 어떻게 타문화를 발견하고 해석하고, 이해하고 수용하는지가 드러난다.

(1) 현대시를 통한 타문화 발견과 해석

가. 상징이나 은유를 통해 문화의 차이 발견

중국인 학습자들이 쓴 감상문을 보면 전반적으로 시 텍스트의 어휘의 중요성과 상징적 의미 등 내재적 정보의 활용을 중요시하는 동시에 의미에 대한 해석에 있어서는 외재적 정보[2]를 활용하는 경향을 보인다.(박성, 2017,

---

2 외재적 정보에 의한 반응이란 시와 관련된 외부 정보로 시대적 배경이나 문화적 요소

205) 학습자들이 [작은 부엌 노래]를 읽고 쓴 감상문을 보면 학습자들이 무엇에 민감하게 반응하고 또한 무엇 때문에 그렇게 반응하는지를 확인할 수 있다.

> '작은 부엌 노래'라는 제목을 보고 나는 여자와 관계되는 시라고 추측을 했어요. 그리고 주방이라고 하면 왜 여자라고 생각하는지에 대해 생각했어요. 그것은 한국 문화에서 여성들이 보통 주방에서 일하고 주방은 여성의 공간이기 때문이다. 그래서 주방을 여성을 상징한다고 생각했다. [Y-S]

> 일단 제목을 통해 이 시의 배경을 알게 된다. 시인은 작은 부엌에서 발생한 일을 묘사하고 싶어 하다. 부엌 보통 언급하면 보통 여자, 집안일 하는 사람 먼저 떠오르겠다. (중략)그래서 제목만 통해 여러 정보를 얻는다. 이 시 아마 여성과 관련된 어떤 현실을 형상화하고 사람들의 주의를 끌고 싶어 한다. [X-Y]

> 이 시에서 부엌은 여성의 공간이고 큰 방은 남성의 공간으로 되어 있다. '부엌에서는…… 빙초산 냄새가 나요' 까지는 억압받는, 가부장제의 굴레 속의 여성의 모습을 담고 있다. [J-S]

이처럼 학습자들은 시의 제목인 [작은 부엌 노래]의 '부엌'이란 상징에 대해서, 여성의 공간으로 '큰방'과 대조되며 '가부장적' 억압의 공간, 혼인 관계에서 남녀 간 불평등한 관계를 나타내는 공간으로 인식하고 있다. 이러한 상징 관계에 대해 학습자들이 어렵지 않게 파악할 수 있었던 것은 학습자들이 한국 문화의 특징 중의 하나로 '가부장제'에 대해 학습한 경험이나 혹은 기

등 학습자가 이미 축적된 정보를 활용하여 시 텍스트를 해석하는 것을 말한다.

타 간접 경험을 통해 알고 있었기 때문이다.

그리고 비록 '부엌'은 보편적인 존재이지만 학습자들은 '여성'에 대한 억압을 상징하는 '부엌'의 의미에 대해서는 한국이란 공간에 한정하여 한국 문화의 특수성으로 파악하고 있다. 이는 비록 같은 '부엌'이라고 해도 중국과 한국에서의 상징적 의미에 분명히 차이가 있다는 것을 인식하고 바로 이러한 상징의 차이로 학습자들은 문화적 차이를 발견한 것이다. 왜냐하면, 상징은 한 문화 속에서 오랜 세월 동안 사용되어 관습적으로 보편화하여 있기에 그 나라의 문화와 깊은 연관이 있기 때문이다. 즉 한국 현대시에 나타난 상징은 한국의 문화를 상징하고 그것을 해석하는 외국인 학습자는 알게 모르게 모문화의 관점에서 해석하거나 혹은 모문화와 비교하면서 해석할 수도 있기에 이러한 지점에서 양국 간의 문화적 차이를 발견할 수 있다.

> 중국에서는 '부엌'은 맛있는 음식을 하는 곳이다. 그래서 아버지든 어머니든 할머니든 할아버지든 남편이든 누구든지 맛있는 요리를 할 수 있는 곳이다. 그런데 그렇다고 해서 아버지도 남편도 슬프고 힘들고 그런 것은 아니다. 다 사랑하는 사람을 위해 요리를 하는 것이니 행복한 것이다 '부엌'은 행복한 공간이다. (중략)그러니깐 한국과 중국의 문화가 다른다. [Y-S]

> 작은 부엌의 노래라는 제목을 처음 봤을 때 생각한 것은 아주 소박하고 작지만 행복이 넘치는 가정이라고 생각했다. 왜냐하면 중국에서는 보통 '노래'라고 하면 찬양한다든가 좋은 쪽으로 많이 사용하거든요. [L-Y]

이처럼 '부엌'과 여성은 어떻게 보면 보편적인 상징 관계일 수 있으나 문화적 차이로 중국인 학습자들에게는 좀 더 새롭게 혹은 '충격적'으로 다가오기도 한다. 그리고 학습자들은 한국 고유명사의 경우 한국 문화의 특수성을 반영한다는 것을 짐작하고 있으나 쉽게 이해하지 못하는 부분도 있다. 특히 '마고 할멈'이나 '새악시'와 같은 낱말에 있어 학습자는 생소함을 느끼고 사전적 의미를 통해 시를 이해하고 다시 문화로 확장하려는 모습을 발견할 수 있었다. 그러므로 아무리 고급학습자라고 해도 외국인 학습자이기에 난해하거나 생소한 어휘가 있을 수 있고 이러한 시어에 대해서는 주석을 통해 학습자들이 이해할 수 있도록 해야 한다.

> 처음에 '마고할멈'과 '새악시'의 뜻이 무엇인지 몰랐다. '마고할멈'이라고 해서 나쁜 할머니인줄 알았는데 출산을 돕는 신화에서 나오다. 그래서 '마고할멈의 도마 소리 잘 들린다'는 것은 새로운 변화를 예고하는 소리일 수도 있다고 생각했다. [L-Y]

하지만 사전적 해석을 통해 시에 대한 이해나 문화에 대한 확장으로 나아가는 것은 한계를 가질 수밖에 없다. 왜냐하면, '마고 할멈' 같은 경우는 한국의 전통문화, 즉 '신앙문화'를 반영했다고 할 수 있는데, 현실을 비판하는 시 텍스트에서 '신'과 같은 존재가 등장하는 이유는 무엇인지, 과거에 이 신은 어떤 존재였으며 현재는 어떤 존재인지 등을 통해 시에 대한 전반적인 이해를 도모해야 하기 때문이다. 아울러 한국 문화의 특수성을 해석함과 동시에 학습자들의 모문화에 이와 비슷한 문화가 있는지를 비교할 수 있어야 한다. 예를 들면 '신앙문화'에서 '무속문화'는 한국의 토속신앙이지만 중국에도 이와 비슷한 '신앙문화'가 지역을 단위로 발달했으며 그러므로 그 지역을 대표하는 '신'과 비교하면서 한국 문화의 특수성에 대한 이해의 간격을 줄여줄 필요가 있다. 다시 말해 한국 문화 교육에서 학습자들의 모문화를 배척하지 말고 모문화를 적극적으로 활용할 필요가 있다.

나. 시의 심상을 통한 문화 인식

시에서 실제로 체험하지 않고도 언어에 의해 마음속에 그려지는 감각적인 모습이나 느낌을 심상 또는 이미지라고 하는데 이는 인간의 감각적인 반응에 주로 의존하고 있다. 라일(Ryle)은 우리가 어떤 이미지를 떠올릴 때 마음의 눈으로 대상을 본다고 표현하는 것이 시각적 감각보다 훨씬 고차원적인 작용이라고 하였다.(G. Ryle, 1994, 350) 이러한 심상은 시적 상황을 구성하고 상상력을 자극하는 역할도 하며 독자들은 언어적 형상에서 심상을 찾아내고 이 심상이 궁극적으로 나타내고자 하는 바를 중심으로 하여 감상하게 된다.(윤여탁 외, 2002, 193)

> 시는 술 괴는 냄새의 묘사로부터 전개한다. 이것은 술이 익으려고 발효할때 나는 냄새이다. 시인이 후각적인 묘사를 통해 독자를 현실적인 공간에 데려가고 있다. 2~8행은 또 새로운 냄새가 나타난다. (중략) <u>이런 묘사를 통해 한 여자의 모습이 내 머릿 속에 떠오른다. 여러 가사 노동 하는 화면을 통해 한 여자의 운명이 영원히 작은 부엌에 속박된다는 것 느껴진다.</u> 그다음 '바삭바삭 무언가 타는 소리' 시인이 청각적인 묘사를 통해 여자 마음이 타고 인생이 죽어가고 마음 속의 분노를 표현한다. 내 마음도 같이 타들어간다. 명확한 격렬한 감정을 포함하고 있다. [X-Y]

비록 '술 괴는 냄새'가 어떤 냄새인지는 학습자들에게 있어 지극히 낯설지만, 학습자들은 청각적 심상과 후각적 심상인 '술 괴는 냄새'나 '타는 소리' 등을 통해 '현실 속으로 데려다 주고', '한 여자의 모습이 떠오르고' 또 '여자의 운명이 작은 부엌에 속박'되어 있다는 것을 인식하고 있다. 또한, 부엌의 소리-바삭바삭 무언가 타는 소리-는 '여자 마음이 타고 인생이 죽어가고' 있는 것으로, 여자의 삶과 생명이 소진되는 것으로 가사 노동의 굴레에 매여

자기 정체성을 상실한 여성의 모습을 인식하고 있다는 것을 볼 수 있다. '부엌-가정'은 여성에게 있어 더 이상 평화와 안정을 주는 공간이 아니라 폭력, 불평등, 슬픔, 불행이 가득한 공간으로 형상화되어 있다. 이러한 형상화는 현대 여성들의 불평등한 관계를 암시하고 가정폭력, 가부장 제도의 잔존으로 여성은 여전히 억압의 대상이라는 것을 확인하게 한다.

그리고 일부 학습자는 '허물을 벗는 소리', '도마 소리가 똑똑히 들린다' 등에서 새로운 움직임의 변화를 예고하는 소리를 듣고 자기 정체성을 찾아가는 새로운 여성의 모습으로 읽어내고 있다.

> '천형의 덜미를 푸는'과 '허물 벗는 소리' 등을 통해 여성이 불평등한 현실을 극복하고 당당히 자기 정체성을 획득하는 모습을 보여 주고 있는 것이다. 여성 자기자신이 가지고 있는 정체성을 찾아가며 지위를 높이기 위해 노력하고 있다. 이 시는 여성이 가부정제도의 억압에서 벗어나 자기 정체성을 찾아가야 하는 것을 호소하는 것이다. 그리고 사회에서도 여성에 대한 불평등한 대우나 편견이 없어지기를 바라는 소원이 포함되어 있기도 한다. [L-Z]

> 도마 소리가 똑똑히 들린다는 것은 여성의 목소리가 뚜렷하게 들린다는 것을 말하는 것 같다. '그런데 언제부터인가 모르겠어요'를 시작으로 아랫 부분은 변화하는 여성, 변화하게 될 여성의 모습을 담고 있는 것 같다. (중략) '똑똑똑' 도마 소리가 내 귀 옆에서 울리는 것 같다. 이에 맞춰 천형의 덜미를 벗어내려고 온갖 발악하는 여성, 그는 마침 이 굴레에서 벗어난다. [J-S]

위 두 학습자의 경우 '천형의 덜미를 푸는'과 '허물 벗는 소리', '도마 소리가 똑똑히 들린다' 등 구체적인 묘사를 통해 여성의 '자기 정체성 획득', '정체성을 찾아가야 하는 것을 호소', '남녀평등에 대한 소원', '여성의 변화, 변화하게 될 여성의 모습' 등으로 시인의 의도를 파악하고 시 텍스트를 해석하고 이해하는 데에 중요한 요소로 인식하고 있다. 특히 청각적 묘사와 시각적 묘사를 통해 한 여성이 불평등한 혼인 관계에서 벗어나려고 '온갖 발악을 하는 모습'이 생생하게 그려지며 그 끝은 '굴레'에서 벗어날 것이라고 보고 있다. 이처럼 학습자들은 시의 심상을 통해 시를 이해하고 감상하려고 시도하고 있고, 대체로 시인이 가부장적 이데올로기에 지배된 현실을 폭로하고 이러한 현실을 뛰어넘어 여성의 자아 정체성을 탐색하는 것으로 파악하고 있다.

(2) 현대시를 통한 타문화 이해

현대시를 통한 타문화 이해란 학습자들이 현대시를 읽으면서 자신의 경험을 환기하거나 혹은 상상력을 통해 타자의 삶의 조건을 총체적으로 이해하며 공감과 연민을 느끼기도 하고 시의 화자가 되어 공감의 경험을 체험하기도 하는 것이다. 자기 자신과 비슷한 사람의 목소리를 듣거나 아니면 매우 다른 느낌과 생각을 하는 사람의 목소리를 듣게 되면서 다양한 타자들과의 간접적인 만남을 경험할 수 있다.

가. 구체적인 사회문화적 맥락의 환기

학습자들은 위에서처럼 구체적인 시어를 통해 문화를 파악했을 뿐만 아니라 이러한 문화 현상이 현대 사회에도 여전히 남아있다는 것을 깨달을 수 있었는데, 이는 실제 사회문화적 맥락의 환기를 바탕으로 문화에 대한 이해를 확장하는 것을 통해 확인할 수 있다.

> 사실 여자보다 남자를 더 중시하는 경향이 지금도 남아있다. 예를 들자면 신입사원을 선택하는 경우 우선 남성 지원자를 골라 면접

을 통과시키는 회사가 적지 않다. 이로 인해 현대 사회에서도 여성이 불평등한 태도를 받는다. 여자든 남자든 차이가 성별이 다를 뿐이다. [L-Z]

이 시 주로 강부장제 관련된 것 그리고 여성의 지위 등 것을 밝히고 싶다. 현대 사회중에 특히 한국, 일본 등 나라 강부장제 좀 많이 보인다. 옛날부터 계속 있었던 제도 현대까지 전하고 있을 뿐만 아니라 많은 적합하지 않는 전통에 영향도 받기 때문이다. [X-Y]

학습자들이 시를 단순히 텍스트로만 바라보지 않고 자기 자신과 혹은 현실과 관계짓기를 하는 것을 발견할 수 있다. 산업화로 인해 남성뿐만 아니라 여성들도 사화에 진출하게 되었고 여성의 지위도 상승하였다. 여성들도 가족 내외에서 평등을 요구하고 가부장적 가족주의 속박에서 벗어날 권리가 있다. 그러므로 사회적으로 '가족주의' 혹은 '가부장제'가 형성된 토대가 무엇인지, 그 토대가 없어졌으면 하는 혹은 그것이 남아있는 근거가 무엇인지 등으로 문제를 보다 깊게 파헤치면서 문제의 본질에 접근해야 한다.

이처럼 문학은 학습자들이 세계를 보는 창일 뿐만 아니라 학습자들이 현실에 관심을 가지게 되는 계기가 된다. 평소에 지나쳤거나 관심이 없었던 것에 관심이 가게 되고, 그것에 대해 한 번 더 생각하고 왜 그런가에 대해 고민하면서 무관심에서 관심으로, 몰이해에서 이해로의 전이를 실현할 수 있다. 이것이 문학의 힘이라고도 할 수도 있다. 그리고 이러한 문화를 구체적인 사회문화적 맥락에서 이해한다는 것은 문화를 '살아있는 지식'으로 이해하는 데 도움이 될 것이다.

한국에서 학습하는 학습자들은 한국이란 환경에서 직·간접적으로 한국인과 교류를 하면서 시댁 얘기, 남편 얘기, 특히 제사·차례 얘기를 들으면서 시의 주제가 현실적으로 느껴질 수 있다. 하지만 일부 중국 대학에서 한국어를 학습하는 학습자들은 이러한 가부장제나 남녀불평등을 이전 세대에 존재한 과거의 문화로 생각하는 경우가 많다. 문화 수업을 통해 이러한 문화는 알고 있으나 한국에서 학습한 경험이나 한국인과의 접촉이 부족하기에 이러한 문화가 현재도 남아있다는 것을 인식하지 못하고 모문화에 비추어봤을 때 봉건시대의 사상으로 판단되어 이전 세대의 문화로 잘못 인식하곤 한다.

(앞략) 그래서 이렇게 생각해보니깐 옛날에는 여성의 지위가 현재와 비교할 수 없을 정도로 지위가 낮다. 작가가 이러한 점을 잡아 비판하면서 이 시를 만들었던 거 같다. 이전 시대에는 남자 집에 시집가면 곧 시부모를 공경하고 또 남자를 섬겨야 하며 아이를 돌 보고 집안일을 처리해야 한다. [H-Q]

이 시인은 아마 부엌에서 일하는 자신의 어머니를 보고 그런 여자의 인생을 쓴 것일 수도 있다. (중략) 제 생각에는 이러한 인생을 살아온 한국 여자들은 큰 공감을 얻을 것이고 그런 인생을 살지 않았지만 보고 큰(자란) 여자들은 자신의 엄마 세대를 생각하며 공감을 받았을 것이라고 생각이 든다. [S-M]

이처럼 일부 학습자들은 시의 창작 연대를 제공했음에도 불구하고 이러한 문화를 현대와는 동떨어진 과거의 것으로만 바라보는 것을 발견할 수 있다. 이는 중국에서의 한국 문화 학습이 일차원적인 소개에서 끝나고 문화를 단지 정태적인 지식으로 학습했기에 학습자들이 과거의 것으로 오인할 수도 있는 것이다. 문화는 유기적으로 연결되어 있고 현실 속에서 변화하여 다른 형태로 존재하고 있다는 것을 인식하지 못하고 있는데 이 또한 중국 내에서의 한국 문화 교육의 한계 상황이라고 할 수 있다. 또한, 한국에 살아본 경험이 없기에 드라마나 영화를 통해 간접적으로 접한 한국 문화는 포장된 이미지가 강하여 학습자들이 객관적으로 문화를 이해하기에는 한계가 있다. 특히 남녀 불평등의 상황을 가정 내적으로만 바라보고 있는데 이러한 불평등 혹은 가부장제는 사회적으로 다른 형태로 변화하여 여전히 한국인의 문화에 깊은 영향을 주고 있다는 것을 알 필요가 있다. 그러므로 현실과 동떨어진 문화에 대한 주입식 교육을 지양하고 지식과 실용성을 고려하여 문학 텍스트를 통해 본인이 직접 경험하지 못했던 상황을 경험할 수 있게 하고, 평소에 접촉할 수 없는 다양한 사람과의 만남을 통해 문화에 대한 이해를 확장시킬 필요가 있다.

나. 공감을 통한 타문화 이해

학습자들의 공감은 텍스트 요인과 독자 요인의 관계 맺기에서 시작해서 양자의 결합을 통해 이루어지는 과정으로 독자가 공감하는 대상은 문학 텍스트 자체가 아니라 그것이 계기가 된 상상적 세계이다.(최지현, 2007, 72) 공감을 통해 학습자는 텍스트 내 세계에서 자신과 유사한 존재인 타자를 인식하고, 낯선 존재에 대해 탐색하며 자신의 경험을 환기하여 낯설었던 문화에 대해 친숙하게, 즉 자기 것으로 만들어 타문화를 이해할 수 있다. 이러한 탐색의 과정을 바탕으로 텍스트 내의 세계와 자신의 경험 세계를 견주어 경험의 편폭을 확장시킬 수 있을 뿐만 아니라 타자의 상황과 정서를 이해할 수도 있다. 아울러 공감은 다른 문화에 대한 고정관념과 적개심을 줄일 수 있고 (M. Hoffmann, 2011, 48) 서로 다른 타문화를 인지하고 이해하는데 긍정적인 역할을 할 것이다.

시어머니 생각났다. 어쩌면 한국에 살고 있는 그 시대의 여성들의 모습이 아닐까라는 생각도 든다. 늘 밥상을 안방까지 갖다 드려야 하는 시어머님, 어디 한번 길을 떠나려면 시아버님 드실 음식을 다 준비해놓고도 마음 편이 못떠나는데... 시어머니의 인생이 안됐다고 생각하고 애처롭게 생각하다가도 마냥 아버님의 잘못뿐이냐는 생각도 문뜩 들기도 한다.(중략) 시어머니 세대뿐만 아니다. 솔직히 한국에서 결혼생활하는 외국인 여성도 얼마 자유롭지 못하다. 한국 여성만 아니라 한국에 있는 외국 여성도 같다. [L-P]

위 학습자의 경우 시의 여성상과 자신의 '시어머니'와 자신을 포함한 '결혼이주여성'의 모습을 겹쳐보면서 시어머니와 결혼이주여성에 대한 감정이 시의 여성에게로 전이되어 시 속 여성에 대한 동질성을 느끼고 있으며, 그의 처지에 동정을 느끼고 그러한 처지에서 벗어나야 한다는 것에 공감하고 있다. L-P학습자인 경우 한국에서 결혼 생활을 한 지 10여 년이 되었는데 그동안 문화적 차이로 겪은 고충이 '이만저만'이 아니었으며 자신과 비슷한 처지인 '결혼이주여성'의 고충을 상기하면서 공감하는 양상을 관찰할 수 있었다. 인간은 사람과 사람 사이에서 공존해야 하는 존재이다. 공존하기 위해서는 공감이 선행돼야 한다. 공감은 타자의 아픔을 나의 아픔으로 함께 나누는 것, 나와 다름을 차별 없이, 편견 없이 받아들이는 것이다. L-P의 경우 시를 통해 직간접 경험의 환기를 시도할 수 있었으며 시 속 화자에 감정이 이입되어 공감을 실현할 수 있었다.

하지만 중국에서 한국어를 학습하는 학습자가 모문화가 아닌 타문화에 대해 직·간접적인 경험을 하기는 쉽지가 않다. 이때 학습자들은 문학적 상상력을 통해, 추체험을 통해서 타인의 의미 세계를 이해해야 한다. 즉, 타인과의 영향 관계를 이해하고 삶의 체험들을 어떤 연관 관계로 엮어서 의미화하고 있는지를 이해할 수 있다.

작은 부엌에서 한 여자가 바쁘게 일한다. 뒷모습만 보인다. 그 여자가 돌아서는 순간 만약에 나라면 하는 생각에 너무 무서웠다. 이런

집 분위기가 너무 싫다. 숨도 못 쉴 것 같다. 어떻게 해서라도 여기에서 벗어나야 해. [X-Y]

본 텍스트에서 여성의 모습은 아주 흐릿하게 나타난다. 즉 정체성이 모호하다는 것이다. 그리고 여성을 바라보는 학습자의 시선도 모호할 것이다. 이는 현실적으로 시 속 여성의 모습이 자신과 거리가 멀다는 것을 의미하기도 한다. 하지만 이런 모호성에 학습자는 '돌아서는 순간 만약 나라면'으로 시속 여성에 본인을 감정 이입하여 여성의 상황을 체험하게 된다. 그랬을 때 학습자가 느낀 것은 '숨도 못 쉴 것 같다', '벗어나야 한다' 등 아주 생생하고 현실감이 강한 감정이다. 이처럼 시를 통해 학습자들은 평소에 접하기 힘든 상황을 접할 수 있고 추체험을 통해 타문화에 대한 이해를 도모할 수 있다.

3) 학습자들의 감상문 분석을 통해 얻은 시사점

학습자들의 읽기 양상에서 발견할 수 있듯이 학습자들은 상징이나 심상 등 표현 기법에서 문화적 차이를 발견하는가 하면 경험이나 추체험을 통해 타문화를 이해하려고 하기도 하였다. 이러한 양상은 현대시를 활용한 한국 문화 교육의 가능성을 입증하며 아래와 같은 시사점을 얻을 수 있다.

먼저, 앞서 지적했듯이 외국인 고급학습자들이라고 해도 생소한 단어나 전통문화에서는 여전히 낯선 부분이 있기에 전반적인 이해에 어려움이 있을 수 있고 문화적 확장에도 영향을 미칠 수 있다. 그러므로 난해한 어휘나 표현, 전통문화에 대해서는 학습자들의 이해에 도움을 줄 수 있게 적절한 해석을 제공할 필요가 있다. 특히 전통문화에서는 학습자들 모문화의 전통 속에서 이와 유사한 것이 있는지를 비교 분석할 수 있게 하는 것도 하나의 방법이다.

둘째, 중국 내 대학에서 학습하는 학습자들은 문화를 과거의 것으로 혹은 문화를 유기적으로 인식하지 못하는 경향이 있다. 이는 지식을 주입식으로 교육하며 정보 전달에만 집중한 주지주의적 교육의 폐단이라고도 할 수 있다. 아울러 실제 교육 현장에서 문화 교육을 실제 상황과 연관하여 실용적인 측면을 같이 교육해야만 '현실과 동떨어진 지식'이라는 인식의 오류에서 벗어날 수 있다. 그리고 문화 교육은 낯선 문화에 대한 단순한 이해나 해박한 지식의 습득만으로는 충분하지 않고 정서적 내면화를 통해 학습자들의 실제 삶의 맥락 속에서 문화적 실천으로 나아가야 한다.

셋째, 학습자들의 모문화의 간섭도 하나의 중요한 요소로 작용한다. 학습자들은 한국 문화를 학습하면서, 자신의 문화 경험과 같거나 비슷한 문화 요소에 대해서는 친근감을 느끼게 되고 비교적 쉽게 수용하게 되지만, 다르거나 반대되는 문화 요소에 대해서는 이질감을 느끼게 되고 거부할 수도 있다. 그러므로 양국 문화 요소 중에서 같은 것에 대해서는 적극적으로 활용할 필요가 있으며, 차이에 대해 특히 중국인 학습자들이 민감하게 반응하는 문화 요소에 대해서는 주입식 교육으로 전적으로 학습자들의 이해만을 강요할 수 없다. 아울러 시나 기타 제재를 활용하여 학습자들이 감정이입이나 공감 등 정서적 반응을 통해 스스로 내면화를 실현하도록 해야 한다.

마지막으로 한 편의 시를 읽었을 때 학습자들은 전적으로 그것에만 몰입하여 다른 생각으로 확장을 하지 못하고 무조건 비판하는 경향을 보였다. 그러므로 스스로 관점의 다양화를 실현하고 자신의 인식을 수정하고 확장해나가기 위해서는 서로 연관되고 모순되는 시 텍스트를 한 세트로 제공하는 것도 하나의 방법이다.

4. 현대시를 활용한 한국 문화 교육의 실제

문화 교육은 지속적인 교육 과정이 필요하다. 따라서 본 장에서는 한국 문화를 반영한 시 텍스트를 활용하여 한국 문화를 효과적으로 교육하기 위해 3단계 모형 [시 읽기를 통한 타문화 발견→비교를 통한 타문화 이해→쓰기를 통한 정서적 내면화 및 실천적 확장]으로 제시하고자 한다.

1~2단계에서는 시를 통해 타문화의 문화 요소를 발견하고, 발견한 문화 요소를 상호 비교하면서 타문화에 대한 이해를 도모하고자 한다. 1~2단계에서 문화 요소에 대한 객관적, 사실적 접근을 시도한다면 3단계에서는 이러한 인식을 바탕으로 학습자 내면에 대해 접근하는 것으로 볼 수 있다. 상대방의 문화를 이해했다고 해서 그대로 수용하는 것은 아니다. 또한 수용했다고 해서 실천으로 이어질 수 있는 것도 아니다. 한국 문화 교육 내용은 인지적 이해로만 끝나서는 안 되고 이를 학습자 개인적인 지식으로 내면화해야 한다. 그러므로 시를 통해 타문화에 대한 정의적 이해를 촉진하여 정의적인 차원에서 내면화를 실현하고 개인의 성장을 도모해야 한다.

구체적으로 보면 '시 읽기를 통한 타문화 발견' 단계에서는 주로 시의 표현을 통해 타문화를 인지하고 시에 내포된 문화 현상을 이해하는 데 초점을 맞춘다. 이 단계에서는 독자 반응이론에 따르고자 하는데, 독자 반응이론에 의하면 독서 과정에 독자의 문화적·실제적 경험이나 문학에 대한 관점, 시 분석 방법론, 독자의 감정이나 정서 등이 시를 해석하고 감상하는 데 작용한다. 그러므로 학습자들이 시 텍스트를 읽고 느낀 감정을 그대로 반영할 수 있으며 이를 통해 학습자들은 시 텍스트의 어떤 부분에 흥미를 느끼고 어떤 요소에 이질감과 충격을 느꼈는지, 또한 이러한 느낌은 어떤 장치들을 통해 느끼게 되었는지, 어떠한 요소의 간섭을 받는지를 확인할 수 있을 것이다. 예를 들면 '부엌'과 '여성'의 비극적 관계 대목에서 모문화의 역간섭을 확인할 수 있었는데, 이는 학습자들이 모문화의 영향 하에 목표문화를 바라보는 것을 의미하기에 목표문화를 인식하는 과정에서 모문화가 구체적으로 어떻게 간섭하는지를 파악해야만 목표문화를 교육하면서 정확한 '처방'을 내릴 수 있다.

상호문화적인 실천력을 형성하기 위해서는 학습자들이 문화적 요소를 여러 관점에서 생각해 보고 서로 다른 견해를 절충하면서 가능한 한 객관적으로 문화를 바라보려고 노력할 수 있어야 한다. 아울러 두 번째 단계인 '비교를 통한 타문화 이해하기'에서는 동일한 목표문화 요소가 포함된 현대시를 비교 분석함으로써 타문화에 대해 객관적으로 접근하고 입체적인 형상을 구축하고자 했다. 이러한 비교는 단순한 작품 간 비교, 작품에 내재한 문화 간 비교에서 모문화와 타문화 간 비교로 점차 확장할 수 있다. 이를 통해 한 문화권 내에서의 문화적 차이성·다양성을 인식할 수 있고 타문화와 모문화 간 비교를 통해 문화 간 차이성과 동질성을 발견할 수 있으며 타문화에 대한 편견이나 이질감을 해소하고 나아가 문화에 대한 시각의 다양성과 열린 태도를 확보할 수 있다. 예를 들면 학습자가 [작은 부엌 노래]만 읽었을 때는 여성이 '가부장제'의 피해자라는 인식이 확고했고 남성의 역할에 대해 모두 비판적인 시각을 갖고 있었다. 즉 가부장제에 대한 긍정적인 면에 대해 고민해 보지 못했을 뿐만 아니라 남성 입장이나 남성의 고충에 대해서는 전혀 고민하지 못했고 또한 이러한 가부장제가 형성되어가는 과정에서의 여성의 '역할'에 대해서는 '피해자'라는 인식 외에 다른 견해를 찾아보기 힘들었다는 한계점을 안고 있었다.

아울러 '가부장제'나 '가족주의' 등 문화 요소를 내재하나 [작은 부엌 노래]에서처럼 여성의 희생으로의 접근만이 아니라 이와 모순되는 아버지의 희생과 아버지의 역할을 강조하는 시 텍스트를 제공함으로써 학습자들이 가족을 위해 남녀 모두 희생이 동반되어야만 하는 사회문화적 요인은 무엇인지에 대해 탐구해보도록 해야 한다. 즉 가부장제에 있어 남자는 가해자일 뿐만 아니라 남성 본인도 이러한 제도의 피해자일 수도 있다는 점과 더불어 여성 또한 피해자인 동시에 '동조'했을 수도 있다는 것을 같이 인지해야만 문화에 대한 단편적인 판단에서 벗어날 수 있다.

이러한 전제하에 본 연구에서는 [작은 부엌 노래]와 대조되는 시 텍스트로 [아비] 혹은 [아버지의 마음]이라는 시를 제공하고자 한다. 이 두 편의 시는 모두 '가족주의' 혹은 '가부장제'하에 아버지의 처자식에 대한 책임, 생계에 대한 책임감이나 아버지의 외로움과 고독, 처자식을 위해 힘들게 버티는 아버지의 헌신과 희생을 볼 수 있기 때문이다. 이를 통해 '가장' 혹은 '남성'에 대한 전적으로 부정적인 시각에 대해 수정할 수 있고 스스로 반성과 성찰을 할 수 있다.

이러한 비교의 역할에 주목하여 본 연구에서는 동일한 문화 요소의 각기 다른 면을 대변할 수 있는 시 텍스트를 선정하여 한 쌍으로 제시하고자 한다. 즉 [가정](박목월)과 [가족](진은영); [작은 부엌 노래](문정희)와 [아버지의 마음](김현승); [사전](하종오)과 [코시안리-17](하종오); [상행](김광규)와 [금단 증상](김기택) 등으로 제안하고자 한다.

마지막으로 쓰기 단계에서는 감상문이나 비평문을 활용해 볼 수 있다. 시 읽기와 비교를 통해 현대시를 독자 자신의 지식과 문화적 관점으로 새롭게 구성해 내는 데 의미가 있으며 문학 경험을 통해 학습자의 개인적·심리적·사회적 경험을 자유롭게 표현하고 그 표현한 것을 본인 스스로 성찰하게 함으로써 현대시를 통한 문화 경험을 좀 더 의미화·내면화할 수 있으며 나아가 실천으로 확장할 수 있다.

먼저 타문화의 사회문화적 맥락에서 문화 현상을 이해하도록 촉구할 필요성이 있다. 왜냐하면, 문화는 그것이 뿌리를 내린 지역의 자연을 변화시켜 온 물질적·정신적 과정의 산물이기 때문에 그 지역과 밀접한 연관이 있다. 아울러 그 문화를 형성한 사회문화적 맥락을 벗어나기보다는 오히려 그 문화 내에서 규명하는 것이 더 바람직하다고 할 수 있다. 예를 들면 '한국의 가부장제는 왜 형성되었는가?', '한국의 가부장제는 어떤 특징이 있는가?', '이런 특징을 형성한 이유는 무엇인가?', '한국 가부장제에 피치 못할 사정은 무엇인가?', 혹은 '가부장제의 긍정적인 면과 부정적인 면은 무엇인가?' 등으로 모문화의 관점에서가 아니라 타문화의 관점에서 접근하면서 그 문화를 분석하고 평가하고 인정할 필요성이 있다.

그리고 문화 경험에 대해 정서적 내면화를 실현할 필요가 있다. 이건(Egan, 2008)에 따르면 우리는 대체로 세계에 대한 지식에 '정서적으로' 연결될 때 그 지식을 우리에게 의미 있는 것으로 쉽게 수용하고 이를 우리 안에서 적극적으로 재구성하고자 한다(K. Egan, 2014, 51-52)고 했다. 이는 한국 문화를 중국인 학습자들에게 가르칠 때 교사가 학습자에게 일방적으로 전달하기보다 '한국 현대시'라는 매개를 통해 간접적으로 접할 때 학습자들이 그 문화에 대해 자신이 어떻게 느끼고 반응하는지를 더 명확히 파악할 수 있다는 것을 시사한다. 시는 특정한 경험과 지식을 독특한 감정적 의미로 전달하는 형식을 만들어줄 수 있는데, 이는 시가 단지 어떤 정보를 전달하고 사건을 묘사하는 데 그치지 않고 우리가 그것에 대해 감정적으로 정서적으로 느끼게 될 내용을 만들어주기 때문이다. 특히 공감을 통해 학습자는 텍스트 내 세계에서 자신과 유사한 존재인 타자를 인식하고 낯선 존재에 대해 탐색하며 자신의 경험을 환기하여 낯설었던 타자에 대해 친숙하게 느끼거나 자기화함으로써 타자를 이해할 수 있다. 이러한 탐색의 과정을 바탕으로 텍스트 내의 세계와 자신의 경험 세계를 견주어 경험의 층위와 범주를 확장시킬 수 있을 뿐만 아니라 타자의 상황과 정서를 이해할 수 있다. 그리하여 우리 자신의 삶의 문제를 시 텍스트 속으로 끌어들여 갈 수 있을 때 자신에게나 남에게 의미 있게 다가온다.

마지막으로 성찰을 통한 실천으로의 확장을 시도해야 한다. 프레이리(P. Freire)는 성찰과 실천을 하나의 의미로 개념화하고 프락시스를 통해 표출되는 사회적 변화를 목적으로 하였다.(P. Freire, 2003, 64) 학습자들이 텍스트를 사회문화적인 맥락에서 이해·비판한다는 것은 자아와 사회적인 쟁점에 대해 성찰하는 자세를 말한다. 이는 텍스트의 의미를 자신의 삶에 비추어 이해하고 메타적으로 자기를 인식하며, 사회 내에서 존재하는 자아를 통해 텍스트를 인식하고 텍스트를 인식하는 자기에 대해 보다 넓은 시야 안에서 성찰함을 의미한다. 그러므로 시를 통해 타자와의 관계성 속에서 형성된 다양한 층위의 심미적 경험을 축적하고, 끊임없이 자기반성과 자기성찰을 행하게 해야 한다. 그리고 쓰기를 통해 자신의 사고를 바깥으로 드러내고 이러한 표출이 변화를 이끌어낼 수 있음을 깨달아야 한다. 이러한 과정을 반복하면서 기존의 이해와 새로운 문화 사이에 활발한 상호작용이 일어나게 될 것이며 문화 간 공존과 상생을 스스로 탐구할 수 있을 것이다.

이상을 토대로 본 연구에서는 불안정성에 대한 회피로 인해 타자와 타문화에 대한 회피와 배척이 강한 한국의 '다문화' 현상에 대해 구체적인 강의 지도안을 참고로 제시하고자 한다. '다문화'를 교육하기 위한 제재로 하종오의 [신분]과 [코시안리]를 활용했으며 이를 통해 결혼이주여성이 한국에서 살면서 어떤 문제들이 존재하는지의 한 측면을 파악할 수 있다. 그리고 그들의 삶이 '불행'한 이유에 대해 탐구하는 과정을 통해 그들의 삶에 공감하고 이해할 수 있을 뿐만 아니라 이러한 문제를 해결하기 위한 실천으로도 이어질 수 있을 것이다.

<표 4> 다문화 교수-학습 지도안

교수-학습 목표	한국의 다문화사회에 대한 전반적인 이해 비교를 통해 문화의 다양성을 인식 공감과 내면화를 통해 문화 간 공존과 상생을 모색		시간	
		120분		
단계		교수-학습 활동	시간	목표
도입		그림(무지개)을 통한 도입 -그림을 보고 느낀 점을 자유롭게 표현하기	10분	흥미유발 문화 스키마 활성화
활동	시 읽기 활동	시 [사전]과 [코시안리-17]을 제시 • 두 편의 시에 각각 어떤 인물이 등장하며 어떤 신분인가요? • 두 편의 시에 공통으로 내재한 문화적 요소는 무엇인가요? • 시의 어떤 표현에서 결혼이주여성의 어떤 삶을 볼 수 있나요? • 이러한 삶을 살게 된 근본적인 원인은 무엇이라고 생각하나요? • 결혼이주여성 외 다른 다문화 구성원이 있을까요?	30분	시적 표현을 통해 타문화 발견하기 시에 내포된 문화 요소 이해하기
	비교 분석 활동	• 두 편의 시에 대한 비교를 통해 여러 문화가 공존하기 위해서 어떤 태도가 필요하다고 생각하나요? • '역지사지'-상대방의 처지에서 생각하고 입장 간 차이를 비교해 보십시오. • 모국에서는 '다문화'에 대해 어떤 태도인가요? 한국과 비교해서 말해보십시오. • 모국과 다른 문화 현상이 발생한 원인은 무엇이라고 생각하니요?	30분	비교 분석을 통해 타문화 문화 요소에 대해 이해하기 모문화와의 비교를 통해 차이점과 같은 점을 발견하기
	쓰기 활동	• 시를 읽고 '다문화'를 어떤 관점에서 접근해야 한다고 보나요? • 여러분은 '다문화'를 경험해본 적 있나요? 경험에 대해 적어볼 수 있나요? • 시를 통한 다문화에 대한 접근은 본인에게 어떤 영향을 미쳤나요? (상기 내용을 포함하되 이로 한정하지 않음.)	30분	타문화의 사회문화적 맥락에서 이해하고 문화 경험에 대한 의미화 하기 성찰을 통해 문화 간 상생과 공존을 실천하기
마무리	정리	핵심 내용 정리 다음 차시 제시	10분	전반적인 요약 정리하기

본 연구에서는 그림을 통해 도입하고자 한다. 학습자들에게 '무지개' 그림을 제시하고 그림을 보고 느낀 점을 자유롭게 표현하도록 독려한다. '무지개'의 주요 특징은 다채로운 색깔의 조화로운 어울림이라고 할 수 있다. 이를 통해 다양한 문화가 더불어 사는 다문화사회라는 본 차시 수업의 주제를 유도하고자 한다.

활동 단계에서는 두 편의 시를 제시하고 시 읽기를 통해 시적 주체를 발견하고 시적 표현을 통해 각각 주체의 삶을 확인하도록 했다. 두 편의 시에 반영된 삶의 문제가 무엇인지를 사회문화적으로 확장하여 탐구해봄으로써, 결혼이주여성의 삶을 통해 그녀들이 한국에 거주하면서 존재하는 문제점을 도출하고자 했다. 결혼이주여성이 한국에 거주하면서 겪는 여러 가지 문제나 어려운 점으로 문화적 장벽과 모문화에 대한 차별, 자녀 양육문제, 사회적 편견, 언어적 장벽, 경제적 어려움, 가정 내 폭언·폭력과 불신, 법적 사각지대 등을 들 수 있다. 이처럼 시를 통해 가시적인 문제뿐만 아니라 배후에 잠재된 이주민에 대한 차별적인 태도와 편견에 대해서도 인식하도록 해야 한다. 그리고 상기 문제는 어떤 측면에서는 결혼이주여성의 문제뿐만 아니라 기타 다문화 구성원도 직면할 수 있는 문제이므로 이주 노동자나 중도입국자로 그 대상을 확장할 필요가 있다.

비교 단계에서는 두 편의 시에 대한 비교와 '역지사지'의 입장을 통해 '다문화' 문제가 발생하는 원인뿐만 아니라 그 속에서 해결책도 찾을 수 있다. 다문화사회에서 핵심은 타자에 대한 존중과 배려, 그리고 공생이다. 이러한 정신과 태도는 다문화사회에서뿐만 아니라 일상적인 사람 간의 교류에서도 동일하게 적용된다. '지구촌'이라는 말이 당연시될 정도로 세계 각국의 교류가 활발하게 진행되고 있는 현시대에 이러한 개방적인 태도의 필요성은 더욱 강조된다.

이런 태도를 형성하기 위해 '내가 만약 …이라면'이라는 역할의 대입으로 역지사지의 입장에서 결혼이주여성의 문제에 접근해 보도록 했으며, 양측 입장의 차이, 문화의 차이, 생각의 차이를 조율해서 좁혀나가면서 공존의 방안을 모색하도록 해야 한다. 즉 '내가 만약 결혼이주여성이라면?', '내가 만약 남편이라면?', '내가 만약 시어머니라면?' 등 다양한 입장을 취해보면서 각자의 입장에서 문제를 접근하고 분석함으로써 일방적이고 파편적인 사고방식에서 벗어나 문제를 상호적이고 종합적으로 해결하는 방안을 모색할 수 있을 것으로 보인다.

그리고 모문화와의 비교를 통해 모국에서 '다문화'에 대해 어떤 태도인지를 확인하고 한국 문화와 모문화 간 차이와 공통점을 찾아보고 차이점에 대해 그 원인을 탐구해보도록 했다. 특히 차이점에 대한 원인 탐구는 한국 문화의 특수성을 반영한 부분이기도 하다. 그 원인으로 결혼이주여성들이 이주한 한국은 오랫동안 단일민족이라는 이념을 통해 국가적 단결을 형성해 온 문화공동체로서 아직도 혈통주의와 단일민족이라는 이데올로기의 지배가 사라지지 않고 있음을 들 수 있다. 또한 가부장적 이데올로기의 지배가 존재하는 한국의 일부 지역에서는 이질적 문화와 역사를 내재한 이주여성을 가족으로 수용하는 것은 '우리 안의 타자'라는 관점을 견지한다.(변경원·최승은, 2015, 41) 이로 인하여 가정 내에서 결혼이주여성이 자신의 취향과 생활양식을 갖고 있음에도 불구하고 절대적 권력을 갖고 있는 남성문화만이 보편적인 문화로 일반화되고 또 공식화되고 있기도 하다. 하지만 학습자들은 타자에 대한 소외와 차별은 한국 사회에서만 일어나는 것이 아니라 중국 사회에도 존재한다는 사실을 인식해야 하며 타자에 대한 비판에 그치지 않고 자신과 모문화에 대한 비판적 성찰로 이어져야 한다.

마지막으로 쓰기를 통해 내면화를 실현하고자 한다. 먼저 '다문화'에 대해 한국의 사회문화적 맥락에서 접근함으로써 문화의 차이성과 다양성을 인정하고, 자신의 경험에 대한 환기를 통해 정서적 공감을 실현하고자 했다. 이러한 과정에서 얻을 수 있는 경험과 교훈을 사회문화적 맥락으로 확장하면서 자신의 경험과 연결해 보고, 자신의 내면과 실천에 어떻게 영향을 미치는지에 대해 학습자들이 고민할 수 있게 함으로써 새로운 가치체계를 형성할 수 있다. 현재 우리가 사는 세계는 다양성의 세계로 이질적인 문화, 가치, 규범이 뒤섞여 공존할 수밖에 없다. 다문화 경험에 대한 환기를 통해 보통은 정주민이고 다수자의 역할이지만 시간과 장소에 따라 이주민이자 소수자가 될 수도 있다는 것을 파악할 수 있다. 우리는 타자를 이해하는 입장이 될 수도 있고 언젠가는 타자의 입장이 되어 이해를 바라는 입장이 될 수도 있다. 그러므로 세계화 시대를 살아가기 위해서는 타자의 존재와 위상을 수용하고 이해하는 일, 즉 타자의 존엄성을 동등하게 보장해 주는 동시에 차이를 인정하고 소통을 통해 서로를 이해하려는 노력을 아끼지 말아야 한다.(엄성원, 2013, 480) 또한, 이러한 과정을 통해 학습자들이 이주민의 삶에 대해 정서적으로 도움을 주려는 관심을 가질 수 있도록 하고 불의를 보거나 희생된 사람들을 보았을 때 이들을 지지하고 도움을 주고 싶어 하는 충동을 끌어내야 한다.

시를 통한 다문화 교육은 학습자들의 정서적 내면화에 일조할 수 있다. 공감은 시 속 타자의 상황과 정서를 이해하고 그 이해한 내용을 바탕으로 자기의 참된 이해와 자기 개방까지 나아가는 과정이다.(공주희, 2013, 88) 그러므로 공감은 다른 문화에 대한 고정관념과 적개심을 줄일 수 있고(M. Hoffmann, 2011, 48) 서로 다른 타문화를 인지하고 이해하는데 긍정적인 역할을 할 수 있다. 저 사람이 마치 '나인 듯이', 타문화가 '마치 우리 문화인 듯이', 타인의 고통이 '마치 우리의, 내지는 나의 고통인 듯이' 공감한다면 문학적 상상력에 의해 감정을 이입하는 것이 한결 쉬워지기 때문이다.

마지막으로 자아 성찰을 통해 실천으로 이어져야 한다. 자아 성찰은 성찰의 주체와 대상이 자기 자신이다. 자기를 반성적으로 살펴보기 위해서 우선 내면의 욕구나 감정을 들여다볼 준비가 되어야 한다. 자기 자신의 내면의 목소리에 귀를 기울이는 데서 자기반성과 이해가 출발할 수 있기 때문이다. 자신의 '다문화'에 대한 태도나 인식을 직시하고 이에 대한 성찰을 통해 부단히 수정하면서 세상 모든 생명체가 차별 없이 존귀하며, 나와 다르다는 이유로 차별받는 사람들을 방치할 때, 당신과 다르다는 이유로 나도 언젠가는 차별받을 수 있다는 것을 예견할 수 있어야 한다. 아울러 다문화사회 속에서 자신의 삶뿐 아니라 다른 사람과 다른 문화와 상생하고 공존할 수 있는 방안을 모색하기 위해 노력해야 한다.

5. 결론

본 연구는 중국에서의 한국 문화 교육의 중요성을 인지하고 중국 문화와의 비교를 통해 한국 문화 요소를 추출하였다. 그리고 한국 문화를 효과적으로 교육하기 위해 한국 문화를 내포한 현대시를 활용할 것을 제의하였다.

학습자들이 현대시를 읽고 쓴 감상문에 대한 분석을 토대로 실용적인 한국 문화 교육 모형을 제시하고자 했다. 학습자들은 현대시의 기법이나 표현 방식을 통해 문화의 차이를 발견하고 또한 공감이나 감정이입을 통해 구체적인 사회문화적 맥락을 환기하고 타문화와 타자를 이해하려고 하는 것을 발견할 수 있었다. 아울러 본 연구에서는 이러한 학습자들의 양상을 반영하여 현대시를 활용한 한국 문화 교육 3단계 모형을 제시했으며 모형에 따라 구체적인 교수-학습 지도안을 설계했다. 이러한 일련의 과정을 통해 목표문화에 대한 이해 지평을 넓히고 문화적 특수성과 보편성에 대한 감각을 익힐 수 있을 것이며 나아가 상이한 문화 간 협력과 공존을 도모할 것으로 기대된다.

하지만 본 연구는 한 편의 시 텍스트에 대한 감상문을 토대로 분석한 것으로 양상 분석에 한계가 있다고 본다. 따라서 앞으로 실제 수업을 통해 학습자들의 풍부한 양상을 토대로 수업 모형을 계속 수정·보완할 필요가 있다.

참고 문헌

공주희(2013), 「공감적 이해를 위한 현대시 교육 연구」, 이화여자대학교 국어교육학과 석사논문.

권오경(2009), 「한국어 교육에서 문호 교육내용 구축 방안」, 『언어와 문화』 5(2), 한국언어문화교육학회, 49-72.

박성(2017), 「다문화교실에서 역할극을 통한 한국문화교육 연구 -상호문화성을 중심으로-」, 『한국언어문화학』 14(1), 국제한국언어문화학회, 112-142.

박성(2017), 「한국 현대시 읽기에서 나타난 학습자들의 반응양상 연구 -독자반응 이론을 중심으로-」, 『한국언어문화학』 14(3), 국제한국언어문호학회, 198-219.

박성(2018), 「영화를 활용한 한국 가치문화(가족주의)교육 연구 -상호문화능력을 중심으로-」, 『한국언어문화학』 15(2), 국제한국언어문화학회, 190-227.

박이문(1982), 「한국학의 방법론」, 『정신문화연구』 5(1), 한국학중앙연구원, 72-85.

박준언(2012), 「외국어교육에서 문화교육」, 『한국언어문화학』 9(2), 국제한국언어문화학회, 49-73.

변경원·최승은(2015), 「이야기를 통해 타자와 교류하는 주체 -Taylor의 인정 이론을 넘어 Ricoeur의 이야기 정체성을 통한 결혼이주여성의 정체성 형성 가능성-」, 『교육문화연구』 21(4), 인하대학교 교육연구소, 37-59.

송승영(2006), 「한국의 가족주의와 사회적 과시 -지속과 변화-」, 『담론201』 9(2), 한국사회역사학회, 245-274.

신수진(1998), 「한국의 가족주의 전통 -근본사상과 정착과정에 관한 문헌고찰-」, 『한국가족관계학지』 3(1), 한국가족관계학회, 127-152.

엄성원(2013), 「다문화 시대의 현대시 교육」, 『교양교육연구』 7(6), 한국교양교육학회, 459-484.

윤여탁 외(2002), 『시와 함께 배우는 시론』, 파주: 태학사.

윤여탁(2010), 『외국어로서의 한국 문학 교육』, 서울: 한국문화사.

윤여탁(2014), 『문화교육이란 무엇인가? 한국어 문화교육의 벼리』, 파주: 태학사.

임경순(2006), 「언어와 문화의 통합 교수·학습 방법」, 『국제한국어교육학회 학술대회논문집』, 국제한국어교육학회, 579-594.
임경순(2008), 「한국문화이해론 서설」, 『선청어문』 36(0), 서울대국어교육과, 623-655.
장한업(2014), 『이제는 상호문화교육이다』, 파주: 교육과학사.
최지현(2007), 「문학독서의 원리와 방법」, 『독서연구』 17(0), 한국독서학회, 63-82.
홍은숙(2005), 『지식과 교육』, 파주: 교육과학사.
Egan, K. (2008), *(The) future of education : reimagining our schools from the ground up*, 김회용 외 역(2014), 『상상력 교육: 미래의 학교를 디자인하다』, 서울:학지사.
Freire, P. (1984), *(The) politics of education : culture, power, and liberation*, 한준상 역(2003), 『교육과 정치의식』, 파주: 한국학술정보.
Hoffmann, M. (2001), *Empathy and moral development*, 박재주·박균열 역(2011), 『공감과 도덕발달 –배려와 정의를 위한 함의들-』, 서울: 천학과 현실사.
Hofstede, G. & Hofstede, G. J. & Michael, Minkov (2010), *Cultures and organizations : software of the mind : intercultural cooperation and its importance for*, 차재호·나은영 공역(2016), 『세계의 문화와 조직-정신의 소프트웨어』, 서울: 학지사.
Ryle, G. (1949), *The Concept of mind*, 이한우 역(1994), 『마음의 개념』, 서울: 문예출판사.